Leistungserschwerungen infolge veränderter Umstände

Europäische Hochschulschriften

Publications Universitaires Européennes
European University Studies

Reihe II
Rechtswissenschaft

Série II Series II
Droit
Law

Bd./Vol. 4613

PETER LANG
Frankfurt am Main · Berlin · Bern · Bruxelles · New York · Oxford · Wien

Agnieszka Besiekierska

Leistungserschwerungen infolge veränderter Umstände

Eine rechtsvergleichende Untersuchung des deutschen, polnischen und englischen Rechts als Grundlage eines Europäischen Vertragsrechts

PETER LANG
Internationaler Verlag der Wissenschaften

Bibliografische Information der Deutschen Nationalbibliothek
Die Deutsche Nationalbibliothek verzeichnet diese Publikation in der Deutschen Nationalbibliografie; detaillierte bibliografische Daten sind im Internet über <http://www.d-nb.de> abrufbar.

Zugl.: Rostock, Univ., Diss., 2007

28
ISSN 0531-7312
ISBN 978-3-631-56945-0

www.peterlang.de

Inhaltsverzeichnis

Abkürzungsverzeichnis

AALR	Anglo-American Law Review
ABGB	Allgemeines Bürgerliches Gesetzbuch (Österreich)
AcP	Archiv für die civilistische Praxis
All E.R.	All England Reports
ALR	(Preußisches) Allgemeines Landrecht
Am.J.Comp.L.	American Journal of Comparative Law
ArbEG	Gesetz über Arbeitnehmererfindungen
BB	Betriebs-Berater
BetrAVG	Gesetz zur Verbesserung der betrieblichen Altersversorgung
BGB	Bürgerliches Gesetzbuch
BGH	Bundesgerichtshof
BGHZ	Entscheidungen des Bundesgerichtshofs in Zivilsachen
BMJ	Bundesministerium der Justiz
Brook.J.Int'l L	Brooklyn Journal of International Law
BT-DrS.	Bundestag-Drucksache
C.A.	Court of Appeal
(C.A. (Civ.Div.))	Court of Appeal (Civil Division)
Cal. L. Rev.	Californian Law Review
CFR	Common Frame of Reference
Ch.	Law Reports, Chancery Division
Ch.D.	Law Reports, Chancery Division
c.i.f.	Incoterms Klausel, bedeutet: Cost, Insurance and Freight
CISG	Convention on Contracts for the International Sale of Goods
CLP	Current Legal Problems
CML Rev.	Common Market Law Review
Columbia J.Eur.L.	Columbia Journal of European Law
Cordozo L. Rev.	Cordozo Law Review
DB	Der Betrieb

DM-BilanzG	Gesetz über die Eröffnungsbilanz in Deutscher Mark und die Kapitalneufestsetzung
Duke J. Comp. & Int'l L.	Duke Journal of Comparative and International Law
DVBl.	Deutsches Verwaltungsblatt
EG	Europäische Gemeinschaft, EG-Vertrag
EJCL	Electronic Journal of Comparative Law
E.L.Rev.	European Law Review
EP	Europäisches Parlament
ERPL	European Review of Private Law
Eur.Law J.	European Law Journal
EWS	Europäisches Wirtschafts- und Steuerrecht
Fla.J.Int'l L.	Florida Journal of International Law
Fordham L.Rev.	Fordham Law Review
Ga.J.Int'l & Comp.L.	Georgia Journal of International and Comparative Law
Georgetown L.J.	Georgetown Law Journal
Harvard LR	Harvard Law Review
Harv. Int'l L.J.	Harvard International Law Journal
H.L.	House of Lords
J.B.L.	Journal of Business Law
I.C.L.Q.	International and Comparative Law Quarterly
J.L. & Com.	Journal of Law and Commerce
Int. A.L.R.	International Arbitration Law Review
Int'l J. Legal Info.	International Journal of Legal Information
Jb.J. ZivRWiss.	Jahrbuch Junger Zivilrechtswissenschaftler
J.I.B.L.	Journal of International Banking Law
J. Legal Stud.	Journal of Legal Studies, Law School, Chicago, Ill.
JOR	Jahrbuch für Ostrecht
JuS	Juristische Schulung
JZ	Juristenzeitung
KPP	Kwartalnik Prawa Prywatnego (Vierteljahresschrift zum Privatrecht)
Lloyd's Rep.	Lloyd's List Law Reports
LM	Lindenmaier/Möhring, Nachschlagewerk des BGH
L.R. Eq.	Law Report's, Equity Cases
L.Q.R.	Law Quarterly Review
L. & T. Review	Landlord & Tenant Review

Mich.L.R.	Michigan Law Review
MJ	Maastricht Journal of European and Comparative Law
MLR	Modern Law Review
MP	Monitor Prawniczy (Amtsblatt der Republik Polen)
New Eng. L. Rev.	New England Law Review
NJW	Neue Juristische Wochenschrift
NP	Nowe Prawo (Neues Recht)
Nw. U. L. Rev.	Northwestern University Law Review
N.Y. L. SCH. INT'L & COMP.L.	New York Law School Journal of International and Comparative Law
NZM	Neue Zeitschrift für Miet- und Wohnungsrecht
OG	Oberstes Gericht (Sąd Najwyższy)
OGB	Obligationengesetzbuch (Kodeks Zobowiązań)
OGH	Oberster Gerichtshof (für die Britische Zone)
OGHZ	Entscheidungen des Gerichtshofs in Zivilsachen
OSA	Orzecznictwo Sądów Apelacyjnych (Rechtsprechung der Appelationsgerichte)
OSNC	Orzecznictwo Sądu Najwyższego Izba Cywilna (Rechtsprechung des Obersten Gerichts, Zivilkammer)
OSNP	Orzecznictwo Sądu Najwyższego Izba Pracy, Ubezpieczeń Społecznych i Spraw Publicznych (Rechtsprechung des Obersten Gerichts, Kammer für Arbeit, Sozialversicherung und öffentliches Recht)
OSP	Orzecznictwo Sądów Polskich (Rechtsprechung der polnischen Gerichte)
Oxford J. Legal Stud.	Oxford Journal of Legal Studies
Pace Int'l L.Rev.	Pace International Law Review
P.C. (Can)	Privy Council Canada
PECL	Principles of European Contract Law
Penn St. Int'l L. Rev.	Penn. State International Law Review
PIP	Państwo i Prawo (Staat und Recht)
pol.	polnisch (er, e, es)

PPH	Przegląd Prawa Handlowego (Rundschau des Handelsrechts)
Pr. Gosp.	Prawo Gospodarcze (Wirtschaftsrecht)
Przeg. Praw. UW	Przegląd Prawniczy Uniwersytetu Warszawskiego (Juristische Rundschau der Universität Warschau)
PS	Przegląd Sądowy (Rechtsprechungsübersicht)
PUG	Przegląd Ustawodawstwa Gospodarczego (Zeitschrift zur Wirtschaftsgesetzgebung)
Q.B.	Law Reports, Queens' Bench Division
Q.B.D.(Comm.Ct.)	Queen's Bench Division (Commercial Court)
RabelsZ	Rabels Zeitschrift
RG	Reichsgericht
RGBl.	Reichsgesetzblatt
RGZ	Entscheidungen des Reichgerichts in Zivilsachen
R.I.D.C.	Revue Internationale de Droit Comparé
RIW	Recht der Internationalen Wirtschaft
ROW	Recht in Ost und West
RSC	Robert Schumann Centre
SECOLA	Society of European Contract Law
SGA	Sale of Goods Act
SGB	Sozialgesetzbuch
Stan.L.Rev.	Stanford Law Review
St. John's Rev.	Saint John's Law Review
Sup.Ct.Econ.Rev.	Supreme Court Economic Review
Tex. Int'l L.J.	Texas International Law Journal
T.L.R.	Times Law Reports
Tul.L.Rev.	Tulane Law Review
Tulane JICL	Tulane Journal of International and Comparative Law
U.C.C.	Uniform Commercial Code
U.C. Davis L.Rev.	University of California Davis Law Review
ULR	Uniform Law Review
UNIDROIT	Institut International pour l'unification du Droit Privé
UrhG	Urheberrechtsgesetz
UStG	Umsatzsteuergesetz
W.L.R.	Weekly Law Reports
Va.J.Int'l L	Virginia Journal of International Law

VermG	Gesetz zur Regelung der offenen Vermögensfragen
VVG	Versicherungsvertragsgesetz
VwVfG	Verwaltungsverfahrensgesetz
Yale J. Int'l L	Yale Journal of International Law
ZeuP	Zeitschrift für Europäisches Privatrecht
ZfRV	Zeitschrift für Rechtsvergleichung
ZGB	(polnisches) Zivilgesetzbuch (Kodeks cywilny)
ZIP	Zeitschrift für Wirtschaftsrecht
ZOR	Zeitschrift für Ostrecht
ZPO	Zivilprozessordnung
ZVglRWiss	Zeitschrift für vergleichende Rechtswissenschaft

Einleitung

I. Einführung in die Problematik

Unter Leistungserschwerungen sind die Fälle zu verstehen, in denen die Vertragspartei, die zur Leistungserbringung verpflichtet war, sich darauf beruft, dass infolge einer Veränderung der Umstände die Kosten der Leistungserbringung so stark gestiegen sind oder dass die Leistungserbringung aus anderen Gründen so stark erschwert worden ist, dass ihr das Festhalten am unveränderten Vertrag nicht zugemutet werden kann. Vom Standpunkt dieser betroffenen Partei kann die ganze Situation eindeutig aussehen. Sie hält es für richtig, dass das Gericht aus Zumutbarkeitsgründen und trotz aller Proteste der anderen Seite in den Vertrag eingreift, um die belastete Partei zu entlasten. Die Durchsicht der umfangreichen Fachliteratur sowie der Gerichtsentscheidungen, die sich mit diesem Problem beschäftigen, zeigt jedoch, dass die Problematik der Leistungserschwerung sehr komplex ist und eine umfassendere Betrachtung verlangt.

Die Diskussion über den Einfluss einer Leistungserschwerung auf die Vertragspflicht hat ihren Ausgangspunkt im Feststellen der Bedeutung und der Position des Grundsatzes *pacta sunt servanda* in einem gegebenen Rechtssystem. Dieses Prinzip, welches auch als Vertragtreue bezeichnet wird, verlangt, dass Verträge immer genau nach dem Vertragsinhalt zu erfüllen sind und erhebt die Rechtsverbindlichkeit, den Rechtsfrieden und die Rechtsicherheit zu Hauptpunkten des Rechts. Beim strikten Einhalten des Prinzips *pacta sunt servanda* besteht jedoch im Einzelfall die Gefahr, mit der Gerechtigkeit in Widerspruch zu geraten. Deshalb wird dem Prinzip *pacta sunt servanda* die *rebus sic stantibus*-Klausel gegenüberstellt. Nach dieser Klausel sind Ausnahmen von der Verpflichtung zur Vertragstreue immer dann gerechtfertigt, wenn das Festhalten am Vertrag bei veränderten Umständen für die betroffene Partei „ungerecht" oder „unbillig" wäre.

Die Problematik des Einflusses der veränderten Umstände auf die geschuldete Leistung ist dem deutschen, polnischen und englischen Vertragsrecht bekannt, und überall sind Lehre und Praxis um Klärung bemüht. In den untersuchten Rechtssystemen wird das Problem der Leistungserschwerung unter Heranziehung verschiedener Rechtsfiguren betrachtet: Störung der Geschäftsgrundlage in § 313 des deutschen BGB, der *rebus sic stantibus*-Klausel in Art. 357[1] des polnischen ZGB und *frustration of contract* im englischen Recht. Bei all diesen Rechtsinstituten geht es um die schwierigen Fragen: Soll man auf dem Prinzip „*pacta sunt servanda*" bestehen oder darauf verzichten und stattdessen sich von den Grundsätzen der Gerechtigkeit leiten lassen, weil „*summum ius, summa iniuria*" – das strengste Recht zugleich das höchste Unrecht sein kann? Soll man sich im Namen der Rechtssicherheit und trotz der Zufallsgewinne einer Partei von einem Eingriff in den Vertrag fernhalten oder davon ausgehen, dass das Festhalten am Vertrag bei veränderten Umständen dem Parteiwillen zuwiderläuft, weil der Vertrag infolge der Veränderung der Umstände nicht mehr dem ursprünglichen Parteiwillen entspricht? Schrecken die Ausnahmen von *pacta sunt servanda* die Parteien ab oder vielleicht bewegen sie sogar zum Vertragschluss, weil sich die Vertragsparteien darauf verlassen könnten, dass sie bei besonderen Schwierigkeiten mit der Vertragsdurchführung Unterstützung erhalten würden und ihnen dadurch der Druck erspart wird, alles Mögliche im Vertrag zu regeln? Unter welchen Bedingungen kann in den Vertrag eingegriffen werden und wie weit darf dieser Eingriff reichen?

Da immer etwas Unvorhersehbares passieren kann, bleibt die Problematik der Leistungserschwerung stets aktuell. Auch die Verfasser der UNIDROIT-Prinzipien für Internationale Handelsverträge, der Grundregeln des Europäischen Vertragsrechts und des Vorentwurfs des *Code Européen des Contrats* haben dieser Problematik Bedeutung beigemessen und sich mit dem Einfluss der Leistungserschwerung infolge der Veränderung der Umstände beschäftigt. Im Lichte der Pläne der Ausarbeitung einer einheitlichen Zivilrechtskodifikation für EG-Mitgliedstaaten hat diese Problematik eine neue europäische Dimension gewonnen. Die Vereinheitlichung des Vertragsrechts, das für das Funktionieren des europäischen Binnenmarkts ein besonders relevanter Rechtsbereich ist, könnte der erste Schritt in Richtung eines gemeinsamen Zivilrechts sein. Die Schaffung einer europäischen Vertragsrechtskodifikation verlangt eine Ausarbeitung kohärenter Lösungen (darunter auch auf dem Gebiet der Leistungserschwerungen), die den Bedürfnissen der europäischen Wirtschaft entsprechen und zugleich die Zustimmung aller Mitgliedstaaten finden. Eine besondere Rolle in diesem Prozess der Europäisierung des Zivilrechts kommt der Rechtsvergleichung zu, von der erwartet wird, dass sie nicht nur unterschiedliche Lösungen aufzeigt, sondern dass sie auf effiziente Problemlösungen zielt, ohne einer bestimmten Rechtsdogmatik von vorneherein den Vorzug zu geben.

In der vorliegenden Arbeit werden die Lösungsansätze zur Frage der Leistungserschwerungen in den drei verschiedenen europäischen Rechtsystemen erörtert: im deutschen, polnischen und englischen Recht. Das polnische und das deutsche Recht werden neben vielen anderen europäischen Rechtsordnungen dem großen Bereich des *civil law* zugeordnet und dem *common-law*-Bereich gegenübergestellt, zu dem in Europa das englische und das irische Recht gehören. Im *civil-law*-Bereich herrscht die Idee umfassender gesetzlicher Festlegung des Rechts in Kodifikationen vor, demgegenüber folgt der *common-law*-Bereich einem ausgeprägten Präjudiziensystem. Die unterschiedliche Position der Gesetzgebung in den *civil law*- und *common law*-Rechtsordnungen und die sich daraus ergebende Einstellung zu Kodifikationen kommen besonders deutlich zum Ausdruck in der gegenwärtig laufenden Debatte über die Schaffung eines gemeinsamen europäischen Zivilgesetzbuchs. Da man bei der Gewinnung der Engländer für diese Idee auf Schwierigkeiten stoßen kann, ist die Frage, wie weit sich der deutsche und der polnische Lösungsansatz zu den Leistungserschwerungsfällen von dem englischen unterscheidet sowie die Frage nach der Gestalt einer allgemein akzeptablen europäischen Regelung über Leistungserschwerungen von besonderem Interesse.

Trotz ihrer gemeinsamen Zugehörigkeit zum *civil-law*-Bereich weisen auch die deutsche und die polnische Rechtsordnung unterschiedliche Eigenschaften auf. Das deutsche Recht, das neben dem österreichischen und dem schweizerischen Recht den deutschen Rechtskreis bildet, hat sich seit langem mit vielen eigenen Lösungsansätzen entwickelt. Demgegenüber beginnt die Geschichte des modernen polnischen Rechts erst mit dem Ende des Ersten Weltkriegs und viele Regelungen können als sog. Transplantate[1] angesehen werden, die gut funktionieren, entgegen der Auffassung mancher Rechtswissenschaftler, die das Recht stark mit der nationalen Identität verbinden und sich daher der Idee einer europäischen Zivilrechtskodifikation als eines solchen Transplantates widersetzen.[2]

II. Ziel, Methode und Gang der Untersuchung

Das Ziel dieser Arbeit besteht zunächst darin, die Gemeinsamkeiten und Unterschiede der für die Leistungserschwerungen im deutschen, polnischen und englischen Recht angebotenen Lösungsansätze herauszustellen. Sodann wird der Versuch unternommen, die Frage nach der möglichen Gestalt einer Regelung über Leistungserschwerungen in einer zukünftigen europäischen Zivilrechtskodifikation zu beantworten.

Die in der vorliegenden Arbeit verfolgte Untersuchungsmethode ist von *R. Schlesinger* inspiriert, der in den Jahren 1957 bis 1968 eine vergleichende Un-

---

1 Den Begriff „*legal transplants*" für rechtliche Entleihungen (*legal borrowings*) aus anderen Rechtsordnungen hat *Alan Watson* in seinem Buch „*Legal Transplants*" konturiert.

2 *Legrand*, I.C.L.Q. 1996, S. 52ff.; *Legrand*, MJ 1997, S. 111ff.

tersuchung des Zustandekommens des Vertrags durchgeführt hat.[3] Er sah sich mit dem bei jeder rechtsvergleichenden Untersuchung auftretenden Problem konfrontiert, wie die von den nationalen Berichterstattern gegebenen Antworten vereinheitlicht werden können. Um dies zu lösen hat er jeden möglichen Umstand, der in jedem der untersuchten Systeme relevant sein könnte, in den an alle nationalen Berichterstatter gerichteten Fragen berücksichtigt, so dass dieser Umstand auch in möglicherweise ganz entgegengesetzten Systemen betrachtet und untersucht wurde. Dies stellt sicher, dass allgemeine Regeln der verschiedenen Rechte, die zwar identische Formulierungen aufweisen, jedoch ganz unterschiedliche Ergebnisse in der Anwendung hervorzubringen vermochten, nicht für gleich erachtet werden. Indirekt dient dieses Vorgehen jedoch auch dazu, ein weiteres, noch wichtigeres Ziel zu erreichen: hat man einmal alle relevanten Elemente einer Regel bestimmt, die offiziell und gewollt in einem Rechtssystem ihre Wirkung entfalten, stellt man häufig fest, dass eben diese Elemente in einem anderen System zwar offiziell ignoriert oder für irrelevant gehalten werden, jedoch in Wahrheit in aller Stille doch eine Wirkung entfalten.

Diesem Modell entsprechend wurde jede für eines der untersuchten Rechte relevante Frage auch bei den beiden anderen Rechten behandelt. Dadurch ist ein jeweils einheitliches Prüfungsschema entstanden, das einen Vergleich der Rechte ermöglicht hat. Demgemäss werden in drei Kapiteln des ersten Teils der Arbeit zunächst die Rechtsinstitute, die in diesen drei Rechtsystemen Lösungsansätze zur Frage der Leistungserschwerung bieten – Störung der Geschäftsgrundlage, *rebus sic stantibus*-Klausel und *frustration of contract* – dargestellt. Die Darstellung jedes Rechtsinstituts, die vornehmlich auf der Rechtsprechung des deutschen RG und BGH, des polnischen OG sowie des englischen *House of Lords* basiert, beginnt mit seiner Geschichte (§1, A; §2, A; §3, A). Dann werden die Voraussetzungen für die Anwendung (§1, B, III; §2, B, II; §3, B, IV) und ihre Rechtsfolgen (§1, B, IV; §2, B, III; §3, B, V) behandelt. Abschließend wird auf das Problem der Abgrenzung des untersuchten Rechtsinstituts zu anderen Rechtsinstituten (§1, B, V; §2, B, IV; §3, B, VI) und auf prozessuale Fragen wie Parteistellung, Beweislast oder Verjährung (§1, B, VI; §2, B, V; §3, B, VII) eingegangen. Jedes der drei Kapitel endet mit einer kurzen Zusammenfassung und Gesamtwürdigung des untersuchten Rechtsinstituts. Im vierten Kapitel des ersten Teils werden die drei nationalen Lösungsansätze verglichen, wobei auf die Übereinstimmungen und Unterschiede zwischen ihnen verwiesen wird.

3 Die Untersuchungsmethode Schlesingers hat *Sacco* in „Einführung in die Rechtsvergleichung" (S. 67f.) beschrieben. Auch – *Bussani/Mattei*, Columbia J. Eur.L. 1997/98, S. 339ff. (343f.).

Im ersten Kapitel des zweiten Teils werden die Pläne der Schaffung einer gemeinsamen Zivilrechtskodifikation als weiterer Schritt der seit Jahren im Rahmen der europäischen Gemeinschaft vorangetriebenen Privatrechtsvereinheitlichung dargestellt. Beim Versuch der Beantwortung der Frage nach der möglichen Gestalt einer Regelung über Leistungserschwerungen in einer zukünftigen europäischen Zivilrechtskodifikation im zweiten Kapitel werden die wichtigen internationalen Regelwerke auf dem Gebiet des Vertragsrechts (das UN-Kaurecht, die UNIDROIT-Prinzipien für Internationale Handelsverträge, die Grundregeln des Europäischen Vertragsrechts der Lando-Kommission sowie der Vorentwurf des Ersten Buchs eines Europäischen Vertragsgesetzbuchs von *Gandolfi*) zugrundegelegt. Abschließend werden die Ergebnisse aus den zwei Teilen der Arbeit zusammengefasst.

Teil 1
Leistungserschwerungen im deutschen, polnischen und englischen Recht

§ 1. Störung der Geschäftsgrundlage im deutschen Recht

A. Geschichte des Instituts

In der historischen Entwicklung des Rechtsinstituts der Störung der Geschäftsgrundlage hat das Schrifttum eine wichtige Rolle gespielt. Seit dem Ende des 19. Jahrhundert hat man sich mit der Problematik der Auswirkung einer außergewöhnlichen Veränderung der Umstände auf einen Vertrag sehr intensiv auseinander gesetzt. Bis zum Jahre 1980 hat die Untersuchung von *A. Chiotellis* 56 Einzeldarstellungen und Theorien gezählt, und diese Zahl ist bis jetzt mindestens um weitere 15 gestiegen.[4] Den zahlreichen wissenschaftlichen Beiträgen zur Problematik der Geschäftsgrundlage ist es zu verdanken, dass die Regelung der Störung der Geschäftsgrundlage nach heftigen Diskussionen im Rahmen der Schuldrechtsreform 2002 Eingang in das BGB gefunden hat. Die in der Literatur entwickelten Lösungsansätze sind wegen ihrer Vielzahl und teilweise ganz unterschiedlichen Schwerpunkte nicht einfach zu erfassen. Daher konzentriert sich das vorliegende Kapitel auf die Theorien, die die Gestalt der gegenwärtigen Regelung der Leistungserschwerung in § 313 BGB am stärksten geprägt haben, d.h.: die Lehre von *B. Windscheid* (A, II), *P. Oertmann* (A, IV) und *K. Larenz* (A, V).

Vor allem die rauhe Wirklichkeit des 20. Jahrhunderts mit seinen zwei Weltkriegen und den Wirtschaftskrisen hat die Rechtsprechung dazu gebracht, die Einwirkung der Veränderung der Umstände auf die geschuldete Leistung zu berücksichtigen. Dabei stützten sich die Gerichte auf die wirtschaftliche Unmöglichkeit (A, III) und die von *P. Oertmann* stammende Rechtsfigur des Wegfalls der Geschäftsgrundlage, die ihre dogmatische Basis im Gebot von Treu und Glauben aus § 242 BGB gefunden hat (A, VI, 2).

Weniger Aufmerksamkeit hat die Störung der Geschäftsgrundlage seitens der Gesetzgeber gefunden. Während zwei alte deutsche Kodifikationen eine allgemeine *rebus sic stantibus*-Klausel enthielten (A, I, 2), wurde sie im BGB als die Rechtssicherheit gefährdend abgelehnt (A, II, 2). Die turbulenten Ereignisse des

---

4 *Chiotellis*, Rechtsfolgenbestimmungen bei Geschäftsgrundlagenstörungen in Schuldverträgen, S. 4, 29ff.; *Nauen*, Leistungserschwerung und Zweckverteilung im Schuldverhältnis, S. 20, Fn 4.

20. Jahrhunderts haben die Notwendigkeit der Existenz dieses Rechtsinstituts endgültig bestätigt und die Debatte über die Kodifizierung erneut ausgelöst.

I. Rebus sic stantibus-Klausel als historische Wurzel der Lehre der Störung der Geschäftsgrundlage

1. Historische Entwicklung bis zum 20. Jahrhundert

Trotz ihres lateinischen Namens war dem klassischen römischen Recht keine allgemeine *rebus sic stantibus*-Klausel bekannt und nur in Ausnahmefällen bei einzelnen Vertragstypen war eine Beendigung der Vertragsverhältnisse aufgrund einer Veränderung der Umstände möglich.[5] Dasselbe galt für das deutsche Recht bis zum 16. Jahrhundert. Erst im späten Mittelalter hat sich die Meinung durchgesetzt, den Anwendungsbereich der Klausel nicht mehr auf einzelne Vertragstypen zu beschränken. Dabei ging man auf philosophische Überlegungen der scholastischen Moralphilosophen (vor allem von *Thomas von Aquin*) und auf das kanonische Recht zurück. Das heißt aber nicht, dass die römische Rechtskultur keinen Einfluss auf die Entwicklung der *rebus sic stantibus* Lehre ausgeübt hat. Die scholastischen Moralphilosophen haben ihre Inspiration in den Werken römischer Philosophen wie etwa *Cicero, Aurelius Augustinus* gesucht.[6]

Im 17. und 18. Jahrhundert erlebte die so entwickelte allgemeine *rebus sic stantibus*-Klausel ihre große Blütezeit. Man ging damals immer davon aus, dass jedes Rechtsgeschäft unter dem Vorbehalt der Klausel steht.[7] Dieser Wendepunkt war den Postglossatoren zu verdanken, die den Weg von der Kasuistik zu den allgemeinen Rechtsregeln gingen, indem sie allgemeine Rechtsgrundsätze formulierten. Im nächsten Jahrhundert, das als Zeit der Renaissance der Pandektenlehre bezeichnet wird, ist die allgemeine *rebus sic stantibus*-Klausel auf rigorose Ablehnung gestoßen, weil sie keine Grundlage im klassischen römischen Recht hatte. Die Pandekten haben nämlich wieder direkt auf die Quellen des römischen Rechts zurückgegriffen und die Veränderungen der Rezeption und die Entwicklung der vergangenen Jahrhunderte ausgeklammert.[8] Zugleich kam es in dieser Zeit zum Übergang von der Agrar- zur Verkehrswirtschaft und der damit verbundenen allmählichen Dynamisierung aller gesellschaftlichen Verhältnisse, infolge-

---

5 *Köbler*, Die „clausula rebus sic stantibus", S. 23–25.
6 *Georg*, Clausula rebus sic stantibus und Geschäftsgrundlage, S. 151 ff.; *Köbler*, Die „clausula rebus sic stantibus", S. 28–29.
7 *Köbler*, Die „clausula rebus sic stantibus", S. 26–27 und 30.
8 *Gieg*, Clausula rebus sic stantibus und Geschäftsgrundlage, S. 85; *Köbler*, Die „clausula rebus sic stantibus", S. 43f.

dessen der als autonom verstandene und im Vertragsinhalt zum Ausdruck kommende Parteiwille der *rebus sic stantibus*-Klausel gegenübergestellt wurde.[9]

2. *Rebus sic stantibus Klausel und erste deutsche Kodifikationen*

Im 18. Jahrhundert wurden schließlich die Anstrengungen der Naturrechtswissenschaftler, das Recht zu systematisieren und zu kodifizieren, von Erfolg gekrönt. In fünf deutschsprachigen Staaten (Preußen, Österreich, Bayern, Baden und Sachsen) erschienen Kodifikationen des Privatrechts.[10] Zwei davon (das Bayerische Landrecht und das Preußische Allgemeine Landrecht) enthielten eine allgemeine *rebus sic stantibus*-Klausel. Das aus dem Jahre 1756 stammende Bayerische Landrecht (der *Codex Maximilianeus Bavaricus civilis*) gilt als das älteste deutsche Zivilgesetzbuch. Der *Codex* enthielt eine allgemeine *rebus sic stantibus*-Klausel in § 12, der nur im Falle der schuldrechtlichen Verträge verwendet werden konnte. Für die Anwendung der Klausel mussten drei Voraussetzungen erfüllt sein: 1. die Veränderung der Umstände durfte nicht vom Schuldner verursacht sein, 2. die Veränderung durfte nicht leicht vorhersehbar sein und 3. sie musste von bestimmter Gewichtigkeit sein. Das Bayerische Landrecht hat zum ersten Mal in der Geschichte der *rebus sic stantibus*-Klausel dem Richter weitergehende Befugnisse eingeräumt. Nach § 12 konnte er nämlich entscheiden, ob ein Vertrag anzupassen oder aufzuheben war.[11]

Das am 1. Juni 1794 in Kraft getretene Preußische Allgemeine Landrecht (ALR) wird für die bedeutendste Kodifikation des 18. Jahrhunderts gehalten. Das Regelwerk enthielt eine umfassende Regelung (§ 377, I, 5; § 378, I, 5 und § 380, I, 5) der allgemeinen *rebus sic stantibus*-Klausel. Die Klausel wurde von der Unmöglichkeit unterschieden (§ 377, I, 5 ALR) und auf unvorhergesehene Veränderungen in der Zeit zwischen der Verpflichtung und Erfüllung beschränkt. Nach § 378, I, 5 ALR konnte ein Vertragsverhältnis im Falle veränderter Umstände nur dann einseitig beendet werden, wenn die Erreichung des ausdrücklich vereinbarten oder sich aus der Natur des Geschäfts ergebenden Vertragszweckes vereitelt wurde. Nach § 381, I, 5 ALR musste eine zurücktretende Partei die andere Partei vollständig entschädigen, wenn sich die Veränderung in ihrer Person ereignet hat.[12]

---

9 *Braun*, JuS 1979, S. 692 ff. (693).

10 Das Bayerische Landrecht, Der Codex Theresianus, Das Preußische Allgemeine Landrecht, Das Badische Landrecht, das österreichische ABGB, das sächsische BGB – *Köbler*, Die „clausula rebus sic stantibus", S. 42f.

11 *Köbler*, Die „clausula rebus sic stantibus", S. 43f.

12 *Köbler*, Die „clausula rebus sic stantibus", S. 47–48.

II. Lehre der Voraussetzung Windscheids

1. Grundsätze

Zu den bekanntesten Doktrinvertretern, die sich mit dem Problem der Auswirkung einer Umstandsänderung auf ein Schuldverhältnis befasst haben, gehört der Autor des Pandektenlehrbuchs *Bernhard Windscheid.* Mit seinem Werk „*Die Lehre des römischen Rechts von der Voraussetzung*", in dem er seine sog. Theorie der Voraussetzung vorgestellt hat, legte er 1851 die Grundlagen für die moderne Geschichte der *rebus sic stantibus*-Klausel. Dabei versuchte er die von den Pandekten verbreitete psychologisierende Theorie der Willenserklärung, die sich bei Festlegung der Geltung eines Vertrages auf den Vertragsinhalt konzentrierte, mit dem Gedanken einer objektiven Vertragsgerechtigkeit zu verbinden. Die besagte „*Voraussetzung*" sei eine unentwickelte Bedingung, die unentwickelt geblieben sei, weil der Willenserklärende das Vorhandensein, den Eintritt oder das Fortdauern bestimmter Umstände als ganz sicher betrachtet habe und sie nur deswegen nicht zur Bedingung seiner Erklärung gemacht habe. Laut dieser Theorie habe sich der Erklärende vom Vertrag lösen können oder der Vertrag sei sogar ohne weiteres unwirksam gewesen, wenn diese Voraussetzung gefehlt habe.[13] Ein großes Problem stellte sich jedoch bei der Beantwortung der Frage, wann ein Motiv zur Voraussetzung erhoben werden konnte. Die Voraussetzung habe nämlich nur dann vorgelegen, wenn sie ausdrücklich erklärt gewesen sei (was ganz selten der Fall war) oder wenn der Gegner erkennen konnte, welche Motive der Erklärung zu Grunde lagen. Nicht jedes erkennbare oder selbst ausgesprochene Motiv wurde aber zur Voraussetzung erhoben. Ein erkennbares Motiv könne immer dann Voraussetzung sein, wenn es sich um eine „*erste Absicht*" handele. Die weiteren Absichten hätten keine Bedeutung gehabt. Als „*erste Absicht*" nennt *Windscheid* z.B. die Absicht zu schenken oder eine Verbindlichkeit zu begründen.[14]

Der Theorie von der Voraussetzung wurde vorgeworfen, dass das psychologische Abgrenzungskriterium der Voraussetzung gegenüber dem Motiv nicht besonders verständlich sei.[15] Der entscheidende Mangel der Theorie *Windscheids* lag aber darin, dass sie einseitig auf den Erwartungshorizont des Erklärenden abstelle und den Willen sowie die Interessen des Erklärungsgegners nicht genügend berücksichtige.[16] Aus diesen Gründen ist die Lehre *Windscheids* auf heftige Kri-

---

13 *Windscheid*, Lehrbuch der Pandektenrechts, §§ 97, 98.
14 *Windscheid*, Lehrbuch des Pandektenrechts, § 98 Fn. 1
15 *Lenel*, AcP 74 (1889), S. 213ff.(221f.).
16 *Wieling*, Jura 1985, S. 505ff.(507).

tik gestoßen. In seinem Artikel „*Die Lehre von der Voraussetzung (im Hinblick auf den Entwurf eines bürgerlichen Gesetzbuches)*“ bezeichnete *Otto Lenel* eventuelle Voraussetzungsvorschriften als diejenigen, mit denen „*man alle Schattenseiten des codificationslosen Zustands haben würde, aber ohne dessen Lichtseiten*“ zu erfahren.[17]

2. Die Lehre Windscheids und das BGB

Die erste Kommission für die Vorarbeiten des BGB wurde vom Bundesrat schon im Jahre 1874 einberufen. Auch *Bernhard Windscheid* hat neben anderen hervorragenden deutschen Juristen an der Arbeit der Kommission teilgenommen. Der Einfluss des Autors des „*Lehrbuchs des Pandektenrechts*“ war so erheblich, dass der im Jahre 1887 veröffentlichte Erste Entwurf oft als „*kleiner Windscheid*“ bezeichnet wurde.[18] Aus diesem Grund fand auch die Lehre von der Voraussetzung Eingang in den Entwurf.[19] Das ganze Regelwerk wurde jedoch sehr kritisch aufgenommen.[20]

Die im Jahre 1890 berufene Zweite Kommission, an deren Arbeit *Windscheid* nicht teilnahm, hat sich bei ihrer Arbeit von den positivistischen Idealen der Lückenlosigkeit und der strengeren richterlichen Bindung an das Gesetz leiten lassen. Die Kommission lehnte die Lehre *Windscheids* als gefährlich für die Rechtssicherheit völlig ab und die *rebus sic stantibus*-Klausel hat Eingang nur in einzelne Sondervorschriften gefunden.[21] Dem Gedanken der Klausel sind später die Vertragshilfeverordnungen gefolgt.[22] Auf eine Regelung über den Einfluss ver-

17 *Lenel*, AcP 74 (1889), S. 213ff. (239). *Windscheid* hat seine Auffassung noch mal ausführlich vorgestellt und seine Theorie im Aufsatz „Die Voraussetzung“ verteidigt, AcP 78 (1892), S. 193ff.

18 *Laufs*, Rechtsentwicklung in Deutschland, S. 259.

19 In § 742, Motive zu dem Entwurfe eines BGB für das Deutsche Reich, Band II, S. 842.

20 *Laufs*, Rechtsentwicklung in Deutschland, S. 259.

21 Protokolle zu dem Entwurfe des BGB, S. 690 – 691; *Cohen* (Die Windscheidsche Voraussetzung infolge des Krieges „rediviva“!, S. 109) kommentierte die Ablehnung der Lehre von der Voraussetzung: „*Mit der zweiten Lesung des BGB – nachdem Windscheid aus der Kommission ausgeschieden war – wurde die ‹‹Voraussetzungslehre›› für alle Zeiten ‹‹mit Pomp›› (d.h. mit allen Ehren) begraben.*“

22 VertragshilfeVO vom 30. November 1939, RGBl. I 1939, S. 2329; vom 1. April 1940, RGBl. I 1940, S. 577; vom 20. April 1940, RGBl. I 1940, S. 671. Mehr zu den Vertragshilfeverordnungen: *Kegel/Rupp/Zweigert*, Die Einwirkung des Krieges auf Verträge, S. 152ff.

änderter Umstände, die den Charakter einer allgemeinen Klausel hätte, hat der Gesetzgeber bis zur Zeit der großen Schuldrechtsreform 2002 verzichtet.[23]

3. Lehre von der Voraussetzung in der RG-Rechtsprechung

Die ältesten Urteile, in denen sich das Reichsgericht mit der Problematik der Rechtsfolge bei Veränderung der Umstände zu beschäftigen hatte, stammen aus dem Ende des 19. Jahrhunderts. Obwohl diese Entscheidungen zur Zeit der Lehre von der Voraussetzung gefällt wurden, lehnten sie, mit wenigen Ausnahmen (z.B. Branntwein Urteil vom 26. September 1888[24]), die Lehre ab. Im Urteil vom 13. Mai 1889[25] hat das Reichsgericht zum Beispiel einen Irrtum einer Partei über den Preis für einen Quadratfuß bei einem Verkauf eines Grundstücks für rechtlich unerheblich gehalten und die Theorie *Windscheids* wegen ihrer Subjektivität kritisiert. Das Reichsgericht hat seine Kritik noch einmal deutlich in der Entscheidung vom 9. Januar 1906[26] ausgedrückt. Nach Ansicht des RG hat die Lehre von der Voraussetzung wegen ihrer unklaren Unterscheidung zwischen der Voraussetzung und einem unbeachtlichen Motiv die Sicherheit des Rechtsverkehrs gefährden können. Das Gericht hat jedoch die Möglichkeit der Berufung auf veränderte Umstände nicht völlig ausgeschlossen. Wenn die Voraussetzung im Vertrag nicht vereinbart worden sei, dann hätten eventuell die Grundsätze von Treu und Glauben der betroffenen Vertragspartei zur Hilfe kommen können.

III. Wirtschaftliche Unmöglicheit – RG-Rechtsprechung

Bis zum Ersten Weltkrieg und teilweise während der Kriegszeit wurde die Berufung auf die allgemeine *rebus sic stantibus*-Klausel in der RG-Rechtsprechung abgelehnt. Das Gericht hat dies mit dem Gedanken begründet, dass eine Extrahierung einer solchen Klausel aus den einzelnen *rebus sic stantibus* Sondervorschriften dem Willen des Gesetzgebers widersprechen würde (RG-Urteil vom 11. April 1902[27], RG-Urteil vom 3. Juli 1917[28]) und mit dem Gebot von Treu

---

23 Anders als die polnische sozialistische Zivilrechtskodifikation enthielt das DDR-Zivilgesetzbuch vom 19. Juni 1975 in §§ 78 und 79 eine Regelung über eine Auswirkung einer Veränderung der Geschäftsgrundlage auf Schuldverhältnisse. Laut dieser Vorschriften konnte das Gericht einen Vertrag ändern oder aufheben, wenn sich die für den Vertragsschluss maßgebenden Umstände nach Vertragsabschluss so verändert haben, dass die Erfüllung einer Partei nicht mehr zuzumuten war – *Köbler*, Die „clausula rebus sic stantibus", S. 195f.

24 RGZ 22, S. 81ff.

25 RGZ 24, S. 169ff.

26 RGZ 62, S. 267f.

27 RGZ 50, S. 255ff. (257).

und Glauben aus §§ 157, 242 BGB sowie mit den Verkehrsitten unvereinbar wäre (RG-Urteil vom 4. Mai 1915[29]).

Die Auffassung des Reichsgerichts hat sich infolge des Kriegsausbruchs und der Wirtschaftskrise der Weimarer Republik geändert. Der wirtschaftliche Zusammenbruch mit seinen riesigen Arbeitslosenzahlen und der rapiden Geldentwertung konnte nicht anders als eine drastische Veränderung der Umstände bewertet werden. In dieser neuen Situation konnte ein striktes Festhalten an der Vertragsbindung die wirtschaftliche Existenz von Millionen von Bürgern und Unternehmen gefährden. Mit der Suche nach der Einzelgerechtigkeit in diesen Fällen hat die Renaissance der Problematik der Rechtsfolgen der Veränderung der Umstände begonnen.

Um das von dem Gesetzgeber ignorierte Problem der Einwirkung veränderter Umstände auf Verträge zu lösen, stützte sich das RG zunächst auf das Rechtsinstitut der wirtschaftlichen Unmöglichkeit. Eine wirtschaftliche Unmöglichkeit wurde zwar schon im RG-Urteil vom 23. Februar 1904[30] angenommen, aber ausdrücklich hat das RG sie zum ersten Mal im Urteil vom 21. September 1920 ausgesprochen.[31] In diesem Urteil hat das Gericht ausgeführt, dass *„die Erfüllung des Vertrages nicht geschuldet und gefordert werden kann, wenn infolge der völligen Veränderung der Zustände die Vertragsleistung jetzt wirtschaftlich zu einer ganz anderen geworden ist, als wie ursprünglich von beiden Parteien gedacht und gewollt war*“. Weiter wies das Gericht darauf hin, dass mit der wirtschaftlichen Unmöglichkeit, die neben der tatsächlichen Unmöglichkeit unter § 325 BGB zu subsumieren sei, *„im Gesetz die clausula rebus sic stantibus insoweit unverhüllt zutage“* trete.

Die wirtschaftliche Unmöglichkeit wurde schon von Anfang an stark mit dem Gedanken von Unzumutbarkeit verknüpft (RG-Urteil vom 23. Februar 1904[32]). Die Feststellung der Unmöglichkeit reichte nämlich nicht aus. Es musste auch erwogen werden, ob die Leistungserbringung dem Schuldner nach dem Gebot von Treu und Glauben und mit Rücksicht auf die Verkehrsitte noch zugemutet werden konnte (RG-Urteil vom 29. November 1921[33]). Der Begriff der *„Unzumutbarkeit“* wurde dabei in der Rechtsprechung nicht einheitlich verstanden. Es blieb umstritten, wie weit eine Leistung von der Veränderung betroffen sein müsse, damit man von Unzumutbarkeit sprechen konnte. Manchmal war die Unzumutbarkeit erst dann eingetreten, wenn die Verpflichtung zur Erfüllung eines

28 RGZ 90, S. 375ff. (377).
29 RGZ 86, S. 397ff. (399).
30 RGZ 57, S. 116ff. (119).
31 RGZ100, S. 129ff. (131).
32 RGZ 57, S. 116ff. (119).
33 RGZ 103, S. 177ff. (178f.).

langfristigen Vertrages infolge der wirtschaftlichen Veränderung für eine Vertragspartei *„geradezu ruinös zu werden drohte“* (Urteil vom 8. Juli 1920[34]). Später, in der Entscheidung vom 29. November 1921[35], wurde die Voraussetzung des drohenden Ruins aufgegeben. Als maßgebendes Kriterium wurde eine allgemeine Zumutbarkeit, bei der alle in Betracht kommenden Umstände zu berücksichtigen sind, aufgenommen.

IV. Lehre der Geschäftsgrundlage Oertmanns

1. Charakteristik

Das Standardwerk nach Inkrafttreten des BGB, in dem das Problem des Einflusses der Veränderung der Umstände auf eine geschuldete Leistung umfassend behandelt wurde, stammte von *Paul Oertmann.* Dieser Schwiegersohn *Windscheids*[36] hat im Standardwerk *„Die Geschäftsgrundlage, Ein neuer Rechtsbegriff“* die noch heutzutage allgemein erkannten Begriffe von *„Geschäftsgrundlage“*, *„Wegfall der Geschäftsgrundlage“* und *„Fehlen der Geschäftsgrundlage“* konturiert. Seitdem werden sie immer im Schrifttum und in der Rechtsprechung im Zusammenhang mit der Problematik der Einwirkung der veränderten Umstände auf Verträge verwendet und haben den alten Begriff der *rebus sic stantibus*-Klausel ersetzt.[37]

In seiner Theorie lehnte sich *P. Oertmann* an die Lehre *B. Windscheids* an. Er hat aber den Mangel der Theorie von der Voraussetzung bemerkt, der u.a. darin lag, dass sie die Problematik der Veränderung der Umstände und dadurch verursachte Leistungserschwerung einseitig, aus der Sicht der betroffenen Partei, betrachtete. Die Geschäftsgrundlage hat er vom Motiv dadurch unterschieden, dass bei der Geschäftsgrundlage der Gegner immer erkennen müsse, dass der Erklärende etwas zur Geschäftsgrundlage gemacht habe und dass er dies nicht beanstandet habe. Nur die gemeinsamen Vorstellungen beider Parteien, die sogar subjektiv sein könnten, könnten als Geschäftsgrundlage gelten. Die Definition *Oertmanns* lautete: *„Geschäftsgrundlage ist die beim Geschäftsabschluss zutage tretende und vom etwaigen Gegner in ihrer Bedeutsamkeit erkannte und nicht beanstandete Vorstellung eines Beteiligten oder die gemeinsame Vorstellung der mehreren Beteiligten vom Sein oder vom Eintritt gewisser Umstände, auf deren Grundlage der Geschäftswille sich aufbaut.“*[38] Bei der Festlegung der Rechtsfol-

---

34 RGZ 99, S. 259ff. (260).

35 RGZ 103, S. 177ff. (180).

36 *Braun*, JuS 1979, S. 692ff. (694).

37 *Gieg*, Clausula rebus sic stantibus und Geschäftsgrundlage, S. 14.

38 *Oertmann*, Die Geschäftsgrundlage, S. 37.

gen des Wegfalls der Geschäftsgrundlage räumte *P. Oertmann* dem Gericht eine weitgehende Befugnis ein. Die Rechtsfolgen umfassten ein Rücktrittsrecht, ein Kündigungsrecht (beim Fehlen der Geschäftsgrundlage) oder einen Aufschub sowie eine Minderung der Leistung (bei Verschiebung der Geschäftsgrundlage).[39]

Die Lehre *Oertmanns* ist nicht ohne Kritik geblieben. Beanstandet wurde an der Lehre, dass *Oertmann* vom realen, psychologischen Willen ausgegangen sei und die normativen Elemente der Willensermittlung ignoriert habe. *Karl Larenz*, der als erster nach dem Zweiten Weltkrieg das Problem der Geschäftsgrundlage monografisch behandelt hat, wies auf folgendes hin: Wenn man die Geschäftsgrundlage als eine Summe von psychologisch feststellbaren Vorstellungen annimmt, dann würde der Wegfall der Geschäftsgrundlage auch Motive umfassen, die keinesfalls im Fall ihrer Enttäuschung zum Rücktritt oder zur Vertragsanpassung führen sollen. Als Beispiel nannte er einen Fall, in dem ein Verlobter einem Ringverkäufer von seiner Verlobung erzählt habe, die dann nicht zustande komme. Trotzdem müsse der Ring bezahlt werden.[40] Ein anderer Mangel der Lehre von der Geschäftsgrundlage bestand darin, dass sich die Parteien beim Vertragsschluss häufig keine Gedanken über die Geschäftsgrundlage machen. Diese Fälle sind von der psychologisierenden Theorie *Oertmanns* nicht erfasst.[41]

2. *Geschäftsgrundlage in der RG-Rechtsprechung*

Trotz ihrer Mängel hat das Reichsgericht die Lehre der Geschäftsgrundlage schnell übernommen. Die Oertmannsche Formel der Geschäftsgrundlage wurde bereits in der Entscheidung vom 3. Februar 1922[42] benutzt. Bis zum Ende des Zweiten Weltkrieges ergingen nicht weniger als 80 Entscheidungen, die an die Theorie *Oertmanns* anknüpften.[43] Im Urteil vom 15. Dezember 1941[44] hat das Reichsgericht seine Auffassung zur Frage der veränderten Umstände ausführlich vorgestellt. Dabei hat das Gericht eine Definition der Geschäftsgrundlage formuliert, die sehr der Definition *Oertmanns* ähnelte.

Die Bedürfnisse der Praxis zwangen das Reichsgericht immer wieder, für die Anwendung der Lehre von der Geschäftsgrundlage bestimmte allgemeine Anforderungen sowie Beurteilungsgrundsätze festzulegen. Der Grundsatz von Treu

---

39 *Oertmann*, Die Geschäftsgrundlage, S. 164.
40 *Larenz*, Geschäftsgrundalge und Vertragserfüllung, S. 8ff.
41 *Wieling*, Jura 1985, S. 505ff. (507).
42 RGZ 103, S. 328ff. (332f).
43 Die RG-Entscheidungen sind in Staudinger, II. Band, Schuldverhältnisse, Teil 1b, § 242, 11. Aufl. (1961) S. 995–998 aufgelistet.
44 RGZ 168, S. 121ff. (126f.).

und Glauben spielte hierbei immer eine wichtige Rolle. Da *„nach Treu und Glauben mit Rücksicht auf die Verkehrssitte der Schuldner nur verpflichtet ist, seine Leistung gegen eine entsprechende Gegenleistung zu bewirken“*,[45] wurde dieser Gedanke auf die Gewährleistung der Äquivalenz zwischen der Leistung und der Gegenleistung bezogen. Dabei musste es sich nicht unbedingt um eine Leistungserschwerung handeln, damit die Unzumutbarkeit der Leistungserbringung festgestellt werden konnte. Auch eine Erleichterung der Gegenleistung konnte dazu führen, dass die Leistungserbringung der anderen Vertragspartei nicht zuzumuten war.[46] Für die Feststellung des Wegfalls der Geschäftsgrundlage wurde auch verlangt, dass die Veränderung der Umstände völlig unvorhersehbar war. Als solche unvorhersehbaren Ereignisse wurden beispielsweise der Erste Weltkrieg und die Revolution genannt.[47] Die betroffene Partei konnte sich jedoch auf eine Veränderung der Umstände nicht berufen, wenn sie das Risiko der Veränderung übernommen hat z.B. dadurch, dass ihren Erwägungen nach dem Vertragsinhalt ein spekulativer Einschlag zukam.[48] Die Voraussetzungen für die Anwendung des Instituts des Wegfalls der Geschäftsgrundlage richten sich jeweils auf die Umstände des Einzelfalls, dem Gedanken entsprechend *„was (...) einem Erfüllungspflichtigen noch zugemutet werden kann, lässt sich eben nicht nach einer gleichmäßigen Schablone, sondern nur nach der Lage des Einzelfalls unter Berücksichtigung der Einwirkung der Erfüllung oder Nichterfüllung auf die subjektiven Verhältnisse beider Teile bestimmen“*[49].

V. Karl Larenz – Lehre der subjektiven und objektiven Geschäftsgrundlage

1. Charakteristik

Der Kritiker der Lehre *Oertmanns* – *Karl Larenz*, der als erster nach dem Zweiten Weltkrieg das Problem der Einwirkung der veränderten Umstände auf eine geschuldete Leistung monografisch behandelte, hat zwischen subjektiver und objektiver Geschäftsgrundlage unterschieden. Unter der subjektiven Geschäftsgrundlage verstand er *„eine bestimmte gemeinsame Vorstellung oder Erwartung beider Vertragsparteien, von der sie sich beim Abschluss des Vertrages haben leiten lassen.“*[50] Entscheidend sei dabei nicht gewesen, ob sich einer oder beide

45 RG-Urteil vom 6. Januar 1923, RGZ 106, S.7ff. (10).
46 RG-Urteil vom 29. Oktober 1923, RGZ 107, S. 124ff. (129).
47 RG-Urteil vom 29. Oktober 1923, RGZ 107, S. 124ff. (126).
48 RG-Urteil vom 29. Oktober 1923, RGZ 107, S. 124ff. (127).
49 RG-Urteil vom 7. Juni 1921, RGZ 102, S. 272ff. (274); ebenso: RG-Urteil vom 20. April 1940, RGZ 163, S. 324ff. (329).
50 *Larenz*, Geschäftsgrundlage und Vertragserfüllung, S. 184.

geirrt hätten, sondern ob beide den Umstand als Geschäftsgrundlage anerkannt hätten.[51] Die so formulierte subjektive Geschäftsgrundlage hat er als Problem des Motivirrtums betrachtet.

Unter der objektiven Geschäftsgrundlage war „*jeder Umstand, dessen Vorhandensein oder Fortdauer erforderlich ist, damit der Vertrag – im Sinne der Intentionen beider Vertragsparteien – noch als eine sinnvolle Regelung bestehen kann*“[52] zu verstehen. Im Gegensatz zur subjektiven Geschäftsgrundlage sollte eine objektive Geschäftsgrundlage dann vorliegen, wenn die Parteien über die fraglichen Umstände überhaupt keine Vorstellungen hatten, sich also darüber auch nicht irren konnten.[53] Dabei hat *Karl Larenz* zwei Fallgruppen der Störung der objektiven Geschäftsgrundlagen genannt: die Äquivalenzstörungs- und Zweckvereitelungsfälle[54].

Die dem Irrtumrecht zugeordnete subjektive Geschäftsgrundlage und die objektive Geschäftsgrundlage, die zur Problematik der Störung der Geschäftsgrundlage gehörte, schließen sich gegenseitig nicht aus, weil es sich bei beiden um gleiche Umstände handeln könne. Der einzige Unterschied bestehe nur in der subjektiven Beziehung der Parteien zu dem gegebenen Umstand bei der subjektiven Geschäftsgrundlage.[55] Mit dieser Konzeption gilt *Karl Larenz* als derjenige, der mit seiner Theorie die subjektive und die objektive Lehre der Geschäftsgrundlage zu einer einheitlichen Lehre verbunden hat. Zu den Vertretern der subjektiven Lehre von der Geschäftsgrundlage, die die Rechtsprechung des RG sowie später des BGH entscheidend beeinflusst hat, gehören *Bernhard Windscheid*, *Paul Oertmann* und *Otto Lenel*.[56] Als Vertreter der objektiven Lehre werden u.a. *Paul Krückmann*[57] und *Eugen Locher*[58] genannt. Mit der objektiven Lehre assoziiert man solche Begriffe wie „*Geschäftszweck*“ bzw. „*Vertragszweck*“ oder „*Wesenszweck*“, der den Parteien gemeinsam sei. Unter der Geschäftsgrundlage werden dabei die Umstände verstanden, die zur Erreichung des Geschäftszweckes mit den Geschäftsmitteln notwendig seien.[59] Nur wenn die Umstände sich so ändern, dass der Vertrag kein geeignetes Mittel zur Erreichung dieses Zwecks

51 *Wieling*, Jura 1985, S. 505ff. (507).
52 *Larenz*, Geschäftsgrundlage und Vertragserfüllung, S. 185
53 *Wieling*, Jura 1985, S. 505ff. (508).
54 *Larenz*, Geschäftsgrundlage und Vertragserfüllung, S. 185.
55 *Lembke*, Vorhersehbarkeit und GG, S. 91f.
56 *Fikentscher*, Die Geschäftsgrundlage als Frage des Vertragsrisikos, S. 5f
57 *Krückmann*, Clausula rebus sic stantibus, Kriegsklausel, Streikklausel, AcP 116 (1918), S. 157ff.; Kalkulationsirrtum und ursprüngliche Sinn-, Zweck- und Gegenstandslosigkeit, AcP 128 (1928), S. 157ff.; Die Voraussetzung als virtueller Vorbehalt, AcP 131 (1929), S. 257ff.
58 *Locher*, AcP 121 (1923) S.1ff.
59 *Locher*, AcP 121 (1923) S.1ff. (71).

mehr sei, binde der Vertrag die Parteien nicht mehr und zwar unabhängig davon, ob die Parteien überhaupt daran gedacht hätten.[60] Die Lehre *Larenz*' erfasst sowohl die Fälle vom Wegfall der subjektiven Geschäftsgrundlage wie auch die vom Wegfall des Geschäftszwecks durch schwere Äquivalenzstörung oder durch Unerreichbarkeit des gemeinsamen Vertragszwecks (also objektive Geschäftsgrundlage).[61]

Die Rechtsfolgen des Fehlens bzw. Wegfalls der Geschäftsgrundlage sind die aus der Lehre *Oertmanns* bekannten.[62] *K. Larenz* lehnte nämlich auch feste Regeln ab und wies den Richter an, „*im Wege einer ‹‹korrigierenden Vertragsauslegung›› diejenigen Rechtsfolgen aufzufinden, die* [...] *durch den Sinne des konkreten Vertrages und den Grundsatz der immanenten Vertragsgerechtigkeit gefordert werden.*“[63]

2. *Variationen der Lehre Larenz'*

a) Geschäftsgrundlage und Risiko

Die von *Karl Larenz* herausgearbeitete Lehre hat in der Doktrin weitgehend Zustimmung gefunden.[64] An die Auffassung *K. Larenz*' haben u. a. *Heinrich Lehmann*[65] und *Wolfgang Fikentscher*[66] angeknüpft. Dabei haben sie die Unzumutbarkeit der geschuldeten Leistung in den Vordergrund gestellt. *W. Fikentscher*, der das Problem der Geschäftsgrundlage im Hinblick auf das Vertragsrisiko untersucht hat,[67] ist zum Ergebnis gekommen, dass das Festhalten an dem vertraglichen Risiko infolge des Eintritts unvorhergesehener Umstände unzumutbar sei, wenn durch eine Änderung in den außerhalb des Vertrags gebliebenen Vertrauensumständen der vertragliche Risikobereich überschritten worden sei.[68]

---

60 *Fikentscher*, Die Geschäftsgrundlage als Frage des Vertragsrisikos, S. 9; *Köhler*, Unmöglichkeit und Geschäftsgrundlage, S. 137.

61 *Fikentscher*, Die Geschäftsgrundlage als Frage des Vertragsrisikos, S. 9.

62 *Larenz*, Geschäftsgrundlage und Vertragserfüllung, S. 185f.

63 *Larenz*, Geschäftsgrundlage und Vertragserfüllung, S. 170.

64 *Wieling*, Entwicklung und Dogmatik der Lehre von der Geschäftsgrundlage, S. 508.

65 *Lehmann*, Missbrauch der Geschäftsgrundlage, JZ 1952, 10 ff.

66 *Fikentscher*, Die Geschäftsgrundlage und als Frage des Vertragsrisikos, München 1971.

67 Z.B. *Koller*, Die Risikozurechnung bei Vertragsstörungen in Austauschverträgen, München 1979.

68 *Fikentscher*, Die Geschäftsgrundlage und als Frage des Vertragsrisikos, S. 109ff.

b) Große und kleine Geschäftsgrundlage – Gerhard Kegel

Auch wenn die Theorie von *Karl Larenz* heutzutage der im Schrifttum herrschenden Auffassung entspricht, gibt es eine Reihe von Ansichten, die mehr oder weniger von dieser Lehre abweichen. Da die Literatur zu diesem Thema sehr umfangreich ist, ist es nicht möglich, im Rahmen dieser Arbeit alle vorzustellen. Erwähnenswert ist hierbei der Urheber der Begriffe „*kleine*" und „*große*" Geschäftsgrundlage – *Gerhard Kegel*. Als Wegfall der großen Geschäftsgrundlage bezeichnete er nur Fälle der Sozialkatastrophen wie etwa Krieg, Inflation, Naturkatastrophen, während in allen anderen Fällen lediglich die kleine Geschäftsgrundlage betroffen sei.[69] Dabei hat er sich für eine Beschränkung der Regeln des Wegfalls der Geschäftsgrundlage auf Katastrophenfälle (also auf die große Geschäftsgrundlage) ausgesprochen.[70] Da sowohl die Störung der kleinen wie auch der großen Geschäftsgrundlage zu gleichen Rechtsfolgen führt, ist diese Unterscheidung heute von keiner praktischen Bedeutung.[71] Trotzdem kommt sie im Schrifttum relativ häufig vor.[72]

3. Ablehnung der Lehre von der Geschäftsgrundlage

Zugleich gab es Autoren, die die Lehre von der Geschäftsgrundlage teilweise oder sogar völlig abgelehnt haben. Zu der ersten Gruppe gehört unter anderen *Ulrich Huber*, der sich lediglich gegen die Rechtsfigur der subjektiven Geschäftsgrundlage gewendet hat.[73] Die ganze Lehre *Larenz'* wurde zum Beispiel von *Werner Flume* abgelehnt, der der Meinung war, das Problem der Veränderung der Umstände sei durch Vertragsauslegung zu lösen.[74] Diesem Problemlösungsansatz von *Flume* wird jedoch vorgeworfen, dass er von den Voraussetzungen her und in der Rechtsfolge zu eng sei. Bei der Vertragsauslegung bleiben nämlich alle Umstände unberücksichtigt, die beim Vertragsschluss nicht zum Vertragsgegenstand gemacht worden sind und auch die Rechtsfolgen des Weg-

---

69 *Kegel*, Geschäftsgrundlage, 40. DJT, 1953, S. 199ff.

70 *Kegel*, Geschäftsgrundlage, 40. DJT, 1953, S. 135ff.

71 *Medicus*, Bürgerliches Recht, 2002, S. 100–101; *Krebs*, in: Anwaltskommentar, §313, Rn. 49.

72 *Heinrich*, in: Palandt, BGB, 65. Aufl., §313 Rn. 8; *Schulze*, in: Handkommentar, 3. Aufl., § 313, Rn. 3; *Stadler*, in: Jauernig Kommentar zum BGB, 11. Aufl., § 242, Rn. 69.

73 *Huber*, JuS 1972, S. 57 ff.(65).

74 *Flume*, Allgemeiner Teil des Bürgerlichen Rechts, S. 525 ff.; ebenso – *Nicklisch*, BB 1980, S. 949 ff. (953).

falls der Geschäftsgrundlage lassen sich im Wege der Auslegung nicht ermitteln.[75]

VI. Geschäftsgrundlage in der BGH-Rechtsprechung

1. Oertmannsche Formel als Ornament

Der Bundesgerichtshof hat sich nach dem Zweiten Weltkrieg schnell der von *P. Oertmann* formulierten und vom Reichsgericht verwendeten Lehre von der Geschäftsgrundlage angeschlossen.[76] In der Entscheidung vom 15. Juni 1951[77] hat der BGH eine Definition der Geschäftsgrundlage formuliert, die auf die Vorstellungen der Parteien Bezug nahm und genau der Definition *Oertmanns* entsprach.[78] Diese in der Rechtsprechung immer wieder benutzte Formel wurde im Schrifttum als ein bloßes „*Ornament*" bezeichnet, weil ihr in den Gerichtsentscheidungen keine entscheidungserhebliche oder tatbestandsbildende Funktion beigemessen wurde. Die Gerichte ließen sich in Wirklichkeit von sehr unterschiedlichen Erwägungen leiten und im Einzelfall wurde nicht ernstlich geprüft, ob sich die Parteien, wie es nach der Definition *Oertmanns* voraussetzt wird, irgendwelche Vorstellungen gemacht hatten.[79] Die wichtigsten Fälle haben bekanntlich Situationen betroffen, in denen die Parteien von neuen Umständen überrascht wurden, von denen sie sich keine Vorstellungen gemacht hatten.[80] Vielmehr wurde eine Berufung auf den Wegfall der Geschäftsgrundlage abgelehnt, wenn sich die betroffene Partei bestimmte Vorstellungen über den möglichen Eintritt gewisser Umstände gemacht hatte. Wenn man bei Vertragschluss mit möglichen Veränderungen rechne, könne keine unbillige Überraschung eintreten.[81]

---

75 *Haarmann*, Wegfall der Geschäftsgrundlage bei Dauerrechtsverhältnissen, S. 29f.

76 Als erster hat der Oberste Gerichtshof für die Britische Zone die Theorie von der Geschäftsgrundlage angewendet, z.B.: Entscheidungen des OGH vom 15. Juli 1948 (OGHZ 1, S. 67ff.); vom 18. November 1949 (OGHZ 1, S. 264ff. (267)); vom 31. März 1949 (OGHZ 1, S. 386ff. (395)).

77 NJW 1951, S. 836.

78 Der BGH nahm zur Definition der Geschäftsgrundlage auch im Urteil vom 8. Februar 1978 (JZ 1978, S. 235f.), vom 29. April 1982 (BGHZ 84, S. 1ff. (8f.)), vom 8. März 1984 (BB 1984, S. 629ff. (630)) und vom 31. Mai 1990 – Salome (NJW 1991, S. 1478) Stellung.

79 *Kegel*, Geschäftsgrundlage, Gutachten für den 40. DJT, Verhandlungen des 40. DJT, S. 157, 161.

80 *Fikentscher*, Die Geschäftsgrundlage als Frage des Vertragsrisikos, S. 15.

81 *Fikentscher*, Die Geschäftsgrundlage als Frage des Vertragsrisikos, S. 16.

In einigen Entscheidungen wandte sich der Bundesgerichtshof der objektiven Lehre der Geschäftsgrundlage zu. So sagte z.B. das Gericht im Urteil vom 16. Januar 1953: „*Ist die Geschäftsgrundlage weggefallen und kann mit Rücksicht auf den Geschäftszweck dem Verpflichteten ein Festhalten an dem Vertrag nicht zugemutet werden, so ist zunächst zu prüfen, ob der Vertrag nicht der wirklichen Sachlage angepasst werden kann.*"[82]

2. *Gebot von Treu und Glauben (§ 242 BGB) und Zumutbarkeit*

Bis zur Einführung des § 313 BGB legitimierte das Gericht die Berücksichtigung eines Wegfalls der Geschäftsgrundlage aus dem das ganze Schuldrecht beherrschenden Grundsatz von Treu und Glauben (§ 242 BGB).[83] Dabei musste eine Störung der Geschäftsgrundlage nicht unbedingt zu einer Befreiung von der Leistungserbringung führen. Genau wie nach der RG-Rechtsprechung konnte das Fehlen oder der Wegfall der Geschäftsgrundlage nur dann beachtlich sein, wenn „*dies nach der Gesamtlage notwendig erscheint, um untragbare, mit Recht und Gerechtigkeit schlechthin unvereinbare Ergebnisse zu vermeiden, wenn also dem Schuldner die Erfüllung des Vertrages schlechthin nicht zugemutet werden kann.*"[84] Bei der Prüfung der Unzumutbarkeit seien die individuelle Gestaltung des einzelnen Vertragsverhältnisses einschließlich aller Begleitumstände, die wirtschaftlichen Verhältnisse der Beteiligten und der Grad der Beschwerlichkeit der Leistung für den Schuldner zu berücksichtigen.[85]

Diese Formel der Unzumutbarkeit wurde insbesondere in der Literatur kritisiert. Kritiker haben der Rechtsprechung vorgeworfen, dass sie sich um eine tatbestandliche Präzisierung der verschiedenen Anwendungsfälle des Fehlens bzw. Wegfalls der Geschäftsgrundlage nicht bemüht habe,[86] sondern ihre Aufgabe im Wesentlichen darin gesehen habe, zur Vermeidung untragbarer Ergebnisse eine reine „*Billigkeitsjurisprudenz*" zu praktizieren. Darüber hinaus schienen die Gerichte dazu zu neigen, ihre Entscheidungen so zu begründen, dass deren Bedeu-

---

82 MDR 1953, S. 282f. (283).

83 Siehe Kommentare zu § 242 BGB, die aus der Zeit vor der Schuldrechtsreform stammen: z. B. *Roth*, in: Münchener Kommentar, Band 2, 4. Aufl., München 2001; *Schmidt*, in: Staudinger, Zweites Buch, Recht der Schuldverhältnisse, 13. Aufl., Berlin 1995, Rn. 942ff.; *Teichmann*, in: Soergel, 12. Auf., 1990 Stuttgart.

84 BGH LM Nr.51 zu § 242 (Bb); ebenso Urteil vom 8. Februar 1978, JZ 1978, S. 235 mit Anmerkung von *Emmerich* (JuS 1978, S. 487).

85 BGH-Urteil vom 23. Oktober 1951, NJW 1952, S. 137f.

86 Wie es *von Godin* (Kommentar zum Handelsgesetzbuch, §346, Anm 53) ausgedrückt hat, wurde in der Rechtsprechung nicht mehr gesagt als „*Die Leistung ist unzumutbar, wenn und weil sie unzumutbar ist.*".

tung über den Einzelfall nicht hinausging und für die Zukunft somit alles offen blieb.[87]

Ebenso nach den Umständen des Einzelfalls und deren Würdigung nach Treu und Glauben richteten sich die Rechtsfolgen des Wegfalls bzw. des Fehlens der Geschäftsgrundlage.[88] Dabei führte die Anwendung des Instituts der Störung der Geschäftsgrundlage nur ausnahmsweise zur Auflösung des Vertrages. In erster Linie hatte ein Wegfall bzw. Fehlen der Geschäftsgrundlage eine Vertragsanpassung an die veränderten Verhältnisse zur Folge.[89] Bei der Anpassung sollten die Interessen beider Parteien berücksichtigt werden. Es wurde als nicht genügend angesehen, wenn ein weiteres Festhalten an dem Vereinbarten nur für die eine Partei als unzumutbar erschien. Wichtig war auch, dass der anderen Partei ein Abgehen von dem Vereinbarten zugemutet werden konnte.[90]

Die Rechtsprechung zur Störung der Geschäftsgrundlage hat in der Literatur viel Kritik erfahren. Den Gerichten wurde vorgeworfen, dass sie oft „*den Eindruck erweckt haben, etwas orientierungslos hin- und herzuschwanken*“.[91] Andererseits ist aber fraglich, ob es sinnvoll war, von der Praxis eine einheitliche Lösung des Problems zu fordern, während die Rechtslehre es mehr als 100 Jahre nicht vermochte.[92]

B. Gegenwärtige Rechtslage

Mit dem Schuldrechtsmodernisierungsgesetz, das vom Bundestag am 11. Oktober 2001 verabschiedet wurde, kam es im Rahmen der sog. großen Lösung zur Kodifizierung des Rechtsinstituts der Störung der Geschäftsgrundlage (B, I, 1). Der Einführung dieses Rechtsinstituts in § 313 BGB ist eine Diskussion vorangegangen, in der auf viele Mängel der neuen Regelung hingewiesen wurde (B, I, 2). Darunter wurde die unscharfe Abgrenzung zu anderen Rechtsinstituten (vor allem zur Unmöglichkeit) genannt (B, V, 4).

§ 313 BGB unterscheidet weiterhin zwischen dem Wegfall der Geschäftsgrundlage (Abs. 1) und dem Fehlen der Geschäftsgrundlage (Abs. 2), (B, II, 1)

---

87 *Braun*, JuS 1979, S. 692 ff.(695f).
88 Urteil vom 8. März 1984 (BB 1984, S. 629f.); ebenso Urteil vom 21. April 1983 (NJW 1983, S. 2143ff. (2144)).
89 Urteil vom 2. Mai 1972 (BGHZ 58, S. 355ff. (362f.)).; vom 31. Januar 1967 (BGHZ 47, S. 48ff. (51f.)); vom 31. Mai 1990 –Salome (NJW 1991, S. 1478ff. (1480)).
90 Urteil vom 25. Mai 1954 (NJW 1954, S. 1323f. (1324)); Urteil vom 2. Mai 1972 (BGHZ 58, S. 355ff. (363)).
91 *Braun*, JuS 1979, S. 692 ff. (695).
92 *Braun*, JuS 1979, S. 692 ff. (695f.).

und findet Anwendung sowohl auf eine Störung der großen Geschäftsgrundlage wie auch auf eine Störung der kleinen Geschäftsgrundlage (B, II, 2, b)). Die Begründung zum Schuldrechtsreformgesetz nennt drei Fallgruppen der Störungen: Äquivalenz-, Zweckstörungen und Leistungserschwernisse (B, II, 2 a)). Da die Regelung des § 313 BGB auf der bisherigen Rechtsprechung aufbaut, kann man für die Auslegung der Voraussetzungen für die Anwendung dieses Rechtsinstituts weiterhin auf die alten Entscheidungen zurückgreifen (B, III).[93] Ebenso entsprechen die Rechtsfolgen der Anwendung des § 313 BGB denjenigen, die nach der alten Rechtslage möglich waren: Vertragsanpassung und –aufhebung (B, IV, 2, 3). Die Rechtsfolge der Vertragsanpassung tritt aber nicht mehr automatisch ein; sie bedarf der Einrede einer Vertragspartei. Der Anspruch auf Anpassung steht dabei sowohl der durch Störung benachteiligten Partei wie auch der nicht benachteiligten Partei zu (B, VI, 1).

I. Gesetzliche Regelung der Störung der Geschäftsgrundlage

1. Schuldrechtsreform – Grundsätze, kleine und große Lösung

Der Wendepunkt in der Geschichte der Störung der Geschäftsgrundlage war die Schuldrechtsreform, die am 1. Januar 2002 mit dem Gesetz zur Modernisierung des Schuldrechts in Kraft trat. Diese Reform hatte sich das ehrgeizige Ziel gesetzt, materielle Fehlentscheidungen wie auch strukturelle Defizite des im BGB geregelten Schuldrechts umfassend zu beheben. Anlass dafür waren sowohl die immer stärker auftretenden Schwächen des Leistungsstörungs- und Verzugsrechts wie auch die Entwicklung des europäischen Privatrechts (vor allem im Verbraucherschutzrecht) und die damit verbundene Notwendigkeit der Umsetzung von Richtlinien.[94] Als einer der größten Mängel des alten Schuldrechts wurde auch der Umstand genannt, dass sich viele schuldrechtliche Fragen gar nicht mehr nach den Vorschriften des BGB, sondern nach den Regeln eigenständiger, richterrechtlich entwickelter Rechtsinstitute, wie etwa Wegfall der Geschäftsgrundlage und nach zahlreichen Sondervorschriften außerhalb des BGB beurteilten.[95]

---

93 BT-DrS. 14/6040, S. 176; *Däubler-Gmelin*, NJW 2001, S. 2281ff. (2284).

94 Zu den Einflüssen des europäischen Privatrechts auf das deutsche Schuldrecht – *Remien*, in: *Schulze*, *Schulze-Nölke*, Die Schuldrechtsreform vor dem Hintergrund des Gemeinschaftsrechts, S. 101ff.

95 *Dauner-Lieb* (in: *Ernst/Zimmermann*, Zivilrechtswissenschaft und Schuldrechtsreform, S.305) hat die Situation so bildlich beschrieben: *„Die sich immer weiter öffnende Schere zwischen Gesetzesrecht und Richterrecht, zwischen Gesetztext und praktiziertem Recht, soll für das Schuldrecht geschlossen werden."* Ebenso – *Henss-*

Daher erklärte schon am 25. Januar 1978 der damalige Bundesminister der Justiz, Dr. *Hans-Jochen Vogel*, vor dem Bundestag, dass man die Überarbeitung des Schuldrechts anstrebe. In der Folge vergab das Bundesministerium der Justiz eine ganze Serie von Gutachtenaufträgen, die sich mit den Vorschlägen zur Schuldrechtsreform befassten. Einige Jahre später – 1984 – wurde die Kommission für die Überarbeitung des Schuldrechts berufen. 1992 erschienen die von der Schuldrechtskommission entwickelten Vorschläge zur Reformierung des Schuldrechts, die in starkem Maße Grundlage und Vorbild der gegenwärtigen Vorschriften geworden sind.[96] Die Vorschläge der Schuldrechtskommission waren im Jahre 1994 Gegenstand des 60. Deutschen Juristentages in Münster und wurden mit großer Mehrheit bestätigt. Sie wurden dann jedoch nicht zum Gegenstand eines Gesetzentwurfs gemacht. Einer der Gründe dafür war das im Jahre 1993 vorgelegte Grünbuch der EU-Kommission zum Kaufrecht. In diesem Buch wurden die Grundlinien des Vorschlags für eine Richtlinie über den Verbrauchsgüterkauf dargestellt. Deshalb hat man sich entschieden, die Entwicklung der europäischen Gesetzgebung abzuwarten. Die Arbeiten an der Richtlinie haben jedoch länger als geplant gedauert und das Regelwerk wurde erst im Mai 1999 verabschiedet.[97]

Am 4. August 2000 hat das Bundesministerium der Justiz einen Diskussionsentwurf eines Schuldrechtsmodernisierungsgesetzes vorgelegt, der im Wesentlichen den Vorschlägen der Schuldrechtskommission entsprach. Aus dem Diskussionsentwurf ist der Entwurf der Bundesregierung vom 4. August 2000 für ein Gesetz zur Modernisierung des Schuldrechts entstanden.[98] Dieser Entwurf wurde als „*große Lösung*" bezeichnet, weil er sich nicht auf eine punktuelle Umsetzung der Richtlinie durch die Schaffung von Sonderregelungen beschränkte, sondern eine umfassende Umstrukturierung weiter Teile des Schuldrechts vorschlug.[99] Dem Regierungsentwurf ist eine besonders intensive Diskussion vorangegangen, in der sich viele Vertreter der Wissenschaft für eine sog. „*kleine Lösung*" eingesetzt hatten.[100] Mit der „*kleinen Lösung*" war eine Umsetzung der europäischen Vorgaben ohne strukturelle Eingriffe in das BGB gemeint. Die Befürworter der kleinen Lösung warnten davor, dass eine überstürzte und nicht hinreichend durchdachte Reform allzu viel dogmatische Substanz des BGB opfern würde und

---

ler/Graf von Westphalen, Praxis der Schuldrechtsreform, S. 1ff.; *Schmidt-Räntsch/ Maifeld/Meier-Göring/Röcken*, Das neue Schuldrecht, S. 3ff.

96 *Henssler/Graf von Westphalen*, Praxis der Schuldrechtsreform, S. 6f.

97 *Schmidt-Räntsch/Maifeld/Meier-Göring/Röcken*, Das neue Schuldrecht, S. 6f.

98 *Schmidt-Räntsch/Maifeld/Meier-Göring/Röcken*, Das neue Schuldrecht, S. 11ff.

99 *Däubler-Gmelin*, NJW 2001, S. 2281ff.

100 In einer Umfrage wurden 550 Zivilrechtslehrer befragt. Davon haben 258 die große Lösung abgelehnt, 15 haben sich dafür ausgesprochen und der Rest hat keine Antwort gegeben – *Altmeppen*, DB 2001, S. 1821ff.(1822 und Fn 2).

zu einer in sich nicht stimmigen Regelung führen würde.[101] Ebenso würden die Kosten einer solchen umfangreichen Schuldrechtsreform besonders hoch werden.[102] Zugleich wurde jedoch betont, dass der Zeitdruck[103] zu groß sei und deswegen die Gefahr bestehe, dass das Schuldrechtsreformgesetz an Qualität verlieren könnte.[104] Es wurden aber auch Stimmen laut, dass die umfangsreiche Schuldrechtsmodernisierung notwendig sei, damit die deutschen Juristen in den anstehenden Diskussionen um das europäische Zivilrecht eine Chance auf Einbringung ihrer Rechtsvorstellungen hätten.[105] Schließlich hat sich die sog. große Lösung mit dem Gesetz von 11. Oktober 2001 durchgesetzt.

2. *Schuldrechtsreform und Störung der Geschäftsgrundlage*

Im Rahmen dieser großen Lösung hat neben anderen von der Rechtsprechung entwickelten Instituten[106] auch das Problem des Einflusses der veränderten Umstände auf Verträge unter der Überschrift „*Störung der Geschäftsgrundlage*" in das Gesetz (§ 313 BGB) Eingang gefunden.[107] Noch in der Projektphase ist die in § 307 BGB-DiskE vorgesehene Regelung auf heftige Kritik im Schrifttum gestoßen. Manche Doktrinvertreter (z. B. *U. Huber*[108]) waren sogar der Meinung, dass der Rechtsbehelf des Wegfalls der Geschäftsgrundlage weiterhin der Rechtsprechung überlassen und nicht gesetzlich geregelt werden sollte. Selbst die For-

---

101 *Altmeppen*, DB 2001, S. 1821ff. (1824); *Dauner-Lieb*, JZ 2001, S. 8ff. (15, 18).

102 *Dauner-Lieb*, JZ 2001, S. 8ff. (17).

103 Das Schuldrechtsmodernisierungsgesetz sollte schon am 1.1. 2002 in Kraft treten, da die Verbrauchsgüterkauf-Richtlinie bis zum 31.12. 2001 umzusetzen war.

104 *Krebs*, DB 2000, Beilage Nr.14, S. 27–28.

105 *Däubler-Gmelin*, NJW 2001, S. 2281ff. (2289).

106 Andere Rechtsinstitute: positive Forderungsverletzung und *culpa in contrahendo*, *Dauner-Lieb*, in: *Ernst/Zimmermann*, Zivilrechtswissenschaft und Schuldrechtsreform, S.305ff.

107 Im Schrifttum wurde schon früher über die Kodifizierung der Störung der Geschäftsgrundlage diskutiert. Bereits vor dem Zweiten Weltkrieg wurden von Zeit zu Zeit Stimmen laut, dass die allgemeine *rebus sic stantibus* Klausel kodifiziert werden soll. Einer von den Lehrenden, der sich damit beschäftigt hat, war ein zur Zeit des Nationalsozialismus tätiger Jurist – *Heinrich Stoll* (zur Lehre Stolls: *Sessler*, Die Lehre von den Leistungserschwerungen, Heinrich Stolls Bedeutung für die Entwicklung des allgemeinen Schuldrechts, Berlin 1994). Er schrieb einen eigenen Entwurf vom neuen Vertragsrecht, in dem er die Klausel in § 11 formuliert hat. Bei der Formulierung dieser ausführlichen Regelung hat er sich auf den vom Reichsgericht ausgearbeiteten Begriff von der „Unzumutbarkeit" gestützt und die Unzumutbarkeit neben der Unvorhersehbarkeit als die zweite Hauptvoraussetzung für die Anwendung vorsah.(*Stoll*, Die Lehre von den Leistungsstörungen, Tübingen 1936, S. 132–133).

108 *Huber*, in: *Ernst/Zimmermann*, Zivilrechtswissenschaft und Schuldrechtsreform, S. 31ff. (160).

mulierung „*Störung der Geschäftsgrundlage*", die von B. *Dauner-Lieb* als „*Lehrbuchzitat*"[109] bezeichnet worden ist, hat Kritik erfahren.[110]

Das größte Problem bei der vorgeschlagenen Vorschrift bestand nach Ansicht der Gegner darin, dass der Ausnahmecharakter der Störung der Geschäftsgrundlage im Gesetzentwurf nicht hinreichend zum Ausdruck gekommen sei.[111] Die Entwurfsbegründung postuliere zwar, dass die strengen Anforderungen für die Anwendung des Wegfalls der Geschäftsgrundlage beibehalten werden sollten, aber die Gestalt der Vorschrift (seine Länge und Ausführlichkeit) ergebe ein anderes Bild. Auch die Verlagerung aus dem Anwendungsbereich des § 242 BGB in den Regelungsbereich der vertraglichen Schuldverhältnisse mildere den Ausnahmecharakter. Auf das Gebot von Treu und Glauben greife nämlich der traditionell geschulte Jurist nur in Ausnahmefällen zurück, während er den Regelungskomplex der §§ 305ff. BGB für die Alltagsprobleme der Vertragsabwicklung nutze.[112] Die Formulierung der Regelung, die als zu abstrakt und dehnbar bezeichnet wurde, habe der Rechtsprechung und der Wissenschaft eine Blankettermächtigung erteilt, was im Ergebnis den Grundsatz *pacta sunt servanda* gefährden könne.[113] Aus dieser Sicht wurde die Regelung von § 307 BGB-DiskE als nicht übereinstimmend mit der allgemeinen rechtspolitischen Zielsetzung der gesamten Reform bezeichnet, die nicht nur Vereinfachung und Transparenz, sondern auch Rechtssicherheit bringen sollte.[114]

Weiter wurde darauf hingewiesen, dass § 307 BGB-DiskE hinter wichtigen internationalen Entwicklungen der letzten zehn Jahre zurückblieb. Die Grundregeln des Europäischen Vertragsrechts und die UNIDROIT-Prinzipien enthalten nämlich detaillierte Fallgruppen, die von § 307 BGB-DiskE nur pauschal erfasst wurden. Manche Kritiker haben die Meinung geäußert, dass das anfängliche Fehlen der Geschäftsgrundlage zum Irrtumsrecht gehöre und in diesem Zusammen-

---

109 *Dauner-Lieb*, in: *Ernst/Zimmermann*, Zivilrechtswissenschaft und Schuldrechtsreform, S.305ff. (321).

110 *Teichmann*, BB 2001, S. 1485ff. (1491).

111 *Huber*, in: *Ernst/Zimmermann*, Zivilrechtswissenschaft und Schuldrechtsreform, S. 31ff. (160); *Dauner-Lieb*, in: *Ernst/Zimmermann*, Zivilrechtswissenschaft und Schuldrechtsreform, S.305ff. (322); *Jansen*, in: *Ernst/Zimmermann*, Zivilrechtswissenschaft und Schuldrechtsreform, S. 329.

112 *Dauner-Lieb*, in: *Ernst/Zimmermann*, Zivilrechtswissenschaft und Schuldrechtsreform, S.305ff. (322).

113 *Dauner-Lieb*, in: *Ernst/Zimmermann*, Zivilrechtswissenschaft und Schuldrechtsreform, S.305ff. (323). Anders sieht es *Köhler* (in: *Canaris*, 50 Jahre Bundesgerichtshof, Festgabe der Wissenschaft, Band I, S. 295ff. (296)), der diese Unbestimmtheit der Lehre der Geschäftsgrundlage für ihren Vorteil hält.

114 *Dauner-Lieb*, JZ 2001, S. 8ff., (16).

hang, also bei § 119 BGB, zu regeln sei.[115] Anders als in den Grundregeln des Europäischen Vertragsrechts wurde auch keine Neuverhandlungspflicht als Rechtsfolge der Anwendung des § 307 BGB-DiskE vorgesehen.[116] Als ein anderer großer Mangel des Kodifikationsentwurfs wurde auch das Problem der Abgrenzung zwischen dem Anwendungsbereich von § 275 Abs. 2 und § 307 BGB-DiskE genannt.[117]

Als Reaktion auf die kritischen Stellungnahmen zum Diskussionsentwurf setzte das Ministerium der Justiz im Jahre 2000 vier Arbeitsgruppen ein, die alle Vorschläge des Diskussionsentwurfs überarbeiteten und eine konsolidierte Fassung des Diskussionsentwurfs schufen. Schon am 9. Mai 2001 verabschiedete das Bundeskabinett den Regierungsentwurf des Schuldrechtsmodernisierungsgesetzes. Dieser Regierungsentwurf enthielt zwar gegenüber dem Diskussionsentwurf zahlreiche Änderungen im Detail, aber im Prinzip wurde an dem Grundkonzept der „großen Lösung“ festgehalten. § 307 BGB-DiskE ist schließlich mit unverändertem Inhalt als § 313 in das BGB eingefügt worden.

Gemäß Art. 229 § 5 EGBGB findet das vom Bundestag am 11. Oktober 2001 verabschiedete Schuldrechtsmodernisierungsgesetz und damit auch § 313 BGB Anwendung auf alle nach dem 31. Dezember 2001 entstandenen Schuldverhältnisse. Bei Dauerschuldverhältnissen sind die neuen Vorschriften seit dem 1. Januar 2003 ohne Rücksicht auf den Zeitpunkt der Entstehung des Schuldverhältnisses anwendbar.

II. Allgemeine Charakteristik der Regelung von § 313 BGB

1. Zwei Rechtsfiguren – Wegfall und Fehlen der Geschäftsgrundlage

Nach der Begründung zum Schuldrechtsmodernisierungsgesetz[118] werden von der Regelung des § 313 BGB Fälle erfasst, in denen Verträge durch nachträglich eingetretene oder bekannt gewordene Umstände in ihren Grundlagen so schwerwiegend gestört sind, dass ihre unveränderte Durchführung unter Berücksichti-

---

115 *Huber*, in: *Ernst/Zimmermann*, Zivilrechtswissenschaft und Schuldrechtsreform, S. 160; ebenso *Koziol*, in: *Ernst/Zimmermann*, Zivilrechtswissenschaft und Schuldrechtsreform, S. 329.

116 Als einer der größten Befürworter der Neuverhandlungspflicht im Falle der Störung der Geschäftsgrundlage galt *Horn* (AcP 1981, S. 255ff.). Dabei wurde die Übereinstimmung der Neuverhandlungen mit dem Prinzip der Privatautonomie betont – *Martinek*, AcP 1998, S. 329ff. (374f.).

117 *Wilhelm*, JZ 2001, S. 861ff. (867); *Canaris*, JZ 2001, S. 499ff. (501). *Stoll* (JZ 2001, S. 589ff. (592)) wies sogar auf die Überflüssigkeit der Regelung des § 275 II hin.

118 BT-DrS. 14/6040, S. 174–176.

gung aller Umstände des Einzelfalles, insbesondere der vertraglichen oder gesetzlichen Risikoverteilung, nicht mehr zumutbar erscheint.[119] Schon auf den ersten Blick lässt sich also feststellen, dass in § 313 BGB weiter zwischen dem Wegfall der Geschäftsgrundlage (Abs. 1) und dem Fehlen der Geschäftsgrundlage (Abs. 2) unterschieden wird. Zugleich werden die nicht unter den traditionellen Anwendungsbereich der *rebus sic stantibus*-Klausel fallenden Fälle vom Fehlen der Geschäftsgrundlage den Fällen des Wegfalls der Geschäftsgrundlage gleichgestellt. Damit wurde die deutsche Spezifik dieses Instituts trotz der Kritik seitens der Doktrin beibehalten.[120] Die Rechtsfolge des Wegfalls sowie des Fehlens der Geschäftsgrundlage ist der Anspruch auf Vertragsanpassung, der durch richterliche Gestaltung auf Verlangen des Berechtigten erfolgt. Wenn eine Anpassung nicht möglich ist oder einem Teil nicht zugemutet werden kann, sieht Abs. 3 die Möglichkeit der Vertragsaufhebung durch Rücktritt oder Kündigung vor.

In der Begründung wird auf die aus der Literatur kommenden Begriffe von der subjektiven und der objektiven Geschäftsgrundlage hingewiesen. Grundsätzlich werden Fälle des Fehlens der subjektiven Geschäftsgrundlage im zweiten Absatz des § 313 BGB erfasst, während der erste Absatz auf Fälle des Wegfalls der objektiven Geschäftsgrundlage Anwendung findet. Die Regelung in zwei Absätzen solle jedoch nicht zu einer strikten Differenzierung von Fällen der subjektiven und objektiven Geschäftsgrundlage zwingen, die sich nicht klar durchführen lässt.[121] So wird zum Beispiel in der Begründung gesagt, dass die Fälle des Wegfalls der rein subjektiven Geschäftsgrundlage auch im zweiten Absatz des § 313 BGB geregelt seien.[122]

2. *Fallgruppen der Störung der Geschäftsgrundlage*

a) Äquivalenz- und Zweckstörungen, Leistungserschwernisse

In der Begründung werden nur drei von der Regelung erfasste Fallgruppen genannt: Äquivalenzstörungen, Zweckstörungen und zum Thema dieser Arbeit gehörende Leistungserschwerungen (Leistungserschwernisse).[123] Zu den Äquiva-

119 BT-DrS. 14/6040, S. 174.

120 *Ernst*, in: *Basedow*, Europäische Vertragsvereinheitlichung und deutsches Recht, S. 148; *Huber*, in: *Ernst/Zimmermann*, Zivilrechtswissenschaft und Schuldrechtsreform, S. 160, ebenso *Koziol – Jansen*, in: *Ernst Zimmermann*, Zivilrechtswissenschaft und Schuldrechtsreform S. 329.

121 *Krebs*, in: Anwaltskommentar, § 313, Rn. 30.

122 BT-DrS. 14/6040, S. 176.

123 BT-DrS. 14/6040, S. 174.

lenzstörungen gehören Fälle, in denen die Gleichwertigkeit von Leistung und Gegenleistung z.B. infolge einer Inflation gestört wurde. Zu einer Zweckstörung kommt es, wenn eine Partei mit der von ihr zu beanspruchenden Leistung einen bestimmten Zweck erreichen will und die Erreichung dieses Leistungszwecks sinnlos geworden ist. Die zur letzten Gruppe gehörenden Leistungserschwernisse wurden als Fälle definiert, in denen die Grundlage eines gegenseitigen Vertrags dadurch gestört ist, dass nach Vertragsschluss Umstände eingetreten sind, die es einer Partei erschweren, die von ihr geschuldete Leistung zu erbringen.

Diese Aufteilung der Fälle vom Wegfall der Geschäftsgrundlage entspricht im Wesentlichen derjenigen, die von *K. Larenz* vorgestellt wurde.[124] In der Fachliteratur gab es mehrere verschiedene Versuche, die Fälle der Störung der Geschäftsgrundlage zu systematisieren. Es wurde dabei an die Auswirkungen veränderter Umstände oder fehlerhafter Vorstellungen im Vertragsgefüge (wie in der Systematisierung von *Larenz*) oder an die tatsächlichen Ursachen (Inflation, Gesetzesänderung usw.) angeknüpft. Manchmal wurde sogar alphabetisch gegliedert.[125]

b) *Störung der großen und der kleinen Geschäftsgrundlage*

In der Begründung zu § 313 BGB wird auch auf die von *G. Kegel* herausgearbeitete Unterscheidung von der kleinen und großen Geschäftsgrundlage hingewiesen.[126] Die Störung der Geschäftsgrundlage kann nämlich als Folge einer allgemeinen Katastrophe wie Krieg, Währungsverfall oder Umweltkatastrophe (große Geschäftsgrundlage) eintreten. Es kann sich aber auch um die Störung der Geschäftsgrundlage handeln, wenn nur ein Vertrag oder eine begrenzte Zahl von Verträgen von einem Ereignis betroffen sind (kleine Geschäftsgrundlage).[127] Da § 313 BGB auf die Fallgruppen vom Wegfall bzw. Fehlen der großen sowie der kleinen Geschäftsgrundlagen angewendet wird und die beiden Fallgruppen zu den gleichen Rechtsfolgen führen können, ist diese Unterscheidung für die einzelnen Fallentscheidungen ohne Bedeutung.[128] Zutreffend scheint aber die Bemerkung von *G. Hochloch*, der darauf hinweist, dass im Falle einer Störung der großen Geschäftsgrundlage wie z.B. bei Kriegsereignissen oder Naturkatastro-

---

124 *Larenz*, Geschäftsgrundlage und Vertragserfüllung, S. 185.

125 Auf die Vielzahl der Systematisierungsversuche weist *Nauen* (Leistungserschwerung und Zweckverteilung im Schuldverhältnis, S. 20) hin.

126 BT-DrS. 14/6040, S. 174; *Kegel*, Geschäftsgrundlage, 40. DJT, 1953, S. 199ff.

127 BT-DrS. 14/6040, S. 176.

128 *Grüneberg*, in: *Bamberger/Roth*, § 313 Rn. 7; *Schulze*, in: Handkommentar, 3. Aufl., § 313, Rn. 3; *Krebs* in: Anwaltskommentar, § 313, Rn. 49. Anders: *Hochloch*, in: Erman, 11. Aufl, § 313 Rn. 9; *Heinrich*, in: Palandt, 65. Aufl., § 313, Rn. 8.

phen handele, das Zivilrecht als solches ohne korrigierendes Eingreifen des Gesetzgebers nicht in der Lage sei, die sozialen Konsequenzen von diesen Katastrophen zu beheben.[129]

3. Ausnahmecharakter des § 313 BGB

In der Begründung zum Schuldrechtsmodernisierungsgesetz wird hervorgehoben, dass § 313 BGB kein Bruch mit dem von der Rechtsprechung praktizierten Rechtszustand bedeute. Da die Regelung auf der Rechtsprechung aufbaue, könne man daher für die Auslegung weiterhin auf die alten Entscheidungen zurückgreifen.[130] Deshalb werde die Kodifizierung keinen Anstoß zu einer häufigeren Anwendung dieses Instituts geben. Das deutsche Recht werde nämlich wie zuvor von dem Grundsatz der Vertragstreue beherrscht. Auf keinen Fall solle die neue Regelung die Selbstverantwortung der Vertragsparteien ausschließen. Dies komme besonders im Erfordernis der „schwerwiegenden" Änderung zum Ausdruck.[131] Auch aus der traditionellen Risikoverteilung folgt der Ausnahmecharakter von § 313 BGB, da im Prinzip jede Partei das Änderungsrisiko selbst zu tragen hat. Dieser Ausnahmecharakter der Störung der Geschäftsgrundlage gebiete eine restriktive Interpretation und deshalb seien die strengen Anforderungen, die bisher an einen Wegfall der Geschäftsgrundlage gestellt wurden, unverändert aufrechtzuerhalten.[132]

III. Voraussetzungen für die Anwendung des § 313 BGB

§ 313 BGB gibt das Recht, von der unveränderten Durchführung des Vertrags abzuweichen, wenn die Umstände, die zur Geschäftsgrundlage geworden sind, sich wesentlich geändert haben (Wegfall der Geschäftsgrundlage) oder sich als falsch erwiesen haben (Fehlen der Geschäftsgrundlage). Nicht jede Veränderung der Umstände kann zur Störung der Geschäftsgrundlage im Sinne des § 313 BGB führen. Die Voraussetzungen für die Anwendung dieses Rechtsinstituts sind in § 313 Abs. 1 BGB genannt. Demzufolge müssen folgende Tatbestandsmerkmale kumulativ vorliegen:

1) Umstände, die zur Grundlage des Vertrages geworden sind, haben sich schwerwiegend verändert.

---

129 *Hohloch*, in: Erman, 11. Aufl., § 313 Rn. 9.
130 BT-DrS. 14/6040, S. 176; *Däubler-Gmelin*, NJW 2001, S. 2281ff. (2284).
131 *Hohloch*, in: Erman, 11. Aufl., § 313 Rn. 22.
132 BT-DrS. 14/6040, S. 176.

2) Diese Veränderung ist so schwerwiegend gewesen, dass die Parteien den Vertrag nicht geschlossen oder mit einem anderen Inhalt geschlossen hätten, wenn sie die Änderung vorausgesehen hätten.
3) Das Festhalten am unveränderten Vertrag ist für die eine Partei unter Berücksichtigung aller Umstände des Einzelfalls, insbesondere der vertraglichen oder gesetzlichen Risikoverteilung, unzumutbar.

Im Folgenden werden die einzelnen Voraussetzungen mit ihren wesentlichen Elementen näher betrachtet: der Anwendungsbereich des § 313 BGB (B, III, 1) und Zeitpunkt des Eintritts der Störung der Geschäftsgrundlage (B, III, 2), die Frage der Geschäftsgrundlage (B, III, 3, a)) mit besonderer Berücksichtigung der Leistungserschwerungsfälle (B, III, 3, b)), die Voraussetzungen der Erheblichkeit (B, III, 4), der Unvorhersehbarkeit (B, III, 5) und der Unzumutbarkeit (B, III, 6) der Veränderung der Geschäftsgrundlage. Abschließend werden der Vorrang einer vertraglichen und gesetzlichen Risikoverteilung (B, III, 6, b)) sowie der Tatbestand der von einer Partei herbeigeführten Störung der Geschäftsgrundlage, in dem die erfolgreiche Berufung § 313 BGB unzulässig ist (B, III, 6, c)), betrachtet.

1. Anwendungsbereich

a) Anwendung auf verschiedene Vertragstypen

Seinem Wortlaut nach gilt § 313 BGB für Verträge. Da gegenseitige Austauschverträge des Schuldrechts den Kernanwendungsbereich dieser Vorschrift bilden, wurde § 313 BGB im dritten Abschnitt statt im ersten bei § 242 BGB eingefügt. Eine Änderung des Anwendungsbereichs soll sich aus dieser Stellung aber nicht ergeben. § 313 BGB gilt demgemäß für alle schuldrechtlichen Verträge. Die Vorschrift kann beispielweise bei Vergleichen (trotz § 779 BGB),[133] Vorverträgen[134] sowie auch bei einseitig verpflichtenden Verträgen wie z.B. Schenkung[135] oder Bürgschaft[136] zur Anwendung kommen.[137] Wesentlich ist dabei der schuld-

133 § 799 BGB wird in der Literatur als spezieller gesetzlicher Tatbestand fehlender Geschäftsgrundlage angesehen – *Roth*, in: Münchener Kommentar, Band 2, 4. Aufl., § 242, Rn. 666.
134 BGH-Urteil vom 21. April 1967 (BGHZ 47, S. 387ff.).
135 BGH-Urteil vom 3. Dezember 1971 (NJW 1972, S. 274ff.).
136 BGH-Urteil vom 4. Mai 1973 (WM 1973, S.752f.). Laut BGH-Urteil vom 17. März 1994 (NJW 1994, S. 2147) ist jedoch bei der Annahme, dass die Geschäftsgrundlage einer Bürgschaft weggefallen sei, besondere Vorsicht geboten. Dazu auch – *Reinicke/Tiedtke*, NJW 1995, S. 1499ff.
137 *Krebs*, in: Anwaltskommentar, § 313, Rn. 22.

rechtliche Inhalt des Vertrages, nicht die Ansiedlung der den Vertrag regelnden Normen im BGB oder an sonstiger Stelle.[138]

Der Anwendungsbereich von § 313 BGB wird in der Rechtsprechung nicht nur auf schuldrechtliche Verträge beschränkt. Da § 313 BGB eine Ausprägung des § 242 BGB darstellt, gelten seine Grundsätze auch für Verträge des Sachen-[139], Familien-[140], Erb-[141] und Gesellschaftsrechts.[142] Dabei sind die Besonderheiten dieser Rechtsgebiete zu beachten. Im Bereich des Familienrechts lässt sich zum Beispiel feststellen, dass die Grundsätze der Geschäftsgrundlage desto eher eingreifen, je mehr höherrangige Interessen auf dem Spiel stehen.[143] Die Gesellschaftsverträge können im Rechtsverkehr unbeteiligte Dritten betreffen und daher ist bei der Bestimmung von Rechtsfolgen, die bei der bereits tätigen Gesellschaft im Außenverhältnis wirken, auf die schutzwürdigen Interessen Dritter Rücksicht zu nehmen.[144] Für öffentlichrechtliche Verträge gelten die Sonderregeln des § 60 VwVfG oder § 59 SGB X, die mit § 313 BGB weitgehend übereinstimmen und gegenüber § 313 BGB vorrangig sind. So wie früher bei § 242 BGB kommt auch hier die Anwendung des § 313 BGB zur Ausfüllung von Lücken wie z.B. bei Vereinbarungen über die Vorauszahlung auf Erschließungskosten oder beim zustimmungsbedürftigen Verwaltungsakt in Betracht.[145]

Die Regelung des § 313 BGB verlangt ausdrücklich einen Vertrag, so dass einseitige Rechtsgeschäfte eigentlich nicht erfasst sind. Aus diesem Grunde soll die Vorschrift auf einseitige Verfügungen von Todes wegen oder auf Kündigungen keine Anwendung finden. Dies scheint jedoch noch nicht abschließend geklärt.[146]

---

138 *Hohloch* in: Erman, 11. Aufl., § 313, Rn. 11.

139 Z.B. Erbbaurechtsfälle – BGH-Urteil vom 23. Mai 1980 (BGHZ 77, S. 194); BGH-Urteil vom 3. Mai 1985 (BGHZ 94, S.257ff.).

140 Es handelt sich dabei vor allem um Unterhaltsverträge z. B. Anpassung der vertraglichen Unterhaltspflicht infolge der Feststellung der Nichtehelichkeit des Kindes – BGH-Urteil vom 3. Mai 1995 (NJW 1995, 2028ff.).

141 BGH-Urteil vom 29. November 1996 (BGHZ 134, S. 152f.).

142 *Roth*, in: Münchener Kommentar, 4. Aufl., Band 2, § 242, Rn. 667–669.

143 *Roth*, in: Münchener Kommentar, 4. Aufl., Band 2, § 242, Rn. 671.

144 *Roth*, in: Münchener Kommentar, 4. Aufl., Band 2, § 242, Rn. 667–669.

145 *Hohloch*, in: Erman, 11. Aufl.,§ 313 Rn. 13; *Grünberg*, in: *Bamberger/Roth*, § 313, Rn. 12.

146 Dagegen BGH-Urteil vom 25. November 1992 (BGH NJW 1993, 850); *Hohloch*, in: Erman, 11. Aufl, § 313, Rn. 14; *Heinrichs*, in: Palandt, 65. Aufl., Rn. 12; *Stadler* in: *Jauernig*, 11. Aufl., § 313, Rn. 6. Dafür: *Roth*, in: Münchner Kommentar, 4. Aufl., Band 2, § 242, Rn. 674; *Schmidt*, in: Staudinger, Zweites Buch, Recht der Schuldverhältnisse, 13. Aufl, § 242, Rn. 1111; *Grünberg*, in: *Bamberger/Roth*, § 313, Rn. 10.

b) Anwendung auf nicht zustande gekommene und auf völlig oder teilweise abgewickelte Verträge

Als unumstritten gilt die Auffassung, dass § 313 BGB auf noch nicht zustande gekommene Verträge nicht anzuwenden sei. Wenn ein Vertrag nicht abgeschlossen worden ist, gibt es auch keine Geschäftsgrundlage, die gestört sein könnte.[147] Insbesondere für die Vertragsverhandlungen, die nicht zum Abschluss eines Vertrages geführt haben, ist die Anwendung dieser Vorschrift ausgeschlossen und das Rechtsverhältnis ist ausschließlich nach Bereicherungsrecht und nach den Grundsätzen der *culpa in contrahendo* zu beurteilen.[148]

Aus Gründen des Vertrauensschutzes und der Verkehrssicherheit ist die Berücksichtigung einer Störung der Geschäftsgrundlage auch dann ausgeschlossen, wenn der Vertrag bereits vollständig abgewickelt worden ist.[149] Bei teilweise erfüllten Verträgen ist der Eingriff in den Vertrag auf die noch nicht erbrachten Leistungen zu beschränken.[150] In Einzelfällen wurde jedoch bei abgewickelten Verträgen eine Störung der Geschäftsgrundlage ausnahmsweise berücksichtigt. Es handelt sich dabei um Fälle, in denen ein unverändertes Festhalten am Vertrag für eine Partei nicht zumutbar war[151] sowie wenn die Geschäftsgrundlage von Anfang an gefehlt hat[152] oder wenn die Parteien gemeinsame Fehlerwartungen bezüglich der Verwendbarkeit des Kaufgegenstandes hatten[153].

2. Zeitpunkt der Störung beim Wegfall der Geschäftsgrundlage

Für den Zeitpunkt des Eintritts der Störung ist unerheblich, ob sich die Umstände vor oder nach dem Vertragsschluss geändert haben. § 313 Abs. 1 BGB spricht zwar von Änderungen „nach Vertragsschluss". Durch diese Formulierung soll aber nur klargestellt werden, dass Umstände, die bereits vor dem Vertragsschluss vorlagen und den Parteien bekannt waren, zu keiner Vertragsanpassung führen können. Im Schrifttum wird die Meinung vertreten, dass von Abs. 1 auch Ände-

---

147 *Grüneberg*, in: *Bamberger/Roth*, § 313, Rn. 8.
148 *Roth*, in: Münchener Kommentar, 4. Aufl., Band 2, § 242, Rn. 676.
149 BGH-Urteil vom 24. November 1995 (BGHZ 131, 209, 216); *Roth*, in: Münchener Kommentar, Band 2a, 4. Auflage, § 313 Rn. 52.
150 BGH-Urteil vom 2. Mai 1972 (BGHZ 58, 355, 363).
151 BGH-Urteil vom 23. Oktober 1957 (BGHZ 25, 390, 393f.); BGH-Urteil vom 14. November 1995 (BGHZ 131, 209,216)
152 BGH-Urteil vom 23. Oktober 1957 (BGHZ 25, 390, 393f.); BGH-Urteil vom 15. November 2000 (NJW 2001, 1204, 1206).
153 BGH-Urteil vom 1. Juni 1979 (BGHZ 74, 370, 373).

rungen erfasst werden, die sich vor dem Vertragsschluss ereignet haben, aber erst danach zu Tage getreten sind oder den Parteien bekannt wurden.[154]

3. Geschäftsgrundlage

a) Allgemeine Grundsätze

i. Subjektive und objektive Geschäftsgrundlage

Die Geschäftsgrundlage wird nach § 313 BGB durch die Umstände gebildet, die zur Grundlage des Vertrags geworden sind. Auf die Frage, um welche Umstände es sich handelt, gibt die Formulierung des § 313 BGB keine Antwort. Der Gesetzgeber hat nämlich auf eine Definition des Begriffs von Geschäftsgrundlage sowie Beispiele bewusst verzichtet, um die bisherige Flexibilität dieses Instituts zu bewahren.[155] § 313 BGB ist in einer solchen umfassenden Weise formuliert, dass er sowohl die Umstände, die nach der Definition der Rechtsprechung unter die subjektive Geschäftsgrundlage fallen, erfasst als auch jene, welche die objektive Geschäftsgrundlage bilden.[156]

Nach der subjektiven Formel der Rechtsprechung sind Grundlagen eines Vertrages die nicht zum eigentlichen Vertragsinhalt gewordenen, bei Vertragschluss aber zutage getretenen gemeinsamen Vorstellungen beider Vertragsparteien oder die der einen Partei erkennbaren und von ihr nicht beanstandeten Vorstellungen der anderen Partei von dem Vorhandensein oder dem Eintritt bestimmter Umstände, auf denen der Geschäftswille der Parteien aufbaut.[157] Im Gegensatz dazu geht die objektive Formel davon aus, dass unter der Geschäftsgrundlage alle diejenigen Umstände zu verstehen sind, deren Vorhandensein oder Fortbestand beim Vertragsschluss nach dem Inhalt eines Vertrages, seinem Zweck und seiner wirtschaftlichen Bedeutung vorauszusetzen waren, damit der Vertrag überhaupt als sinnvoll und als brauchbar erscheint, unabhängig davon, ob die Parteien daran gedacht haben.[158] In der Praxis lässt sich aber feststellen, dass die Unterscheidung zwischen der subjektiven und der objektiven Theorie keine große Rolle spielt, da die Rechtsprechung unter den Begriff der Geschäftsgrundlage sowohl

154 *Grüneberg* in: *Bamberger/Roth*, § 313, Rn. 25; *Krebs*, Anwaltskommentar, § 313, Rn. 31.
155 BT-DrS. 14/6040, S. 176.
156 *Heinrich*, in: Palandt, 65. Aufl., § 313 Rn. 3.
157 BGH-Urteil vom 15. Juni 1951 (NJW 1951, 836), andere BGH-Urteile: vom 8. Februar 1978 (JZ 1978, S. 235f.), vom 29. April 1982 (BGHZ 84, 1, 8f.), vom 8. März 1984 (BB 1984, 629, 630) und vom 31. Mai 1990 – Salome (NJW 1991, 1478).
158 *Teichmann* in: Soergel, 12. Aufl., § 242, Rn. 209.

die Fälle der subjektiven als auch der objektiven Geschäftsgrundlage subsumiert. Auch nach § 313 BGB werden der Wegfall der objektiven sowie der subjektiven Geschäftsgrundlage gleich behandelt und führen letztlich beide zu gleichen Ergebnissen.

ii. Geschäftsgrundlage und Vertragsinhalt

Die Geschäftsgrundlage darf dem Vertragsinhalt nicht gleichgestellt werden. Schon aus der Formulierung „Grundlage" ergibt sich, dass die maßgeblichen Umstände nicht Vertragsinhalt geworden sein dürfen.[159] Dies entspricht dem Stand der bisherigen Rechtsprechung, die den Begriff der Geschäftsgrundlage vom Vertragsinhalt abgrenzte.[160] Der Vertragsinhalt ergibt sich aus den von den Parteien abgegebenen Willenserklärungen und ist gemäß § 157 BGB durch Auslegung zu ermitteln. Die Vertragsauslegung und Bestimmung der sich daraus ergebenden Rechtsfolgen geht einer Vertragsanpassung nach § 313 BGB vor.[161] Wenn der Vertrag bereits entsprechende Regeln enthält oder über die ergänzende Vertragsauslegung den veränderten Umständen angepasst werden kann, ist eine Anpassung im Wege des Wegfalls der Geschäftsgrundlage ausgeschlossen.[162]

iii. Feststellung der Geschäftsgrundlage

Für die Feststellung der Geschäftsgrundlage bzw. Vertragsgrundlage ist besonders wichtig, dass die Parteien diese Vorstellungen gemeinsam teilen. Einseitige Vorstellungen einer Partei sind nur dann ein Teil der Geschäfts- bzw. Vertragsgrundlage, wenn sie in den dem Vertrag zugrunde liegenden gemeinschaftlichen Geschäftswillen beider Parteien aufgenommen worden sind. Andernfalls sind die Vorstellungen als unbeachtliche Motive zu betrachten.[163] In diesem Sinne steht die Geschäftsgrundlage zwischen den Motiven und dem Vertragsinhalt. Die Übergänge sind dabei fließend.[164] Was zur Geschäftsgrundlage geworden ist, muss letztlich in jedem konkreten Einzelfall sorgfältig festgestellt werden.[165]

---

159 *Peer*, Jb.J. ZivRWiss. 2001, S. 61ff., (65).

160 BGH-Urteil vom 24. September 1959 (NJW 1959, 2109f.); BGH-Urteil 4. Mai 1983 (NJW 83, 2034,2036).

161 Grüneberg, in: *Bamberger/Roth*, § 313, Rn. 17.

162 BGH-Urteil vom 3. Juli 1981 (BGHZ 81, 135, 143).

163 BGH-Urteil vom 16. Februar 1989 (NJW-RR 1989, 753); *Hohloch*, in: Erman, 11. Aufl., § 313, Rn. 17; *Grüneberg*, in: *Bamberger/Roth*, Kommentar zum Bürgerlichen Gesetzbuch, § 313, Rn. 19.

164 Z.B. die Präambel eines Mietvertrages wurde weder als Vertragsinhalt noch als Geschäftsgrundlage angesehen – OLG Rostock vom 3. Februar 2003 (NZM 2003, 282).

165 *Hohloch*, in: Erman, 11. Aufl., § 313, Rn. 18.

b) Geschäftsgrundlage bei Leistungserschwerungsfällen

In der Rechtsprechung wurde eine Leistungserschwerung in den Rang einer Störung der Geschäftsgrundlage in vielen Fällen erhoben, in denen auch die Umstände, die als Vertragsgrundlage bezeichnet wurden, unterschiedlich waren. Allgemein lässt sich feststellen, dass dazu vor allem die Fälle der wirtschaftlichen Unmöglichkeit gehören, bei denen die Leistungserbringung für den Schuldner nur mit übermäßigen Anstrengungen möglich wäre. Darunter werden erhebliche Beschaffungshindernisse für den Sach- oder Werkleistungsschuldner infolge unvorhergesehener Verknappung von Bezugsmöglichkeiten[166] oder tiefgreifender wirtschaftlicher Veränderungen erfasst, die durch wesentliche Änderung des Preisgefüges erfolgen wie z. B. bei der Stahlpreiserhöhung im Jahre 1969 oder der Ölpreiserhöhung im Jahre 1973.[167]

Eine besondere und selten vorkommende Form der Leistungserschwerung bilden die Fälle der sittlichen (moralischen) Unmöglichkeit, die von den durch § 275 Abs. 3 BGB erfassten Fällen der persönlichen Unmöglichkeit zu unterscheiden sind. Bei der sittlichen Unmöglichkeit handelt sich um die Fälle, in denen sich die Erbringung der geschuldeten Leistung für den Schuldner nicht mit seinem Gewissen vereinbaren lässt oder die Leistung nach allgemeinen sittlichen Grundsätzen nicht von ihm verlangt werden kann.[168]

i. Leistungserschwerung von Sachleistungen

Die Veränderung der Umstände muss von solcher Art sein, dass dadurch ein so krasses Missverhältnis zwischen der Leistung und der Gegenleistung entstanden ist, dass infolgedessen ein Festhalten am Vertrag für die betroffene Partei unzumutbar ist. Andernfalls muss der Schuldner das Aufwandsrisiko (Beschaffungsrisiko) selbst tragen.[169] So bleibt der Schuldner trotz unerwarteter Kostenerhöhungen, Witterungsschwierigkeiten, Problemen bei der Beschaffung von Produktionsmitteln an den Vertrag gebunden, selbst wenn ein vereinbarter Festpreis nicht

---

166 BGH-Urteil vom 1. Dezember 1993, NJW 1994, 515f. – „Porsche Fall".

167 *Stadler*, in: *Jauernig*, 11. Aufl., § 313, Rn. 17. Zur Ölpreiserhöhung – BGH-Urteil vom 8. Februar 1978 (JZ 1978, 235f.).

168 BT-DrS. 14/6040, S. 130; *Schulze*, in: Handkommentar, § 313, Rn. 9; *Dauner-Lieb*, in: Anwaltskommentar, § 275, Rn. 19.

169 *Krebs*, in: Anwaltskommentar, § 313 Rn. 48; *Heinrichs*, Palandt, 65. Aufl., § 313, Rn. 37; *Willoweit*, JuS 1988, S. 833; *Teichmann*, in: Soergel, 12. Aufl., § 242, Rn. 232.

mehr kostendeckend sein sollte.[170] Als korrekturbedürftige Leistungserschwerungen können nach der bisherigen Rechtsprechung übermäßige Steigerungen der Herstellungskosten auf das 15-fache[171] oder um 60%[172] angesehen werden. Auch bei nicht vorhersehbaren übermäßigen Beschaffungsschwierigkeiten, wenn bei einem Lagerungsvertrag höhere Gewalt die Umsetzung der eingelagerten Güter in eine andere Halle notwendig macht und dadurch erhebliche Kosten entstehen, wurden die Voraussetzungen des Wegfalls der Geschäftsgrundlage erfüllt.[173] Ein Eingriff in den Vertrag wurde auch im Falle des Kfz-Händlers für gerechtfertigt gehalten, wenn das verkaufte Sondermodell von Porsche überraschend direkt vom Hersteller und nicht über das Händlernetz vertrieben wird.[174] Ebenso ist die Berücksichtigung der erfolgreichen Berufung auf eine Leistungserschwerung als Störung der Geschäftsgrundlage möglich, wenn die Erschwerung als Folge von Maßnahmen staatlicher Wirtschaftslenkung[175] oder eines Arbeitskampfes entstanden ist.[176]

ii. Leistungserschwerung von Geldleistungen

Der Geldschuldner trägt das Risiko der Geldbeschaffung und kann sich grundsätzlich nicht darauf berufen, dass sich für ihn unerwartet Finanzierungsschwierigkeiten ergeben haben.[177] Die Anwendung des Instituts der Störung der Geschäftsgrundlage ist daher ausgeschlossen, wenn die von dem Schuldner geplante Kreditaufnahme scheitert[178] oder wenn der Pkw, den er beim Kauf eines neuen Wagens in Zahlung geben wollte, vor Abwicklung des Kaufvertrages zerstört wird.[179] Ausnahmsweise kann etwas anderes gelten, wenn es zwischen den Par-

---

170 BGH-Urteil vom 28. September 1964 (BB 64, 1397ff.); BGH-Urteil vom 6. April 1995 (BGHZ 129, 236, 253; *Krebs*, in: Anwaltskommentar, § 313 Rn. 48;); *Köhler*, in: *Canaris*, 50 Jahre Bundesgerichtshof, Festgabe der Wissenschaft, Band I, S. 295ff. (302f.).

171 RG-Urteil vom 10. Dezember 1920 (RGZ 101, 81)

172 RG-Urteil vom 7. Juni 1921 (RGZ 102, 272)

173 BGH-Urteil vom 2. Februar 1995 (NJW-RR 1995, S. 1117). Dazu auch – *Koller*, NJW 1996, S.300ff. (300).

174 Urteil vom 1. Dezember 1993 (NJW 1994, 515f.) – „Porsche Fall".

175 Mehr dazu – *Ulmer*, AcP 174 (1974), S. 167ff.

176 Mehr dazu – *Löwisch*, AcP 174 (1974), S. 231ff.

177 *Grüneberg*, in: *Bamberger/Roth*, § 313, Rn. 48; *Medicus*, AcP 188 (1988), S. 399ff. Ein Wegfall der Geschäftsgrundlage wurde allerdings im Falle der zur Zeit der Dritten Reiches aufgenommenen Rohstoff- und Rüstungskredite berücksichtigt – *Kegel*, JZ 1951, S. 385ff.(398). Kritisch dazu – *Lehmann*, JZ 1952, S. 10ff.

178 BGH-Urteil vom 10. März 1983 (NJW 1983, 1489,1490).

179 BGH-Urteil vom 11. Juli 1958 (NJW 1958, 1772).

teien besonders enge persönliche Beziehungen gibt und der Gläubiger die Vermittlung des Kredits übernommen hatte.[180]

iii. Leistungserschwerung bei großer Geschäftsgrundlage

Die Katastrophenfälle, bei denen es sich um die große Geschäftsgrundlage, wie zum Beispiel Erdbeben, Seuchen, Inflationen, Kriege usw., handelt, müssen nicht unbedingt zu einem Eingriff in den Vertrag führen.[181] Die Eigenart dieser Fälle besteht nämlich darin, dass von den genannten Vorgängen durchweg beide Parteien prinzipiell in gleicher Weise betroffen sind, so dass jeder Eingriff in den Vertrag unter dem Gesichtspunkt des Wegfalls der Geschäftsgrundlage zugunsten einer Partei und zum Nachteil der anderen auf Bedenken stoßen kann. Aus diesem Grund haben die Gerichte manchmal festgehalten, dass die Parteien durch den Krieg und den Zusammenbruch des Reiches prinzipiell gleich betroffen sein könnten und infolgedessen kein Wegfall der Geschäftsgrundlage anzunehmen sei.[182] Ebenso wurde in einem jüngeren BGH-Urteil entschieden, dass eine Musikkapelle die Folgen der Absage einer Faschingsveranstaltung infolge des Ausbruchs des Golfkrieges selbst tragen muss und nicht über die Annahme des Wegfalls der Geschäftsgrundlage auf den in gleicher Weise betroffenen Veranstalter abwälzen kann.[183]

Diesem Gedanken ist jedoch der Reformgesetzgeber nicht gefolgt, da er die Fälle des Wegfalls der großen Geschäftsgrundlage und die des Wegfalls der kleinen Geschäftsgrundlage gleich behandelt: § 313 BGB soll für beide Fallgruppen einschlägig sein.[184] Für die Anwendung der entsprechenden Risikoverteilung auf die große Geschäftsgrundlage spricht auch die mit der deutschen Wiedervereinigung verbundene Rechtsprechung des Bundesgerichtshofs. Der Zusammenbruch der DDR, die Wiederherstellung der deutschen Einheit und die dadurch bedingten grundlegenden wirtschaftlichen Änderungen haben bei einer Vielzahl von

---

180 *Heinrichs*, Palandt, 65. Aufl., § 313, Rn. 37.

181 *Emmerich*, Das Recht der Leistungsstörungen, 5. Aufl., S. 444–445; auch – *Hochloch* (Erman, 11. Aufl., § 313, Rn. 9) und *Heinrich* (Palandt, 65. Aufl., § 313, Rn. 8) aber aus einem anderen Grund: die Fälle vom Wegfall der großen Geschäftsgrundlage sollen dem Gesetzgeber überlassen werden, weil die Rechtsprechung nicht in der Lage ist, soziale Katastrophen zu beheben.

182 BGH-Urteil vom 23. Mai 1951 (BGHZ 2, 176, 188); BGH-Urteil vom 30. September 1952 (BGHZ 7, 238, 243); BGH-Urteil vom 8. Oktober 1954 (BGHZ 15, 27, 34); BGH-Urteil vom 3. Oktober 1952 (JZ 1952, 751).

183 Urteil vom OLG Karlsruhe vom 15. Mai 1992 (NJW 1992, 3176f.).

184 BT-DrS. 14/6040, S. 174; *Grüneberg*, in: *Bamberger/Roth*, § 313 Rn. 7; *Schulze*, in: Handkommentar, 3. Aufl., § 313, Rn. 3; *Krebs*, in: Anwaltskommentar, § 313 BGB, Rn. 49.

Verträgen das Gleichgewicht von Leistung und Gegenleistung oder den Vertragszweck gestört. Zum Ausgleich dieser Störungen hat der Gesetzgeber eine Reihe von Sondergesetzen erlassen.[185] Ergänzend hat der Bundesgerichtshof die Grundsätze über den Wegfall der Geschäftsgrundlage angewendet und dies, obwohl solche Verträge an sich gemäß Art. 322 § 1 EGBGB nach dem Recht der DDR zu beurteilen sind. [186]

4. Erheblichkeit der Veränderung

Des Weiteren muss die Geschäftsgrundlage erheblich gestört sein, damit ihr Wegfall berücksichtigt werden kann. Die Voraussetzung der Erheblichkeit der Veränderung dient der Vertragstreue und der Rechtssicherheit. Es würde nämlich zu einer bedenklichen Störung der Rechtsordnung führen, wenn die Vertragsordnung in ihrer umfassenden Bedeutung für das Wirtschaftsleben schon bei geringfügigen Veränderungen der wirtschaftlichen Verhältnisse nicht eingehalten würde.[187] Diese Erheblichkeit wird in Abs. 1 dadurch ausgedrückt, dass sich die die Geschäftsgrundlage bildenden Umstände „schwerwiegend verändert" haben. Die schwerwiegende Veränderung kann darin liegen, dass die Umstände, die bei Vertragsschluss bestanden hatten, ganz entfallen sind oder dass erwartete zukünftige Umstände nicht eingetreten sind.

Die Erheblichkeit der Veränderung wird in zweifacher Weise überprüft. Zum einem muss die Veränderung so erheblich sein, dass infolge dessen ein krasses Missverhältnis zwischen der Leistung und der Gegenleistung entstanden ist und daher der betroffenen Partei ein Festhalten am Vertrag nicht mehr zugemutet werden kann. In der Rechtsprechung wurde diese Voraussetzung als erfüllt angesehen, wenn zum Beispiel die Herstellungskosten um 60%[188] oder das 15-fache gestiegen sind[189]. Zum anderen setzt § 313 Abs. 1 BGB neben diesen tatsächlichen Gegebenheiten eine hypothetische Betrachtung voraus: Die Parteien müss-

---

185 Z.B. DM-BilanzG, VermG.

186 *Heinrichs*, in: Palandt, 65. Aufl., § 313, Rn. 49; *Köhler*, in: *Canaris*, 50 Jahre Bundesgerichtshof, Festgabe der Wissenschaft, Band I, S. 295, auch Fn. 2; BGH-Urteil vom 14. Oktober 1992 (BGHZ 120, 10, 22); BGH-Urteil vom 25. Februar 1993 (BGHZ 121, 378, 391); BGH-Urteil vom 26. Oktober 1993 (BGHZ 124, 1, 8); BGH-Urteil vom 1. Juni 1994 (BGHZ 126, 150, 159); BGH-Urteil vom 11. Oktober 1994 (BGHZ 127, 212,218).
Mehr zum Thema der Wiederherstellung der deutschen Einheit und des Wegfalls der Geschäftsgrundlage – *Görk*, Deutsche Einheit und Wegfall der Geschäftsgrundlage sowie *Grün*, JZ 1994, S. 763ff. und *Maskow*, Wirtschaftsrecht 1991, S. 141ff.

187 *Hohloch*, in: Erman, 11. Aufl., § 313, Rn. 22.

188 RG-Urteil vom 7. Juni 1921 (RGZ 102, 272, 275).

189 RG-Urteil vom 10. Dezember 1920 (RGZ 101, 81ff.).

ten den Vertrag nicht oder mit anderem Inhalt geschlossen haben, wenn sie die Änderung vorausgesehen hätten.[190] Die Frage, wann eine erhebliche Störung der Geschäftsgrundlage vorliegt, lässt sich nicht generell beantworten, sondern ist in jedem Einzelfall zu ermitteln. Man kann jedoch sagen, dass eine Störung nur dann wesentlich ist, wenn nicht ernstlich zweifelhaft ist, dass mindestens eine der Parteien bei Kenntnis der Änderung den Vertrag nicht oder mit anderem Inhalt abgeschlossen hätte.[191]

5. Unvorhersehbarkeit der Veränderung

Die bloße Erheblichkeit einer Veränderung von Umständen reicht aber nicht aus, um einen Eingriff in den Vertrag zu rechtfertigen. Festzustellen ist auch, ob diese Veränderung unvorhersehbar war.[192] Wer nämlich die Veränderung der Umstände bei Vertragsschluss vorhersehen konnte, von dem kann erwartet werden, dass er im Vertrag durch eine Anpassungs- oder Rücktrittsklausel Vorsorge trifft.[193] Anderes kann gelten, wenn beide Parteien davon ausgegangen sind, dass die objektiv voraussehbare Entwicklung nicht eintreten werde oder wenn sie insoweit keine Vorsorge treffen konnten.[194]

Bei der Beurteilung der Vorhersehbarkeit einer konkreten Veränderung ist die Frage zu beantworten, ob die Parteien über das nötige Wissen verfügten, mit dessen Hilfe die Veränderung der Umstände hätte vorausgesehen werden können.[195] Hiermit taucht das Problem auf, auf welchen Maßstab bei der Beantwortung dieser Frage abzustellen ist. Nach den früheren Auffassungen wurde entweder auf den Maßstab der im Verkehr erforderlichen Sorgfalt aus § 276 Abs. 1 Satz 2

---

190 *Schulze*, in: Handkommentar, 3. Aufl., § 313, Rn. 13,14.

191 *Muthers*, in: *Henssler/Graf von Westphalen*, Praxis der Schuldrechtsreform, S. 255, Rn. 14; *Rögler*, in: *Schimmel/Buhlmann*, Frankfurter Handbuch zum neuen Schuldrecht, S. 303.

192 Zur Problematik der Unvorhersehbarkeit insbesondere – *Lembke*, Vorhersehbarkeit und GG. Eine Untersuchung über die Bedeutung der Vorhersehbarkeit und der Erkennbarkeit für den Rechtsbehelf des Fehlens oder Wegfall der GG, Köln 1991. Bei § 313 Abs. 2 (Fehlvorstellungen der Parteien) dagegen handelt es sich mehr um die Erkennbarkeit im Sinne einer Eigenschaft, einen gegenwärtigen vorhandenen Umstand wahrzunehmen als um die Vorhersehbarkeit – vgl. *Lembke*, Vorhersehbarkeit und GG, S. 27–28.

193 BGH-Urteil vom 10. März 1972, WM 1972, 656; *Kreb*, in: Anwaltskommentar, § 313 Rn. 36.

194 BGH-Urteil vom 28. Oktober 1990, BGHZ 112, 259, 261; BGH-Urteil vom 21 Mai. 1951, BGH 2, 172, 188; *Grüneberg*, in: *Bamberger/Roth*, § 313, Rn. 30.

195 Dazu ausführlich – *Lembke*, Vorhersehbarkeit und GG, S. 188ff.

BGB[196] oder auf den Maßstab des „*menschlich Vorstellbaren*" abgestellt.[197] Als vorhersehbar wurde alles angesehen, was in den Grenzen der menschlichen Erfahrung, der möglichen Berechnung liegt. Unvorhersehbar war das, was seinem Wissen nach nicht vorhersehbar war, was dem Bereich der Phantasie angehörte. Dem Gedanken entsprechend hat das Reichsgericht den Ersten Weltkrieg als unvorhersehbar betrachtet.[198] Angesichts aller politischen, wirtschaftlichen und natürlichen Katastrophen, die im letzten Jahrhundert passiert sind, ist allerdings nach solchen Erfahrungen praktisch nichts unvorhersehbar. Deshalb scheint dieser Maßstab nicht mehr praktikabel. Zugleich kann aber nicht verlangt werden, dass die Parteien jede denkbare Gefahr untersuchen und in die Vertragsverhandlungen einbeziehen. Dies wäre aus Zeit- und Kostengründen unpraktisch. Der Maßstab der Vorhersehbarkeit wird deshalb in der Rechtsprechung mit dem Gedanken der Unzumutbarkeit verbunden. [199]

6. Unzumutbarkeit

a) Formel der Unzumutbarkeit

Die Frage der Unzumutbarkeit taucht in § 313 BGB zweimal auf: als Tatbestandsmerkmal und als Kriterium bei der Rechtsfolgenbestimmung.[200] Beim Tatbestandsmerkmal wird gemäß § 313 Abs. 1 BGB vorausgesetzt, dass das unveränderte Festhalten am Vertrag der benachteiligten Partei unter Berücksichtigung aller Umstände des Einzelfalls, insbesondere der vertraglichen oder gesetzlichen Risikoverteilung, nicht zugemutet werden kann. Dieser Gesetzformulierung wird manchmal im Schrifttum vorgeworfen, dass sie unscharf ist und daher sich schwer subsumieren lässt.[201] Angesichts des Fehlens einer detaillierten Regelung wird sogar im Schrifttum empfohlen, beim Vertragsschluss möglichst präzise vertragliche Reglungen zur Risikoverteilung zwischen den Parteien zu formulieren, um spätere Unsicherheiten bei der Prüfung der Voraussetzungen einer Störung der Geschäftsgrundlage zu vermeiden.[202]

---

196 *Weber*, in: Staudinger, II. Band, Schuldverhältnisse, Teil 1b, § 242, 11. Aufl., Anm. B 468.

197 *Koller*, Die Risikozurechnung bei Vertragsstörungen in Austauschverträgen, S. 88.

198 RGZ 93, 341, 344; RGZ 94, 45, 48f.; RGZ 99, 115, 119; 100, 129,133f.

199 *Lembke*, Vorhersehbarkeit und GG, S. 190.

200 *Heinrich*, in: Palandt, 65. Aufl., § 313, Rn. 28.

201 *Krebs*, in: Anwaltskommentar, § 313 Rn. 34; *Muthers*, in: *Henssler/Graf von Westphalen*, Praxis der Schuldrechtsreform, § 313, S. 256, Rn. 20.

202 *Rögler*, in: *Schimmel/Buhlmann*, Frankfurter Handbuch zum neuen Schuldrecht, § 313, S. 302, Rn. 10; *Ziegler/Rieder*, ZIP 2001 S. 1789ff. (1792).

Auch in der Rechtsprechung ist nur eine sehr allgemeine Formel zur Unzumutbarkeit zu finden. Die Grenze der Zumutbarkeit wird erst dann als überschritten angesehen, wenn *„das Festhalten an der ursprünglichen vertraglichen Regelung zu einem untragbaren, mit Recht und Gerechtigkeit schlechthin nicht mehr zu vereinbarenden Ergebnis führen würde.*“[203] Die so verstandene Zumutbarkeitsgrenze lässt sich nur dann feststellen, wenn alle Umstände des Einzelfalles herangezogen und die beteiligten Interessen gegeneinander abgewogen werden. Hilfreich bei der Frage der Zumutbarkeit kann insbesondere die Art des Vertrages, typische Risikoverteilung, Art der eingetretenen Störung und allgemeine Lage der Parteien sein.[204]

b) Unzumutbarkeit und Frage des Risikos

Die vertragliche und gesetzliche Risikoverteilung wird bereits durch den Gesetzeswortlaut zum Beurteilungsmaßstab erhoben. Damit wollten die Verfasser des § 313 BGB die Situation vermeiden, in der unter Berufung auf eine angeblich höhere Gerechtigkeit einer Partei ein Risiko abgenommen wird, welches sie sich hat bezahlen lassen und ihr bei Berücksichtigung einen unverdienten Profit verschaffen würde.[205] Eine Störung der Geschäftsgrundlage liegt daher nur dann vor, wenn die Grenze der vertraglichen und normativen Risikozuweisung überschritten ist. Dabei ergibt sich die Risikoverteilung zwischen den Vertragsparteien aus dem Vertragsinhalt, Vertragszweck und den gesetzlichen Bestimmungen. § 313 BGB findet keine Anwendung, wenn sich derjenige auf eine Störung der Geschäftsgrundlage beruft, der nach der vertraglichen oder gesetzlichen Reglung das Risiko zu tragen hat.[206] Dementsprechend muss sich die Partei am Vertrag festhalten lassen, die das Risiko, dass grundlegende Vorstellungen und Erwartungen mit der Wirklichkeit nicht übereinstimmen, ausdrücklich oder konkludent im Wege der Vereinbarung übernommen hat.[207] Eine solche, die Risikoübernahme betreffende Vereinbarung kann vor allem in Form einer Anpassungsklausel abgeschlossen werden.[208]

---

203 BGH-Urteil vom 25. Februar 1993 (BGHZ 121, 378, 393).

204 *Krebs,* in: Anwaltskommentar Schuldrecht, § 313, Rn. 34.

205 *Roth,* in: Münchener Kommentar, Band 2a, 4. Aufl., § 313 Rn. 37.

206 BGH-Urteil vom 12. Juni 1987 (BGHZ 101, 143,151f.); BGH-Urteil vom 17. Juni 1992 (NJW 92, 2690, 2691); *Schulze,* in: Handkommentar, 3. Aufl., § 313, Rn. 16.

207 BGH-Urteil vom 6. April 1995, BGHZ 129, 236, 253; *Krebs,* in: Anwaltskommentar, § 313, Rn. 35.

208 Mehr dazu – *Schmidt,* in: Staudinger, Zweites Buch, Recht der Schuldverhältnisse, 13. Aufl., § 242, Rn. 1065ff.; *Roth,* in: Münchener Kommentar, Band 2a, 4. Aufl., § 313, Rn. 31–34.

Der Vertragspartei soll jedoch nicht wegen ihrer Bereitschaft zur Risikoübernahme von vornherein jede Schutzbedürftigkeit abgesprochen werden. Keinesfalls kann angenommen werden, dass die Übernahme bestimmter Risiken die Übernahme aller Risken in sich birgt. Dies betrifft sogar die Spekulationsgeschäfte, in denen die Risikoübernahmebereitschaft wegen der damit verbundenen Chancen bestimmt besonders groß ist.[209]

Die gesetzliche (normative) Risikoverteilung betrifft das typische Risiko eines in typischer Weise zustande gekommenen Vertrages.[210] Hierbei gilt das Prinzip, dass die zum normalen Vertragsrisiko gehörenden Störungen zu Lasten der jeweils betroffenen Vertragspartei gehen. Danach tragen grundsätzlich der Geldleistungsgläubiger das Risiko der Geldentwertung, der Geldleistungsschuldner das Risiko der Geldbeschaffung und Finanzierung, der Sachleistungsgläubiger das Verwendungsrisiko und der Sachleistungsschuldner das Risiko von Leistungserschwerungen.[211] Dies gilt allerdings nur solange das sich verwirklichte Risiko noch typisch ist.[212]

c) *Unzumutbarkeit und Verschulden*

Wenn eine Vertragspartei die Veränderung der Umstände verschuldet oder in sonst zurechenbarer Weise verursacht hat, sind ihr die Folgen der Störung der Geschäftsgrundlage zuzumuten und sie kann keine Rechte daraus herleiten. Dasselbe gilt im Falle des Schuldnerverzugs.[213]

d) *Unzumutbarkeit und Vorhersehbarkeit*

Von besonderer Bedeutung bei der Feststellung der Unzumutbarkeit ist das Kriterium der Unvorhersehbarkeit. So wird nach der herrschenden Meinung angenommen, dass es dem belasteten Teil zumutbar ist, am Vertrag festgehalten zu werden, wenn die Störung der Geschäftsgrundlage beim Vertragsschluss vorhersehbar war.[214] Die Unzumutbarkeit und Unvorhersehbarkeit korrespondieren mit-

---

209 *Henssler*, Risiko als Vertragsgegenstand, S. 7, 293f; *Schmidt*, in: Staudinger, Zweites Buch, Recht der Schuldverhältnisse, 13. Aufl., § 242, Rn. 1099; *Roth*, in: Münchener Kommentar, Band 2a, 4. Aufl., § 313 Rn. 210.

210 *Heinrich*, in: Palandt, 65. Aufl., § 313, Rn. 16.

211 *Grüneberg*, in: *Bamberger/Roth*, § 313, Rn. 31; *Henssler*, Risiko als Vertragsgegenstand, S. 41–42.

212 *Krebs*, in: Anwaltskommentar, § 313, Rn. 35.

213 *Heinrich*, in: Palandt, 65. Aufl., § 313, Rn. 17.

214 Urteil vom 8. Februar 1978 (JZ 1978, 235f.); *Rösler*, JuS 2004, S. 1058ff.(1059); *Heinrich*, in: Palandt, 65. Aufl., § 313, Rn. 18; *Hohloch*, in: Erman, 11. Aufl., § 313, Rn. 24.

einander in der Weise, dass die Grenzen des Zumutbaren um so höher angesetzt werden, je leichter vorhersehbar ein Ereignis war und umgekehrt.[215]

e) Unzumutbarkeit und persönliche Notlage einer Vertragspartei

Im Vergleich zu der vertraglichen und gesetzlichen Risikoverteilung oder Unvorhersehbarkeit taucht die Frage der allgemeinen Lage der Vertragsparteien bei der Feststellung der Zumutbarkeitsgrenze relativ selten auf. Nur in wenigen Fällen wurde die persönliche Notlage oder Existenzgefährdung zum Vorteil der betroffenen Partei berücksichtigt.[216]

IV. Rechtsfolgen der Anwendung des § 313 BGB

Liegen die Voraussetzungen des § 313 BGB vor, so kann in den Vertragsinhalt eingegriffen werden. Zum Zweck einer möglichst interessengerechten Verteilung des verwirklichten Risikos ist dem Richter große Flexibilität in der Rechtsfolgenbestimmung eröffnet (B, IV, 1). Der Eingriff in den Vertrag soll jedoch in erster Linie durch eine Anpassung des Vertrags an die veränderten Umstände geschehen (B, IV, 2). Aus Gründen der Vertragstreue und der Verkehrssicherheit ist der Vertrag nach Möglichkeit aufrechtzuerhalten und lediglich in einer den berechtigten Interessen und dem Willen beider Parteien Rechnung tragenden Form den veränderten Verhältnissen anzupassen. Erst für den Fall, dass eine Anpassung nicht möglich ist oder einer Partei nicht zugemutet werden kann, folgt aus § 313 Abs. 3 BGB das Recht der betroffenen Partei, vom Vertrag zurückzutreten bzw. Dauerschuldverhältnisse durch Kündigung zu beenden (B, IV, 3).

Nach dem Willen des Gesetzgebers sollen die Parteien zunächst selbst über die Vertragsanpassung verhandeln.[217] Dies heißt aber nicht, dass dem Anpassungsanspruch eine Neuverhandlungspflicht oder Obliegenheit vorgeschaltet ist.[218] Es mag zwar sinnvoll sein, wenn die Parteien selbst versuchen, die Störung ihres Vertrages zu überwinden. Eine Pflicht oder Obliegenheit zu Verhandlungen

215 *Teichmann*, in: Soergel, 12. Aufl., § 242 Rn. 246.

216 Z.B. BGH-Urteil vom 26. Mai 1955 (BGHZ 17, 317, 327); BGH-Urteil vom 7. November 1995 (NJW-RR 1996, 1419); *Hohloch*, in: Erman, 11. Aufl., § 313, Rn. 21; *Roth*, in: Münchener Kommentar, Band 2a, 4. Aufl., § 313, Rn. 206.

217 BT-DrS. 14/6040 S. 176; *Muthers*, in: *Henssler/Graf von Westphalen*, Praxis der Schuldrechtsreform, S. 258, Rn. 25.

218 *Krebs*, in: Anwaltskommentar, § 313, Rn. 54; *Stadler*, in: *Jauernig*, 11. Aufl., § 313, Rn. 27; *Bayreuther*, Die Durchsetzung des Anspruchs uf Vertragsanpsssung beim Wegfall der Geschäftsgrundlage, S. 26. Anders – *Peer*, Jb.J. ZivRWiss. 2001, S. 61ff. (67); *Dauner-Lieb/Dötsch*, NJW 2003, S. 921ff.(925).

macht aber keinen Sinn. Ein konstruktives und kooperatives Verhandeln kann nämlich nicht erzwungen werden.[219] Obwohl es keine gesetzliche Pflicht zur Neuverhandlung gibt, kann man jedoch von einem mittelbaren Zwang sprechen. Eine Klageerhebung ohne vorheriges, außerprozessuales Anpassungsverlangen begründet nämlich für den Kläger ein Kostenrisiko für den Fall, dass der Beklagte der verlangte Anpassung sofort anerkennt, da er dem Kläger dann gemäß § 93 ZPO keine Veranlassung zur Erhebung der Klage gegeben hat. Insofern bestünde also eine rudimentäre Nachverhandlungsobliegenheit.[220]

1. Rechtsfolgen als Frage der Risikoverteilung

Im Schrifttum werden die Rechtsfolgen des § 313 BGB häufig mit der Frage der Risikoverteilung zusammen behandelt. Die Anwendung der Grundsätze der Geschäftsgrundlage führt nämlich dazu, dass das Risiko eines Auseinanderfallens von Vorstellung und Wirklichkeit nach Wertungsgesichtspunkten auf die Beteiligten verteilt wird.[221] Die Rechtsfolge der Anwendung des § 313 BGB soll daher eine möglichst interessengerechte Verteilung des verwirklichten Risikos bei möglichst geringem Eingriff in den ursprünglichen Vertragsinhalt herstellen. Dabei lauten die entscheidenden Fragen: unter welchen Voraussetzungen eine eingetretenes Risiko als vertragskonform beurteilt werden kann und nach welchen Wertungsgesichtspunkten das Risiko neu zu ordnen ist.[222] Zum Thema der Risikozuordnung bei den Störungen der Geschäftsgrundlage ist eine umfangreiche Literatur vorhanden. Unter anderen haben sich mit dieser Problematik *W. Fikentscher*[223], *I. Koller*[224], *J. Bischoff*[225] und *M. Henssler*[226] befasst und häufig eigene Theorien zur Risikozurechnung entwickelt.

Nach *G. H. Roth*[227] kann man die für eine Neuzuordnung des Risikos maßgeblichen Kriterien wie folgt zusammenfassen:

---

219 *Roth*, in: Münchener Kommentar, Band 2a, 4. Aufl., § 313 BGB, Rn. 93.

220 *Ernst*, in: *Basedow*, Europäische Vertragsvereinheitlichung und deutsches Recht, S. 151.

221 BGH-Urteil vom 8. Februar 1984 (NJW 1984, 1746,1747); BGH-Urteil vom 23. November 1989 (BGHZ 109, 220, 221). Mehr dazu – *Motsch*, JZ 2001, S. 428f., 431f.; *Eidenmüller*, Jura 2001, S. 824ff.(826f.).

222 *Roth*, in: Münchener Kommentar, Band 2a, 4. Aufl., § 313, Rn. 67, 102.

223 *Fikentscher*, Die Geschäftsgrundlage als Frage des Vertragsrisikos, München 1971.

224 *Koller*, Die Risikozurechnung bei Vertragsstörungen in Austauschverträgen, München 1979.

225 *Bischoff*, Vertragsrisiko und clausula rebus sic stantibus, Risikozuordnung in Verträgen bei veränderten Verhältnissen, Zürich 1983.

226 *Henssler*, Risiko als Vertragsgegenstand, Tübingen 1994.

227 *Roth*, in: Münchener Kommentar, Band 2a, 4. Aufl., § 313, Rn. 69–74.

1) Abgrenzung von Risikosphären der beiden Parteien nach der Typizität des Risikos einerseits, des Rechtsverhältnisses anderseits und nach allgemeinen Gepflogenheiten, Geschäftssitten sowie Geschäftserwartungen;
2) Erkenntnis oder Voraussehbarkeit des Risikos nach Art und Umfang durch eine oder beide Parteien;
3) Beherrschbarkeit und Beeinflussbarkeit des Risikos durch die eine oder andere Partei, insbesondere objektive oder subjektive Zurechenbarkeit der Herbeiführung des Risikoeintritts;
4) Wirtschaftliche Belastbarkeit der Parteien mit dem Risiko, die auf allgemeinen Zumutbarkeits- und Billigkeitserwägungen basiert.

Aus den Gerichtsentscheidungen lässt sich für kaum eines von diesen vier Kriterien der Risikozurechung eine absolute Geltungskraft ableiten. Vielmehr erscheint die bisherige Rechtsprechung nicht unbedingt widerspruchfrei. Beispielweise können im Einzellfall starke Gesichtspunkte (Vorhersehbarkeit, Beherrschbarkeit) gegen eine Abhilfe sprechen und dennoch wird diese aus überwiegenden anderen Erwägungen gewährt.[228]

2. *Vertragsanpassung*

Die Vertragsanpassung tritt nicht wie nach der Rechtslage vor der Schuldrechtsreform kraft Gesetzes ein, sondern wie im Falle des § 60 VwVfG nur auf Verlangen der durch die veränderten Umstände benachteiligten Partei, die einen Anspruch auf Anpassung hat. Damit ermöglicht es § 313 BGB der betroffenen Partei, selbst zu entscheiden, ob das Schuldverhältnis angepasst oder ob es unverändert erfüllt werden soll.[229]

Mit der Anpassung wird angestrebt, unter weitestmöglicher Erhaltung des ursprünglichen Vertrags die Unzumutbarkeit für die benachteiligte Partei zu beseitigen. Der Eingriff in den Vertrag soll dabei nicht weiter gehen als erforderlich ist, um die Zumutbarkeit wiederherzustellen. Wie weit in den Vertrag eingegriffen werden muss damit die Erfüllung des Vertrages zumutbar wird, hängt von den Umständen des konkreten Einzelfalls ab. Die Anhaltspunkte für die Entscheidung sind vor allem im alten Vertrag zu finden, aus dem sich das Bild der vorzufindenden Gesamtsituation ergibt.[230] Darüber hinaus muss der Richter bei seiner Entscheidung die Parteivorstellungen von einer sachgerechten Lösung

---

228 *Roth,* in: Münchener Kommentar, Band 2a, 4. Aufl., § 313, Rn. 74.

229 BT-DrS. – 14/6040 S. 176; *Roth,* in: Münchener Kommentar, Band 2a, 4. Aufl., § 313, Rn. 87–90.

230 *Bayreuther,* Die Durchsetzung des Anspruchs auf Vertragsanpassung beim Wegfall der Geschäftsgrundlage, S. 20.

ernst nehmen und darf nicht über die Köpfe der Beteiligten hinweg eine Anpassung durchführen.[231]

Die Bandbreite der Modalitäten einer Vertragsanpassung ist allerdings groß und hängt wiederum vom Einzelfall ab. Die Anpassung kann vor allem bei den Leistungserschwerungen auf Gewährung von Teilzahlungen, Stundung der Zahlungsverpflichtung sowie auf Erhöhung der Gegenleistung gerichtet werden. Unter besonderen Umständen ist es auch möglich, den vertraglichen Primäranspruch durch einen Sekundäranspruch (ganz oder teilweise) zu ersetzen, wie zum Beispiel durch die Einräumung eines Ausgleichsanspruches, durch eine Aufhebung der Käuferpflicht und Begründung einer Ersatzpflicht für einen Teil des dem Verkäufer entgehenden Gewinns oder durch die Begründung eines Anspruchs auf Ersatz von Aufwendungen.[232] Ist der Bestand und die erfolgreiche Abwicklung eines Vertrags Geschäftsgrundlage eines anderen Vertrags, ist im Falle der Unwirksamkeit oder Rückabwicklung der andere Vertrag anzupassen.[233]

3. Vertragsaufhebung

Wenn die Anpassung unmöglich oder nicht zumutbar ist, kommen die Beendigung des Vertrags (*ex nunc*) oder Rückabwicklung (*ex tunc*) als *ultima ratio* in Betracht. Im Gegensatz zu dem Kriterium der Unzumutbarkeit als Tatbestandsmerkmal des § 313 Abs. 1 BGB, das sich auf die Geschäftsgrundlagestörung berufende Partei bezieht, kann die Unzumutbarkeit der Anpassung sowohl auf Seiten dessen, der die Störung der Geschäftsgrundlage geltend macht als auch auf Seiten des Gegners vorliegen.[234] Es bleibt strittig, ob eine Auflösung des Vertrags auch in Betracht kommt, wenn die andere Partei ihre Mitwirkung an der Vertragsanpassung verweigert.[235] Die Gegner führen an, dass die Auflösung des Vertrages in einem solchen Fall weder zum Ausnahmecharakter des § 313 BGB noch zum Vorrang der Anpassung passt.[236]

---

231 *Rögler,* in: *Schimmel/Buhlmann*, Frankfurter Handbuch zum neuen Schuldrecht, S. 317.

232 *Grüneberg* in: *Bamberger/Roth*, § 313, Rn. 89.

233 BGH-Urteil vom 25. Januar 1999 (NJW-RR 2000, 412f.); *Hohloch,* in: Erman, 11. Aufl., § 313, Rn. 41.

234 *Peer*, Jb.J. ZivRWiss. 2001, S. 61ff. (66); *Muthers* in: *Henssler/Graf von Westphalen,* Praxis der Schuldrechtsreform, S. 261, Rn. 36. Anders – *Schulze,* in: Handkommentar, 3. Aufl., § 313, Rn. 20.

235 Dafür – *Hohloch,* in: Erman, 11. Aufl., § 313, Rn. 44. Dagegen – *Krebs,* in: Anwaltskommentar, § 313, Rn. 54; *Grüneberg,* in: *Bamberger/Roth*, § 313, Rn. 91; *Bayreuther*, Die Durchsetzung des Anspruchs auf Vertragsanpassung beim Wegfall der Geschäftsgrundlage, S. 28f.

236 *Krebs,* in: Anwaltskommentar, § 313, Rn. 54.

Der Vertrag wird dabei nicht automatisch aufgehoben, sondern bedarf einer rechtsgestaltenden Erklärung in Form des Rücktritts, der Kündigung (bei Dauerschuldverhältnissen) oder der Auflösungsklage (im Falle von Handelsgesellschaften).[237] Allerdings kann manchmal hierbei die Unsicherheit bestehen, ob eine Vertragsanpassung verlangt werden muss oder ob sogar eine Erklärung zur Vertragsauflösung abzugeben ist. Um das Richtige zu verlangen, muss die Vertragspartei die Frage der Unzumutbarkeit zutreffend einschätzen. Daher empfiehlt sich im Prozess, auch die für wenig wahrscheinlich erachtete Möglichkeit hilfsweise geltend zu machen.[238]

Beim Rücktritt sind die empfangenen Leistungen zurückzugewähren und die gezogenen Nutzungen herauszugeben. Die Rückabwicklung des Vertrags gestaltet sich im Einzelnen nach §§ 346ff. BGB und nicht, wie aufgrund der früheren Rechtslage, nach dem Bereicherungsrecht.[239] Dadurch entfällt die Geltung des § 818 Abs. 3 BGB, nach dem die Verpflichtung zur Herausgabe oder zum Ersatz des Wertes ausgeschlossen ist, soweit der Empfänger nicht mehr bereichert ist. Dies ermöglicht eine auf wirklichen Aufwendungen basierende Rückabwicklung anstatt einer, die nur bestehende Vorteile berücksichtigt.

V. Abgrenzung zu anderen Rechtsinstituten

Schon in der Diskussion zum Entwurf des Schuldrechtsreformgesetzes wurde auf das Problem der Abgrenzung zwischen dem Anwendungsbereich der Unmöglichkeit aus § 275 Abs. 2 und dem der Störung der Geschäftsgrundlage § 313 BGB hingewiesen.[240] Im Bereich der Störung der Geschäftsgrundlage gibt es aber Überschneidungen mit mehreren konkurrierenden Ansprüchen.

1. Gesetzliche Sonderregeln

Die Abweichung der Wirklichkeit von den Vorstellungen oder Erwartungen der Parteien wird in zahlreichen Einzelvorschriften berücksichtigt, z. B.: §§ 311a, 321, 528, 530, 775 Abs. 1 Ziff. 1 und 2, 2077, 2079 BGB, §§ 16, 17 BetrAVG,

---

237 *Krebs*, in: Anwaltskommentar, § 313, Rn. 56; *Heinrich*, in: Palandt, 65. Aufl., § 313, Rn. 30.

238 *Rögler*, in: *Schimmel/Buhlmann*, Frankfurter Handbuch zum neuen Schuldrecht, S. 318.

239 *Hohloch*, in: Erman, 11. Aufl., § 313, Rn. 44; *Schulze*, in: Handkommentar, 3. Aufl., § 313 Rn. 20; *Muthers*, in: *Henssler/Graf von Westphalen*, Praxis der Schuldrechtsreform, § 313, Rn. 35..

240 *Wilhelm*, JZ 2001, S. 861ff. (867); *Canaris*, JZ 2001, S. 499ff.(501). *Stoll* (JZ 2001, S. 589ff.(592)) wies sogar auf die Überflüssigkeit der Regelung des § 275 II hin.

§ 12 ArbEG, § 41a VVG.[241] Gegenüber diesen Sonderregeln für Geschäftsgrundlagenprobleme ist § 313 BGB subsidiär. Dies bedeutet, § 313 BGB bleibt neben den Sondervorschriften nur anwendbar, soweit diese tatbestandlich oder hinsichtlich der geltend gemachten Rechtsfolge nicht einschlägig sind.[242]

2. *Vertragsauslegung*

Da der Vertragsinhalt keine Geschäftsgrundlage ist, findet § 313 BGB keine Anwendung, wenn und soweit Veränderungen der Vertragsgrundlage durch ergänzende Vertragsauslegung sachgerecht berücksichtigt werden können.[243] Vor nachträglicher Anpassung hat nämlich der Parteiwille Vorrang. Allerdings ist die Grenze zwischen der ergänzenden Vertragsauslegung und der Geschäftsgrundlage fließend, soweit bei der ergänzenden Vertragsauslegung nur der hypothetische Parteiwille berücksichtigt wird. Eine Auslegung kann jedenfalls nicht gegen den tatsächlichen Willen der Parteien erfolgen. Die vorrangige ergänzende Vertragsauslegung kommt nur in Betracht, wenn die Parteien für das Problem eine vertragliche Regelung gewollt haben.[244] Wenn ein Rechtsgeschäft in sich widersprüchlich ist und der Widerspruch durch Auslegung nicht beseitigt werden kann (sog. Perplexität), ist das Rechtsgeschäft nichtig und eine Anpassung kann nicht erfolgen (nach dem Gedanken *„ohne Geschäft keine Grundlage“*).[245]

3. *Anfechtung wegen Irrtums*

Die §§ 119 Abs. 1 und 2, 123, 2078f. BGB gehen dem § 313 BGB vor. Haben sich jedoch die Parteien beim Vertragsschluss über einen für ihre Willensbildung wesentlichen Umstand gemeinschaftlich geirrt, ist § 313 Abs. 2 BGB anwendbar.[246] Einseitige Erwartungen einer Partei, die für ihre Willensbildung maßgeblich waren, können zur Geschäftsgrundlage gehören, wenn sie der anderen Partei mitgeteilt und in den gemeinsamen Geschäftswillen aufgenommen worden sind. Die Frage, ob lediglich eine bloße Kenntnisnahme der Erwartungshaltung des

---

241 *Grüneberg*, in: *Bamberger/Roth*, § 313, Rn. 13; *Hochloch*, in: Erman, 11. Aufl., § 313, Rn. 32.

242 *Krebs*, in: Anwaltskommentar, § 313, Rn. 9; *Grüneberg*, in: *Bamberger/Roth*, § 313, Rn. 13.

243 BGH-Urteil vom 3. Juli 1981 (BGHZ 81, 135, 143); BGH-Urteil vom 24. November 1998 (NJW-RR 1999, 923, 924)

244 *Krebs*, in: Anwaltskommentar, § 313, Rn. 10.

245 *Krebs*, in: Anwaltskommentar, § 313, Rn. 10; *Hohloch*, in: Erman, 11. Aufl., § 313 Rn. 34.

246 *Krebs*, in: Anwaltskommentar, § 313, Rn. 11.

Vertragspartners oder Einverständnis mit der Aufnahme dieser Erwartungen in die Geschäftsgrundlage vorliegt, ist eine Wertungsfrage.[247] Grundsätzlich gilt jedoch das Prinzip, dass in den Fällen, in denen sich die beiden Rechtsinstitute überschneiden, die Irrtumsanfechtung Vorrang hat.[248]

4. Unmöglichkeit

Die Abgrenzung von § 313 BGB zu den Vorschriften über die Unmöglichkeit ist umstritten. Der Gesetzgeber geht von einem Vorrang des § 275 BGB gegenüber § 313 BGB aus. § 275 setzt der primären Verpflichtung des Schuldners eine Grenze. Wird dieser wegen Unmöglichkeit von seiner Leistungspflicht frei, bleibt nichts, was anzupassen wäre.[249] Dieser Gesichtspunkt stößt jedoch auf Kritik, weil er außer Betracht lässt, dass die Vertragsanpassung Vorrang vor der Aufhebung des Vertrages haben soll.[250] Schwierigkeiten bei der Abgrenzung zwischen § 313 BGB und § 275 BGB ergeben sich vor allem in Fallgruppen der Zweckstörung, der Leitungserschwerung und der persönlichen Unmöglichkeit.

a) Zweckstörung

Durch § 275 Abs. 1 BGB sind die Fälle erfasst, in denen zwar die Leistungshandlung noch vorgenommen werden kann, der Leistungserfolg aber schon anderweitig eingetreten ist (sog. Zweckerreichung) oder nicht mehr eintreten kann (sog. Zweckfortfall). Schulfall ist das auf Grund gelaufene Schiff, das vor Eintreffen des Bergungsschleppers schon von selbst frei gekommen oder gesunken ist.[251] Die Zweckerreichung und der Zweckfortfall sind vor allem von den Zweckstörungen im Sinne des § 313 BGB zu unterscheiden. Es liegt nämlich keine Unmöglichkeit vor und nur die Störung der Geschäftsgrundlage kommt in Betracht, wenn der Leistungserfolg noch herbeigeführt werden kann, das Interesse des Gläubigers an ihm jedoch entfallen ist. Als klassisches Beispiel wird hier der englische Krönungsfall genannt, in dem eine Wohnung mit einem zur Straße hi-

---

247 *Grüneberg*, in: *Bamberger/Roth*, § 313, Rn. 19.

248 *Roth*, in: Münchener Kommentar, Band 2a, 4. Aufl., § 313, Rn. 138; *Krebs*, in: Anwaltskommentar, § 13, Rn. 11.

249 BT-DrS. 14/6040, S. 176; ebenso – *Krebs*, in: Anwaltskommentar, § 313, Rn. 12; *Mattheus*, JuS 2002, S. 209ff. (218).

250 *Ehmann/Sutschet*, Modernisiertes Schuldrecht, S. 160.

251 *Arnold*, in: *Dauner-Lieb/Heidel/Lepa/Ring*, Das neue Schuldrecht, Ein Lehrbuch, S. 150.

nausgehenden Fenster gemietet wird, um einen Krönungszug zu verfolgen und der Krönungszug kurzfristig jedoch ausfällt.[252]

b) Leistungserschwerung gemäß § 275 Abs. 2 BGB

Im Bereich der Leistungserschwerungen sind die Fälle der in § 313 BGB fallenden wirtschaftlichen Unmöglichkeit von der in § 275 Abs. 2 BGB geregelten faktischen (praktischen) Unmöglichkeit abzugrenzen. Gemäß § 275 Abs. 2 BGB kann der Schuldner die Leistung verweigern, wenn sie einen Aufwand erfordert, der unter Beachtung des Inhalts des Schuldverhältnisses und des Gebotes von Treu und Glauben in einem groben Missverhältnis zum Leistungsinteresse des Gläubigers steht. Nach dem Willen des Gesetzgebers soll der so formulierte § 275 Abs. 2 BGB nur die Fälle der sog. faktischen Unmöglichkeit und nicht die Fälle der wirtschaftlichen Unmöglichkeit, der Leistungserschwernis bzw. Unerschwinglichkeit oder übermäßiger Beschaffungsschwierigkeiten erfassen. Letztere sind nämlich nach § 313 BGB zu lösen.[253] Bei der faktischen Unmöglichkeit kann der Schuldner das Leistungshindernis zwar theoretisch überwinden, aber die Leistung kann von keinem Gläubiger vernünftigerweise gefordert werden und wird von keinem vernünftigen Schuldner versucht, da der Aufwand im Verhältnis zum möglichen Resultat wirtschaftlich sinnlos ist (Schulbeispiel: der Ring im See).[254] Um die wirtschaftliche Unmöglichkeit handelt es sich, wenn die Leistung dem Schuldner nach Treu und Glauben wegen Überschreitens der „Opfergrenze" nicht mehr zugemutet werden kann.[255] Die Abgrenzung zwischen § 275 Abs. 2 und § 313 BGB soll sich daraus ergeben, dass gemäß § 275 Abs. 2 S. 1 allein im Verhältnis zum Interesse des Gläubigers zu bestimmen ist, ob der vom Schuldner zu betreibende Aufwand grob übermäßig und damit nicht geschuldet ist, während Interessen des Schuldners wie die erzielte Gegenleistung und sonstige persönliche Interessen und Hinderungsgründe nur über § 313 BGB berücksichtigt werden können.[256]

252 *Krell v. Henry* [1903] 2 K.B., S. 740ff.; *Arnold*, in: *Dauner-Lieb/Heidel/Lepa/Ring*, Das neue Schuldrecht, Ein Lehrbuch, S. 150.

253 BT-DrS. 14/6040, S. 130.

254 *Krebs*, in: Anwaltskommentar, § 313, Rn. 14; *Arnold*, in: *Dauner-Lieb/Heidel/Lepa/Ring*, Das neue Schuldrecht, Ein Lehrbuch, S. 151.

255 *Krebs*, in: Anwaltskommentar, § 313, Rn. 14.

256 BT-DrS. 14/6040, S. 130; *Canaris*, JZ 2001, S. 499ff. (505); *Krebs*, in: Anwaltskommentar, § 313, Rn. 14.

Im Schrifttum bestehen aber Zweifel, ob sich diese Abgrenzung halten lässt.[257] Bereits die Behauptung, dass bei § 275 Abs. 2 BGB das Interesse des Schuldners keine Rolle spiele, erscheint unzutreffend. Auch § 275 Abs. 2 S. 1 spricht von Treu und Glauben und setzt das Gläubigerinteresse mit dem vom Schuldner zu betreibenden Aufwand in Beziehung.[258] Wegen dieser unklaren Abgrenzung wird trotz des Willens des Gesetzgebers, der den Vorrang des § 275 Abs. 2 BGB bevorzugt[259], manchmal vorgeschlagen, die §§ 275 Abs. 2 und 313 BGB gleichberechtigt nebeneinander anzuwenden, so dass der Schuldner die Wahl hat, nach welcher Vorschrift er im Falle einer übermäßigen Leistungserschwerung vorgehen will.[260] Andere Doktrinvertreter sehen die Lösung in breiterer Anwendung des Rechtsinstituts der Störung der Geschäftsgrundlage. Für eine bevorzugte Anwendung des § 313 BGB spricht vor allem, dass diese Regelung mit ihrer flexiblen Rechtsfolge der Anpassung eine interessengerechtere Lösung anbietet.[261]

c) Persönliche Leistungshindernisse

Probleme bereitet auch die Abgrenzung zu § 275 Abs. 3 BGB. Diese Sonderregel gilt für Leistungen, die der Schuldner persönlich zu erbringen hat. Danach wird der Schuldner frei, wenn eine Leistungspflicht für ihn nicht zumutbar ist. Im Gegensatz zu § 275 Abs. 2 BGB setzt diese Vorschrift ausdrücklich voraus, in die Abwägung zur Zumutbarkeit auch das Interesse des Schuldners einzubeziehen. Auf Grund der Ähnlichkeit des § 275 Abs. 3 BGB zu § 313 BGB könnte man eigentlich alle Fälle von Leistungserschwerungen bei persönlich zu erbringenden Leistungen über § 275 Abs. 3 BGB lösen.[262] Im Schrifttum wird jedoch darauf hingewiesen, dass die Begründung zum Schuldrechtsmodernisierungsgesetz nur von den „persönlichen Umständen“ spricht und als Beispiel den Schulfall der Sängerin, die wegen ihres kranken Kindes nicht auftreten will, sowie den Fall ei-

---

257 *Fischer*, BB 2001, S. 1923ff. (1926); *Picker*, JZ 2003, S. 1046; *Krebs*, in: Anwaltskommentar, § 313, Rn. 15.

258 *Krebs*, in: Anwaltskommentar, § 313, Rn. 15; *Arnold*, in: *Dauner-Lieb/Heidel/Lepa/Ring*, Das neue Schuldrecht, Ein Lehrbuch, S. 151; *Zimmer*, NJW 2002, S. 1ff. (3f.); *Fischer*, BB 2001, S. 1923ff.(1924).

259 BT-DrS. 14/6040, S. 176. Zustimmend – *Helm*, Die Einordnung wirtschaftlicher Leistungserschwerungen in das Leistungsstörungsrecht nach der Schuldrechtsreform, S. 172.

260 *Emmerich*, Das Recht der Leistungsstörungen, 5. Aufl., S. 417.

261 *Grüneberg* in: *Bamberger/Roth*, § 313 Rn. 22; *Krebs*, in: Anwaltskommentar, § 313, Rn. 15.

262 So *Arnold*, in: *Dauner-Lieb/Heidel/Lepa/Ring*, Das neue Schuldrecht, Ein Lehrbuch, S. 151; *Krebs*, in: Anwaltskommentar, § 313, Rn. 16.

nes Arbeitnehmers nennt, der die Arbeit im Ausland verweigert, weil er dort bei Androhung der Todesstrafe zum Wehrdienst einberufen worden ist.[263] Daraus ergibt sich, dass es sich im Falle des § 275 Abs. 3 BGB um ein nichtwirtschaftliches, rein personenbezogenes Leistungshindernis handelt.[264]

In der Begründung des Regierungsentwurfs wird zusätzlich zwischen der persönlichen Unmöglichkeit im Sinne des § 275 Abs. 3 BGB und der „sittlichen" (moralischen) Unmöglichkeit unterschieden.[265] Letztere soll dabei in den Anwendungsbereich des § 313 BGB fallen und in Betracht kommen, wenn sich die Erbringung der geschuldeten Leistung für den Schuldner nicht mit seinem Gewissen vereinbaren lässt oder die Leistung nach allgemeinen sittlichen Grundsätzen nicht von ihm verlangt werden kann.[266] Die von der Gesetzesbegründung geforderte Grenzziehung zwischen der persönlichen und moralischen Unmöglichkeit ist besonders schwierig. Es ist deshalb zu bezweifeln, ob sich diese Unterscheidung aufrechterhalten lässt.[267]

5. Mängelhaftung

Im Anwendungsbereich der Mängelhaftungsvorschriften (§§ 437ff., 536ff., 634ff., 651 c ff. BGB) ist § 313 BGB unanwendbar.[268] Dabei geht es nämlich nicht um eine Vertragsstörung, sondern um die Bewältigung von Schlechtleistungen, die vertragsimmanent erfolgen. Ebenso findet § 313 BGB keine Anwendung dann, wenn eine Mängelhaftung im Einzelfall wegen Fehlens der notwendigen Voraussetzungen nicht eingreift, wenn der Gewährleistungsanspruch verjährt ist oder die Haftung abbedungen ist.[269] § 313 BGB ist auch nicht anwendbar, wenn der Gewährleistungspflichtige wegen unvorhergesehener Umstände nicht mangelfrei liefern kann, weil das Beschaffungsrisiko vom ihm zu tragen ist.[270] Demgegenüber können Fehlvorstellungen über gegenwärtige Gegebenheiten, die keinen Sachmangel ausmachen, oder über zukünftige Gegebenheiten, etwa die zukünfti-

---

263 BT-DrS. 14/6040, S. 130.
264 *Hohloch,* in: Erman, 11. Aufl., § 313 Rn. 35; *Krebs,* in: Anwaltskommentar, § 313, Rn. 16.
265 BT-DrS. 14/6040, S. 130.
266 *Schulze,* in: Handkommentar, 3. Aufl., § 313, Rn. 9.
267 *Dauner-Lieb,* in: Anwaltskommentar, § 275, Rn. 19.
268 BGH-Urteil vom 16. März 1973 (BGHZ 60, 319, 321); BGH-Urteil vom 7. Februar 1992 (NJW 1992, 1384, 1385); BGH-Urteil vom 11. Dezember 1991 (NJW-RR 1992, 267); *Hohloch,* in: Erman, 11. Aufl., § 313, Rn. 39.
269 *Hohloch,* in: Erman, 11. Aufl., § 313, Rn. 39.
270 BGH-Urteil vom 21. April 1971 (DB 1971, 1862); *Roth,* in: Münchener Kommentar, Band 2a, 4. Aufl., § 313, Rn. 138.

ge Bebaubarkeit eines Grundstücks, eine Störung der Geschäftsgrundlage darstellen.[271]

6. Kündigung aus wichtigem Grund

Das bei Dauerschuldverhältnissen bestehende Kündigungsrecht aus wichtigem Grund gemäß § 314 BGB verdrängt § 313 BGB, soweit es um die Auflösung des Vertrages geht.[272] Sowohl § 314 BGB wie auch § 313 BGB setzen voraus, dass die weitere Vertragserfüllung unzumutbar ist. Dabei sind die Anforderungen an die Unzumutbarkeit bei der Kündigung geringer. Somit würde die Regelung von § 314 BGB eine Umgehungsmöglichkeit eröffnen. Im Schrifttum wird jedoch hervorgehoben, dass die Störung der Geschäftsgrundlage gemäß § 313 Abs. 3 S. 1 BGB das Kündigungsrecht ausschließt, wenn die Vertragsstörung durch eine zumutbare Anpassung beseitigt werden kann.

7. Condictio ob rem

Gegenüber der Bereicherung wegen Nichteintretens des mit der Leistung bezweckten Erfolgs (§ 812 Abs. 1 2. Satz, 2. Fall BGB) räumt die Rechtsprechung der Störung der Geschäftsgrundlage als vertraglichem Rechtsbehelf Vorrang ein.[273] Für den Vorrang des Rechtsinstituts der Störung der Geschäftsgrundlage spricht, dass § 313 BGB als Anpassungslösung flexiblere Möglichkeiten der Abwicklung einschließlich der Zuerkennung eines Rückgewähranspruchs gestattet.[274] Die Grenzen zwischen § 313 BGB und § 812 Abs. 1 S. 2, 2. Fall BGB sind allerdings schwer zu ziehen. Geht es nur um einen Ausgleich leistungsbegleitender Vor- und Nachteile und bedarf es keiner Vertragsanpassung im eigentlichen Sinn, ist eine Abwicklung über das Bereicherungsrecht vorzunehmen. So folgt zum Beispiel im Fall der vorzeitigen Beendigung eines Mietverhältnisses der Anspruch auf teilweise Erstattung von Aufbauleistungen aus § 812 BGB.[275]

---

271 BGH-Urteil vom 15. Oktober 1976 (JZ 1977, 177); BGH-Urteil vom 7. Februar 1992 (WM 1992, 918, 919); *Roth*, in: Münchener Kommentar, Band 2a, 4. Aufl., § 313, Rn. 134.

272 *Krebs*, in: Anwaltskommentar, § 313, Rn. 19; *Grüneberg*, in: *Bamberger/Roth*, § 313, Rn. 23; *Roth*, in: Münchener Kommentar, Band 2a, 4. Aufl., § 313, Rn. 141.

273 BGH-Urteil vom 23. Juni 1989 (BGHZ 108, 147, 149); BGH-Urteil vom 17. Juni 1992 (NJW 1992, 2690);

274 *Grüneberg*, in: *Bamberger/Roth*, § 313, Rn. 24; *Hohloch*, in: Erman, 11. Aufl., § 313, Rn. 38.

275 *Grüneberg*, in: *Bamberger/Roth*, § 313 Rn. 24.

VI. Prozessrechtliche Fragen

Anders als nach der Rechtslage vor der Kodifizierung treten die Rechtsfolgen des § 313 BGB nicht kraft Gesetzes ein. Der Anspruch auf Anpassung steht sowohl der durch Störung benachteiligten Partei wie auch der nicht benachteiligten Partei zu. Eine Störung der Geschäftsgrundlage kann in einer Klage oder als Verteidigungsvorbringen geltend gemacht werden[276](B, VI, 1). Dabei trägt die Darlegungs- und Beweislast derjenige, der sich auf die Störung beruft[277](B, VI, 2). Der Anspruch, der der regelmäßigen Verjährungsfrist unterliegt, kann aber wegen des Tatbestandsmerkmals der Unzumutbarkeit vor Eintritt der Verjährung bereits verwirkt sein (B, VI, 3).

1. Prozessuale Konstellationen

Eine Störung der Geschäftsgrundlage ist nicht wie vor der Kodifizierung von Amts wegen, sondern erst auf die Einrede einer Vertragspartei zu berücksichtigen.[278] Ein Wegfall der Geschäftsgrundlage kann dabei in einer Klage oder als Verteidigungsvorbringen geltend gemacht werden.[279] Entgegen der in der Begründung zum Ausdruck kommenden Auffassung[280] steht der Anspruch auf Anpassung aus § 313 BGB sowohl der durch Störung benachteiligten Partei wie auch der nicht benachteiligten Partei zu. Dies lässt sich schon im Wortlaut dieser Vorschrift („*kann ... verlangt werden*") erkennen. Auf den ersten Blick erscheint ein Anpassungsbegehren der nicht benachteiligten Partei eher entbehrlich. Wenn sich jedoch die Vertragsparteien über eine von der benachteiligten Partei geforderte Anpassung nicht geeignet haben, kann die gerichtliche Erzwingung der Anpassung für die nicht benachteiligte Seite der einzige Weg sein, die eigenen Ansprüche durchzusetzen.[281]

Hinsichtlich des Anspruchsinhalts ist § 313 BGB sehr offen. Daher sind an die Bestimmtheit des Klageantrags nach § 253 Abs. 2 Ziff. 2 ZPO nur einge-

---

276 *Bayreuther*, Die Durchsetzung des Anspruchs auf Vertragsanpassung beim Wegfall der Geschäftsgrundlage, S. 56f.

277 BGH-Urteil vom 30. November 1994 (BGHZ 128, 125, 134); BGH-Urteil vom 15. März 1995 (NJW 1995, 1891, 1892).

278 BT-DrS. 14/6040, S. 176.

279 *Bayreuther*, Die Durchsetzung des Anspruchs auf Vertragsanpassung beim Wegfall der Geschäftsgrundlage, S. 56f.

280 BT-DrS. 14/6040, S. 176.

281 *Dauner-Lieb/Dötsch*, NJW 2003, S. 921ff.(922); *Schmidt-Kessel/Baldus*, NJW 2002, S. 2076; *Bayreuther*, Die Durchsetzung des Anspruchs auf Vertragsanpassung beim Wegfall der Geschäftsgrundlage, S. 10.

schränkte Anforderungen zu stellen.[282] Nach der herrschenden Meinung ist die Klage auf die nach dem veränderten Vertragsinhalt geschuldete Leistung zu richten, nicht auf Zustimmung zur Anpassung.[283] Damit wird wie zuvor der Herstellungstheorie gefolgt.[284] Wegen der Vielzahl denkbarer Anpassungsformen kann eine sofortige Klage auf eine angepasste Leistung allerdings risikant sein. Denn wenn die Art der Anpassung im richterlichen Ermessen liegt, hat der Kläger keinen Anspruch auf die von ihm gewünschte Leistung. Aus diesem Grund ist der Vorschlag, die Vorschriften über die Stufenklage in § 254 ZPO analog für die Fälle des § 313 Abs. 1 BGB heranzuziehen, zu befürworten.[285] Somit könnte der Anpassungsberechtigte zunächst mit einem unbezifferten Antrag sein Anliegen zur umfassenden Anpassung des gesamten Vertrags verfolgen und nach Abschluss dieser ersten Stufe seinen im Moment fraglichen einzelnen Leistungsanspruch „aus Anpassung" konkret beziffern und auf der zweiten Stufe verfolgen.[286]

2. *Beweislast*

Die Darlegungs- und Beweislast trägt derjenige, der sich auf die Störung der Geschäftsgrundlage beruft.[287] Darzulegen und zu beweisen sind auch die Vorstellungen, die dem Vertragsschluss zugrunde gelegen haben, und dass die Parteien mögliche Änderungen der Umstände nicht in den Kreis ihrer Vorstellungen einbezogen haben.[288] Sind die Voraussetzungen des § 313 BGB unstreitig oder bewiesen, muss der Berechtigte die Voraussetzungen für den von ihm behaupteten Fortbestand seines Rechts beweisen.[289]

---

282 *Schmidt-Kessel/Baldus*, NJW 2002, S. 2076.

283 *Bayreuther*, Die Durchsetzung des Anspruchs auf Vertragsanpassung beim Wegfall der Geschäftsgrundlage, S. 11f.; *Grüneberg*, in: *Bamberger/Roth*, § 313, Rn. 95; *Krebs*, in: Anwaltskommentar, § 313, Rn. 57; *Stadler* in: *Jauernig*, 11. Aufl., § 313, Rn. 30; *Schmidt-Kessel/Baldus*, NJW 2002, S. 2076ff. (2077).

284 Nach der Vertragstheorie hat der Anspruchsteller nur einen schuldrechtlichen Anspruch auf Anpassung des Vertrags – mehr dazu *Muthers*, in: *Henssler/Graf von Westphalen*, Praxis der Schuldrechtsreform, S. 259–260.

285 *Schmidt-Kessel/Baldus*, NJW 2002, S. 2076ff (2077); *Dauner-Lieb/Dötsch*, NJW 2003, S. 921ff. (926).

286 Dazu – *Wieser*, JZ 2004, S. 654ff.; *Bayreuther*, Die Durchsetzung des Anspruchs auf Vertragsanpassung beim Wegfall der Geschäftsgrundlage, S. 48f.

287 BGH-Urteil vom 30. November 1994 (BGHZ 128, 125, 134); BGH-Urteil vom 15. März 1995 (NJW 1995, 1891, 1892).

288 BGH-Urteil vom 31. Mai 1990 (GRUR 1990, 1005, 1006); BGH-Urteil vom 31. Januar 1969 (WM 1969, 527, 529); *Hohloch*, in: Erman, 11. Aufl., § 313, Rn. 45.

289 *Grüneberg*, in: *Bamberger/Roth*, § 313, Rn. 96.

3. Verjährung

Der Anspruch auf Anpassung verjährt gemäß §§ 195, 199 ZPO regelmäßig in drei Jahren ab Ende des Jahres, in dem der Berechtigte Kenntnis der relevanten Umstände erlangt hat oder hätte erlangen müssen. Die Höchstfrist beträgt gemäß § 199 Abs. 4 BGB zehn Jahre. Wegen des Tatbestandsmerkmals der Unzumutbarkeit kann der Anspruch aber vor Eintritt der Verjährung bereits verwirkt sein. Denn wer sich in einer unzumutbaren Lage befindet, wird sich kaum drei Jahre Zeit lassen können. Ebenso wird bei der Gegenseite das Vertrauen in ein Festhalten an dem Vertrag erweckt, wenn die benachteiligte Partei nicht innerhalb kurzer Zeit eine Vertragsanpassung verlangt. Dasselbe gilt auch für das Rücktrittsrecht. Für den Fall, dass der benachteiligte Schuldner erst längere Zeit nach der Störung in Anspruch genommen wird, kann er sein Recht aus § 313 BGB nach dem Rechtsgedanken der §§ 438 Abs. 4, 441 Abs. 5 BGB immer noch einredeweise geltend machen.[290]

C. Zusammenfassung und Gesamtwürdigung des Rechtsinstituts der Störung der Geschäftsgrundlage

Das deutsche Schrifttum setzt sich mit der Problematik des Einflusses der Veränderung der Umstände auf Verträge seit dem Ende des 19. Jahrhunderts intensiv auseinander. Infolge der turbulenten Ereignisse des 20. Jahrhunderts hat das Problem auch die Praxis in vielen Fällen beschäftigt. Seit dem Erscheinen des Werks *Oertmanns „Die Geschäftsgrundlage, Ein neuer Rechtsbegriff*" wird in der deutschen Wissenschaft diese Problematik nicht mehr mit der klassischen *rebus sic stantibus*-Klausel assoziiert, sondern als Störung der Geschäftsgrundlage bezeichnet. Trotz vieler wissenschaftlicher Beiträge und der ununterbrochenen Entwicklung der Störung der Geschäftsgrundlage in der Rechtsprechung hat dieses Rechtsinstitut erst mit dem Gesetz zur Modernisierung des Schuldrechts im Jahre 2002 Eingang in das BGB gefunden.

Die Doktrin hat die Entscheidung des Gesetzgebers, das Institut der Störung der Geschäftsgrundlage in das BGB einzuführen, unterschiedlich aufgenommen. Die Kritiker tragen vor allem vor, dass die Formulierung des § 313 BGB nicht präzis genug sei, was im Ergebnis den Grundsatz *pacta sunt servanda* und die

290 *Grüneberg*, in: *Bamberger/Roth*, § 313, Rn. 95; *Krebs*, in: Anwaltskommentar, § 313, Rn. 58.

Rechtssicherheit gefährden könne.[291] Dies zugleich wird von anderen als ein Vorteil der Regelung angesehen, denn eine solche Formel bewahre die bisherige Flexibilität dieses Rechtsinstituts.[292]

§ 313 BGB findet Anwendung auf den Wegfall der Geschäftsgrundlage (Abs. 1) und das Fehlen der Geschäftsgrundlage (Abs. 2). Die nicht unter den traditionellen Anwendungsbereich der *rebus sic stantibus*-Klausel fallenden Fälle vom Fehlen der Geschäftsgrundlage werden den Fällen des Wegfalls der Geschäftsgrundlage gleichgestellt. Damit wird die deutsche Besonderheit dieses Rechtsinstituts der Störung der Geschäftsgrundlage beibehalten entgegen der Auffassung, dass die Problematik der fehlenden Geschäftsgrundlage zum Irrtumsrecht gehöre und in diesem Zusammenhang, also bei § 119 BGB, zu regeln sei.[293]

Hinter der Grundlage des Vertrags, die vom Vertragsinhalt abzugrenzen ist, verbergen sich weiterhin sowohl die gemeinsamen Vorstellungen der Parteien (subjektive Geschäftsgrundlage) wie auch diejenigen Umstände, deren Vorhandensein oder Fortbestand für den Zweck des Vertrages und seine wirtschaftliche Bedeutung nötig sind (objektive Geschäftsgrundlage). Darüber hinaus wird zwischen der kleinen und der großen Geschäftsgrundlage unterschieden. Da nach der Begründung zum Schuldrechtsmodernisierungsgesetz die Störung aller genannten Geschäftsgrundlagen durch § 313 BGB erfasst wird und zu den gleichen Rechtsfolgen führt, hat diese Unterscheidung allerdings keine praktische Bedeutung.

§ 313 BGB ist auf nicht abgewickelte Verträge anwendbar. Der Anwendungsbereich von § 313 BGB wird nicht nur auf schuldrechtliche Verträge beschränkt, sondern erfasst Verträge des Sachen-, Familien-, Erb- und Gesellschaftsrechts. In der Begründung zum Schuldrechtsmodernisierungsgesetz werden drei von § 313 BGB erfasste Fallgruppen genannt: Äquivalenzstörungen, Zweckstörungen und Leistungserschwerungen. Zu den Leistungserschwerungen gehören vornehmlich die Fälle der sog. wirtschaftlichen Unmöglichkeit, in denen die Leistungserbringung für den Schuldner nur mit übermäßigen Anstrengungen möglich ist. Darunter fallen z.B. erhebliche Beschaffungshindernisse, die infolge Verknappung von Bezugsmöglichkeiten eingetreten sind, die Fälle der tiefgreifenden wirtschaftlichen Veränderung sowie die selten vorkommenden Fälle einer sittlichen Unmöglichkeit. Die Erschwerungen bei Geldleistungen sind aus dem

291 *Dauner-Lieb*, in: *Ernst/Zimmermann*, Zivilrechtswissenschaft und Schuldrechtsreform, S. 305ff. (323).

292 *Köhler*, in: *Canaris*, 50 Jahre Bundesgerichtshof, Festgabe der Wissenschaft, Band I, S. 295ff. (296).

293 *Huber*, in: *Ernst/Zimmermann*, Zivilrechtswissenschaft und Schuldrechtsreform, S. 160, ebenso: *Koziol – Jansen*, in: *Ernst/Zimmermann*, Zivilrechtswissenschaft und Schuldrechtsreform, S. 329.

Anwendungsbereich des § 313 BGB ausgeschlossen. Der Geldschuldner trägt das Risiko der „Bezahlbarkeit“ und kann sich grundsätzlich darauf nicht berufen, dass sich für ihn unerwartet Finanzierungsschwierigkeiten ergeben haben.

Eine Leistungserschwerung kann gemäß § 313 BGB geltend gemacht werden, wenn es zu einer erheblichen und unvorhersehbaren Veränderung der Umstände, die zur Grundlage des Vertrags geworden sind, gekommen ist und infolgedessen das Festhalten am unveränderten Vertrag für eine Partei unzumutbar ist. Die der Rechtssicherheit dienende Voraussetzung der Erheblichkeit der Veränderung wird in zweifacher Weise überprüft: Zum einen muss die Veränderung so schwerwiegend sein, dass als Folge ein so krasses Missverhältnis zwischen der Leistung und der Gegenleistung entstanden ist und der betroffenen Partei ein Festhalten am Vertrag nicht mehr zugemutet werden kann. Zum anderen sieht § 313 Abs. 1 BGB eine hypothetische Betrachtung vor, nach der die Parteien den Vertrag nicht oder mit anderem Inhalt geschlossen hätten, wenn sie die Veränderung vorausgesehen hätten. Das Problem des Maßstabs, nach dem die vorausgesetzte Unvorhersehbarkeit zu bewerten ist, wird häufig mit dem Kriterium der Unzumutbarkeit behandelt. Die Frage, wann das Festhalten am Vertrag nicht mehr zugemutet werden kann, bereitet aber viele Schwierigkeiten. Nach dem Wortlaut des Gesetzes sind hierbei alle Umstände des Einzelfalls, insbesondere der vertraglichen und gesetzlichen Risikoverteilung zu berücksichtigen. Abgesehen davon, dass die Gerichte die persönliche Notlage oder Existenzgefährdung einer Partei selten als für die Unzumutbarkeit sprechenden Umstand ansehen, fehlt es in der Rechtsprechung an konkreten Hinweisen, wann die Grenze der Zumutbarkeit überschritten wird. Diese auf die Zumutbarkeit der Leistungserbringung abstellende Formel des § 313 BGB stößt in der Literatur auf Kritik und wird als besonders starker Anstoß zur möglichst präzisen vertraglichen Risikoverteilung angesehen, die spätere Unsicherheiten bei der Prüfung der Voraussetzungen einer Störung der Geschäftsgrundlage vermeiden lässt.

Als Tatbestandsmerkmale die, die Anwendung des § 313 BGB ausschließen, gelten die Existenz einer gesetzlichen oder vertraglichen Risikoverteilung sowie Verschulden einer Partei. Sowohl eine gesetzliche als auch eine vertragliche Risikoverteilung bezieht sich nur auf ein typisches Risiko. Wenn die typische Risikogrenze überschritten ist, kann das Festhalten am unveränderten Vertrag der Partei nicht zugemutet werden. Dies gilt sogar für Spekulationsgeschäfte. Ebenso wird die in einer Anpassungsklausel ausgedrückte Risikobereitschaftsübernahme nicht als uneingeschränkt angesehen.

Da es keine durchsetzbare Neuverhandlungspflicht gibt, kann beim Vorliegen der Voraussetzungen des § 313 BGB das Gericht auf Antrag einer Partei unmittelbar in den Vertragsinhalt eingreifen. Eine Störung der Geschäftsgrundlage kann dabei sowohl in einer Klage wie auch als Verteidigungsvorbringen geltend gemacht werden. Der Anspruch, der nach der regelmäßigen Frist von drei Jahren verjährt, aber wegen der Voraussetzung der Unzumutbarkeit früher verwirkt werden kann, steht beiden Parteien zu.

Zum Zweck einer möglichst interessengerechten Verteilung des verwirklichen Risikos ist dem Richter eine große Flexibilität bei der Rechtsfolgenbestimmung eröffnet. Der Eingriff soll jedoch in erster Linie durch eine Anpassung des Vertrags an die veränderten Umstände geschehen und soll nicht weiter gehen, als erforderlich ist, um die Zumutbarkeit wiederherzustellen. Die Bandbreite der Modalitäten einer Vertragsanpassung ist groß und hängt von den Umständen des Einzelfalls ab. Erst wenn die Anpassung unmöglich oder unzumutbar ist, kann der Vertrag aufgelöst werden. Die Auflösung des Vertrags bedarf einer rechtsgestaltenden Erklärung in Form des Rücktritts, der Kündigung (bei Dauerschuldverhältnissen) oder der Auflösungsklage (im Falle von Handelsgesellschaften). Bei Unsicherheit, ob eine Vertragsanpassung verlangt werden muss oder ob sogar eine Erklärung zur Vertragsauflösung abzugeben ist, empfiehlt sich im Prozess auch die für wenig wahrscheinlich erachtete Möglichkeit geltend zu machen. Die Rückabwicklung des Vertrags gestaltet sich im Einzelnen nach §§ 346ff. BGB und nicht nach dem Bereicherungsrecht wie etwa nach früherem Recht.

Im Bereich der Störung der Geschäftsgrundlage gibt es Überschneidungen mit vielen konkurrierenden Ansprüchen. Als großer Mangel des § 313 BGB wird im Schrifttum das Problem der Abgrenzung zwischen dem Anwendungsbereich des § 313 BGB und der Unmöglichkeit aus § 275 Abs. 2 und 3 BGB sowie zwischen dem Fehlen der Geschäftsgrundlage und dem Irrtum angesehen.[294]

Abgesehen von den erwähnten Mängeln ist die Kodifizierung der Störung der Geschäftsgrundlage zu begrüßen. Durch die Einführung von § 313 in das BGB hat der Gesetzgeber dem durch die Rechtslehre und Rechtsprechung entwickelten Institut eine neue Dimension gegeben und damit seine Zukunft gesichert. Es besteht nicht mehr die Gefahr, dass der Gesetzgeber das Rechtsinstitut und damit die Früchte der mehrjährigen Arbeit der Doktrin und der Rechtsprechung in *„drei berechtigenden Worten“* abschafft.[295] Da man unter dem Postulat der Rechtssicherheit eine gewisse Kontinuität der Rechtsregeln erwartet, kann man sagen, dass diese Kodifizierung zur Rechtssicherheit beigetragen hat.

---

294 *Wilhelm*, JZ 2001, S. 861ff.(867); *Canaris*, JZ 2001, S. 499ff. (501); *Stoll*, JZ 2001, S. 589ff. (592).

295 Nach dem Gedanken: *„Drei berechtigende Worte des Gesetzgebers und ganze Bibliotheken werden zu Makulatur“* von *Julius von Kirchmann* („Die Wertlosigkeit der Jurisprudenz als Wissenschaft“ von 1848 zitiert nach *Krebs*, DB 2000, Beilage Nr.14, S. 27, Fn 224).

§ 2. Rebus sic stantibus-Klausel im polnischen Recht

A. Geschichte des Instituts

Die Geschichte des polnischen modernen Rechts fängt mit der Wiederherstellung der polnischen Eigenstaatlichkeit nach dem Ersten Weltkrieg an (A, I). Früher galten auf dem Gebiet Polens fünf verschiedene Rechtsordnungen.[296] Diesen verschiedenen rechtskulturellen Einflüssen ist die Vielfalt der Lösungsansätze zur Problematik der Einwirkung der veränderten Umstände auf Verträge zuzuschreiben, die wie in anderen europäischen Staaten nach dem Ersten Weltkrieg ihre Renaissance hatten (A, II, 1). In der Rechtsprechung des Obersten Gerichts dominierten zunächst die Rechtsfigur der wirtschaftlichen Unmöglichkeit[297] (A, II, 2) und das Gebot von Treu und Glauben[298] (A, II, 3). Parallel dazu hat sich das Schrifttum intensiv mit der Frage der *rebus sic stantibus*-Klausel beschäftigt (A, III). Durch die über die ganze Zeit lebendigen Einflüsse der verschiedenen Rechtssysteme wurde eine Ausarbeitung eines kohärenten Lösungsansatzes in der Rechtsprechung verhindert. Daher hat sich der Gesetzgeber 1933 entschieden, die allgemeine *rebus sic stantibus*-Klausel in Art. 269 des neuen Obligationengesetzbuchs einzuführen[299] (A, IV).

Nach dem Zweiten Weltkrieg hat die *rebus sic stantibus*-Klausel das Schicksal der anderen vor dem Krieg geschaffenen Rechtsinstitute geteilt: als nicht zum sozialistischen Rechtssystem passend wurde sie abgelehnt.[300] In der Wirtschaftskrise der 80er Jahre hat die Klausel wiederum an Bedeutung gewonnen und die Gerichte haben mit Hilfe von verschiedenen Rechtsinstituten in Verträge eingegriffen. Zugleich wurden die Stimmen für die Reform des Zivilrechts und eine Wiedereinführung der *rebus sic stantibus*-Klausel laut (A, V, VI).[301]

296 *Liebscher/Zoll*, Einführung in das polnische Recht, S. 107.

297 *Przybyłowski*, ZOR 1929, Band 2, S. 169ff. (172–174).

298 *Przybyłowski*, ZOR 1929, Band 2, S. 169ff. (170–171).

299 *Brzozowski*, Wpływ zmiany okoliczności, S.128; *Preusner-Zamorska/Pisuliński*, Arch Iur Cracov 1990, Heft XXIII, S. 62–63.

300 *Czachórski*, Zobowiązania, S. 306–307; *Gasteyger*, ROW 1959, S. 150ff.; *Stawarska-Rippel*, KPP 2004, Heft 3, S. 697, 699f.

301 Z.B.: *Gawlik*, PiP Nr 3/1990, S. 77ff; *Kordasiewicz*, PiP 1985, Heft 4, S. 148ff. (152); *Zagrobelny*, NP Nr. 1/1984, S. 3ff. (9–10); *Radwański*, PiP 1987, Nr. 4, S. 3ff. (13–14); *Preusner-Zamorska/Pisuliński*, Arch Iur Cracov 1990, Heft XXIII, S. 62–63 (76–77).

Die Blütezeit des Gedankens, nach dem Verträge im Hinblick auf die außerordentliche Veränderung der Umstände modifizierbar sein können, fand in Polen wie im ganzen Europa, nach dem ersten Weltkrieg statt. Zu dieser Zeit teilte Polen das Schicksal vieler anderer europäischer Staaten: die Wirtschaft litt unter einer schweren Krise, die viele Rechtsverhältnisse betroffen hat.[302] Aber im Vergleich zu anderen europäischen Ländern war die Situation Polens noch komplizierter, weil die polnische Eigenstaatlichkeit nach mehr als einhundert Jahren der Nichtexistenz neu gebildet werden musste. Die Teilungen Polens durch die Nachbarstaaten Russland, Preußen und Österreich in den Jahren 1772, 1793 und 1795 führten nicht nur zum Untergang des polnischen Staates, sondern auch zur Unterbrechung der Rechtsentwicklung. Die drei Annexionsstaaten führten nämlich ihre Rechtsordnungen ein. Mit der Eroberung Napoleons am Anfang des 19. Jahrhunderts kam noch eine Einflussnahme französischen Rechts dazu. Sanktioniert wurde es während des Wiener Kongresses, der im Jahre 1815 offiziell eine Einteilung in fünf Rechtsgebiete brachte. Diese Einteilung hatte Bestand bis zum Ende des Ersten Weltkriegs und teils noch längere Zeit. Demzufolge galt im Bereich des Zivilrechts in den westpolnischen Gebieten das deutsche BGB, in den südlichen Gebieten das österreichische ABGB und die uralte ungarische *Collectio Tripartia*. Sie blieb jedoch von verhältnismäßig geringer Bedeutung. Im russischen Einzugsgebiet galt der zehnte Band des russischen *Zwod Zakonow*. Darüber hinaus hat das französische Zivilrecht, das während der kurzen napoleonischen Besatzung in diesem Gebiet eingeführt war, seinen Einfluss ausgeübt. Im Gebiet Kongresspolens (Zentralpolen und Warschau) galt sogar das sog. polnisch-französische Zivilrecht, das auf dem französischen *Code civil* aufbaute und zahlreiche Modifikationen im Bereich des Familienrechts enthielt.[303]

Nach der Wiederentstehung des polnischen Staates im Jahre 1918 wurde angestrebt, diese Rechtszersplitterung zur Stärkung eines einheitlichen, unabhängigen Polens und zur Förderung der wirtschaftlichen Einigung möglichst schnell aufzuheben. Deshalb wurde bereits 1919 eine Kodifikationskommission eingesetzt, die ein einheitliches Privatrecht ausarbeiten sollte.[304] Bis zum Zweiten Weltkrieg hat die Kodifikationskommission es geschafft, das Urheberrecht (1926), das Wettbewerbsrecht (1926), das interterritoriale und internationale Privatrecht (1926) und das Schuldrecht (1933) zu vereinheitlichen. Insbesondere am

302 *Brzozowski*, Wpływ zmiany okoliczności, S.120–121.
303 *Liebscher/Zoll*, Einführung in das polnische Recht, S. 107.
304 *Górnicki*, Prawo cywilne w pracach Komisji, S. 12ff.; *Glatz*, Die Entwicklung des polnischen Zivilrechts, S. 24–26.

Beispiel des größten Werks der Kommission – dem Obligationsgesetzbuch – kann man deutlich sehen, dass bei der Kodifikation fremde Rechtsordnungen ausgewertet und nicht direkt übernommen wurden. Obwohl dem Gesetzgeber das deutsche Bürgerliche Gesetzbuch, das schweizerische Obligationenrecht, das österreichische Allgemeine Bürgerliche Gesetzbuch sowie der französische Code Civil als Vorbild dienten, lässt sich schwer feststellen, welches Recht den größten Einfluss auf das neue Gesetz hatte.[305]

II. Rebus sic stantibus-Klausel in der OG-Rechtsprechung

1. Allgemeine Charakteristik

Zur Zeit der Wiederherstellung der polnischen Eigenstaatlichkeit kam es infolge der politischen und wirtschaftlichen Instabilität immer wieder zu solchen Leistungserschwerungen, dass in vielen Fällen der unveränderte Anspruch auf Leistung mit dem allgemeinen Gerechtigkeitsgefühl unvereinbar war. Dies hat auch das polnische Schrifttum und die Praxis dazu veranlasst, sich mit der Problematik der Klausel *rebus sic stantibus* zu beschäftigen.

Der erste Versuch die schwierige Situation von Schuldnern zu verbessern, waren die noch in der Zeit des Krieges verabschiedeten Moratoriumsgesetze, die in bestimmten Fällen den Aufschub der Zahlung zugelassen haben.[306] Später, nach dem Ersten Weltkrieg, wurden weitere Gesetze eingeführt, die eine Reduktion der Verzinsung und andere Vergünstigungen in Kreditverhältnissen für landwirtschaftliche Betriebe gewährleisteten. Angesichts des Ausmaßes der Wirtschaftskrise genügten aber diese Maßnahmen nicht. Aus diesem Grund haben die Gerichte die Aufgabe übernommen, Verträge an die neue Situation anzupassen oder, wenn dies nicht mehr möglich war, aufzuheben.

In der Behandlung dieser Problematik kam es zu Unterschieden zwischen den einzelnen Kammern (der Ersten, Dritten und Fünften) des Obersten Gerichts, die nicht nur der Anwendung verschiedener Zivilrechtsgesetze sondern auch verschiedener rechtskultureller Einflüsse zuzuschreiben waren. So wirkten zum Beispiel auf die Rechtsprechung der Ersten Kammer die Grundsätze der zivilgerichtlichen französischen Judikatur ein, während die Dritte nach österreichischem und die Fünfte Kammer nach deutschem Recht entschieden. Die Berücksichtigung der Leistungserschwerung infolge der Umstandsänderung hat am frühesten und am umfassendsten in der Rechtsprechung der Dritten Kammer Ausdruck gefunden. Die Erste Kammer war (insbesondere am Anfang) widerstandsfähiger, was

305 *Glatz*, Die Entwicklung des polnischen Zivilrechts, S. 28–29.
306 *Longtemps de Berier*, Polskie prawo cywilne. Zobowiązania, S. 405.

sich mit den französischen Einflüssen erklären lässt. In Frankreich wurden nämlich alle Theorien, die eine Entlastung des Schuldners vorsahen, konsequent abgelehnt.[307]

Das Oberste Gericht hat die betroffene Partei mit Hilfe von verschiedenen Rechtsinstituten entlastet.[308] Vornehmlich kamen das Gebot von Treu und Glauben und die Unmöglichkeit zur Anwendung. Zu den anderen in Betracht kommenden Rechtsfiguren gehörten die ungerechtfertigte Bereicherung,[309] die Theorie der Gleichwertigkeit,[310] die Auslegung des Parteiwillens[311] und die *rebus sic stantibus*-Klausel.[312] Alle oben genannten Institute haben sich auf wesentlich unterschiedliche Begründungen gestützt, die auf objektiv-rechtlichen (Grundsatz von Treu und Glauben, Unmöglichkeit, ungerechtfertige Bereicherung) sowie auf subjektiven (Auslegung des Willens der Parteien) Elementen beruhten.[313] Zu den Voraussetzungen, die diese Institute gemeinsam teilten, gehörte vor allem das Erfordernis der Unvorhersehbarkeit der Veränderung der Umstände.[314] Die polnischen Gerichte haben keinen Wert auf die Prüfung der Vermögensverhältnisse der Parteien gelegt.[315]

2. Grundsatz von Treu und Glauben

Die Entlastung des Schuldners hat das Oberste Gericht am häufigsten mit der Formel erklärt, die dem Gebot von Treu und Glauben zugrunde lag. Die Bezugnahme auf Treu und Glauben war charakteristisch für die Entscheidungen der Ersten und Fünften Kammer, wobei die rechtlichen Grundlagen unterschiedlich waren. Für die Erste Kammer war es die Norm des Art. 1134 Abs. 3 Code Napoleon, während sich die Fünfte Kammer auf §§ 157, 242 des deutschen BGB gestützt hat. Die Fünfte Kammer hat in ihrem Urteil vom 10. Juni 1922 entschieden, dass aus der Anerkennung der Gültigkeit eines Vertrages noch nicht hervorgehe, dass alle seine Bestimmungen wörtlich in Kraft treten müssten. „*Denn der Hauptgrundsatz bei der Erfüllung von Verträgen ist, dass sie nach den Grund-*

307 *Przybyłowski*, ZOR 1929, Band 2, S. 169f; *Zweigert/Kötz*, Einführung in die Rechtsvergleichung, S. 248ff.
308 *Przybyłowski*, ZOR 1929, Band 2, S. 169–181.
309 Ibd., S. 174.
310 Ibd., S.174–176.
311 Ibd., S. 176.
312 Ibd., S. 177.
313 Die Theorie der Gleichwertigkeit und der Grundsatz „clausula rebus sic stantibus" stützte sich auf den Willen der Parteien sowie auf die objektiv-rechtlichen Grundsätze: *Przybyłowski*, ZOR 1929, Band 2, S. 174, 186–187.
314 *Przybyłowski*, ZOR 1929, Band 2, S. 178.
315 Ibd., S. 179.

sätzen des guten Glaubens erfüllt werden [...]. *Diesem Grundsatze würde man nicht entsprechen, wenn der Schuldner zufolge der grundsätzlichen und von den Parteien nicht vorgesehenen ökonomischen und valutarischen Änderungen, welche in der Zeit zwischen dem Vertragsabschluss und seiner Erfüllung eingetreten sind, gezwungen sein sollte, dem Gläubiger etwas zu leisten, was zwar dem Wortlaut des Vertrages entsprechen würde, in der Wirklichkeit jedoch materiell etwas ganz anderes wäre als das, was nach dem übereinstimmenden Willen der Parteien im Zeitpunkte des Vertragsabschlusses geleistet werden sollte"*.[316] In der Dritten Kammer hat sich diese Formel in der Form des österreichischen Instituts von *contra bonos mores* durchgesetzt (§ 879 ABGB).[317]

3. Unmöglichkeit

Eine andere Konzeption, die große Anerkennung gefunden hat, war die vornehmlich in der Rechtsprechung der Dritten Kammer zur Anwendung kommende Unmöglichkeit der Leistung.[318] Hier wurde die durch veränderte Verhältnisse entstandene Leistungserschwerung („Unerschwinglichkeit") der objektiven Unmöglichkeit gemäß § 1447 ABGB gleichgestellt: „*Die subjektive Leistungsunmöglichkeit ist so zu behandeln wie die objektive Unmöglichkeit, falls infolge der Preiserhöhung der Erwerb von den zu liefernden Gegenständen so kostspielig wurde, dass eine Lieferung nach den vereinbarten Preisen nach den Grundsätzen des redlichen Verkehrs nicht verlangt werden kann: es kann nämlich dem Schuldner nicht zugemutet werden, dass er zwecks Erfüllung der vertragsmäßigen Pflicht seine Existenz opfert. Würde somit zufolge von Umständen, die von den Parteien unabhängig und nicht vorhersehbar waren, die Erfüllung des Vertrages eine ungerechtfertigte und unverhältnismäßige Bereicherung einer der Parteien unter gleichzeitiger unverhältnismäßiger Schädigung der zweiten Partei zur Folge haben, so muss die materielle Schwierigkeit der Vertragserfüllung mit ihrer objektiven Unmöglichkeit und den Folgen, welche im § 1447 des österr. ABGB vorgesehen sind, gleichbehandelt werden.*"[319] Die veränderten Verhältnisse wurden nach dieser Formel auch trotz des Verschuldens der betroffenen Partei berücksichtigt.

---

316 OSP II 452 zitiert nach *Przybyłowski*, ZOR 1929, Band 2, S. 171.

317 *Przybyłowski*, ZOR 1929, Band 2, S. 170–171.

318 Ibd., S. 172–174.

319 Entscheidung des OG vom 9. Mai 1922, OSP II 50 zitiert nach *Przybyłowski*, ZOR 1929, Band 2, S. 172–173.

Die Problematik der veränderten Umstände und ihres Einflusses auf Schuldverhältnisse hat schnell große Aufmerksamkeit in der Rechtslehre gefunden. Als einer der bekanntesten Juristen, der sich mit dem Einfluss der Umstandsveränderung auf Schuldverhältnisse beschäftigte, gilt der aus Lwów (Lemberg) stammende *Kazimierz Przybyłowski*. In seinen Monografien „*Klauzula rebus sic stantibus w rozwoju historycznym*“ (Die rebus sic stantibus-Klausel in ihrer historischen Entwicklung) und „*Wpływ zmiany stosunków na zobowiązania (Klauzula rebus sic stantibus)*“ (Einfluss der Verhältnisveränderung auf die Schuldverhältnisse. Die rebus sic stantibus-Klausel) hat er verschiedene Theorien zu dieser Problematik dargestellt, die zum großen Teil den bereits erwähnten, in der Rechtsprechung entwickelten Formeln entsprachen. [320] Da die polnische Jurisprudenz dieser Zeit auch unter dem erheblichen Einfluss der deutschen Doktrin blieb, wurden ebenso die Theorie *P. Oertmanns* sowie die in der RG entwickelte Theorie von der wirtschaftlichen Unmöglichkeit häufig diskutiert.[321]

Die Kodifizierung der allgemeinen *rebus sic stantibus*-Klausel im Schuldrecht wurde von den meisten polnischen Juristen als Notwendigkeit angesehen.[322] Dies sollte vor allem die Rechtsprechung in diesem Gebiet vereinheitlichen und von ständig wechselnden Doktrinkonzeptionen unabhängig machen. *R. Longchamps de Berier*, einer der Hauptfürsprecher der Kodifizierung der Klausel, wies darauf hin, dass der Mangel der gesetzlichen Regelung dieser Klausel in Wirklichkeit das *pacta sunt servanda* Prinzip abschwäche. Seiner Meinung nach bestand nämlich die Gefahr, dass die strikten Vorschriften durch eine ausdehnende Auslegung in unkontrollierter Weise gebeugt würden, um der betroffenen Partei mit anderen Rechtsinstituten zu Hilfe zu kommen. Eine solche Situation sei für die Verkehrssicherheit besonders ungünstig. Nur durch eine gesetzlich geregelte Klausel könne man der Anwendung des Grundsatzes *pacta sunt servanda* vernünftige Grenzen setzen.[323]

---

320 *Pełczyński*, Rzeszowskie Zeszyty Naukowe „Prawo-Ekonomia“, Heft XIX, 1996, S. 23ff.(24).

321 Zur Auseinandersetzung mit der Theorie Oertmanns – *Przybyłowski*, ZOR 1929, Band 2, S. 190–191 und 184. Über den Einfluss deutscher Doktrin – *Longchamps de Berier*, Polskie prawo cywilne. Zobowiązania, S. 406–407; *Robaczyński*, KPP, Heft 2, 1993, S. 140ff. (144–145).

322 Es gab nur vereinzelte Stimmen für eine unbedingte Einhaltung des strengen Grundsatzes *pacta sunt servanda* – z.B. *Starczewski*, „Vorkriegsschulden“ (Gazeta Sądowa Warszawska 1923, Nr. 202, 194) nach *Przybyłowski*, ZOR 1929, Band 2, S. 181.

323 *Longchamps de Berier*, Polskie prawo cywilne. Zobowiązania, S. 407.

IV. Kodifizierung der allgemeinen rebus sic stantibus-Klasusel

1. Regelung des Art. 269 OGB

Als Resultat dieser Diskussion hat im Jahre 1933 die *rebus sic stantibus*-Klausel Eingang in Art. 269 des neuen Obligationengesetzbuches (OGB) gefunden.[324] Dass das Institut früher als in anderen Staaten kodifiziert wurde, lässt sich damit erklären, dass man nach der mehr als einhundert Jahre dauernden Besetzung so schnell wie möglich ein einheitliches Rechtssystem aufzubauen anstrebte. Da die damaligen polnischen Juristen in verschiedenen Rechtssystemen ausgebildet waren, war eine Ausarbeitung eines kohärenten Lösungsansatzes in der Rechtsprechung nicht zu erwarten.[325]

2. Anwendungsbereich, Voraussetzungen und Rechtsfolgen

Gemäß Art. 269 OGB war bei außergewöhnlichen Umständen das Gericht ermächtigt, von dem *pacta sunt servanda* Prinzip abzuweichen und nach dem Grundprinzip von Treu und Glauben zu entscheiden. Die Vorschrift konnte nur auf Vertragsverpflichtungen angewendet werden: alle außervertraglichen Rechtsverhältnisse blieben außerhalb des Anwendungsbereiches dieser Regelung.[326] Erst nach dem Zweiten Weltkrieg hat sich in der Rechtsprechung die Meinung durchgesetzt, dass sich diese Vorschrift nach dem Prinzip von Treu und Glauben auch auf außervertragliche Schuldverhältnisse beziehe.[327]

Für die Anwendung des Art. 269 OGB wurde vorausgesetzt, dass die Veränderung der Umstände von außergewöhnlichem Charakter war. Als Beispiele wurden dabei Krieg, Seuche, vollständiger Misswuchs und andere Naturkatastrophen genannt. Zugleich sollte die übermäßige Leistungserschwerung oder die Gefahr des gravierenden Verlusts im kausalen Zusammenhang mit der Veränderung der Umstände bleiben. Nach der Rechtsprechung konnte eine Veränderung der Umstände auch in einer schweren Wirtschaftskrise sowie in einer schlagartigen technischen Entwicklung bestehen.[328] Die durch diese Veränderung verursachte übermäßige Erschwerung konnte sich auf persönliche (z.B. infolge des Hochwassers würde die Leistungserbringung die Gesundheit gefährden) oder finanzielle

---

324 S. Anhang.

325 *Brzozowski*, Wpływ zmiany okoliczności, S.128; *Preusner-Zamorska/Pisuliński*, Arch Iur Cracov 1990, Heft XXIII, S. 62–63.

326 *Longchamps de Berier*, Polskie prawo cywilne. Zobowiązania, S. 407.

327 *Brzozowski*, Wpływ zmiany okoliczności, S. 133; *Preusner-Zamorska/Pisuliński*, Arch Iur Cracov 1990, Heft XXIII, S. 63–64.

328 *Brzozowski*, Wpływ zmiany okoliczności, S. 134.

Sphäre (es hat sich herausgestellt, dass die Kosten der Erbringung höher sind als beim Vertragsschluss angenommen wurde) beziehen.[329] Art. 269 OGB fand auch Anwendung, wenn der Gläubiger von einem gravierenden Verlust gefährdet wurde. Damit war die Vorschrift auch dann einschlägig, wenn das Geld infolge der Inflation abgewertet war und infolgedessen ein Darlehensgeber vor gravierendem Verlust stand.

Im Laufe der Zeit hat sich in der Rechtslehre und der Rechtsprechung die Auffassung durchgesetzt, dass nicht das katastrophale Ereignis an sich, sondern die Leistungserschwerung oder der drohende Verlust im Moment des Vertragsschlusses unvorsehbar sein solle. Zugleich wurde angenommen, dass die mit dem „normalen Risiko" verbundene Veränderung der Umstände und ihre Auswirkungen auf Rechtsverhältnisse immer in Kauf genommen werden müssen. Eine solche Veränderung und nachfolgende Leistungserschwerung wurden deshalb als voraussehbar betrachtet. Auch wenn die Parteien einen Vertrag zur Zeit des Krieges abgeschlossen hatten, durften sie sich ganz selten auf eine Leistungserschwerung berufen. Im diesem Fall wurde im Schrifttum die Überzeugung der Parteien, dass sich die Situation verbessern werde, als leichtsinnig und riskant angesehen.[330]

Beim Vorliegen aller Voraussetzungen und wenn dies nach den Grundsätzen des guten Glaubens notwendig war, stand dem Gericht das Recht zu, den Vertrag anzupassen oder ihn aufzuheben. Das Kriterium vom guten Glauben wurde in Art. 269 OGB eingeführt, damit das Recht dem gemeinschaftlichen Gerechtigkeitsgefühl entsprach, dies diente vor allem dem Schutz des Schuldners. Die Anforderung der Abwägung der Interessen beider Parteien sollte parteiische Entscheidungen auf Grund falsch verstandener Humanität vermeiden.[331]

3. Gesamtwürdigung des Art. 269 OGB

Die Kodifizierung der *rebus sic stantibus*-Klausel wurde überwiegend im Schrifttum begrüßt und die elastische Formel des Art. 269 OGB positiv bewertet. Im Schrifttum wies man darauf hin, dass die in dieser Vorschrift vorgesehene Möglichkeit der Vertragsanpassung den Schutz von Interessen des Schuldners und solchen des Gläubigers gewährleiste. Es wurde kritisiert, dass Art. 269 OGB nur auf Vertragsverpflichtungen Anwendung finde. Im Allgemeinen wurde jedoch hervorgehoben, dass mit der Einführung der *rebus sic stantibus*-Klausel in das Schuldrechtsgesetzbuch die darin gesetzten Hoffnungen erfüllt worden seien: die

329 *Brzozowski*, Wpływ zmiany okoliczności, S. 134.
330 *Brzozowski*, Wpływ zmiany okoliczności, S.135.
331 *Longchamps de Berier*, Polskie prawo cywilne. Zobowiązania, S. 409.

gesetzliche Regelung habe geholfen, eine einheitliche Rechtsprechung in diesem Bereich zu gewährleisten.[332]

V. Rechtsentwicklung nach dem Zweiten Weltkrieg

Nach der Kodifizierung der *rebus sic stantibus*-Klausel im Jahre 1933 war die gesellschaftliche und wirtschaftliche Situation stabiler und Art. 269 OGB fand weniger Interesse. Die Problematik hat erst wieder nach dem Zweiten Weltkrieg an Bedeutung gewonnen. Angesichts des neuen politischen Systems wurde die Diskussion diesmal jedoch beträchtlich durch außerrechtliche Aspekte beeinflusst. Zu dieser Zeit war eine allgemeine Tendenz zu beobachten, alle Rechtsinstitute, die vor dem Zweiten Weltkrieg geschaffen worden waren, ohne rationelle Gründe abzulehnen.[333] Art. 269 OGB fand zwar noch kurz Anwendung bei Vertragsanpassung in den Inflationsfällen, aber bereits im Jahre 1949 trat eine Verordnung in Kraft, wonach alle Geldleistungen nach dem nominalen Wert zu erbringen waren.[334]

Nach dem Zweiten Weltkrieg wurde die Zivilrechtskodifizierung weiter fortgesetzt. Diesmal handelte es sich nicht nur um eine Vereinheitlichung der Vorschriften, sondern um die Anpassung des polnischen Rechtsystems an die neuen sozioökonomischen Verhältnisse. Daher wurde bereits 1950 eine Kodifikationskommission eingesetzt. Die Krönung der Kommissionsarbeit war ein neues Zivilgesetzbuch von 1964, das im Jahre 1965 in Kraft getreten ist. Außerhalb des Regelungsbereichs dieses Gesetzes sind das Familienrecht[335] und das Internationale Privatrecht[336] sowie das Recht zahlreicher juristischer Personen (staatlicher Unternehmen, Banken, Genossenschaften, Handelsgesellschaften), das Urheber-, Erfinder-, Versicherungs-, Wechsel- und Scheckrecht u.a. geblieben. Das Zivilgesetzbuch beruhte auf dem neuen zentralistischen und direktiven System der Volkswirtschaft und sollte ein aktiver Faktor zum Aufbau des Sozialismus in Polen werden.[337] Eine der Besonderheiten des sozialistischen Zivilrechts war zum Beispiel die in Art. 1 § 1 ZGB eingeführte Aufspaltung in einen vergesellschafteten, einen nicht-vergesellschafteten und einen gemischten Bereich. Der Bereich

332 *Brzozowski*, Wpływ zmiany okoliczności, S. 143f.
333 *Czachórski*, Zobowiązania. Zarys wykładu, S. 306f.; *Gasteyger*, ROW 1959, S. 150ff.; *Stawarska-Rippel*, KPP 2004, Heft 3, S. 697, 699f.
334 *Brzozowski*, Wpływ zmiany okoliczności, S.141f.
335 Geregelt im Familien- und Vormundschaftsrechtsgesetzbuch von 1964.
336 Geregelt im Gesetz von 1965.
337 *Wasilikowski*, Metoda opracowania i założenia kodeksu cywilnego, S. 745; *Łopatka*, in: Problèmes du droit civil contemporain en Pologne, S. 22ff.

vergesellschafteter Wirtschaft hat dabei eine Sonderbehandlung erfahren.[338] Der polnische Gesetzgeber hat sich jedoch, anders als der DDR-Gesetzgeber,[339] für den Grundsatz der Einheit des Zivilrechts entschieden, sodass das ZGB eine allgemeine Rechtsquelle sowohl für die Beziehungen zwischen den Einheiten der vergesellschafteten Wirtschaft untereinander und natürlicher Personen als auch für die Beziehungen zwischen Einheiten der vergesellschafteten Wirtschaft und natürlichen Personen darstellte.[340]

VI. Ablehnung der rebus sic stantibus-Klausel und deren Konsequenzen

Die neuen sozialistischen Einflüsse sind auch im Hinblick auf die Einstellung zur Problematik der Einwirkung der veränderten Umstände auf die Durchführung der Verträge deutlich sichtbar. Das Zivilgesetzbuch enthielt zwar einige *rebus sic stantibus*-Sondervorschriften,[341] aber anders als das DDR-Zivilgesetzbuch[342] keine allgemeine *rebus sic stantibus*-Klausel. Vielmehr enthielt das neue Zivilgesetzbuch eine Regelung des strikten Nominalismus in Art. 358 ZGB. Der Verzicht des Gesetzgebers auf die Klausel und die Durchsetzung des Nominalismusprinzips wurde mit dem naiven Gedanken von einer stabilen sozialistischen Planwirtschaft, die allen Krisen widerstehen sollte, begründet.[343] Diese Auffassung hat sich jedoch als falsch erwiesen. Insbesondere hat die Krise der 80er Jahre sehr deutlich einen Mangel an Mechanismen offenbart, die imstande gewesen wären, negative Folgen eines instabilen Marktes zu neutralisieren oder zumindest zu mildern.

---

338 *Glatz*, Die Entwicklung des polnischen Zivilrechts, S. 38–39; *Glatz*, ROW 1993, S. 45f..Diese Sonderbehandlung der vergesellschafteten Wirtschaft entsprach nicht ihrer wirklichen Rolle in der Wirtschaft. Dem vergesellschafteten Sektor kam nur in Industrie und Handel mehr Gewicht zu, wogegen der individuelle Sektor im Bereich der Landwirtschaft dominierte: Über 70% des bewirtschafteten Bodens gehörte den individuellen Landwirten – *Wójcik*, ZvglRWiss 1990, S. 113.

339 *Westen*, ROW 1976, S. 1ff.(2).

340 *Łętowska*, JOR XXVIII (1987), S. 315ff. (316).

341 Z. B. Artt. 622, 629, 700, 896 ZGB – *Wiśniewski*, in: *Bienek*, 3. Aufl., DrittesBuch, Band I, Art. 357[1], S. 36.

342 Köbler, Die „clausula rebus sic stantibus", S. 195f.

343 Als größter Gegner der *rebus sic stantibus* Klausel galt *Wasilikowski*. Erwähnenswert ist, dass der Entwurf der dem Art. 269 OGB entsprechenden Vorschrift nur mit der Mehrheit von einer Stimme in der Kodifikationskommission abgelehnt wurde – *Brzozowski*, Wpływ zmiany okoliczności, S.148–149. Dazu auch – *Gawlik*, PiP Nr 3/1990, S. 77ff. (79) und *Robaczyński*, Sądowa zmiana umów, S. 58f..
Zu der sozialistischen Planwirtschaft – *Lammich*, ROW 1971, S. 156ff.

Das Fehlen der gesetzlichen Regelung der Klausel hat die Rechtsprechung dazu gebracht, eine Lösung in anderen Vorschriften zu suchen.[344] Während der Wirtschaftskrise der 80er Jahre hat insbesondere die Theorie der wirtschaftlichen Unmöglichkeit große Popularität gewonnen.[345] Da diese Konzeption nur die Vertragsaufhebung ermöglichte – die Anpassung des Vertrags war ausgeschlossen – könnte die Gefahr bestehen, dass die Interessen des Gläubigers nicht genug geschützt würden.[346] In der Praxis wirkte sich aber die Auflösung des Vertrags nicht gegen den Gläubiger, sondern gegen den Geldschuldner aus. Dies war dem Warenmangel und der damit verbundenen starken Position des Verkäufers zuzuschreiben.[347] Manchmal hat sogar der Verkäufer als Gläubiger selbst eine Aufhebung des Vertrages angestrebt, weil er immer ohne Probleme einen neuen günstigen Vertrag abschließen konnte. In der Rechtsprechung des OG wurde deshalb der Schutz des Verbrauchers als das wichtigste Argument gegen die Anwendung der wirtschaftlichen Unmöglichkeit angeführt.[348] Darüber hinaus hat manchmal das OG die Anpassung der Verträge auf Artt. 354 und 65 § 2 ZGB (also nach den Grundsätzen des gesellschaftlichen Zusammenlebens und nach der wirtschaftlich-gesetzlichen Zweckbestimmung der Verpflichtung, was dem deutschen Gebot von Treu und Glauben entspricht) gestützt.[349]

Weder der Rechtsprechung noch der Doktrin ist es gelungen, eine einheitliche und kohärente Stellungnahme zu den Fällen der Veränderung der Umstände auszuarbeiten. Im Schrifttum wurde diese unklare Situation scharf kritisiert. Viele Vertreter der Rechtslehre haben darauf hingewiesen, dass das Problem der Einwirkung der Wirtschaftskrise auf die Schuldverhältnisse einer raschen gesetzge-

---

344 *Brzozowski*, Wpływ zmiany okoliczności, S.148–149; *Robaczyński*, Sądowa zmiana umów, S. 63f.; *Pełczyński*, Rzeszowskie Zeszyty Naukowe „Prawo-Ekonomia", 1996, Heft XIX, S. 23ff.(24); *Preussner-Zamorska/Pisuliński*, Arch Iur Cracov, 1990, Heft XXIII, S. 61–62.

345 Urteil des Woiwodschaftsgericht in Szczecin vom 27.04.1984, I Cr 206/84, PiP 1985, S. 147, *Gawlik*, PiP Nr 3/1990, S. 77ff.(80); *Lewaszkiewicz-Petrykowska*, „Studia Prawno-Ekonomiczne" 1970, Heft 4, S. 75ff. (80–83).

346 *Brzozowski*, Wpływ zmiany okoliczności, S.170; *Radwański*, Zobowiązania część ogólna, 2. Aufl., S. 233; *Zagrobelny*, NP Nr. 1/1984, S. 3ff., S. 6.

347 Zu dieser Zeit wurde der polnische Markt als „Verkäufermarkt" bezeichnet – dazu und auch zum Kontrahierungszwang als Mittel des Schutzes vom Käufer – *Włodyka*, RabelsZ 1976, S. 84ff., insb. S. 90.

348 Entscheidung des OG vom 26.10.1984 (CZP 64/84), NP 1985, Heft 7–8, 119ff. und Glosse zu dieser Entscheidung von *Łętowska*, NP 1985, Heft 7–8, S. 122ff.

349 Z.B. hat das OG im Urteil vom 30. August 1984 die nach der Verhängung des Kriegsrechtes eingeführten Handelssanktionen gegen Polen als außergewöhnliche Verhältnisveränderung betrachtet und die betroffene Partei gem. Art. 354 ZGB in Zusammenhang mit Art.65 § 2 ZGB entlastet.

berischen Intervention bedürfe und haben sich für die Wiedereinführung der *rebus sic stantibus*-Klausel ausgesprochen.[350]

Schon im Jahre 1986 hat der Vorsitzende des Ministerrats beim Justizministerium eine Kommission[351] berufen, die die Zielsetzungen der Reform des Zivil- und Zivilverfahrensrechts vorschlagen und anschließend einen ausführlichen Entwurf für die Novellierung des Zivilgesetzbuches und des Zivilverfahrensgesetzbuches vorbereiten sollte. Als größter Mangel des damaligen Zivilrechtssystems wurde vor allem die Diskrepanz zwischen dem ZGB und den zahlreichen besonderen Gesetzen genannt, die gemäß dem stark kritisierten Art. 2 ZGB entstanden waren.[352] Zu den Zielsetzungen der Zivilrechtsreform gehörten auch die Einführung der *rebus sic stantibus*-Klausel in das ZGB und eine Einschränkung des zu rigoros formulierten Grundsatzes des Nominalismus.[353]

B. Gegenwärtige Rechtslage

Eine gesetzliche Regelung hat der allgemeine *rebus sic stantibus*-Grundsatz im polnischen Zivilrecht durch das Gesetz über die Ergänzung des Zivilgesetzbuchs vom 28. Juli 1990 erfahren (B, I, 1). Die Regelung aus Art. 357^1 ZGB ist von dispositivem Charakter und deshalb dürfen die Parteien den Anwendungsbereich dieser Vorschrift durch vertragliche Risikoverteilung erweitern, beschränken oder ausschließen[354] (B, I, 2).

---

350 Z.B. *Gawlik*, PiP Nr 3/1990, S. 77ff; *Kordasiewicz*, PiP 1985, Heft 4, S. 148ff. (152); *Zagrobelny*, NP Nr. 1/1984, S. 3ff. (9f.); *Radwański*, PiP 1987, Nr. 4, S. 3ff. (13f.); *Preusner-Zamorska/. Pisuliński*, Arch Iur Cracov 1990, Heft XXIII, S. 62ff. (76f.).

351 Zur Zusammensetzung der Kommission. – *Łętowska*, Die Zielsetzungen bei der Novellierung des polnischen Zivilgesetzbuches, JOR XXVIII (1987), S. 315ff. (S. 316, Fn. 1).

352 Art. 2 ZGB: *„In Fällen, in denen dies besondere Bedürfnisse des Verkehrs zwischen Einheiten der vergesellschafteten Wirtschaft erfordern, können der Ministerrat oder mit seiner Ermächtigung ein anderes oberes Organ der Staatsverwaltung die Verhältnisse dieses Verkehrs in einer von den Vorschriften dieses Gesetzbuches abweichenden Weise regeln."* – *Łętowska*, JOR XXVIII (1987), S. 317.

353 *Łętowska*, JOR XXVIII (1987), S. 317 f. (323). Zur Zivilrechtreform auch – *Wójcik*, ZvglRWiss 1990, S. 113ff. und *Radwański*, Droit Polonais Contemporain, Nr. 1–4 (73/76), 1987, S. 27ff.

354 *Wiśniewski*, in: *Bienek*, 3. Aufl., Drittes Buch, Band I, Art. 357^1, S. 42.

Art. 357^{1} ZGB kommt nur dann zur Anwendung, wenn die Veränderung der Umstände nach dem Vertragsschluss eingetreten ist.[355] Damit entspricht der Anwendungsbereich dieser Vorschrift dem der klassischen *rebus sic stantibus*-Klausel (B, II, 4).[356] Wie bei anderen allgemeinen Klauseln kann im Falle der Regelung aus Art. 357^{1} ZGB das Problem ihrer Beziehung zu anderen Rechtsnormen bestehen. Schwierigkeiten kann insbesondere die Abgrenzung zu den die *rebus sic stantibus*-Klausel enthaltenden Sondervorschriften der wirtschaftlichen Unmöglichkeit und der sog. kleinen *rebus sic stantibus*-Klausel aus Art. 258^{1} § 3 ZGB bereiten (B, IV).

Die Voraussetzungen für die Anwendung des in Art. 357^{1} ZGB geregelten Rechtsinstituts (B, II) und seine Rechtsfolgen (B, III) entsprechen im Wesentlichen denen des alten Art. 269 OGB. Daher kann man sich bei der Auslegung dieser Vorschrift auf die Literatur und die Rechtsprechung zu Art. 269 OGB stützen.[357]

Die Rechtsfolgen der Klausel treten nicht automatisch ein. Wer aus Art. 357^{1} ZGB Rechte ableiten will, muss sich darauf berufen. Einen Antrag auf die Anwendung dieser Vorschrift kann die betroffene Partei im Prozess nur in Form einer Klageschrift oder einer Widerklage formulieren (B, V).[358]

I. Grundlage

1. Zivilrechtsreform aus dem Jahre 1990

Erst nach der Veränderung des politischen Systems (1989) und angesichts des tiefen wirtschaftlichen Wandels[359] hat sich der Gesetzgeber entschieden, eine Regelung über die Einwirkung der Veränderung der Umstände auf Schuldver-

---

355 *Machnikowski*, in: *Gniewek*, Band I, Art. 357^{1} ZGB, Rn. 7; *Brzozowski*, in: *Pietrzykowski*, Band I, 3 Aufl., Art. 357^{1}, Rn. 17; *Robaczyński*, Sądowa zmiana umów, S. 111.

356 *Köbler*, Die „clausula rebus sic stantibus", S. 3.

357 *Tollik*, PUG 1991, Nr. 6, S.1ff. (2), *Szumański*, Renegocjacja umów w międzynarodowym obrocie gospodarczym, S. 235.

358 Im polnischen Zivilprozessrecht hat der Beklagte zwei Verteidigungsmöglichkeiten. Er kann gem. Art. 207 §1 pol. ZPO seine Verteidigungsmittel in einer Klageerwiderung vorbringen oder eine Gegenklage mit Einwänden gegen den Kläger erheben (sog. *pozew wzajemny* – Art. 204 pol. ZPO).

359 Mehr zum politischen und wirtschaftlichen Wandel – *Banaszek*, ROW 1991, S. 140ff.

hältnisse in das ZGB einzuführen.[360] Mit dem Gesetz über die Ergänzung des Zivilgesetzbuchs vom 28. Juli 1990 fand die *rebus sic stantibus*-Klausel Eingang in den Art. 357^1 ZGB. Zugleich wurde in das Zivilgesetzbuch eine zusätzliche Vorschrift (Art. 358^1 § 3) eingeführt, die eine Anpassung von Geldleistungen im Fall der Veränderung der Kaufkraft des Geldes ermöglicht.

Die beiden Vorschriften wurden mit vielen anderen im Rahmen der Schuldrechtsreform in das Zivilgesetzbuch eingeführt. Das Ziel der Reform bestand darin, das Zivilgesetzbuch an die Marktwirtschaft anzupassen und damit höhere wirtschaftliche Effektivität zu sichern. Dieses Ziel sollte vor allem durch die Stärkung der Privatautonomie erreicht werden. Daher wurde die Bedeutung der individuellen Gestaltung der Rechtsbeziehungen besonders betont.[361] Aus diesem Grunde war die Einführung der *rebus sic stantibus*-Klausel in die Liste reformbedürftiger Materien für manche Juristen relativ streitig. Die Gegner haben auf die Gefahr hingewiesen, den Parteiwillen dem gerichtlichen Willen unterzuordnen. Die Regelung würde der Privatautonomie zuwiderlaufen und zur Nichtbeachtung der vertraglichen Bestimmungen führen. Letztendlich könne es zur Erschütterung der Grundlagen des Wirtschaftsverkehrs kommen. Für die Einführung der *rebus sic stantibus*-Klausel und die Abkehr vom strikten Nominalismus sprach jedoch die wirtschaftliche Situation. Es hatte sich nämlich deutlich gezeigt, dass eine strikte Berufung auf das Prinzip *pacta sunt servanda* unter den gegebenen, sich stets wandelnden politischen und wirtschaftlichen Bedingungen zu ungerechten Ergebnissen führte. Aus diesen Gründen hat sich die *rebus sic stantibus* enthaltene Vorschrift durchgesetzt.[362]

2. *Charakteristik der Regelung aus Art. 357^1 ZGB*

Art. 357^1 ZGB ist am 1. Oktober 1990 in Kraft getreten. Nach der Entscheidung des OG vom 15. November 1991[363] findet diese Vorschrift auch auf die Verträge Anwendung, die vor dem 1. Oktober abgeschlossen worden waren, wenn die außergewöhnliche Veränderung der Umstände nach diesem Datum eintrat.

Art. 357^1 ZGB ist von dispositivem Charakter, deshalb dürfen die Parteien den Anwendungsbereich dieser Vorschrift durch vertragliche Risikoverteilung

---

360 Allgemein zur Reform des polnischen ZGB – *Wójcik*, ZvglRWiss 1990, S. 113ff.; *Poczobut*, ZEuP 1999, S. 75ff.; *Stepniak*, in: *Harmathy*, Binding Force of Contract, S. 99f.

361 *Glatz*, Die Entwicklung des polnischen Zivilrechts, S. 132–133.

362 Ausführlich über die Diskussion über die Einführung der Klausel – *Preusner-Zamorska/Pisuliński*, Arch Iur Cracov, 1990, Heft XXIII, S. 62ff. (65f.); *Brzozowski*, Wpływ zmiany okoliczności, S. 227f.

363 III CZP 115/91, OSNCP 1992/6/95.

erweitern, beschränken oder ausschließen. Die Vorschrift muss dabei nicht unbedingt in Form einer ausdrücklichen Vertragsbestimmung ausgeschlossen werden: es reicht, wenn sich der Ausschluss aus dem ganzen Vertragsinhalt entnehmen lässt.[364]

II. Voraussetzungen für die Anwendung des Art. 357^1 ZGB

Gemäß Art. 357^1 ZGB ist ein Eingriff des Gerichts nur dann rechtfertigt, wenn die folgenden Voraussetzungen erfüllt sind:

1. Die nach dem Vertragsschluss eingetretene Veränderung der Umstände muss außergewöhnlich und von solcher Natur sein, dass die Parteien mit den Folgen dieser Veränderung nicht gerechnet haben.
2. Beim Festhalten am unveränderten Vertrag wäre die Leistungserbringung übermäßig erschwert oder das Festhalten würde zu einem gravierenden Verlust einer Partei führen.
3. Die beiden Voraussetzungen müssen im Kausalzusammenhang stehen, d.h. die Leistungserschwerung oder die Gefahr des Verlusts muss aus dieser Veränderung der Umstände folgen.[365]

Schon auf den ersten Blick lässt sich feststellen, dass die Voraussetzungen aus Art. 357^1 ZGB denen des alten Art. 269 OGB im großen Maße entsprechen. Aus diesem Grund wird im Schrifttum die Auffassung vertreten, dass man sich bei der Anwendung des Art. 357^1 ZGB auf die Literatur sowie die Rechtsprechung zu Art. 269 OGB stützen kann.[366]

Im vorliegenden Abschnitt werden die wesentlichen Elemente der Voraussetzungen für die Anwendung der in Art. 357^1 ZGB geregelten *rebus sic stantibus*-Klausel näher betrachtet. Die Untersuchung beginnt mit der Darstellung des Anwendungsbereichs (B, II, 1) und der zwei durch die Regelung erfassten Fallgruppen: Leistungserschwerungen und Fälle des drohenden gravierenden Verlusts (B, II, 2). Dann wird den Tatbestandsteil der veränderten Umstände mit dem Zeitpunkt des Eintritts (B, II, 3), die Voraussetzungen der Außergewöhnlichkeit (B, II, 4) und Unvorhersehbarkeit der Konsequenzen der Veränderung (B, II, 5) charakterisiert. Dabei ist erforderlich, dass es einen kausalen Zusammenhang zwischen der übermäßigen Leistungserschwerung oder dem drohenden gravierenden Verlust und dieser außergewöhnlichen Veränderung der Umstände gibt (B, II, 8). Die Anwendung des Art. 357^1 ZGB ist ausgeschlossen, wenn eine ge-

---

364 *Wiśniewski*, in: *Bienek*, 3. Aufl., Drittes Buch, Band I, Art. 357^1, S. 42.

365 *Brzozowski*, Wpływ zmiany okoliczności, S.185f.; *Machnikowski*, in: *Gniewek*, Band I, Art. 357^1, Rn. 6.

366 *Tollik*, PUG 1991, Nr. 6, S.1ff. (2), *Szumański*: Renegocjacja umów w międzynarodowym obrocie gospodarczym, S. 235.

setzliche und vertragliche Risikoverteilung vorhanden ist (B, II, 7) oder wenn diese Veränderung von der sich auf eine Leistungserschwerung berufende Partei herbeigeführt wurde (B, II, 6).

1. Anwendungsbereich des Art. 357^1 ZGB

Genauso wie Art. 269 OGB umfasst der Geltungsbereich des Art. 357^1 ZGB sowohl gegenseitige als auch einseitige Vertragsverhältnisse.[367] Nach der Rechtsprechung ist diese Vorschrift auch im Fall von Versicherungsverträgen einschlägig (Entscheidung des OG vom 26. November1991[368], vom 31. Mai 1994[369] und vom 29. Dezember 1994[370]). Diese Auffassung des OG ist auf heftige Kritik im Schrifttum gestoßen.[371] Es wurde vor allem hervorgehoben, dass der Versicherer gerade das Risiko einer Veränderung der Umstände übernimmt und dass jede spätere Risikoverteilung der Natur des Versicherungsvertrags zuwiderläuft. Im Prinzip fallen außervertragliche Verhältnisse (wie z. B. deliktsrechtliche Verhältnisse) nicht in den Anwendungsbereich dieser Vorschrift, obwohl der Gesetzgeber Art.357^1 in den Allgemeinen Teil des Schuldrechts gesetzt hat.[372] Hinsichtlich des Erbrechts gibt es keine klare Antwort auf die Frage der Anwendungsmöglichkeit des Art. 357^1 ZGB. Nach einigen Entscheidungen des OG scheint es zulässig, sich bei Erbrechtsverhältnissen auf die Leistungserschwerung zu berufen (Entscheidung des OG vom 26. November 1992[373]). Viele Doktrinvertreter sprechen sich aber gegen eine solche ausdehnende Auslegung des Art. 357^1 ZGB aus.[374]

---

367 *Czech* in: *Ciepła/Czech/Dąbrowski*, Art. 357^1 ZGB, S. 29; *Brzozowski*, in: *Pietrzykowski*, 3. Aufl., Band I, Art. 357^1, Rn. 40.

368 III CZP 122/91, OSP 1992/7–8/170.

369 III CZP 75/94, OSNCP 1994/12/237.

370 III CZP 120/94, OSP 1995/9/192.

371 *Brzozowski*, in: *Pietrzykowski*, 3. Aufl., Band I, Art. 357^1, Rn. 41; *Nesterowicz*, PS 1993, Heft 7–8, S. 81; *Szpunar*, PiP, 1995/7, S. 95; *Brzozowski*, PiP 1992, Heft 12, S. 117; *Robaczyński*, Sądowa zmiana umów, S. 72.

372 *Brzozowski*, Wpływ zmiany okoliczności, S.209f.; *Radwański*, Zobowiązania – część ogólna, 2. Aufl., S. 234; *Machnikowski*, in: *Gniewek*, Band I, Art. 357^1, Rn. 2. Anders – *Wiśniewski*, in: *Bienek*, 3. Aufl., Drittes Buch, Band I, Art. 357^1, S. 38.

373 OSP 1993/11, 215ff.

374 *Robaczyński*, Sądowa zmiana umów, S. 86f.; *Drozd*, OSP 1993/11/215, S. 92; *Nieśpiał*, OSA 1996, Band 3, S. 59; *Niezbecka*, Rejent 1992, Heft 1, S. 39.

2. *Fallgruppen des Art. 357¹ ZGB*

Dem Wortlaut des Art. 357¹ ZGB nach unterscheidet *T. Wiśniewski* zwei Fallgruppen, die in dieser Vorschrift erfasst werden: Leistungserschwerungen und Fälle von drohendem Verlust.[375] Die erste Gruppe bezieht sich auf Fälle, in denen die Leistungserbringung übermäßig erschwert, aber doch noch möglich ist – sonst wären die Unmöglichkeitsvorschriften einschlägig.[376] Von einer Leistungserschwerung kann vor allem der Sachleistungsschuldner betroffen werden. Die Erschwerung kann, wie nach dem alten Art. 269 OGB, von technischem (z. B. Mangel von Rohmaterial oder Maschinen infolge der Produktionseinstellung) oder wirtschaftlichem (z.B. Sperrung eines Transportswegs) Charakter sein.[377]

Zur zweiten Fallgruppe gehören Fälle, in denen es sich um rein finanzielle Leistungserschwerungen handelt, infolgedessen der betroffenen Partei ein Verlust droht. Da unter der Gefahr eines gravierenden Verlusts jede Vertragspartei stehen kann (Sachschuldner bei z.B. erheblicher Erhöhung der Beschaffungskosten und Gläubiger, wenn der Wert seiner Leistung gestiegen ist), können sich beide Parteien auf die Vorschrift berufen.[378] In diesem Sinne gewährleistet die Vorschrift in gleichem Maße dem Schuldner und dem Gläubiger Schutz und kann bei einer Inflation sowie Deflation benutzt werden.[379]

Hierbei stellt sich die Frage, ob die dem deutschen und englischen Recht bekannten Zweckverfehlungsfälle (wenn der beiden Vertragparteien bekannte Zweck des Vertrags unerreichbar geworden ist) als Fälle des drohenden Verlusts betrachtet werden können. Weder die Literatur noch die Jurisprudenz hat sich mit diesem Problem auseinander gesetzt. Beim Nachweis eines drohenden Verlusts und Erfüllung aller anderen Voraussetzungen scheinen Zweckverfehlungsfälle in den Anwendungsbereich des so formulierten Art. 357¹ ZGB zu fallen. Ausgeschlossen bleiben dagegen die Fälle, in denen es sich um eine Veränderung handelt, von der nur eine Partei betroffen wird (z.B. schwierige finanzielle Situation einer Partei).[380]

---

375 *Wiśniewski*, in: *Bienek*, 3. Aufl., Drittes Buch, Band I, S. 39.

376 *Brzozowski*, Wpływ zmiany okoliczności, S.189

377 *Brzozowski*, in: *Pietrzykowski*, 4. Aufl., Band I, Art. 357¹, Rn. 27.

378 *Machnikowski*, in: *Gniewek*, Band I, Art. 357¹, Rn. 13; *Brzozowski*, in: *Pietrzykowski*, 4. Aufl., Band I, Art. 357¹, Rn. 28.

379 *Brzozowski*, Wpływ zmiany okoliczności, S.190–191; *Pełczyński*, Klauzula rebus sic stantibus – kilka uwag de lege feranda, S. 25.

380 *Wiśniewski*, in: *Bienek*, 3. Aufl., Drittes Buch, Band I, Art. 357¹, S. 38; *Radwański*, Zobowiązania – część ogólna, 2. Aufl., S. 234; *Brzozowski*, in: *Pietrzykowski*, 3. Aufl., Band I, Art. 357¹, Rn. 18; *Machnikowski*, in: *Gniewek*, Band I, Art. 357¹, Rn. 8. Anders – *Gawlik*, MP 1995, Heft 3, S. 65ff. (68); *Czech*, in: *Ciepła/Czech/Dąbrowski*, Art. 357¹ ZGB, S. 29; *Robaczyński*, Sądowa zmiana umów, S. 92f.

3. Zeitpunkt der Veränderung der Umstände

Nach der herrschenden Meinung kommt Art. 357¹ ZGB nur dann zur Anwendung, wenn die Veränderung der Umstände nach dem Vertragsschluss eingetreten ist.[381] Damit entspricht der Anwendungsbereich dieser Vorschrift dem der klassischen *rebus sic stantibus*-Klausel.[382]

In der Rechtsprechung wird für die Anwendung des Art. 357¹ ZGB zusätzlich vorausgesetzt, dass der Vertrag noch nicht abgewickelt worden ist. Diese Voraussetzung ist auf Zustimmung im Schrifttum gestoßen und wird mit der Natur der *rebus sic stantibus*-Klausel begründet.[383]

4. Außergewöhnlichkeit der Veränderung

Der Gesetzgeber hat angestrebt, die neue Klausel so allgemein wie möglich zu formulieren. Deshalb wurden anders als im alten Art. 269 OGB keine Beispiele von außergewöhnlichen Veränderungen genannt. Manche Doktrinvertreter sehen dies sogar als eine beabsichtigte Abweichung vom Charakter der alten Regelung an.[384] Dieser allgemeinen Formel wird manchmal vorgeworfen, dass sie zu einer zukünftigen, gefährlichen Ausdehnung der Klausel auf alle möglichen Leistungserschwerungsfälle führen könne.[385] Demgegenüber wird aber auch hervorgehoben, dass der Ausdruck *„außergewöhnliche Verhältnisänderung"* darauf hinweise, dass es sich nur um einen katastrophalen Wandel handeln könne.[386]

Die Voraussetzung der Außergewöhnlichkeit bezieht sich auf die Veränderung der Umstände selbst und nicht auf ein Ereignis, das diese Veränderung verursacht hat.[387] Die Entscheidung, welche Situationen eine außergewöhnliche Verhältnisänderung gemäß Art. 357¹ ZGB darstellt, wird der Rechtsprechung überlassen. Dies gibt der Vorschrift eine gewisse Anpassungsfähigkeit und Flexibilität, was bei sich ständig ändernder Wirklichkeit wichtig ist.[388] Hiermit kann sich die Frage stellen, ob gewöhnliche Veränderungen, wie z.B. die Einführung einer neuen Steuer, in den Geltungsbereich dieser Vorschrift fallen. Das Oberste

381 *Machnikowski* in: *Gniewek*, Band I, Art. 357¹, Rn. 7; *Brzozowski,* in: *Pietrzykowski*, Band I, 3 Aufl., Art. 357¹, Rn. 17; *Robaczyński*, Sądowa zmiana umów, S. 111.

382 *Köbler*, Die „clausula rebus sic stantibus", S. 3.

383 Urteil des OG vom 9.04.2003, I CKN 255/01, LEX Nr. 78890; *Robaczyński*, Sądowa zmiana umów, S. 159f.

384 *Brzozowski*, Wpływ zmiany okoliczności, S. 187.

385 *Skowrońska*, „Przegląd Sądowy" 1994, Heft 7–8, S.60ff. (66).

386 *Brzozowski*, Wpływ zmiany okoliczności, S. 188.

387 *Machnikowski,* in: *Gniewek*, Band I, Art. 357¹, Rn. 9.

388 *Gawlik*, MP 1995, Heft 3, S. 65ff.(66).

Gericht hat zwar schon beschlossen, dass manchmal eine Gesetzesänderung als außergewöhnliche Veränderung der Umstände angesehen werden kann (Entscheidung des OG vom 24. Juni 1994),[389] dieses Problem scheint aber nicht definitiv entschieden zu sein.[390] In Hinsicht auf diese Kontroverse wäre es vielleicht günstiger gewesen, die Veränderung der Umstände nicht als „*außergewöhnlich*", sondern als „*erheblich*" zu bezeichnen.[391]

Weiter wird im Schrifttum vorausgesetzt, dass die Veränderung der Umstände von einem allgemeinen und nicht persönlichen Charakter ist. Das heißt, dass Fälle, in denen nur eine Partei durch eine Veränderung betroffen ist (z. B. finanzielle Schwierigkeiten, eine Krankheit des Familienmitglieds, Brand eines Lagerhauses) nicht in den Anwendungsbereich dieses Artikels fallen. In solchen Fällen können eventuell nur die Unmöglichkeitsvorschriften zur Hilfe kommen (also Artt. 475, 493 und 495 ZGB).[392]

5. Unvorhersehbarkeit der Konsequenzen

a) Grundsätze

Die nächste Voraussetzung für die Anwendung des Art. 357^1 ZGB – Unvorhersehbarkeit – verursacht viele Kontroversen und wurde im Schrifttum zum Thema einer heftigen Diskussion.[393] Nach der herrschenden Meinung bezieht sich diese Voraussetzung nicht auf eine Veränderung der Umstände an sich, sondern auf die Auswirkung dieser Veränderung auf eine Leistung. Deshalb kann Art. 357^1 ZGB, genau wie der alte Art. 269 OGB, angewandt werden, wenn die Vertragsparteien die Konsequenzen der Veränderung der Umstände (also die übermäßige Leistungserschwerung oder den gravierenden Verlust) im Moment des Vertragsschlusses nicht vorhergesehen haben.[394] Haben die Parteien diese Konsequenzen

---

389 OSNCP 1994/12/24. Die Entscheidung wurde positiv von *Gawlik* bewertet (PiP 1990, Heft 3, S. 77ff. (84f.)).

390 *Wiśniewski,* in: *Bienek,* 3. Aufl., Drittes Buch, Band I, Art. 357^1, S. 38; *Smyk,* MP 2001, Heft 14, S. 735ff. (738); *Robaczyński,* Sądowa zmiana umów, S. 109f.

391 *Brzozowski,* Wpływ zmiany okoliczności, S.188.

392 *Wiśniewski,* in: *Bienek,* 3. Aufl., Drittes Buch, Band I, Art. 357^1, S. 38; *Radwański,* Zobowiązania – część ogólna, 2. Aufl., S. 234; *Brzozowski,* in: *Pietrzykowski,* 3. Aufl., Band I, Art. 357^1, Rn. 18; *Machnikowski,* in: *Gniewek,* Band I, Art. 357^1, Rn. 8. Anders – *Gawlik,* MP 1995, Heft 3, S. 65ff. (68); *Czech,* in: *Ciepła/Czech/Dąbrowski,* Art. 357^1 ZGB, S. 29; *Robaczyński,* Sądowa zmiana umów, S. 92f.

393 *Mańko,* Przeg. Praw. UW, 2002/1, S. 85ff. (88f.).

394 Entscheidung von dem Obersten Gericht von 10.10.1997 (OSNC 1998/3, 42); *Brzozowski,* PiP 1992, Heft, S. 117; *Radwański,* Zobowiązania – część ogólna, 2. Aufl.,

vorhergesehen, so haben sie mit einem solchen Risiko gerechnet. Wenn sich das Risiko verwirklicht, kann deshalb die betroffene Partei nicht entlastet werden. Die Vorschrift nimmt also die Parteien in Schutz, die zwar die Veränderung der Umstände vorausgesehen haben, jedoch die Auswirkung dieses Ereignisses auf den Vertrag nicht zutreffend eingeschätzt hatten.

b) Maßstab der Unvorhersehbarkeit

Mit seiner Formulierung „*czego strony nie przewidywały*" (was die Parteien nicht vorhergesehen haben) stellt Art. 357[1] ZGB auf einen subjektiven Maßstab (die Sicht der Parteien) ab und weicht damit deutlich von der Formel des Art. 269 OGB „*czego strony nie mogły przewidzieć*" (was die Parteien nicht vorhersehen konnten) ab. Dies kann dem Richter die Entscheidung, ob die Folgen unvorhersehbar waren, wesentlich schwieriger machen, denn unter Berufung auf das beim Vertragsschluss vorliegende Vertrauen in die Gegenseitigkeit und Gleichwertigkeit der Leistungen kann die subjektive Unvorhersehbarkeit in vielen Fällen behauptet werden.[395] Deshalb wird in der Rechtsprechung sowie in der Literatur oft vorgeschlagen, trotz des Wortlauts des Gesetzes die Unvorhersehbarkeit von Art. 357[1] ZGB, genau wie die von Art. 269 OGB, nach einem objektiven Maßstab zu bewerten. Für die Anwendung des Art. 357[1] ZGB werde also verlangt, dass die Parteien objektiv nicht in der Lage waren, die nach dem Vertragsabschluss eingetretenen Schwierigkeiten vorherzusehen.[396]

Im Schrifttum wird häufig auf die mit dem Kriterium der Unvorhersehbarkeit verbundenen Probleme hingewiesen. *R. Mańko* stellt zum Beispiel die Frage, ob Art. 357[1] ZGB verwendet werden kann, wenn nur eine der Vertragsparteien die Folgen der außergewöhnlichen Veränderung der Umstände nicht vorhergesehen hat. Seiner Meinung nach ist beim Abstellen auf den objektiven Maßstab der Unvorhersehbarkeit die Anwendung der *rebus sic stantibus*-Klausel in einem solchen Fall ausgeschlossen: Wenn eine Partei in der Lage gewesen sei, die Veränderung vorherzusehen, dann könne keine Rede von Unvorhersehbarkeit sein.[397]

S. 235; *Wiśniewski,* in: *Bienek,* 3. Aufl., Art. 357[1], S. 39; *Mańko*, Przeg. Praw. UW, 2002/1, S. 85ff. (88f.).

395 *Glatz*, Die Entwicklung des polnischen Zivilrechts, S. 148–149.

396 Entscheidung des OG vom 10.10.1997, OSNC 1998/3/42; *Brzozowski*, Palestra 1992, Heft 4/5, 1992, S.19ff. (22 f.); anders: *Wiśniewski,* in: *Bienek*, 3. Aufl., Drittes Buch 3, Band I, Art. 357[1], S. 36.

397 *Mańko*, Przeg. Praw. UW, 2002/1, S. 85ff. (90).

c) Unvorhersehbarkeit und Anpassungsklausel

Die Existenz einer Anpassungsklausel im Vertrag kann gegen die Anwendung des Art. 357^1 ZGB sprechen. Sie kann nämlich vom Gericht als Hinweis darauf angesehen werden, dass die Parteien mit der späteren Veränderung der Umstände gerechnet haben.[398] Dieser Ansicht lässt sich jedoch entgegenhalten, dass die Vertragsparteien, die sich für die Aufnahmen einer Anpassungsklausel im Vertrag entschlossen haben, nicht zugleich auch das Risiko übernommen haben, dass dieser Anpassungsmechanismus immer richtig funktionieren wird. Wenn man diesen vorsorglichen Parteien die Berufung auf Art. 357^1 ZGB versagt, stellt man sie schlechter als Parteien, die keine Anpassungsklausel vereinbart haben.[399] Es gibt nämlich keinen rationalen Grund, die Parteien, die eigene Initiativen ergriffen haben, zu „bestrafen“.

d) Unvorhersehbarkeit und erforderliche Sorgfalt

Mit der Voraussetzung der Unvorhersehbarkeit ist auch die Frage nach dem Maßstab der erforderlichen Sorgfalt eng verbunden, d. h.: wie sorgfältig sollen die Parteien beim Vertragsschluss handeln, um spätere Schwierigkeiten vorauszusehen und sich gegen sie zu sichern?

Im Jahre 1990 hat der Gesetzgeber zwei verschiedene Maßstäbe der Sorgfalt bei der Anwendung des Art. 357^1 ZGB vorgesehen: die Sorgfalt, die von allen Vertragsparteien zu verlangen ist und absolute Sorgfalt für Unternehmer. Ursprünglich konnte die *rebus sic stantibus*-Klausel gemäß § 2 dieses Artikels zugunsten des Unternehmers nicht verwendet werden, wenn er den durch Veränderung der Umstände betroffenen Vertrag im Rahmen seiner Tätigkeit abgeschlossen hat. Diese Lösung wurde mit der Befürchtung begründet, dass die Möglichkeit der Berufung auf die Klausel im Fall eines Unternehmers zur Instabilität des unternehmerischen Verkehrs, insbesondere in den Auslandsbeziehungen führen würde.[400] Zugleich wurde betont, dass die Unternehmer in ihrer unternehmerischen Tätigkeit ihre Interessen mit Hilfe von Anpassungsklauseln absichern sollten. Infolge dieser Regelung ist eine Gruppe außerhalb des Anwendungsbereichs des Art. 357^1 ZGB geblieben, die besonders von einer Veränderung der Umstände gefährdet war und die *rebus sic stantibus*-Klausel brauchte. Dies wird im

---

398 Urteil des Appellationsgerichts vom 31. August 2000 zitiert im Urteil des OG vom 2. April 2003, I CKN 224/01, LEX Nr. 78817.

399 *Trzaskowski* (PS 2002, Heft 3, S. 63ff.) hat diese Meinung zwar in Bezug auf Art. 358^1 § 3 ZGB geäußert, aber sie kann auch auf Art. 357^1 ZGB bezogen werden.

400 *Preusner-Zamorska/Pisuliński*, Arch Iur Cracov 1990, Heft XXIII, S. 62ff. (63).

Schrifttum kritisiert.[401] Es wurde sogar der Vorwurf erhoben, dass sich der Gesetzgeber zu dieser dualistischen Lösung aus rein praktischen Gründen entschieden hat: er wollte damit die Überlastung der Gerichte mit Klagen vermeiden.[402] In der Rechtsprechung sowie in der Fachliteratur versuchte man, benachteiligten Unternehmern mit anderen Institutionen (z.B. mit der wirtschaftlichen Unmöglichkeit gemäß Art. 475 § 1 ZGB[403] oder der Rechtsfigur des Rechtsmissbrauchs gemäß Art. 5 ZGB[404]) zur Hilfe zu kommen. Das Problem hat sich schließlich mit dem Ergänzungsgesetz vom 23. August 1996 gelöst: der unselige Paragraf 2 des Art. 357^1 wurde aufgehoben.[405] Es wird also nicht mehr zwischen allgemeinem und unternehmerischem Rechtsverkehr unterschieden.

Heutzutage wird in der Doktrin die Auffassung vertreten, dass die erforderliche Sorgfalt nach einem objektiven Maßstab zu bewerten ist. Gemäß Art. 355 § 1 ZGB ist jeder Schuldner verpflichtet, sich sorgfältig zu verhalten. Die erforderliche Sorgfalt hängt vor allem vom Typ des Rechtsverhältnisses ab. Es ist auch nicht ohne Bedeutung, wer die Vertragspartei ist. Von Unternehmern, die sich verpflichten eine Leistung im Bereich der von ihnen ausgeübten wirtschaftlichen Tätigkeit zu erbringen, würde mehr verlangt als von anderen Parteien. In diesem Fall bestimmt man gemäß Art. 355 § 2 ZGB die Sorgfalt unter Berücksichtigung des beruflichen Charakters dieser Tätigkeit.[406]

6. *Verschulden*

Die Voraussetzung, dass die Veränderung der Umstände ohne Verschulden der sich darauf berufenden Partei eintreten muss, ergibt sich aber aus dem oben beschriebenen Kriterium der erforderlichen Sorgfalt und hat ihre Bestätigung in der

---

401 *Brzozowski*, Wpływ zmiany okoliczności, S. 205ff.; *Szumański*, Renegocjacja umów w międzynarodowym obrocie gospodarczym, S. 234.

402 *Brzozowski*, PPH 1997, Heft 1, 7ff., S. 9.

403 *Robaczynski*, KPP, Heft 2, 1993, S. 140ff. (151).

404 Urteil des OG vom 14. Februar 1996, II CRN 208/95, OSNC 1996/6/86.
Art. 5 ZGB lautet: „*Die Ausübung eines Rechts entgegen seiner sozioökonomischen Zweckbestimmung oder den Grundsätzen des gesellschaftlichen Zusammenlebens ist unzulässig. Ein solches Tun oder Unterlassen des Berechtigten wird nicht als Rechtsausübung angesehen und genießt keinen Schutz.*" Übersetzung nach dem Buch „Polnische Wirtschaftsgesetze. Aktuelle Gesetzestexte in deutscher Übersetzung." S. 4.

405 *Radwański*, Zobowiązania część ogólna, 2. Aufl., S. 236.

406 *Wiśniewski*, in: *Bienek*, 3. Aufl., Drittes Buch, Band I, Art. 357^1, S. 39; *Brzozowski*, Wpływ zmiany okoliczności, S. 194–196; *Brzozowski*, in: *Pietrzykowski*, Band I, 3. Aufl., Art. 357^1 ZGB Rn. 31f.

Rechtsprechung des Obersten Gerichts gefunden.[407] So hat das OG ausgesprochen, dass Art. 357[1] ZGB keine Anwendung findet, wenn die betroffene Partei zu ihrer schwierigen Situation, z.B. durch eine schlechte Organisation der Produktion, beigetragen hat.[408]

Darüber hinaus lehnen die Gerichte die Anwendung des Art. 357[1] ZGB ab, wenn eine Partei, die sich auf die Vorschrift beruft, im Verzug ist, es sei denn, der Verzug ist infolge der Veränderung der Umstände entstanden. Diese Beschränkung wird aus dem allgemeinen zivilrechtlichen Prinzip „Man darf nicht aus seinem eigenen Verzug Nutzen ziehen" abgeleitet.[409] In Anbetracht dessen scheint vielmehr das Vorliegen des Verschuldens auf der Seite der betroffenen Partei die Anwendung der *rebus sic stantibus*-Klausel auszuschließen.

7. *Unzurechenbarkeit des Risikos*

Wenn sich ein Risiko, das für den gegebenen Vertrag typisch ist, verwirklicht, findet Art. 357[1] ZGB keine Anwendung.[410] Das gleiche gilt für die Situation, wenn eine Vertragspartei ein Risiko übernommen hat. Die Risikoübernahme ergibt sich entweder aus den Gesetzvorschriften (z.B. der Schuldner trägt das Beschaffungsrisiko und der Gläubiger das Zahlungsrisiko) oder aus den von den Parteien vereinbarten Vertragsbestimmungen. Die Gerichte prüfen die Grenze der Risikoübernahme unter Berücksichtigung aller Umstände des Einzellfalls.[411] Besonders hilfreich bei der Feststellung, ob es sich um ein typisches Risiko handelt, also um ein Risiko, das übernommen wurde, sind die oben beschriebenen Kriterien der Unvorhersehbarkeit und Außergewöhnlichkeit.[412]

---

407 *Robaczyński*, Sądowa zmiana umów, S. 73.

408 Urteil des Obersten Gerichts vom 7.10.1986, OSNC 1987/12/211.

409 *Wiśniewski*, in: *Bienek*, 3. Aufl., Drittes Buch, Hand I, Art. 357[1], S. 40; *Robaczyński*, Sądowa zmiana umów, S. 72f.. Anders – Entscheidung des OG vom 24. Januar 1950, Wa C 286/49, NP 1950, Heft 10, S. 79; *Czech*, in: *Ciepła/Czech/Dąbrowski*, Art. 357[1] ZGB, S. 30.

410 *Brzozowski*, Wpływ zmiany okoliczności na zobowiązania w prawie polskim, S.193. Z.B. nach der Entscheidung des OG vom 6. September 1996 (III CZP 101/96, OSNC 1996/12/162) ist der Erwerb der Wertpapiere immer mit dem Risiko verbunden, dass sich ihr Wert im Laufe der Zeit verändern kann. Daher kann ein Wertverfall infolge eines wirtschaftlichen Wandels nicht berücksichtigt werden.

411 Urteil des Appellationsgerichts in Kraków vom 20. Februar 1991, I Acr 9/91, OSA w Krakowie w sprawach cywilnych i gospodarczych, I/6

412 *Brzozowski*, in: *Pietrzykowski*, Band I, 3. Aufl., Art. 357[1] ZGB Rn. 28.

8. *Kausalität*

Die letzte in Art. 357^1 ZGB vorgeschriebene Voraussetzung ist der Zusammenhang zwischen der eingetretenen übermäßigen Leistungserschwerung oder dem drohenden gravierenden Verlust und der außergewöhnlichen Veränderung der Umstände. Die Veränderung der Umstände muss die unerlässliche Voraussetzung (*conditio sine qua non*) für die Leistungserschwerung oder den Verlust sein.[413]

III. Rechtsfolgen der Anwendung

Die Rechtsfolgen der in Art. 357^1 ZGB geregelten *rebus sic stantibus*-Klausel treten nicht automatisch ein. Wenn alle Voraussetzungen des Art. 357^1 ZGB erfüllt werden, kann das Gericht entweder den Vertrag anpassen (B, III, 2) oder aufheben (B, III, 3). Diese Entscheidung des Gerichts, die Interessen beider Parteien und Grundsätze des gesellschaftlichen Zusammenlebens berücksichtigen muss, ist vom rechtsgestaltenden Charakter (B, III, 1).[414]

In dem von der Zivilrechtsreformkommission vorbereiteten Entwurf gab es noch einen zusätzlichen Paragrafen zu Art. 357^1 ZGB, der den Parteien vorschrieb, einen Versuch der Neuverhandlung vorzunehmen, bevor eine Klage erhoben würde.[415] Nur wenn die Parteien sich nicht geeignet hätten, dürften die Parteien die Sache dem Gericht vorlegen. Diese Lösung sollte die Sache schnell mit optimaler Berücksichtigung der widersprüchlichen Interessen erledigen und nicht zuletzt zur Entlastung der Gerichte führen. Trotz der vorherrschenden Zustimmung seitens der Doktrin wurde dieser Lösungsansatz vom Gesetzgeber abgelehnt.[416]

---

413 *Brzozowski*, Wpływ zmiany okoliczności, S.191; *Robaczyński*, Sądowa zmiana umów, S. 117f.

414 *Wiśniewski*, in: *Bienek*, 3. Aufl., Drittes Buch, Band I, Art. 357^1, S. 41.

414 *Radwański*, Zobowiązania część ogólna, 2. Aufl., S. 236.

415 § 2 des Art. 357^1 ZGB lautete: „*Bevor die Partei auf gerichtlichem Wege die Änderung oder Auflösung des Vertrages beantragt, ist sie verpflichtet, die andere Partei zur entsprechenden Vertragsänderung aufzurufen und zu diesem Zweck die entsprechende Frist zu setzen.*" – Übersetzung nach *Preusner-Zamorska/Pisuliński*, Arch Iur Cracov 1990, Heft XXIII, S. 77.

416 *Preusner-Zamorska/Pisuliński*, Arch Iur Cracov 1990, Heft XXIII, S. 72; *Pełczyński*, Rzeszowskie Zeszyty Naukowe „Prawo-Ekonomia", Heft XIX, 1996, S. 23ff. (26f.).

1. Das Gebot der Abwägung der Parteiinteressen und die Grundsätze des gesellschaftlichen Zusammenlebens

Nur wenn alle diese Voraussetzungen erfüllt sind, kann das Gericht seine Befugnis auf Antrag einer der Parteien ausüben und den Vertrag anpassen oder aufheben. Die Gestaltungsbefugnis des Gerichts ist jedoch nicht uneingeschränkt. Es ist nämlich verpflichtet, die Interessen beider Parteien zu berücksichtigen und in Übereinstimmung mit den Grundsätzen des gesellschaftlichen Zusammenlebens zu entscheiden. Die Erfüllung der Voraussetzungen führt also nicht automatisch zu einem Eingriff in den Vertrag. Ein solcher Automatismus wird auch durch die Formulierung „*sąd może*" (das Gericht kann) ausgeschlossen.[417] Im Schrifttum wird bei der Entscheidung über eine Entlastung des Schuldners vor allem Betonung auf das Gleichgewicht der Parteiinteressen gelegt. Nach der herrschenden Auffassung soll sich eine Anpassung oder Aufhebung des Vertrags nicht übermäßig gegen das Interesse des Gläubigers auswirken.[418]

Anders als das Gebot der Abwägung der Parteiinteressen, das auf keine Kontroversen stößt, wird die Formulierung „Grundsätze des gesellschaftlichen Zusammenlebens" (*zasady współżycia społecznego*) im Schrifttum kritisiert. Es wird der Vorwurf erhoben, dass sich der Gesetzgeber mit dieser Formulierung unnötigerweise der sozialistischen Rhetorik angenähert habe und dass dieser in der Zeit des Sozialismus entstandene Grundsatz zum neuen System nicht passe.[419] Die Grundsätze des gesellschaftlichen Zusammenlebens tauchen in zahlreichen Vorschriften im ZGB auf (z.B. Artt. 354, 419, 428, 431 § 2 ZGB). Die wichtigste Ausprägung fand diese Klausel jedoch in Art. 5 ZGB, wo sie als ein genereller Maßstab für die Beurteilung aller zivilrechtlichen Vorschriften dienen soll. Der Inhalt und die Tradition dieses Grundsatzes ist in der polnischen Rechtswissenschaft umstritten. So wird er einerseits als eine Anknüpfung an die bereits in Art. 130 der Verfassung der UdSSR von 1936 begründeten Pflicht jedes Bürgers angesehen, die Regeln der sozialistischen Gesellschaft zu beachten. Andererseits wird die Auffassung vertreten, dass der Grundsatz seinen Ursprung in der römischen *aequitas* Klausel hat und dem in traditionell europäischen Ge-

---

417 Entscheidung des OG vom 29. Dezember 1994, III CZP 120/94, OSNC 1995/4/55.

418 Urteil des Appellationsgerichts in Gdańsk vom 13. Oktober 1992, Acr 407/92, Wokanda 1993, Heft 9, S. 29; *Wiśniewski*, in: *Bienek*, 3. Aufl., Drittes Buch, Band I, Art. 357¹, S. 40; *Machnikowski*, in: *Gniewek*, Band I, Art. 357¹, Rn. 22; *Żyznowski*, Palestra 1992, Heft 9–10, S.86.

419 *Brzozowski*, Wpływ zmiany okoliczności, S. 213; auch – *Brzozowski*, Palestra 1992, Heft 4/5, 1992, S.19ff. (23); *Robaczyński*, Sądowa zmiana umów, S. 154f. Allgemein zur Diskussion über die sozialistischen Generalklauseln im ZGB – *Brol*, Rzeczpospolita vom 10. Oktober 1990, Nr. 236, S. IV.

setzgebungen verankerten Gebot von Treu und Glauben entspricht.[420] Angesichts der Zeit, in der Art. 357[1] in das Zivilgesetzbuch eingeführt wurde (nach dem politischen Wandel von 1989), kann man dem Grundsatz des gesellschaftlichen Zusammenlebens in dieser Vorschrift ausschließlich die zweite Bedeutung zuschreiben. Hinweise zum Inhalt dieser so verstandenen Grundsätze finden sich nicht nur in der Rechtsprechung, sondern auch in den allgemeinen ethischen und moralischen Normen, die in der Gesellschaft gelten.[421] Lassen sich die Anpassung oder Aufhebung des Vertrages mit den so rekonstruierten Grundsätzen des gesellschaftlichen Zusammenlebens nicht vereinbaren, dann darf das Gericht in den Vertrag nicht eingreifen.

2. *Vertragsanpassung*

Bei der Anpassung kann das Gericht das Rechtsverhältnis zwischen den Parteien neu gestalten, indem es bestimmt, wo, wie oder in welcher Höhe die Leistung zu erbringen ist. Das Gericht kann z. B. den Termin der Leistungserbringung verschieben (dies wird in der Literatur als „richterliches Moratorium" bezeichnet – *moratorium sędziowskie*) oder die Leistung in Ratenzahlung erbringen lassen. Bei Dauerschuldverhältnissen ist beispielsweise eine Verkürzung oder Verlängerung der Frist für die Leistungserbringung möglich.[422] Auch die Höhe der Leistung kann anders als im Vertrag festgesetzt werden. Die Vertragsanpassung dient in diesem Fall dazu, den einer Partei drohenden Verlust zu vermeiden und die Äquivalenz zwischen beiden Leistungen wiederherzustellen. Dabei hat das Gericht die Interessen beider Parteien gegeneinander abzuwägen. Einerseits darf die Höhe der Leistung nicht zum Ruin des Schuldners führen. Andererseits soll der Schuldner nicht auf solche Kosten des Gläubigers entlastet werden, dass diesem ein gravierender Verlust drohen würde.[423]

Die Aufgabe des Gerichts wird gemäß Art. 357[1] ZGB auf die Anpassung oder Aufhebung beschränkt, d. h. der Eingriff in den Vertrag soll nicht dazu führen, dass ein ganz neues Rechtsverhältnis entsteht (Urteil des OG vom 10. Oktober 1997[424]). Das Gericht kann deshalb entscheiden, dass der Schuldner eine Ware von schlechterer Qualität oder von anderer als der verabredeten Herkunft zu lie-

---

420 *Stelmachowski*, Zarys teorii prawa cywilnego, S. 99ff.; *Glatz*, Entwicklung des polnischen Zivilrechts, S.49–52

421 *Stelmachowski*, Zarys teorii prawa cywilnego, S. 117–120

422 *Czech*, in: *Ciepła/Czech/Dąbrowski*, Art. 357[1] ZGB, S. 31; *Machnikowski*, in: *Gniewek*, Band I, Art. 357[1] ZGB, Rn. 24.

423 *Brzozowski*, Wpływ zmiany okoliczności, S.198–199.

424 III CKN 202/97, OSNC 1998/3/42;

fern hat. Es darf aber nicht festlegen, dass die Leistung erfüllt wird, wenn z.B. statt der versprochenen Kartoffeln Getreide geliefert wird.[425]

3. Vertragsaufhebung

Gemäß Art. 357[1] ZGB kann das Gericht den Vertrag nur im Notfall aufheben. Der Ausnahmecharakter der Aufhebung wird durch den Ausdruck „*lub nawet orzec o rozwiązaniu umowy*“ (oder sogar den Vertrag aufheben) betont.[426]

Art. 357[1] ZGB gibt keine Hinweise bezüglich der Frage, ob die Folgen der Vertragsaufhebung *ex nunc* oder *ex tunc* eintreten. Es wird jedoch in der Literatur eine *ex tunc* Wirkung angenommen[427] und zugleich empfohlen, dass das Gericht in seiner Entscheidung das Datum der Vertragsaufhebung genau bezeichnet.[428]

Wenn es notwendig ist, kann das Gericht vorschreiben, wie die Parteien die Leistungen zurückgewähren sollen. Bei der Bestimmung der Art der Rückabwicklung wird dem Gericht ein großer Spielraum eingeräumt. Das Gericht soll sich nur, ähnlich wie bei der Entscheidung über die Anpassung oder Aufhebung des Vertrags, von den Grundsätzen des gesellschaftlichen Zusammenlebens leiten lassen und die Interessen beider Parteien berücksichtigen.[429]

IV. Abgrenzung zu anderen Rechtsinstituten

Im Falle allgemeiner Klauseln besteht häufig das Problem ihrer Abgrenzung zu anderen Rechtsnormen. Bei der *rebus sic stantibus*-Klausel stellt sich vor allem die Frage der Abgrenzung des Geltungsbereichs des Art. 357[1] ZGB zu den die *rebus sic stantibus*-Klausel enthaltenden Sondervorschriften der wirtschaftlichen Unmöglichkeit und der sog. kleinen *rebus sic stantibus*-Klausel aus Art. 258[1] § 3 ZGB.

---

425 *Wiśniewski,* in: *Bienek,* 3. Aufl., Drittes Buch, Band I, Art. 357[1], S. 41.

426 *Brzozowski,* in: *Pietrzykowski,* Band I, 3. Aufl., Art. 357[1], Rn. 37.

427 *Brzozowski*, Wpływ zmiany okoliczności na zobowiązania w prawie polskim, S. 200; *Machnikowski* (in: *Gniewek,* Band I, Art. 357[1] ZGB, Rn. 22) ist dagegen der Meinung, dass die Folgen der Vertragsaufhebung bei Dauerschuldverhätltnissen eine *ex nunc*-Wirkung haben.

428 *Wiśniewski,* in: *Bienek,* 3. Aufl., Drittes Buch, Band I, Art. 357[1], S. 41; *Czech,* in: *Ciepła/Czech/Dąbrowski*, Art. 357[1] ZGB, S. 31.

429 *Brzozowski*, Wpływ zmiany okoliczności, S. 200–201; *Machnikowski,* in: *Gniewek,* Band I, Art. 357[1], Rn. 25.

1. Art. 357^1 ZGB und Sondervorschriften

Als die allgemeine *rebus sic stantibus*-Klausel im Jahre 1990 Eingang in das Zivilgesetzbuch fand, gab es schon einige Sonderregeln, die eine Vertragsanpassung im Falle einer Leistungserschwerung vorsahen (z.B. Artt. 622, 629, 700, 896 ZGB). Sie gelten weiter und genießen Vorrang vor der Anwendung des Art. 357^1 ZGB.[430]

2. Art. 357^1 ZGB und Art. 358^1 ZGB

Mit der Einführung der sog. kleinen *rebus sic stantibus*-Klausel[431] in Art. 358^1 ZGB hat sich der Gesetzgeber vom Grundsatz des strikten Nominalismus des ZGB von 1964 abgewendet. Die neue Lösung geht zwar vom alten Prinzip des Nominalismus aus, lässt jedoch in § 2 und § 3 Ausnahmen zu. Dabei beschränkt Art. 358^1 § 1 ZGB seinen Anwendungsbereich auf Geldleistungen. Als die erste Ausnahme vom Nominalismusprinzip werden in § 2 des Artikels Aufwertungsklauseln genannt. Eine weitere Ausnahme stellt die in Art. 358^1 § 3 ZGB eröffnete Möglichkeit gerichtlicher Vertragsanpassung dar. Gerade bei dieser Regulierung kann sich die Frage der Abgrenzung zu Art. 357^1 ZGB stellen.

Anders als Art. 357^1 ZGB enthält Art. 358^1 ZGB eine einzige Voraussetzung für ein gerichtliches Tätigwerden, d.h.: eine wesentliche Änderung der Kaufkraft des Złoty. Die Befugnisse des Gerichts sind im Rahmen des Art. 358^1 § 3 ZGB im Vergleich zu denen des Art. 357^1 ZGB deutlich beschränkter. Das Gericht kann nämlich den Vertrag anpassen und ist nicht berechtigt, diesen aufzuheben.

Keine Anpassung des Vertrages darf ein Unternehmer beantragen, wenn der Vertrag im Zusammenhang mit seiner unternehmerischen Tätigkeit abgeschlossen worden ist (Art. 358^1 § 4 ZGB). Ob in einer solchen Situation den Unternehmern Art. 357^1 ZGB zur Hilfe kommen kann, ist im Schrifttum umstritten.[432] Es wird die Auffassung vertreten, dass der Anwendungsbereich des Art. 357^1 ZGB keine Geldschuldverhältnisse umfasst, wenn es sich nur um eine Veränderung der Kaufkraft des Złoty handelt. Wenn eine andere außergewöhnliche Veränderung der Umstände eintritt und dabei die Kaufkraft unverändert bleibt, dann findet Art. 357^1 ZGB sowieso keine Anwendung, weil es ansonsten ein Verstoß gegen

---

430 *Wiśniewski,* in: *Bienek*, 3. Aufl., Drittes Buch, Band I, Art. 357^1, S. 36; Urteil vom Appellationsgericht in Katowice, I ACa 92/99, Pr. Gosp.2002/12/47.

431 Als große *rebus sic stantibus* Klausel wird die Regelung des Art. 357^1 ZGB bezeichnet – *Czech,* in: *Ciepła/Czech/Dąbrowski*, Art. 357^1 ZGB, S. 31.

432 *Radwański*, Zobowiązania – część ogólna, 2. Aufl., S. 237.

das Nominalismusprinzip von Art. 358^1 §1 ZGB wäre.[433] Nach dieser Auffassung ist also die Anwendung des Art. 357^1 ZGB im Falle einer Geldleistung immer ausgeschlossen. Eine andere Meinung kam indes in der OG-Entscheidung vom 29. Dezember 1994[434] zum Ausdruck, wonach Art. 357^1 ZGB bei allen Vertragsverhältnissen (also auch bei Geldschuldverhältnissen) Anwendung finden könne.[435]

3. Art 357^1 ZGB und die sog. wirtschaftliche Unmöglichkeit

Rechtsprechung und Schrifttum geben keine klare Antwort auf die Frage, in welchem Verhältnis die im Art. 357^1 ZGB kodifizierte *rebus sic stantibus*-Klausel und das alte Rechtsinstitut der wirtschaftlichen Unmöglichkeit (Art. 475 § 1 ZGB) zueinander stehen. Da die Bedeutung der beiden Institute, ihre Geltungsbereiche und sogar Voraussetzungen für die Anwendung sehr ähnlich sind, wird angenommen, dass die Kodifizierung der *rebus sic stantibus*-Klausel der Anwendung der wirtschaftlichen Unmöglichkeit ein Ende setzte.[436] Aber es werden auch Stimmen laut, dass das Institut der wirtschaftlichen Unmöglichkeit von Art. 357^1 ZGB nicht übernommen worden sei, weil nicht alle Fälle der wirtschaftlichen Unmöglichkeit in den Anwendungsbereich dieses Artikels fallen könnten.[437] Diese ergänzende Rolle wurde insbesondere dann sichtbar, wenn sich Unternehmer auf Art. 357^1 ZGB nicht berufen durften (also bis zum Inkrafttreten der Novelle vom 23. August 1996). Man versuchte in diesen Fällen mit der wirtschaftlichen Unmöglichkeit zur Hilfe zu kommen. Aber auch heutzutage ist der Geltungsbereich dieser Vorschrift deutlich eingeschränkt. Art. 357^1 ZGB greift nämlich ein, wenn eine Leistungserschwerung als Folge einer außergewöhnlichen Veränderung der Umstände eintritt. Als Beispiel einer gewöhnlichen Veränderung nennt *Z. Radwański* den Fall eines Schiffes, das mit einer zu liefernden Ware im Meer versunken sei. Die Bergung der mit ihm versunkenen Ware sei zwar technisch möglich, aber der Aufwand wäre so groß, dass die Lieferung dieser Ware dem Schuldner nach dem allgemeinen Gerechtigkeitsgefühl nicht zugemutet werden könne. Hier könnte dem Schuldner das Institut der wirtschaftlichen Unmöglich-

---

433 *Wiśniewski,* in: *Bienek,* 3. Aufl., Drittes Buch, Band I, Art. 357^1, S. 42; auch gegen die Anwendung – *Szumański,* Renegocjacja umów w międzynarodowym obrocie gospodarczym, S. 232f.

434 III CZP 120/94, OSNC 1995/4/55.

435 Ebenso für die Anwendung – *Mróz,* Palestra 2000, Heft 2–3, S.7ff.(12).

436 *Gawlik,* Rzeszowskie Zeszyty Naukowe „Prawo-Ekonomia“, Heft XIX, 1996, S. 3ff. (6f., 14).

437 *Robaczyński,* KPP 1993, Heft 2, S. 140ff. (151f.); *Smyk,* MP 2001, Heft 14, S. 735ff. (738f.); *Tropaczyński,* PS 2004, S. 49ff.(53f.).

keit zur Hilfe kommen. Nach der Auffassung von *Z. Radwański* werde infolge der technischen Entwicklung die Zahl solcher Fälle deutlich steigen und dadurch auch die zur Zeit unentschiedene Frage der Rolle der wirtschaftlichen Unmöglichkeit mehr an Bedeutung gewinnen.[438]

V. Prozessrechtliche Fragen

Wie bereits erwähnt, wird eine infolge einer außergewöhnlichen Veränderung der Umstände eingetretene Leistungserschwerung vom Gericht nicht von Amts wegen berücksichtigt. Wer aus Art. 357¹ ZGB Rechte ableiten will, muss sich darauf berufen (B, V, 1). Die Partei, die eine Leistungserschwerung geltend macht, trägt die Beweislast. Dem Gericht wird bei der Entscheidung ein großer Spielraum eingeräumt und daher wird manchmal die Regelung aus Art. 357¹ ZGB als Richterrecht bezeichnet (B, V, 2). Streitig bleibt die Frage über den Charakter des Anspruchs und seiner Verjährung (B, V, 3).

1. Prozessuale Konstellationen

Einen Antrag auf die Anwendung dieser Vorschrift kann eine Vertragspartei nur in Form einer Klageschrift oder einer Gegenklage formulieren.[439] Es ist fraglich, ob Art. 357¹ ZGB durch bloßes Verteidigungsvorbringen des Beklagten zur Anwendung kommen kann. Im Falle des Art. 269 OGB war es zulässig.[440] Im Urteil des OG vom 13. Januar 2000[441] hat jedoch das Oberste Gericht diese Möglichkeit der betroffenen Partei bei Art. 357¹ ZGB versagt. Dies wurde mit dem Gedanken begründet, dass die Berufung auf die *rebus sic stantibus*-Klausel über das Klagebegehren hinausgeht und damit ein Verstoß gegen Art. 321 pol. ZPO ist. Danach ist das Gericht nämlich nicht berechtigt, über die Fragen zu entscheiden, die in dem Klagebegehren nicht enthalten sind (*ne eat ultra petita partium*). In späteren Entscheidungen hat das Oberste Gericht diese Beschränkung bestätigt.[442] Eine andere Auffassung wird von *L. Ostrowski* vertreten.[443] Seiner Mei-

---

438 *Radwański*, Zobowiązania część ogólna, 2. Aufl., S. 255. Eine andere Meinung wird von *W. Robaczyński* (KPP 1993, Heft 2, S. 140ff. (152)) vertreten, der den Abgang von der Anwendung des Instituts der wirtschaftlichen Unmöglichkeit erwartet.

439 Im polnischen Zivilprozessrecht hat der Beklagte zwei Verteidigungsmöglichkeiten. Er kann gem. Art. 207 §1 pol. ZPO seine Verteidigungsmittel in einer Klageerwiderung (*odpowiedź na pozew*) vorbringen oder gemäß Art. 204 pol. ZPO eine Gegenklage (*pozew wzajmeny*) mit Einwänden gegen den Kläger erheben.

440 *Preusner-Zamorska/Pisuliński*, Arch Iur Cracov 1990, Heft XXIII, S. 62ff (64).

441 II CKN 644/98, LEX Nr. 51053.

442 Z. B. OG-Entscheidung vom 27. März 2001, III CZP 54/00, OSNC 2001/10/145; OG-Urteil vom 21. Juni 2001, IV CKN 385/00, LEX Nr. 52481

nung nach könne die Unzulässigkeit der Berufung auf Art. 357^1 ZGB in einer Klageerwiderung dazu führen, dass die von der Leistungserschwerung betroffene Partei eine Aussetzung des alten Verfahrens beantragen und zugleich eine Klage gegen den alten Kläger erheben würde, um sich auf Art. 357^1 ZGB zu berufen. So würden dann in einer Sache zwei Verfahren geführt. Dies wäre aus der Sicht der Verfahrensökonomie besonders unerwünscht.

2. Art. 357^1 ZGB als Richterrecht

Art. 357^1 ZGB wird häufig dem Richterrecht zugeordnet. Dies folgt daraus, dass das Gericht bei der Anwendung dieser Vorschrift an das Klagebegehren nicht gebunden ist. Es hat zum Beispiel die Gestaltungsbefugnis, die Art und Weise der Vertragsanpassung zu wählen. In diesem Sinne wird Art. 357^1 ZGB als *lex specialis* zu Art. 321 Abs. 1 pol. ZPO gesehen.[444] Demgegenüber wird hervorgehoben, dass das Gericht nicht über das Klagebegehren hinausgehen dürfe. Wenn der Kläger zum Beispiel auf der Herausgabe einer Sache bestehe und keine Erstattung des Geldes wolle und das Gericht es als unbegründet erachte, dann könne die Klage nur abgewiesen werden. Das Gericht könne nicht aus eigener Initiative über eine Gelderstattung entscheiden.[445]

3. Verjährung

Grundsätzlich beträgt nach Art. 118 ZGB die Verjährungsfrist im polnischen Zivilrecht zehn Jahre und bei Ansprüchen, die mit einer Wirtschaftstätigkeit verbunden sind, beträgt sie drei Jahre. Gemäß Art. 120 ZGB beginnt die Verjährungsfrist am Tage der Fälligkeit des Anspruchs zu laufen. Mit dem Ablauf der Verjährungsfrist erwirbt der Schuldner das Recht, die Einrede der Verjährung zu erheben. Die Folge ist, dass der Anspruch nicht mehr durchsetzbar ist, obwohl er nicht erloschen ist. Wenn der Schuldner auf einen verjährten Anspruch eine Leistung erbracht hat, ist er nicht berechtigt, Rückgewähr der erbrachten Leistung wegen ungerechtfertiger Bereicherung zu verlangen (Art. 411 Ziff. 3 ZGB).[446]

Zur Frage der Verjährung des Anspruchs aus Art. 357^1 ZGB werden in der Lehre verschiedene Auffassungen vertreten. Wichtig dabei ist die Frage, wie man

---

443 *Ostrowski*, Palestra 1998, Heft 7–8, S. 70ff.. Für die Zulässigkeit der Berufung in der Klageerwiderung auch – *Robaczyński*, Sądowa zmiana umów, S. 146.

444 *Wiśniewski*, in: *Bienek*, 3. Aufl., Drittes Buch, Band I, Art. 357^1, S. 43.

445 *Brzozowski*, in: *Pietrzykowski*, 2. Aufl., Band I, S. 602. Ebenso – *Ostrowski*, Palestra 1998, Heft 7–8, S. 70ff. (72). Er beruft sich dabei auf die OG-Entscheidung vom 4. April 1956, 2 CO. 3/56 (OSN 1957/2/47).

446 *Liebscher/Zoll*, Einführung in das polnische Recht, S. 146f.

den Anspruch betrachtet. Wenn man annimmt, dass der Anspruch aus Art. 357^1 ZGB ein Nebenanspruch sei, dann teile er das Schicksal des Hauptanspruchs. Das heißt, eine Vertragsanpassung oder Vertragsaufhebung könne nur dann beantragt werden, wenn der Anspruch auf die Leistungserbringung (also der Hauptanspruch) durchsetzbar ist. Für diese Konzeption hat sich das Oberste Gericht in seiner Entscheidung vom 20. März 1992 ausgesprochen.[447] Manchmal wird jedoch der Anspruch auf Vertragsanpassung bzw. Vertragsaufhebung im Rahmen des Art. 357^1 ZGB als unabhängig vom Hauptanspruch angesehen. Dann beginne die Verjährungsfrist an dem Tag, an dem alle Voraussetzungen für die Anwendung des Art. 357^1 ZGB vorhanden sind. Abgesehen von dieser Diskussion steht es außer Zweifel, dass der Anspruch aus Art. 357^1 ZGB immer dann existiert, wenn die erschwerte Leistung noch nicht erfüllt worden ist.[448]

C. Zusammenfassung und Gesamtwürdigung der Regelung der rebus sic stantibus-Klausel

Die Geschichte der *rebus sic stantibus*-Klausel beginnt mit der Wiederherstellung der polnischen Eigenstaatlichkeit nach dem Ersten Weltkrieg. Da die Ausarbeitung eines kohärenten Lösungsansatzes in der Rechtsprechung wegen der Einflüsse der verschiedenen Rechsysteme nicht zu erwarten war, hat sich der Gesetzgeber entschieden, die Klausel in Art. 269 des aus dem Jahre 1933 stammenden Obligationengesetzbuchs zu regeln. Nach dem Zweiten Weltkrieg hat die *rebus sic stantibus*-Klausel das Schicksal anderer vor dem Krieg geschaffener Rechtsinstitute geteilt: Als nicht zum sozialistischen Rechtssystem passend wurde sie abgeschafft. Während der wirtschaftlichen Krise der 80er Jahre hat sich die polnische Doktrin besonders intensiv für die Kodifizierung der *rebus sic stantibus*-Klausel ausgesprochen und die Entscheidung des Gesetzgebers, Art. 357^1 ZGB in das ZGB einzuführen, wurde überwiegend mit Zustimmung aufgenommen.[449]

Inhaltlich entspricht Art. 357^1 ZGB im Wesentlichen der Formel des alten Art. 269 OGB und daher können sich die Gerichte auf die alte Rechtsprechung stützen. Genauso wie Art. 269 OGB erfasst der Anwendungsbereich des Art. 357^1 ZGB sowohl gegenseitige als auch einseitige Vertragsverhältnisse. Nach der OG-Rechtsprechung findet Art. 357^1 ZGB sogar Anwendung auf Versi-

---

447 III CZP 14/92, OSP 1993/6/274.

448 *Pełczyński*, Rzeszowskie Zeszyty Naukowe „Prawo-Ekonomia“, Heft XIX, 1996, S. 23ff. (28f.).

449 *Brzozowski*, Palestra Nr 4/5, 1992, S. 24.

cherungsverträge und Erbrechtsverhältnisse. Diese Auffassung des OG wurde jedoch im Schrifttum sehr kritisch aufgenommen.

Die Leistungserschwerungen bilden den Kern der Regelung des Art. 357¹ ZGB. Nach dem Wortlaut dieser Vorschrift werden zwei von Art. 357¹ ZGB erfasste Fallgruppen unterschieden: Leistungserschwerungen und Fälle des drohenden Verlusts. Die erste Gruppe erfasst Erschwerungen von technischem und wirtschaftlichem Charakter. Von einer so verstandenen Erschwerung kann vor allem ein Sachleistungsschuldner betroffen werden. Zur zweiten Fallgruppe gehören Fälle, in denen es sich um rein finanzielle Leistungserschwerungen handelt, infolgedessen der benachteiligten Partei ein Verlust droht. Da unter der Gefahr des drohenden Verlusts bei einem gegenseitigen Vertrag sowohl der Sachschuldner wie auch Gläubiger stehen kann, können sich beide Parteien auf die Vorschrift berufen. In der Literatur wird besonders positiv bewertet, dass die Vorschrift in dieser Weise den Schutz des Sachschuldners sowie des Geldschuldners gewährleistet.[450] Aus dem Anwendungsbereich bleiben jedoch die Fälle ausgeschlossen, in denen von der Veränderung der Umstände nur die sich darauf berufende Partei betroffen wird (z.B. Partei leidet unter einer schwierigen finanziellen Situation) oder wenn es sich nur um die Veränderung der Geldkaufkraft handelt. Die letzten Fälle werden durch die sog. kleine *rebus sic stantibus*-Klausel aus Art. 358¹ ZGB erfasst.

Für die Anwendung der *rebus sic stantibus*-Klausel müssen folgende Tatbestandsmerkmale vorliegen: Nach Vertragsschluss muss es zu einer außergewöhnlichen und unvorhersehbaren Veränderung der Umstände kommen, so dass beim Festhalten am unveränderten Vertrag die Leistungserbringung übermäßig erschwert wird oder das Festhalten zu einem gravierenden Verlust einer Partei führen würde. Darüber hinaus muss diese Veränderung der Umstände eine unerlässliche Voraussetzung für die oben genannte Leistungserschwerung bzw. den drohenden Verlust sein. Als die Anwendung der Klausel ausschließende Tatbestandsmerkmale gelten das Verschulden und der Verzug der sich auf die Klausel berufenden Partei sowie die Existenz einer gesetzlichen oder vertraglichen Bestimmung über die Risikoverteilung. Da Art. 357¹ ZGB dispositiven Charakter hat, können die Parteien das Risiko einer Veränderung selbst verteilen und dadurch die Anwendung dieser Regelung ausschließen. Die Klausel kann jedoch trotz der Existenz einer Anpassungsklausel zur Anwendung kommen, wenn beim Vertragschluss die Parteien den Umfang der Veränderung der Umstände oder ihre Konsequenzen unrichtig eingeschätzt haben.

---

450 *Brzozowski*, Wpływ zmiany okoliczności na zobowiązania w prawie polskim, S.190f.; *Pełczyński*, Rzeszowskie Zeszyty Naukowe „Prawo-Ekonomia“, Heft XIX, 1996, S. 23ff. (25).

Die Voraussetzung der Außergewöhnlichkeit bezieht sich auf die Veränderung der Umstände selbst und nicht auf ein Ereignis, das diese Veränderung verursacht hat. Die Entscheidung, welche Situationen eine außergewöhnliche Veränderung darstellen, wird der Rechtsprechung überlassen. Dabei ist es entscheidend, dass durch diese Veränderung der Umstände mehrere Rechtspersonen betroffen werden und nicht nur die eine sich darauf berufende Partei.

Des Weiteren wird vorausgesetzt, dass nicht die Veränderung der Umstände selbst, sondern die Konsequenzen dieser Veränderung, unvorhersehbar waren. Damit nimmt die Vorschrift die Parteien in Schutz, die zwar die Veränderung der Umstände voraussehen, nicht jedoch die Auswirkung dieses Ereignisses auf den Vertrag abschätzen konnten. Entgegen dem Wortlaut des Gesetztes wird die vorausgesetzte Unvorhersehbarkeit nach einem objektiven Maßstab geprüft. Dabei wird von den Parteien eine dem betroffenen Rechtsverhältnis entsprechende Sorgfalt gefordert. Daraus ergibt sich der Ausschluss der Anwendung des Art. 357^1 ZGB, wenn eine Partei zur Veränderung der Umstände beigetragen hat.

Die Rechtsfolgen der *rebus sic stantibus*-Klausel erfassen Anpassung und Aufhebung des Vertrags. Der Entwurf der Zivilrechtsreformkommission enthielt zwar eine zusätzliche Rechtsfolge der Neuverhandlungen, die das Vorlegen der Sache dem Gericht vorangehen sollte. Dieser Lösungsansatz wurde aber vom Gesetzgeber abgelehnt.

Die Rechtsfolgen der *rebus sic stantibus*-Klausel treten nicht automatisch ein. Auf einen in Form einer Klageschrift oder einer Gegenklage formulierten Antrag einer Partei kann das Gericht den Vertrag anpassen oder ihn aufheben. Nach der jetzigen Rechtsprechung ist es unzulässig, die Leistungserschwerung in Verteidigungsvorbringen geltend zu machen. Diese Auffassung wird im Schrifttum als gegen die Verfahrensökonomie wirkend kritisiert.

Die Entscheidung das Gerichts, die die Interessen beider Parteien und die Grundsätze des gesellschaftlichen Zusammenlebens berücksichtigen muss, hat rechtsgestaltenden Charakter. Da Art. 357^1 ZGB dem Gericht bei der Entscheidung über eine Anpassungsmodalität einen großen Spielraum einräumt, wird die Regelung häufig als Richterrecht bezeichnet. Der Eingriff in den Vertrag soll jedoch nicht dazu führen, dass ein ganz neues Rechtsverhältnis entsteht. Entscheidet das Gericht über die Auflösung des Vertrags, kann es auch den Parteien vorschreiben, wie und im welchen Umfang die erbrachten Leistungen zurückzugewähren sind.

Die gesetzliche Regelung der *rebus sic stantibus*-Klausel wurde in Polen überwiegend mit Zustimmung aufgenommen. Art. 357^1 ZGB schließt eine vom Gesetzgeber mit der Einführung des Zivilgesetzbuchs im Jahre 1964 bewusst geschaffene Lücke, die sich als problematisch erwiesen hat, und setzt damit der Anwendung von anderen Rechtsinstitutionen im Falle von Schwierigkeiten mit der Durchführung von Verträgen bei veränderten Umständen grundsätzlich ein Ende. Die Formel der *rebus sic stantibus*-Klausel wird zwar von manchen Doktrinvertretern als zu allgemein oder sogar „unpräzise", „vage" kritisiert. Ihrer Meinung nach könne eine derart formulierte Vorschrift zu tief greifenden Meinungsverschiedenheiten in der Rechtsprechung führen. Zugleich hat aber diese Formel des Art. 357¹ ZGB einen großen Vorteil: Sie ermöglicht dem Richter eine individuelle und zu einer konkreten Situation passende Entscheidung zu treffen.[451] Darüber hinaus gewährleistet sie für die Zukunft eine gewisse Anpassungsfähigkeit und Flexibilität, was bei sich ständig ändernder Wirklichkeit wichtig ist.

Im Vergleich zur Zeit der Wirtschaftskrise der 80er Jahre und des ökonomischen und politischen Wandels Anfang der 90er Jahre kommt die *rebus sic stantibus*-Klausel heutzutage selten zum Einsatz. Auch im Schrifttum wird der Regelung aus Art. 357¹ ZGB weniger Aufmerksamkeit als in den 90er Jahren geschenkt. Dies bestätigt nur die Regel, dass die Problematik der Leistungserschwerung infolge der veränderten Umstände großes Interesse vornehmlich in den schwierigen Zeiten erweckt.

§ 3. Frustration of contract

A. Historische Entwicklung von frustration

Die *doctrine of frustration* hat in ihrer historischen Entwicklung das Schicksal des ganzen englischen Vertragsrechts geteilt, in dessen Entwicklung sich drei Phasen feststellen lassen: das von der Konzeption des *equitable contract law* geprägte 18. Jahrhundert (A, I), das 19. Jahrhundert mit dem *classic contract law* (A, II) und die Epoche des *modern contract law* des 20. Jahrhunderts (A, III).[452]

Bei der Entwicklung der *doctrine of frustration* spielte *case law* eine besondere Rolle, die der Spezifik des *common law* zuzuschreiben ist. Die *doctrine of frustration* ist daher durch Ereignisse geprägt, welche jeweils die Durchführung einer großen Anzahl der Verträge betraf und entsprechende Prozesslawinen nach sich zog (z.B. Weltkriege – A, IV, 1, Schließung des Suez-Kanals – A, IV, 3 oder Ausfall von Krönungsfeierlichkeiten – A, III, 3).[453]

Parallel zum Fallrecht hat sich die *doctrine of frustration* in der Gesetzgebung durchgesetzt. Es gibt aber lediglich zwei gesetzliche Regelungen der *frustration*

---

451 *Wiśniewski*, in: *Bienek*, 3. Aufl., Drittes Buch, Band I, Art. 357¹, S. 37.
452 *Manchester*, A Modern Legal History of England and Wales 1750–1950, S. 264.
453 *Schmidt-Kessel*, Standards vertraglicher Haftung, S. 58.

of contract: *Law Reform (Frustrated Contracts) Act 1943* und *s. 7 Sale of Goods Act 1979*. Der Grund dafür ist, dass die Gesetze (*statutes*) im englischen Recht nur eine Rechtsquelle zweiten Ranges sind und ihnen eine andere Rolle als im Kontinentalrechtssystem zukommt. Sie berichtigen im Laufe der Zeit im *case law* entstehende Unklarheiten und füllen die Lücken aus.[454] Die beiden Rechtsakte werden in den weiteren Teilen der Arbeit näher betrachtet (*Law Reform (Frustrated Contracts) Act 1943* – B, V, 3, c, *s. 7 Sale of Goods Act 1979* – B, VI, 2). *Frustration of contract* betreffende Regelungen enthält auch der aus dem Jahre 1972 stammende Entwurf des *Contract Code*, der jedoch nie in Kraft getreten ist (A, III, 4). Trotz seines Scheiterns werden diese Regelungen im folgenden Kapitel dargestellt, weil ihnen angesichts der Pläne eines gemeinsamen europäischen Zivilgesetzbuchs eine besondere Bedeutung zugeschrieben wird.

Das angloamerikanische Schrifttum setzt sich mit der Problematik von *frustration of contract* seit dem Ende des 19. Jahrhundert intensiv auseinander.[455] Trotz des großen Interesses an dieser Problematik scheint die englische Literatur in der Entwicklung dieses Rechtsinstituts eine zweitrangige Rolle zu spielen. Dies lässt sich zumindest teilweise damit erklären, dass sich die englische Lehre häufig nur auf kritische Bewertung der in der Rechtsprechung entstandenen Theorien beschränkt hat, ohne selbst Lösungsansätze anzubieten.[456] Darüber hinaus ist die *common law* Doktrin in den letzten Jahren sehr stark von den amerikanischen Rechtskonzeptionen (z.B. von der ökonomischen Rechtsanalyse[457] in den 70er Jahren und der behavioristischen Rechtstheorie[458] seit den 90er Jahren des 20. Jahrhunderts) geprägt.

---

454 *Bernstorff*, Einführung in das englische Recht, S. 11; *Blumenwitz*, Einführung in das anglo-amerikanische Recht, 6.Aufl. S. 45. Mehr zum Verhältnis zwischen den Gesetzen und dem *case law* –
Atiyah, Common Law and Statute Law, MLR 1985, S. 1ff.

455 Als zweites Rechtsinstitut, welches häufig als Thema wissenschaftlicher Diskussionen auftritt, wird *mistake* genannt – *Phang*, AALR 1992, S. 278, Fn. 1.

456 *McKendrick* (CLP 1997, S. 25ff. (46,47)) seine Kritik über die englischen Rechtswissenschaftler: „*English contract lawyers* [...] *have tended to be rather better at criticizing existing doctrines than suggesting alternatives*". Dazu auch – *Phang*, AALR 1992, S. 278f.. *Smits* weist darauf hin, dass die Rolle des englischen Schrifttums in der Rechtsentwicklung geringer als in den kontinentalen Rechtsordnungen ist – *Smits*, MJ 1999, S. 26ff. (36).

457 Z.B. *Joskow*, Commercial Impossibility, the Uranium Market and the Westinghouse Case, J.Legal. Stud. 1977, S. 119ff.; *Posner/Rosenfield*, Impossibility and Related Doctrines in Contract Law: An Economic Analysis, J. Leg. Stud. 1977, S. 83ff.

458 Z.B. *Korbkin/Ulen*, Law and Science: Removing the Rationality Assumption from Law and Economics, Cal. L. Rev. 2002, S. 1051ff.; *Eisenberg*, The Limits of Cognition and the Limits of Contract, Stan.L.Rev. 1995, S. 211ff.; *Wright*, Rendered Im-

I. Vertragsgerechtigkeit – equitable conception of contract law

Auf das Vertragsrecht Großbritanniens des 18. Jahrhundert, mit der statischen Agrarwirtschaft, in der Tauschgeschäfte dominierten, hat die von den Philosophen *Thomas Hobbes* und *John Locke* stammende Idee des *social contract* einen wesentlichen Einfluss ausgeübt.[459] Nach der damals vertretenen Auffassung haben die Vertragsbestimmungen dem Prinzip von *fairness of exchange* (Gerechtigkeit des Austauschs) unterlegen, das Vertragsverpflichtungen einer Partei einschränken konnte.[460] Die Frage, welche Geschäfte gerecht und welche ungerecht waren, wurde häufig dem *equity law* überlassen. Dabei hat der *Court of Chancery* anders als die *common law*-Gerichte, die sich hauptsächlich vom Prinzip der absoluten Vertragsbindung leiten ließen,[461] jedes einzelne Geschäft mit Berücksichtigung der Gerechtigkeit und Anerkennung der Handelsbräuche geprüft. Auf die Gerichtsentscheidungen hatten solche persönliche Umstände der Parteien wie guter Glauben des Klägers oder Zumutbarkeit einer Leistung einen großen Einfluss. So entlasteten zum Beispiel die *equity*-Gerichte eine Vertragspartei, wenn der Preis für eine Leistung nicht dem gerechten Preis (*just price*) entsprach.[462]

Eine Abhilfe bei veränderten Umständen wurde in *equity* schon am Anfang des 18. Jahrhunderts, also mehr als einhundert Jahre früher als im *common law*, gewährt. Als Beispiele können hierbei die Entscheidungen *Savile v. Savile* (24 Eng.Rep. 596) aus dem Jahre 1721 oder *Davis v. Hone* (2 Sch. & Lef. 341) aus dem Jahre 1805 genannt werden.[463] Da die *equity*-Gerichte in der Regel nur für Klagen auf Vornahme einer Handlung zuständig waren und diese Klagen nur in wenigen, für *frustration*-Tatbestände fast nie rechtlich erheblichen Fällen zuläs-

---

practicable: Behavioral Economics and the Impracticability Doctrine, Cardozo L.Rev., S. 2183ff..

459 *Cornish/de Clark*, Law and Society in England 1750–1950, S. 200; *Atiyah*, The Rise and Fall of Freedom of Contract, S. 39ff.

460 *Horwitz*, Harvard L.R. 1974, S. 917ff. (923); *Atiyah*, The Rise and Fall of Freedom of Contract, S. 167ff.

461 Den *common law*-Gerichten wurde dagegen vorgeworfen, dass „*judges preferred to suffer mischiefs to individuals rather than make exceptions to clear rules*“ – *Haskett* zitiert nach *DiMatteo*, U.Pitt.L.Rev. 1999, S. 839ff. (843). Dazu auch – *Cornish/de Clark*, Law and Society in England 1750–1950, S. 219.

462 *Manchester*, A Modern Legal History of England and Wales 1750–1950, S. 266. Die Anforderung des gerechten Preises war schon im mittelalterlichen Recht vorhanden und hatte ihre Wurzel in der Philosophie Aristoteles' – *DiMatteo*, U.Pitt.L.Rev. 1999, S. 839ff. (843f.9; *Atiyah*, The Rise and Fall of Freedom of Contract, S. 61f., 169f..

463 Zitiert nach *Dawson/Cooper*, Mich.L.R. 1935, S. 852ff.(862f.).

sig waren, hat *equity* keine große Rolle in der Entwicklung der *frustration* gespielt.[464]

II. Grundsatz absoluter Vertragsbindung des klassischen Vertragsrechts

1. Klassisches Vertragsrecht

Im 19. Jahrhundert ist die klassische Konzeption des angloamerikanischen Vertragsrechts entstanden, die eine deutliche Grenze zwischen der Moralität mit ihren Werten wie Gerechtigkeit, Zumutbarkeit etc. und dem Recht gezogen hat. Dies wurde mit dem Gedanken begründet, dass „*virtue is alone the object of morality, law has,* [...] *often, for its object, the peace of society, and what is practicable: Hence, though every* [...] *undue advantage in a bargain, to the hurt of another party, practised by one, is an act of injustice in the eyes of morality; yet it is not the mean of restitution in the eyes of the law; because* [it is] *often, impracticable in every minute degree*“[465]. Der bisherigen *equitable conception of contract law* wurde vorgeworfen, dass sie zur Rechtsunsicherheit führe: „*It is absolutely necessary for the advantage of the public at large, that the rights of the subject should* [...] *depend upon certain and fixed principles of law, and not upon rules and constructions of equity, which when applied* [...], *must be arbitrary and uncertain, depending, in the extent of their application, upon the will and caprice of the judge*“.[466] Das bisher herrschende Prinzip der Gerechtigkeit wurde durch die *doctrine of absolute contracts* ersetzt, nach der der Vertrag dem Prinzip von *pacta sunt servanda* entsprechend „heilig“ (sog. *sanctity of contract*) war und die Vertragsbindung absolut. Selbst wenn die Leistungserbringung ohne Zutun des Schuldners nicht möglich geworden ist, konnte er sich folglich von vertraglich übernommenen Verpflichtungen nicht befreien.[467]

---

464 *Hay*, AcP 1964 (164), S. 231ff. (251). Darüber hinaus wurden die *equity*-Entscheidungen selten in Lehrbüchern zum Vertragsrecht zitiert wurden – *McKendrick*, CLP 1997, S. 25ff. (34).

465 *Dane*, A General Abridgement and Digest of American Law (1823), S. 100 zitiert nach *Horwitz*, Harvard L.R. 1974, S. 917ff. (950).

466 *Powell* in „Essay Upon the Law of Contracts and Agreements“ (1790) zitiert nach *Horwitz*, Harvard L.R. 1974, S. 917f.

467 Cheshire, Fifoot und Furmston's Law of Contract, 12. Aufl., S. 569; *Beatson*, Anson's Law of Contract, 28. Aufl., S. 531.

2. *Freedom of contract, will theory*

In dem als „*golden age of freedom of contract*" bezeichneten 19. Jahrhundert[468] wurde das Prinzip absoluter Vertragsbindung in der Rechtswissenschaft mit der uneingeschränkten Privatautonomie (*will theory of contract*) und Vertragsfreiheit (*freedom of contract*) begründet. Die Inspiration haben die Rechtswissenschaftler in der Philosophie von *Adam Smith* und von *Jeremy Bentham* gefunden, die in ihren Werken mehr politische und ökonomische Freiheit und Unabhängigkeit von der Staatsgewalt für Einzelne gefordert haben.[469] Im Bereich des Vertragsrechts hat sich zu dieser Zeit die Ansicht durchgesetzt, dass die Vertragsparteien als gleiche gehandelt hätten und bewusst, d.h. in Kenntnis aller Folgen ihrer Entscheidung, in ein Schuldverhältnis eingetreten seien. So hänge es ausschließlich von den Parteien ab, wie sie untereinander die Pflichten und Rechte teilen.[470] Demzufolge sei nur der Vertag das einzig zulässige Mittel zur Risikoverteilung und alle Eingriffe in den Vertragsinhalt wurden als unzulässig angesehen, denn „*men of full age and competent understanding shall have the utmost liberty of contracting* [...] *and their contracts, when entered into freely and voluntarily shall be held sacred and shall be enforced by courts of justice*" [471]. Dieser auf der absoluten Respektierung der Privatautonomie basierende Standpunkt entsprach den Erwartungen der durch den aggressiven Wettbewerb geprägten Frühindustriegesellschaft des 19. Jahrhunderts.[472]

3. *Paradine v. Jane*

Als Leitentscheidung der *doctrine of absolute contracts* wurde im 19. Jahrhundert stets das aus dem Jahre 1647 stammende Urteil in der Sache *Paradine v. Jane*[473] zitiert.[474] In diesem Fall wandte der Pächter eines Grundstücks gegen die

---

468 *DiMatteo*, U.Pitt.L.Rev. 1999, S. 839ff.(843).

469 *Atiyah*, The Rise and Fall of Freedom of Contract, S. 324ff.; *Manchester*, A Modern Legal History of England and Wales 1750–1950, S. 267.

470 *Teeven*, A History of the Anglo-American Common Law of Contract, S. 185f.; *Horwitz*, Harvard L.R. 1974, S. 918f.

471 *Printing and Numerical Registering Co. v. Sampson*, (1875) 19 L.R. Eq. 462 zitiert nach *Manchester*, A Modern Legal History of England and Wales 1750–1950, S. 267.

472 *Sharma*, N.Y. L. SCH. INT'L & COMP.L. 1999, S. 95ff., (109f., Fn 31); *Teeven*, A History of The Anglo-American Common Law of Contract, S. 175f.

473 [1558–1774] All E.R., S. 172ff.

474 Vor dem 19. Jahrhundert wurde *Paradine v. Jane* in den Gerichtsentscheidungen selten zitiert – *Teeven*, A History of The Anglo-American Common Law of Contract,

Klage auf Zahlung des Pachtzinses ein, der Besitz des Grundstückes sei ihm während der Pachtzeit durch eine fremde Besatzungsmacht fast drei Jahre entzogen worden. Dieser Einwand wurde vom Gericht mit dem Hinweis zurückgewiesen, der Beklagte hätte für eine solche Situation vertraglich vorsorgen können. Habe sich eine Vertragspartei gegen die Risiken nicht abgesichert, könnten keine Ereignisse, auch nicht die, die sich dem Einfluss der Parteien entzogen hätten, als Befreiungsgrund in Betracht kommen.[475]

Zugleich enthält aber die Entscheidung *Paradine v. Jane* erste Erwägungen, mit denen spätere Einschränkungen der *doctrine of absolute contracts* begründet werden konnten. In dieser Entscheidung heißt es nämlich: „*when the party by his own contract creates a duty and charge upon himself he is bound to make it good, if he may, notwithstanding any accident by inevitable necessity, because he might have provided against it by his contract*".[476] Schon aus der Formulierung „*if he may*" ergeben sich Einschränkungen, wie im Falle des Todes oder der Entmündigung des Schuldners persönlich zu erbringender Leistungen, bei der nachträglichen Illegalität der Vertragsdurchführung, beim Untergang der verkauften Sache oder beim Spezieskauf.[477] Nach der Meinung *J.D. Waldis* wiest diese konditionelle Formulierung sogar darauf hin, dass *Paradine v. Jane* zu Unrecht als Leitentscheidung der *doctrine of absolute contracts* angesehen wird.[478] Aus einzelnen späteren Urteilen, in denen der Schuldner aus den oben genannten Gründen entlastet wurde, ließ sich jedoch keine allgemeine Regel ableiten und der Grundsatz absoluter Vertragsbindung hat das *Case Law* weiterhin bis zur Entscheidung *Taylor v. Caldwell* im Jahre 1863 beherrscht.

S. 232; *Waldis*, Georgetown L.J. 1987, S. 1575ff.(1585); *Gordley*, Am.J.Comp.L. 2004, S. 513ff. (521f.).

475 *Beatson*, Anson's Law of Contract, 28. Auflage, S. 531f.; *Treitel*, Frustration and Force Majeure, 2–002ff.; *McNair/Watts*, The Legal Effects of War, S. 158f.; *Hammer*, Frustration of contract, S. 11f.

476 [1558–1774] All E.R., S. 173.

477 *Treitel*, Frustration and Force Majeure, 2–011f.; *Wladis*, Georgetown L.J. 1987, S. 1575ff. (1583); *Schmidt-Kessel*, Standards vertraglicher Haftung, S. 57; *Hammer*, Frustration of contract, S. 18.

478 *Wladis*, Georgetown L.J. 1987, S. 1575ff. (1588f., 1630); ebenso – *Schlegel*, Rutgers L.R. 1969, S. 419ff. (420f.). Darüber hinaus weisen *Gordley* (Am.J.Comp.L. 2004, S. 513ff.(522)) und *Wladis* (Georgetown L.J. 1987, S. 1575ff. (1584)) darauf, dass es sich in diesem Fall in Wirklichkeit nicht um eine Unmöglichkeit der Leistungserbringung gehandelt hat, sondern lediglich darum, dass der Pächter es für ungerecht gehalten hat, die Pacht bezahlen zu müssen.

III. Frustration of contract als Durchbruch der doctrine of absolute contracts

1. Taylor v. Caldwell

Erst im Urteil *Taylor v. Caldwell*[479] kam es im englischen Recht zur grundlegenden Neuorientierung: es wurde ein allgemeiner Entlastungsgrund der Unmöglichkeit der Vertragsdurchführung entwickelt.[480] In diesem Falle handelte sich um einen Untergang eines Gegenstandes, dessen Fortbestand vertragswesentlich war. Die Beklagten hatten sich verpflichtet, den Klägern eine Konzerthalle zur Nutzung zu überlassen. Vor der ersten Veranstaltung brannte aber das Gebäude ohne Zutun der Parteien nieder. Die Kläger verlangten Schadenersatz für Aufwendungen, die sie zur Vorbereitung der nicht zustande gekommenen Veranstaltungen getätigt hatten. Die Entlassung der Parteien aus ihren Leistungspflichten wurde von *Blackburn J.* mit dem Gedanken begründet: „[...] *in contracts in which the performance depends on the continued existence of a given person or thing, a condition is implied that the impossibility of performance arising from the perishing of the person or thing shall excuse the performance.*“[481] Dieser auf einer stillschweigend vereinbarten Bedingung basierende Lösungsansatz wurde später als „*theory of the implied term*“ bezeichnet.[482]

2. Charterfälle – frustration of adventure

Die zur seerechtlichen Entscheidungskette der *frustration of adventure* gehörenden Charterfälle bilden neben den Unmöglichkeitsfällen die zweite historische Quelle der heutigen *doctrine of frustration.*[483] Der Einfluss der Charterfälle auf die Entwicklung der *frustration* lässt sich damit erklären, dass zu dieser Zeit die Schifffahrt besonders häufig, im Vergleich zum inländischen Handelsverkehr, mit unvorhergesehenen Ereignissen konfrontiert war.[484] Es handelt sich hiermit um die Fälle der vorübergehenden Unmöglichkeit, in denen zum Beispiel ein Reeder

---

479 [1861–73] All E.R. S. 24ff..

480 *Treitel,* Frustration and Force Majeure, 2–001.; *Beatson*, Anson's Law of Contract, 28. Auflage, S. 532; *Treitel*, The Law of Contract, 11. Aufl., S. 866f.; *McKendrick,* in: Chitty on Contracts, Band I, 28. Aufl., 24–005.

481 [1861–73] All E.R. S. S. 24ff.(29).

482 Cheshire, Fifoot und Furmston's Law of Contract, 12. Aufl., S. 571f.; *Zweigert/Kötz,* Einführung in die Rechtsvergleichung, 2. Aufl., Band II, S. 254. Diese theoretische Grundlage der *frustration* wird in weiteren Teilen der Arbeit näher betrachtet.

483 *McNair/Watts*, The Legal Effects of War, S. 162f.; *Zweigert/Kötz,* Einführung in die Rechtsvergleichung auf dem Gebiete des Privatrechts, Band II: Institutionen, 2. Aufl., S. 254;

484 *Rauh*, Leistungserschwerungen im Schuldrecht, S. 5.

das von ihm gecharterte Schiff nicht zur vereinbarten Zeit am rechten Ort zur Verfügung stellen konnte, weil das Schiff ohne sein Verschulden beschädigt oder vorübergehend beschlagnahmt war oder weil der Hafen, in dem es dem Charterer angedient werden sollte, durch kriegerische Ereignisse gesperrt war. In vielen Fällen wurde die durch diese Ereignisse verursachte Verzögerung (*delay*) als von einer solchen Art angesehen, dass der Chartervertrag nach Ansicht vernünftiger Kaufleute als beendet angesehen werden müsste.[485] Hierbei sind die Entscheidungen *Geipel v. Smith*,[486] *Jackson v. Union Marine Insurance Co. Ltd.*[487] und *Dahl v. Nelson, Donkin & Co.*[488] zu nennen.[489]

In der aus dem Jahre 1873 stammenden Entscheidung *Jackson v. Union Marine Insurance Co. Ltd.* wurde vom Gericht ausdrücklich auf *Taylor v. Caldwell* verwiesen und dadurch die Verbindung mit der ersten Quelle der *doctrine of frustration* (den Unmöglichkeitsfällen) hergestellt. Mit den Entscheidungen *Taylor v. Caldwell* und *Jackson v. Union Marine Insurance Co. Ltd.* wurde die *doctrine of frustration* etabliert.[490] Zur vollständigen Fusion der beiden historischen Entscheidungsketten kam es aber erst während des Ersten Weltkriegs.[491]

3. Krönungsfälle – frustration of purpose

Die sog. Krönungsfälle gelten als ein wichtiger Schritt in der Entwicklung des Rechtsinstituts von *frustration*, weil sie die *frustration* über die Fälle der Unmöglichkeit hinaus auf die Fälle der *frustration of purpose* (Zweckstörung) ausgedehnt haben.[492] Als Krönungsfälle wurde eine Serie von Gerichtsentscheidungen

---

485 *Treitel*, Frustration and Force Majeure, 2–046; *Webber*, The Effect of War on Contracts, S. 473f.; *Zweigert/Kötz*, Einführung in die Rechtsvergleichung auf dem Gebiete des Privatrechts, Band II: Institutionen, 2. Aufl., S. 254.

486 [1871–82] L.R. 7 Q.B., S. 404ff.

487 [1874–80] All E.R. S. 317ff.

488 [1881–5] All E.R. S. 572ff.

489 Mehr zu diesen Entscheidungen – *Wladis*, Georgetown L.J. 1987, S. 1575ff.(1604f.); *McNair/Watts*, The Legal Effects of War, S. 163.

490 *McKendrick*, in: Chitty on Contracts, Band I, 28. Aufl., § 24–006; *McNair/Watts*, The Legal Effects of War, S. 163f., 166.

491 *McNair/Watts*, The Legal Effects of War, S. 166; *Hay*, AcP 1964 (164), S. 231ff. (238).

492 *Treitel*, Frustration and Force Majeure, Rn. 2–047; *McKendrick*, in: Chitty on Contracts, Band I, 28. Aufl., Rn. 24–032; *Hammer*, Frustration of contract, S. 46f.. Anders – *Wladis*, Georgetown L.J. 1987, S. 1575ff.(1620f.). Seiner Meinung nach haben die Krönungsfälle keine große Rolle in der Entwicklung des Instituts von *frustration* bzw. *impossibility* gespielt: keine von den späteren Entscheidungen wurde auf der Basis der Prinzipien von *Krell v. Henry* entschieden.

bezeichnet, die auf die Absage der für den 26. und 27. Juni 1902 angesetzten Krönungsfeierlichkeiten für den plötzlich schwer erkrankten König Edward VII. zurückgehen. Ein Anlass zum Streit boten vor allem Verträge über Tribünen- und Fensterplätze an, die tageweise und teils gegen Vorauszahlung den Zuschauern der geplanten Krönungszüge vermietet wurden. Als Leitentscheidung gilt hier *Krell v. Henry*[493], in der entschieden wurde, dass die Regel von *Taylor v. Caldwell* auch auf einen Fall anzuwenden ist, in welchem die Leistung zwar noch erbracht werden konnte, der Zweck des Vertrags jedoch verfehlt worden war. Da die Durchführung der Krönungszüge als Grundlage des Vertrages (*foundation of contract*) angesehen wurde, war *frustration of contract* in diesem Moment eingetreten, in dem der Krönungszug abgesagt wurde.[494]

IV. Doctrine of frustration im turbulenten 20. Jahrhundert

1. Die Auswirkung der beiden Weltkriege auf das case law

a) Verbot des trading with enemy

Zur weiteren Festigung und zum Ausbau der *doctrine of frustration* haben die beiden Weltkriege mit ihren für Verträge häufig desaströsen Auswirkungen wesentlich beigetragen.[495] Sämtliche Verträge zwischen Angehörigen der gegeneinander kriegsführenden Staaten wurden durch das Verbot des *trading with the enemy* zum Erlöschen gebracht.[496] Als Beispiel kann die Entscheidung in der Sache *Ertel Bieber & Co. v. Rio Tinto Co. Ltd.*[497] dienen, in dem es sich um einen Verkauf von spanischem Kupfererz von einem englischen an ein deutsches Unternehmen handelte. Das Verbot des *trading with enemy* hat auch Verträge er-

---

Mehr zu den Krönungsfällen – *McElroy/Williams*, MLR 1941, Band 4 S. 241ff. und Band 5 S. 1ff.

493 [1903] 2 K.B., S. 740ff.; *Weiskop*, St. John's Rev. 1996, S. 239ff. (243f.).

494 Lord Williams, [1903] 2 K.B., S. 748f.; *McNair/Watts*, The Legal Effects of War, S. 161f.; *Atiyah*, An Introduction to the Law of Contract, S. 234.

495 *Schmidt-Kessel*, Standards vertraglicher Haftung, S. 59; *Beatson*, Anson's Law of contract, S. 533; *McKendrick*, CLP 1997, S. 25ff.(38f.). *Wladis* (Georgetown L.J. 1987, S. 1575ff. (1622)) dagegen ist der Meinung, dass die Gestalt der *doctrine of frustration* trotz der desaströsen Ereignisse des 20. Jahrhunderts seit dem 19. Jahrhundert überraschend unverändert bleibt. Mehr zur *frustration* infolge des Ersten und des Zweiten Weltkriegs – *Webber*, The Effect of War on Contracts, S. 478ff.

496 *McKendrick*, in: Chitty on Contracts, Band I, 28. Aufl., Rn. 24–029; *McNair/Watts*, The Legal Effects of War, S. 118ff.

497 [1918–1919] All E.R., S. 127ff.; *McNair/Watts*, The Legal Effects of War, S. 140f.

fasst, deren Abwicklung über feindlich besetztes Territorium erfolgen musste,[498] wie zum Beispiel im Fall eines Verkaufs einer Maschine in die vor dem Zweiten Weltkrieg polnischen Stadt Wilno, in dem die Abwicklung über Gdynia an dessen Besatzung durch deutsche Truppen scheiterte (*Fibrosa Spolka Akcyjna v. Fairbairn Lawson Combe Barbour Ltd.*[499]). Die in dieser Sache ergangene Entscheidung hat eine wichtige Rolle bei der Feststellung der Rechtsfolgen von *frustration* im *common law* gespielt.[500]

b) Eingriffe der Staatsgewalt in der Kriegswirtschaft

Ebenso bedeutsam für die Entwicklung der heutigen Gestalt der *frustration* waren die durch den Krieg erforderlich gewordenen Eingriffe der eigenen Staatsgewalt (z.B. *Metropolitan Water Board v. Dick, Kerr & Co. Ltd.*[501]). Eine wichtige Fallgruppe bilden hierbei Requirierungen von Schiffen während des Ersten Weltkriegs.[502] Zu dieser Gruppe zählt etwa die Entscheidung *F.A. Tamplin Steamship Co. Ltd. V. Anglo-Mexican Petroleum Co.*,[503] in der es schließlich zur vollständigen Verschmelzung der zwei historischen Strömungen der *doctrine of frustration* (*impossibility* und *frustration of adventure*) kam.[504] In der Rechtsprechung zu den Fällen des Zweiten Weltkrieges standen die Folgen lenkender Maßnahmen für die Kriegswirtschaft im Mittelpunkt, wie z.B. im Fall der Änderung der kriegsbedingten Filmbewirtschaftung im Urteil *British Movietonews Ltd. v. London and District Cinemas Ltd.*[505] Mit der letzten Entscheidung scheint sich eine neue Tendenz in der Rechtsprechung durchgesetzt zu haben, der zufolge die *frustration of contract* in den späteren Entscheidungen seltener zur Anwendung kam.[506]

---

498 *McNair/Watts*, The Legal Effects of War, S. 148.
499 [1942] 2 All E.R., S. 122ff.
500 *Beatson*, Anson's Law of Contract, 28. Aufl., S. 557; Cheshire, Fifoot und Furmston's Law of Contract, 12. Aufl., S. 585f.; *McKendrick*, in: Chitty on Contracts, Band I, 28. Aufl., Rn. 24–070.
501 [1917] 2 K.B., S. 1ff.
502 *Schmidt-Kessel*, Standards vertraglicher Haftung, S. 59.
503 [1916] 1 K.B., S. 485ff.
504 *Hay*, AcP 1964 (164), S. 231ff. (238); *McNair/Watts*, The Legal Effects of War, S. 166.
505 [1950] 2 All E.R., S. 390ff.; [1951] 2 All E.R., S. 617ff.
506 So *Treitel*, The Law of Contract, 11. Auflage, S. 867f.

2. Kritische Rechtslehre des 20. Jahrhunderts

Im Laufe der Zeit hat die *doctrine of freedom of contract* an Bedeutung verloren. Die ersten Zeichen ihres Zurücktretens lassen sich schon in den drei letzten Dekaden des 19. Jahrhunderts feststellen und sind der Entwicklung neuer Technologien, Instabilität des Marktes sowie der angestiegenen Zahl der Dauer- und Adhäsionsverträge zuzuschreiben.[507] Darüber hinaus kam es im 20. Jahrhundert zu einem dramatischen Wertewandel im angloamerikanischen Vertragsrecht.[508] Die Ursache dieses Wandels ist in den turbulenten Ereignissen dieser Epoche zu finden. Hinsichtlich des Ersten und des Zweiten Weltkriegs hat sich der Gedanke einer ununterbrochenen dynamischen Wirtschaftsentwicklung als schmerzliche Enttäuschung herausgestellt. Dies hat sich in der Kritik des klassischen angloamerikanischen Schuldrechts wiedergespiegelt. Vor allem hat man bemerkt, dass die absolute Parteiautonomie oft illusorisch ist („*naive myth*“[509]), weil in der Praxis die Kontrahenten selten wirtschaftlich oder sozial gleich sind.[510] Daher bestehe immer die Gefahr, dass eine Partei mit stärkerer Position eine andere Partei rücksichtslos ausnutzen werde. So könne die Vertragsfreiheit ständig in Konflikt mit der Gerechtigkeit kommen. Aus diesem Grund habe die Gesellschaft, entsprechend dem Gedanken *John Rawls'*, die Aufgabe, Verträge nach dem Maßstab der Billigkeit zu überprüfen.[511] Dabei wird der Vertragsinhalt nicht mehr als ein Ausdruck absoluter Privatautonomie angesehen, sondern als eine grundlegende gesellschaftliche Institution („*basic social institution*“) oder Zusammenarbeit („*social cooperation*“) und soll daher mit der gesellschaftlichen Vorstellung der Gerechtigkeit übereinstimmen.[512] Im angloamerikanischen Rechtskreis wird der neue Trend mit der Doktrin vom „*equitable contract*“, von „*fairnesss of the exchange*“ oder mit der Doktrin von „*unconscionability*“ assoziiert.[513] Hinter die-

---

507 *Teeven*, A History of the Anglo-American Common Law of Contract, S. 236f.; *Manchester*, A Modern Legal History of England and Wales 1750–1950, S. 278f.

508 *Manchester*, A Modern Legal History of England and Wales 1750–1950, S. 280.

509 *Sharma*, N.Y. L. SCH. INT'L & COMP.L. 1999, S. 95ff. (169).

510 *Sharma*, N.Y. L. SCH. INT'L & COMP.L. 1999, S. 95ff. (113).

511 *DiMatteo*, U.Pitt.L.Rev. 1999, S. 839ff. (904f.).

512 Dem Gedanken von *Rawls* „*Contracts must be such that if they were made public, all men would continue to support them*“ entsprechend – zitiert nach *DiMatteo*, New Eng. L. Rev. 1999, S. 265ff. (353).

513 Als Wurzel dieser Theorien wird die Lehre der Gerechtigkeit griechischen Philosophen Aristoteles, die im Mittelalter von Thomas von Aquin vorbreitet sowie die kanonrechtliche Theorie von „gerechtem Preis“ genannt – *DiMatteo*, U.Pitt.L.Rev. 1999, S. 839ff. (843f., 853); *DiMatteo*, New Eng. L. Rev. 1999, S. 265ff. (283). Mehr zu diesen Theorien – *Benson*, in: *Benson*, The Theory of Contract Law. New Esseys, S. 184ff.

sen Theorien steht eine Grundkonzeption, nach der ein Vertragsverhältnis zwischen den Parteien auf der Gerechtigkeitsbasis aufgebaut werden müsse.[514] Zum Zweck der Wiederherstellung der Gerechtigkeit wurden sogar Eingriffe des Gerichts in das Vertragsverhältnis zugelassen[515] – dem Gedanken Aristoteles entsprechend: „*justice is done by taking the amount necessary to restore equality from one party and giving it to the other*".[516] Dem klassischen Vertragsrecht wird vorgeworfen, dass es durch die Unzulässigkeit einer gerichtlichen Vertragsanpassung bei einer außergewöhnlichen Veränderung der Umstände zu unverdienten Gewinnen einer Seite (sog. *windfall gains*) führt und opportunistisches Verhalten fördert.[517]

Als Vertreter der Theorie vom „*fairness of the exchange*" gilt ein vielbeachteter englischer Jurist – *Patrick S. Atyiah.* Seine Schriften bieten einen kritischen Blick auf die klassische Konzeption des angloamerikanischen Vertragsrechts an.[518] Die *doctrine of frustration* hat er dabei neben anderen Rechtsinstituten als Mittel zur Beseitigung der Ungerechtigkeit bezeichnet.[519] Allerdings wurde die *frustration of contract* nie zum Hauptthema seiner Untersuchung.

Intensiv mit der *doctrine of frustration* haben sich zwei Autoren in Monographien – *Ewan McKendrick* (Hrsg.) („*Force Majeure and frustration – their Relationship and a Comparative Assessment*"[520]) und *Guenter H. Treitel* („*Frustration and Force Majeure*"[521]) – befasst, in denen das Rechtsinstitut der *frustration of contract* mit seiner Entstehungsgeschichte, Anwendung auf verschiedene Vertragstypen und seinen Rechtsfolgen im englischen Recht vorgestellt wird. Darüber hinaus wird auf die Unterschiede zwischen der *frustration of contract* und *force majeure* (*McKendrick*) sowie zwischen *frustration* im englischen und amerikanischen Recht (*Treitel*) eingegangen. Dank seiner Gründlichkeit gelten heutzutage die beiden Bücher als Standardwerke zum Thema der *frustration of contract* im angloamerikanischen Recht.

---

514 *DiMatteo*, U.Pitt.L.Rev. 1999, S. 839ff. (845).

515 *DiMatteo*, U.Pitt.L.Rev. 1999, S. 839ff. (850, 853).

516 Zitiert nach *DiMatteo*, U.Pitt.L.Rev. 1999, S. 839ff. Fn. 41.

517 *Sharma*, N.Y. L. SCH. INT'L & COMP.L. 1999, S. 95ff. (142).

518 Z.B. „The Rise and Fall of Freedom of Contract" (1. Aufl., Oxford 1988) oder „An Introduction to the Law of Contract" (5. Aufl., Oxford 1995)

519 *Atiyah*, Contract and Fair Exchange, S. 2; *DiMatteo*, U.Pitt.L.Rev. 1999, S. 839ff. (897).

520 2. Aufl., London 1995.

521 London 1994. 1991 ist in Deutschland ein Buch *Treitels* unter dem Titel „Unmöglichkeit, »Impracticability« und »Frustration« im anglo-amerikanischen Recht" erschienen, das inhaltlich im Wesentlichen seinem englischsprachigen Werk „Frustration and Force Majeure" entspricht.

Erwähnenswert sind auch zwei gleich nach dem Zweiten Weltkrieg entstandene Werke „*Legal Effects of War*" von *Arnold D. McNair* und *Arthur D. Watts* und „*The Effect of War on Contracts*" von *George Webber*, in denen die Auswirkungen des Krieges auf Rechtsverhältnisse untersucht wurden. Die Autoren haben sich dabei nicht nur auf *frustration of contract* als Folge des Krieges beschränkt, sondern das ganze Institut in seiner damaligen Gestalt vorgestellt.

3. Entwicklung im Case Law nach dem Zweiten Weltkrieg

Die erste große Reihe der Gerichtsentscheidungen, in denen sich das *House of Lords* nach dem Zweiten Weltkrieg mit der Problematik der *frustration* befasst, kam mit den beiden Schließungen des Suez-Kanals in den Jahren 1956 und 1967–1975.[522] Als Leitentscheidung gilt hierbei der Fall *Tsakiroglou & Co. Ltd. v. Nobilee Thorl GmbH,*[523] in dem sich der Verkäufer verpflichtet hatte, sudanesische Erdnüsse von Port Sudan c.i.f. Hamburg zu liefern, wobei keine bestimmte Route ausdrücklich vereinbart. Die beiden Parteien waren aber von einem Transport durch den Suez-Kanal ausgegangen. Der Weg um das Kap der Guten Hoffnung dauerte zweieinhalb Mal so lange und führte zu einer Verdopplung der Transportkosten. Das *House of Lords* fand aber diese Lieferung rund um Afrika nicht als grundlegend verschieden von der Lieferung via Suez-Kanal und deswegen nicht schwerwiegend genug für die Annahme einer *frustration*. Nur in zwei Suez-Kanal-Entscheidungen wurde *frustration* angenommen (in *Carapanayoti & co. Ltd. v. E.T. Green Ltd.*[524], *Societé Franco-Tunisienne d'Armément v. Sidermar SpA (The Massalia)*[525]*)*, welche aber beide später „*overruled*" wurden.[526]

Zu den weiteren Ereignisse, die zur Rechtsfortbildung in einigem Maße beigetragen haben, zählen auch der erste Golfkrieg 1980 bis 1988, der die Schiff-

---

522 Zu den Schließungen und damit verbundenen Rechtsfragen – *McNair/Watts*, The Legal Effects of War, S. 192ff.; *Schlegel*, Rutgers L.R. 1969, S. 419ff. (429f.). Aus deutscher Sicht – *Schön*, Die Suez-Kanal-Sperre, Dissertation, Hamburg 1972

523 [1961] 2 All E.R. S.179ff.. Andere sich auf die Schließung des Suez-Kanals beziehende Entscheidungen: *Ocean Tramp Tankers Corporation v. V/O Sovfracht (The Eugenia)* [1963] 2 Lloyd's Rep. S. 155ff., *Palmco Shipping Inc. V. Continental Ore Co. (The Captain George K)* [1970] 2 Lloyd's Rep. S. 21ff, *Carapanayoti & Co. Ltd. v. E.T. Green Ltd* [1958] 3 All E.R, S. 115ff.

524 *Carapanayoti & Co. Ltd. v. E.T. Green Ltd* [1958] 3 All E.R, S. 115ff.

525 [1960] 1 Lloyd' Rep., S. 594ff.

526 In den Entscheidungen: *Tsakiroglou & Co. Ltd. v. Nobilee Thorl GmbH* [1961] 2 All E.R.S. 179ff., *Ocean Tramp Tankers Corporation v. V/O Sovfracht (The Eugenia)* [1963] 2 Lloyd's Rep. S. 155ff – mehr dazu: *A.D. McNair, A.D. Watts*, The Legal Effects of War, S. 193f.

fahrt im Persischen Golf erheblich beschränkte und gefährdete,[527] sowie der zweite Golfkrieg 1990/91 mit dem Embargo gegen Irak.[528]

4. Contract Code von McGregor

Eine umfangreiche Regelung der *frustration of contract* findet sich im Entwurf des englischen Vertragsrechts – *Contract Code*, der im Jahre 1972 von *Harvey McGregor* im Auftrag von der *Law Commission*[529] entworfen wurde.[530] Die Kodifikation basiert im Wesentlichen auf den im *case law* entwickelten Grundsätzen des englischen Vertragsrechts. Zugleich haben aber auch neue Konzeptionen in den Entwurf Eingang gefunden wie z.B. Ablehnung der kontroversen *doctrine of consideration*[531] oder Anerkennung der Rechte Dritter (entgegen dem *common law* Prinzip von der *privity of contract*[532]).[533]

Das Rechtsinstitut der *frustration of contract* wurde komplex mit Tatbestandsvoraussetzungen und Rechtsfolgen unter dem Titel „*Contracts Subsequently Frustrated*" (ss. 591–599) geregelt. Der traditionellen Bedeutung des Begriffs „*frustration*" entsprechend versteht der *Contract Code* darunter Unmöglichkeit, Illegalität und radikale Veränderung der Umstände (s. 591). Dabei kann *frustration* nur dann eintreten, wenn keine der Parteien das Risiko der genannten Ereignisse übernommen hat.[534] Es wird nicht vorausgesetzt, dass die Parteien die Unmöglichkeit bzw. Illegalität nicht vorhersehen konnten. Gemäß s. 594 (1) werden

---

527 Z.B. *Bowring (C.T.) Reinsurance Ltd. V. M.R. Baxter (The M. Vatan and M. Ceyhan)* [1987] 2 Loyd's Rep. S. 416ff.; *Kodros Shipping Corporation of Minrovia v. Empresa Cubana de Fletes (The Evia),* [1981] 2 Lloyd's Rep. S. 627ff.

528 Z.B. *Kuwait Supply Co. v. Oyster Management inc. (The Safeer)* [1994] 1 Loyd's Rep. S. 637ff.

529 Mehr zur *Law Commission – Elliott/Quinn*, English Legal System, S. 88f. (90f.9; *Örücü*, EJCL 2000, Vol. 4, http://www.ejcl.org/41/art41-1.html, 5.4.3.2; *North*, RabelsZ 1982, S. 490ff. (491f.), *Weiss*, Yale J. In'l L. 2000, S. 435ff. (494f.).

530 Über die Existenz des Entwurfs haben die Kontinentaljuristen erst während der Konferenz über die Zukunft des europäischen Vertragsgesetzes in Padvia im Jahre 1990 erfahren – *McKendrick*, CLP 1997, S. 25ff. (41, Fn. 50); *McGregor*, in: *Rabello*, Aequitas and Equity: Equity in Civil Law and Mixed Jurisdiction; papers presented at the second Conference on Aequitas and Equity, S. 372ff. (373).

531 Mehr zur *doctrine of consideration – Teeven*, A History of the Anglo-American Common Law of Contract, S. 39ff.

532 Mehr zur *doctrine of privity – Teeven*, A History of the Anglo-American Common Law of Contract, S. 227ff.

533 *McGregor*, Contract Code drawn on behalf of the English Law Commission, S. XXIII; *McKendrick*, CLP 1997, S. 25ff. (45f.). Mehr zum Entwurf von *McGregor – Örücü*, EJCL 2000, Vol. 4, http://www.ejcl.org/41/art41-1.html, 5.4.3.5.

534 *McGregor*, Contract Code drawn on behalf of the English Law Commission, S. 245f.

sogar die Vorhersehbarkeit des Risikos und seine Übernahme als voneinander unabhängig angesehen d.h.: „[...] *the fact that the impossibility or illegality was foreseen by the contracting parties or that they must, as reasonable men, have expected it as likely to result does not establish that either has assumed the risk of its occurring.*"

Die sich auf die *frustration* als Folge der radikalen Veränderung der Umstände beziehende section 595 lautet: „*Circumstances have radically changed where it would be unfair for one contracting party to require the other to perform; and in determining whether it would be unfair account shall be taken of whether one contracting party has made a reasonable offer to modify the terms of the contract in the light of the changed circumstances and of the other party's response to that offer.*" In seiner Kommentierung zu diesem section nennt *H. McGregor* die Krönungsfälle als Beispiel einer solchen Situation und weist zugleich darauf hin, dass eine *frustration* als Folge der radikalen Veränderung der Umstände ein seltener Fall ist.[535]

In interessanter Weise wird die Unzumutbarkeit des Vertrages davon abhängig gemacht, ob die die Leistungserbringung fordernde Partei eine vernünftige Vertragsanpassung vorgeschlagen hat. Diese interessante Regelung, die die Förderung von „*fair dealing*" zwischen den Parteien bezweckt,[536] entspricht im Wesentlichen der Neuverhandlungspflicht, die sich im polnischen und deutschen Recht nicht durchgesetzt hat.

Den Bestimmungen des *Law Reform (Frustrated Contracts) Act* entsprechend sieht der *Contract Code* Rückerstattung der erbrachten Leistung (*restitution*) und Aufwendungserstattung (*reimbursement of expenses*) als Rechtsfolgen der *frustration* vor.

Nachdem die *Scottish Law Commission* sich aus dem Kodifikationsprojekt im Jahre 1973 zurückgezogen hatte, wurde er aufgegeben. Seitdem gab es keine Versuche, das englische Vertragsrecht in einem Regelwerk zusammenzufassen. Die Arbeiten der *law commission* konzentrieren sich lediglich auf einzelne Fragen des Vertragsrechts. Trotz seines Scheiterns wird dem *Contract Code*, angesichts der Pläne eines gemeinsamen europäischen Zivilgesetzbuches, eine besondere Bedeutung zugeschrieben.[537]

---

535 Ibd., S. 251f.

536 Ibd., S. 252

537 Der Contract Code hat bei der Ausarbeitung des Vorentwurfs des Ersten Buchs eines Europäischen Vertragsgesetzbuchs von *Gandolfi* eine vorbildliche Rolle gespielt – *Gandolfi*, Revue trimestrielle de droit civil 1992, S. 707ff. (730f., 736); *Canaris*, in: *Gandolfi, Code Européen Des Contracts, Avant-projet, Livre Premier*, S. XXV; *Patti*, ZEuP 2004, S. 118ff. (119f.); *Lurger*, Grundfragen der Vereinheitlichung, S. 14. In der Einleitung zu „Contract Code drawn on behalf of the English Law Commissi-

B. Gegenwärtige Rechtslage

Die Existenz der *frustration of contract* wird heutzutage nicht mehr in Frage gestellt. Sie kann bei den historischen Fallgruppen der Unmöglichkeit, Illegalität und Zweckverfehlung zur Anwendung kommen (B, III, 1–3). Kontrovers scheint dagegen die Antwort auf die Frage, ob die *frustration* im Falle einer Leistungserschwerung eintreten kann (B, III, 4). Über die dogmatische Basis dieses Rechtsinstituts wird weiterhin gestritten (B, I). In der Rechtsprechung, wo vornehmlich die Streitdiskussion stattfindet, sind mindestens fünf Theorien zur Begründung der *frustration* entstanden.[538] Den Problemen mit der dogmatischen Begründung der *frustration* ist es zuzuschreiben, dass es der englischen Jurisprudenz bis heute nicht gelungen ist, den Tatbestand der *frustration* in einer allgemein akzeptierten Formel zusammenzufassen.[539] Die letzte bekannte Definition der *frustration* stammt aus der Entscheidung *J. Lauritzen A.S. v. Wijsmuller B.V. (The Super Servant Two)*[540](B, II) .

Wegen dieser Vielfalt der theoretischen Grundlagen und Definitionen kann die Feststellung der im *case law* entwickelten Kriterien des Eintritts der *frustration* Schwierigkeiten bereiten. Daher kann man sich bei den im vorliegenden Abschnitt genannten Voraussetzungen nur mit bestimmter Wahrscheinlichkeit darauf verlassen, dass sie vom Gericht berücksichtigt werden (B, IV). Diese Unklarheiten bleiben nicht unberücksichtigt bei der im Schrifttum vorgenommenen Bewertung der *doctrine of frustration* (C).

Bei der Erfüllung dieser Voraussetzungen tritt die Rechtsfolge der *frustration* – Vertragsauflösung – ein (B, V, 1). Die Gerichte entscheiden lediglich, ob die Voraussetzungen der *frustration* in dem von der sich darauf berufenden Partei angegebenen Zeitpunkt vorgelegen haben. Sie sprechen eine *frustration of contract* sowohl auf Antrag auf Feststellung des Fortbestands des Vertrags wie auch auf Antrag des Scheiterns des Vertrags aus (B, VI, 1). Eine Rückabwicklung erbrachter Leistungen ist nach dem *Law Reform (Frustrated Contracts) Act 1943* möglich (B, V, 4).

---

on", S. XI hat *Gandolfi* das Entstehen des englischen *Contract Code* mit der Mondlandung oder dem Fall des Berliner Mauers verglichen.

538 *Lord Hailsham* in *National Carriers Ltd. v. Panalpina (Northern) Ltd* (H.L) [1981] 1 All E.R., S. 161ff. (165)

539 *Schmidt-Kessel*, Standards vertraglicher Haftung, S. 60; *McKendrick*, in: *McKendrick*, Force Majeure and Frustration of Contract, 2. Aufl., S. 37;

540 [1990] 1 Lloyd's Rep., S. 1ff.

I. Theoretische Grundlagen der frustration of contract

Obwohl die Existenz der *frustration of contract* heutzutage nicht mehr in Frage gestellt wird, wird die Auseinadersetzung um die richtige dogmatische Basis für die *doctrine of frustration* nach wie vor geführt. Die Debatte findet jedoch nicht so sehr in der Literatur, sondern in den Begründungen der zentralen Präzidenzfälle zur *doctrine of frustration* statt. Bei allen Unterschieden in der Formulierung lassen sich zwei Gruppen von Auffassungen feststellen: die eine verschreibt sich der Durchsetzung des vermuteten Parteiwillens (z.B. Theorie von *implied term*), während die andere in der *doctrine* eine objektive Risikozuweisung mit Blick auf den Einzelfall sieht (z.B. Theorien von *just solution*, *foundation of contract* und *radical change in the obligation*). Wie es *M. Schmidt-Kessel* bemerkt hat,[541] entsprechen die in der Rechsprechung entwickelten Konzeptionen im Wesentlichen denjenigen, welche in Deutschland bei der Begründung der Lehre von der Störung der Geschäftsgrundlage verwendet werden oder worden sind.

Nach *Lord Hailsham* sind mindestens fünf Theorien zur Begründung der *doctrine of frustration* entstanden.[542] Mit der Darstellung in dieser Arbeit werden vier wesentliche dogmatische Konzeptionen der *frustration* mit sie charakterisierenden Zitaten aus der Rechtsprechung präsentiert.

1. Implied Term – stillschweigende Vereinbarung

Als die historisch älteste dogmatische Grundlage von *frustration* gilt die Theorie vom *implied term*, die schon in der Entscheidung *Taylor v. Caldwell* Ausdruck gefunden hat.[543] Die Theorie hat sich über die Jahre als sehr einflussreich erwiesen und in der ersten Hälfte des 20. Jahrhunderts stützten sich Gerichte häufig auf die Begründung, im Vertrag sei implizit vorgesehen, dass die nachträglich eingetretenen Störungen die Bindung an den Vertrag beseitigen würden. Als maßgebliche Formulierung der Theorie vom *implied term* gilt ein *dictum* von *Lord Loreburn* in der Entscheidung *F.A. Tamplin Steamship. Co. Ltd. v. Anglo-Mexican Petroleum Co.*[544]: *„A court can and ought to examine the contract and the circumstances in which it was made, not of course to vary but only to explain it, in*

---

541 *Schmidt-Kessel*, Standards vertraglicher Haftung, S. 77.

542 *National Carriers Ltd. v. Panalpina (Northern) Ltd.*, (H.L) [1981] 1 All E.R., S. 161ff. (165).

543 Nach den Worten von Zimmermann hat die Theorie der *implied term* „an der Wiege des modernen englischen Leistungsstörungsrechtsrechts gestanden“ – *Zimmermann*, AcP 1993, S. 121ff. (160).

544 *Tamplin S S Co Ltd v. Anglo-Mexican Petroleum Products Co Ltd* [1916–17] All E.R., S. 397fff. (403f.).

order to see whether or not from the nature of it the parties must have made their bargain on the footing that a particular thing or state of things would continue to exist. And if they must have done so, then a term to that effect will be implied, though it was not expressed in the contract. [...] *In most of the cases it is said that there was an implied condition in the contract which operated to release the parties from performing it, and in all of them I think that was at bottom the principle upon which the court proceeded. It is in my opinion the true principle, for no court has an absolving power, but it can infer from the nature of the contract and the surrounding circumstances that a condition which was not expressed was a foundation on which the parties contracted.*[...] *Were the altered conditions such that, had they thought of them,* [the parties] *would have taken their chance of them, or such that sensible men they would have said, «if that happens, of course, it is all over between us»?"*

Die Theorie vom *implied term* ist intensiv kritisiert worden.[545] Sie wird als unhaltbar, fiktiv und artifiziell verworfen, soweit sie mit einer tatsächlichen aber unausgesprochenen Einigung der Parteien begründet wird. Einerseits sei es schwer vorstellbar, wie die Parteien eine stillschweigende Bedingung haben verabreden können, wenn sie das zur *frustration* führende Ereignis nicht erwartet hätten.[546] Andererseits würden die Parteien kaum eine vollständige und von weiteren Voraussetzungen unabhängige Vertragsauflösung vereinbaren.[547] Die Theorie des *implied term* ist manchmal in den Gerichtsentscheidungen in einer objektvisierten Form von „*presumed intent*" eingetreten, d.h. statt auf den tatsächlichen Parteiwillen wird auf den Standard eines *reasonable man* Bezug genommen.[548] Diesem Lösungsansatz wird jedoch vorgeworfen, dass das Gericht die Parteien ersetze und dass in dieser Weise der Parteiwille an Bedeutung verliere.[549]

2. *Just solution – Gerechtigkeitserwägungen*

Die Konzeption einer *just solution* gehört zu den Ansätzen, welche die *frustration* unabhängig von den Intentionen der Parteien auf normativen Erwägungen

---

545 Z.B. *Smith*, LQR 1994, S. 400ff. (402f.); *Trakman*, MLR 1983, S. 39ff..

546 „[...] *there is something of a logical difficulty in seeing how the parties could even impliedly have provided for something which,* ex hypothesi, *they neither expected nor foresaw*" – *Lord Radcliffe* in *Davis Contractors Ltd. V. Fareham U.D.C.* [1956] 2 All E.R., S. 145ff. (159); *Beatson*, Anson's Law of Contract, 28. Aufl., S. 542.

547 *Lord Wright* in *Denny, Mott & Dickson Ltd. v. James B. Fraser &Co.Ltd.* [1944] 1 All E.R., S. 678ff. (683).

548 Wie etwa in der Entscheidung *Dahl v. Nelson, Donkin & Co.* [1881–5] All E.R. S. 572ff. (580). Mehr dazu – *Lord Denning*, The Discipline of Law, S. 41ff.

549 *Lord Radcliffe* in *Davis Contractors Ltd. V. Fareham U.D.C.* [1956] 2 All E.R., S. 145ff.(160); *Beatson*, Anson's Law of Contract, 28.Aufl., S. 543.

gründen. Hinter der Theorie der *just solution* verbirgt sich eine Idee, dass es in den Fälle der *frustration of contract* um die Verwirklichung von Gerechtigkeit, also um das Auffinden einer *just solution* geht. So wird die *doctrine of frustration* als „ *a device by which the rules as to absolute contracts are reconciled with a special reception which justice demands*“ beschrieben.[550] Auch diese Theorie ist scharfer Kritik ausgesetzt. Die Begründung mit Gerechtigkeit entspreche nämlich nicht dem Anwendungsbereich der *frustration*, die grundsätzlich bei *hardship*-Fällen nicht eingreife. Ebenso stehen die undifferenzierten Rechtsfolgen der *frustration* der Gerechtigkeit entgegen. In der Entscheidung *British Movietonews Ltd. v. London and District Cinemas Ltd.* wurde sie letztendlich von *Viscount Simon* abgelehnt.[551] Hinter dieser Ablehnung stand vermutlich nicht zuletzt die Sorge, dass die Begründung mit Gerechtigkeitserwägungen als praktischer *test for frustration* zu weit wäre und den Gerichten zuviel Spielraum einräumen würde.[552]

3. Foundation of contract – Vertragsgrundlage

Zu den Auffassungen, die die *doctrine of frustration* als eine objektive Risikozuweisung mit Blick auf den Einzelfall ansehen, gehört die Konzeption von der *foundation of contract*. Die *frustration of contract* wird hier durch einen Fortfall der Grundlage des Vertrages gerechtfertigt. Auf das Verschwinden der *foundation* hat sich zum Beispiel *Lord Goddard* in seiner *speech* in der Entscheidung *W.J. Tatem Ltd. v. Gamboa* gestützt: „[...] *if the foundation of contract goes, either by the destruction of the subject-matter or by reason of such long interruption or delay that the performance is really in effect that of a different contract, and* [the parties have not provided what in that event is to happen], *the performance of the contract is to be regarded as frustrated.*“[553] Da es sich häufig schwer bestimmen ließ, was in einem konkreten Fall eine *foundation of contract* ist, wurde diese Theorie vom *House of Lords* abgelehnt.[554]

550 *Hirji Mulji v. Cheong Yue Steamship Co. Ltd.* [1926] All E.E., S. 51ff. (59).
551 [1951] 2 All E.R., S. 617ff. (625).
552 *Schmidt-Kessel*, Standards vertraglicher Haftung, S. 81.
553 [1938] 3 All E.R., S. 134ff. (144).
554 In *National Carriers ltd. V. Panalpina (Northern) Ltd.* [1981] 1 All E.R., S. 161ff.; *Beatson*, Anson's Law of Contract, S. 544.

4. Radical change in the obligation – radikale Veränderung des Schuldverhältnisses

Ebenfalls objektiv, aber mit deutlich engeren Formulierungen wird die *frustration of contract* mit einer radikalen Veränderung der vertraglichen Verpflichtungen (*radical change in the obligation*) erklärt. Zum Ausdruck wurde dieser Ansatz von Lord Radcliffe in der Entscheidung *Davis Contractors Ltd. V. Fareham U.D.C.*[555] gebracht: „ [...] *frustration occurs whenever the law recognizes that without default of either party a contractual obligation has become incapable of being performed because the circumstances in which performance is called for would render it a thing radically different from that which was undertaken by the contract. Non haec in foedera veni. It was not this that I promised to do.*"

Die Theorie vom *radical change in the obligation* wird auch als *construction theory* (Theorie der Vertragsauslegung) bezeichnet, weil das Gericht die Vertragsbestimmungen unter Bezug von relevanten Umständen auslegen muss, um die von den Parteien ursprünglich vereinbarten Leistungen festzustellen.[556] Die Theorie vom *radical change in the obligation* hat sich gegen die anderen durchgesetzt und in der Rechtsprechung wird sie vorherrschend verwendet.[557] Diesem steht es nicht entgegen, dass auch andere Kriterien wie z.B. Auslegung des Vertrags (*construction of the contract*), Konsequenzen der Veränderung der Umstände für das Schuldverhältnis, objektiv auszulegender Parteiwille und die Frage der Gerechtigkeit einbezogen werden. Wegen ihrer er Mängel schließt man jedoch in der Literatur die Anwendung der *doctrine of implied term* definitiv aus.[558]

II. Definition der frustration of contract

Trotz vieler in der Rechtsprechung unternommener Versuche, die *frustration of contract* zu definieren, scheint es der englischen Jurisprudenz bis heute nicht gelungen zu sein, den Tatbestand der *frustration* in einer allgemein akzeptierten

555 [1956] 2 All E.R., S. 145ff.(160).

556 Nach dem Gedanken von *Lord Reid* (*Davis Contractors Ltd. V. Fareham U.D.C.* [1956] 2 All E.R., S. 145ff.(153): „[...] *frustration depends* [...] *on the true construction of the terms which are in the contract read in the light of the nature of the contract and of the relevant circumstances when the contract was made*"; *Beatson*, Anson's Law of Contract, 28. Aufl., S. 545.

557 *Sharma*, N.Y. L. SCH. INT'L & COMP.L. 1999, S. 95ff.(141).

558 Halsbury's Law of England, Band 9(1), 4. Neuaufl., Par. 898; *McKendrick*, in: Chitty on Contracts, Band I, 28. Aufl., 24–018.

Formel zusammenzufassen.[559] So tritt *frustration of contract* dem Wortlaut von *Lord Simon* in der Sache *National Cariers Ltd. v. Panalpina (Northern) Ltd.* nach dann ein, „*when there supervenes an event (without default of either party and for which the contract makes no sufficient provision) which so significantly changes the nature (not merely the expense or onerousness) of the outstanding contractual rights and/or obligations from what the parties could reasonably have contemplated at the time of its execution that would be unjust to hold them to the literal sense of its stipulations in the new circumstances.*“[560]

Eine andere, auf der Theorie von *radical change in the obligation* basierende Definition der *frustration* wurde von *Lord Brandon* in der Entscheidung *Paal Wilson and Co. v. Partenrederei Hannah Blumethal*[561] formuliert. Hier heißt es: „[...] *there are two essential factors which must be present in order to frustrate a contract:*

(1) [...] *there must be an outside event or extraneous change of situation, not foreseen or provided for by the parties at the time of contracting, which either makes it impossible for the contract to be performed at all or at least renders its performance something radically different from what the parties contemplated when they entered into it.*

(2) [...] *the outside event or extraneous change of situation concerned, and the consequences of either in relation to the performance, must have occurred without either the fault or the default of either party to the contract.*“

Ein paar Jahre später, im aus dem Jahre 1990 stammenden Urteil *J. Lauritzen A.S. v. Wijsmuller B.V. (The Super Servant Two)*,[562] hat dieses Mal *Lord Bingham* den Versuch unternommen, in der Rechtsprechung entwickelte, unstreitige Grundsätze der *frustration* zusammenzufassen. Er hat fünf allgemein erkannte Merkmale der *doctrine of frustration* genannt:

1. Die *doctrine of frustration* wurde entwickelt, um das *common law*-Prinzip der absoluten Vertragsbindung zu mildern und die Ungerechtigkeit zu vermeiden, die durch die Durchführung des Vertrags bei veränderten Umständen entstehen würde: „*The object of the doctrine was to give effect to the demands of justice, to achieve a just and reasonable result, to do what is reasonable and fair, as an expedient to escape from injustice where such would result from enforcement of a contract in its literal terms after a significant change in circumstances.*“[563]

559 *Schmidt-Kessel*, Standards vertraglicher Haftung, S. 60; *McKendrick*, in: *McKendrick*, Force Majeure and Frustration of Contract, 2. Aufl., S. 37.
560 [1981] 1 All E.R., S. 161ff. (175).
561 [1983] 1 All E.R. S. 34ff. (44).
562 [1990] 1 Lloyd's Rep., S. 1ff.. Zu diesem Urteil – *Todd*, J.IB.L. 1989, S. 167ff.
563 [1990] 1 Lloyd's Rep. S. 1ff.,(8).

2. Da es nur eine einzige und sehr radikale Rechtsfolge der *frustration* gibt – Vertragsaufhebung, handelt es sich hier um ein Rechtsinstitut mit Ausnahmecharakter, dessen Anwendungsbereich eingeschränkt bleiben muss: "*Since the effect of the frustration is to kill the contract and discharge the parties from further liability under it, the doctrine is not to be lightly invoked, must be kept within very narrow limits and ought not to be extended.*"[564]
3. Die *frustration of contract* beendet den Vertrag automatisch: „*Frustration brings the contract to an end forthwith, without more and automatically.*"
4. Die *frustration* tritt unabhängig von dem Willen und ohne jegliche Erklärung der sich darauf berufenden Partei ein („*the essence of frustration is that it should not be due to the act or election of the party seeking to rely on it*"[565]) und wird von einem Ereignis oder einer Veränderung der Situation verursacht, die außerhalb des Einflussbereichs der Vertragsparteien („*outside event or extraeous change of situation*"[566]) liegt.
5. Dieses Ereignis bzw. Veränderung der Situation muss ohne Verschulden der sich auf *frustration of contract* berufenden Partei eintreten: *A frustrating event must take place without blame or fault on the side of the party seeking to rely on it*". [567]

III. Frustration – Fallgruppen

In seiner gegenwärtigen Form umfasst das Rechtsinstitut der *frustration* Fälle der Unmöglichkeit (*immposibility*) (B, III, 1), der Illegalität (der rechtlichen Unmöglichkeit – *illegality*) (B, III, 2), der Zweckverfehlung (*frustration of purpose*) (B, III, 3) und, in sehr geringem Maße (wenn überhaupt), der im englischen Recht als Unpraktikabilität (*impracticability*) bezeichneten Leistungserschwerung (B, III, 4). Dafür, dass die Unpraktikabilität als eine Fallgruppe der *frustration* angesehen werden könnte, scheint die Tatsache zu sprechen, dass sie in der Literatur zwar mit der Überschrift „keine *frustration* bei *impraciticability*", aber immerhin neben anderen allgemein akzeptierten Fallgruppen der *frustration* dargestellt wird.[568] Im vorliegenden Abschnitt werden mit besonderer Aufmerksamkeit die zum Thema dieser Arbeit gehörenden Unpraktikabilitätsfälle mit dem Ziel unter-

---

564 Ibd.
565 Ibd.
566 Ibd.
567 Ibd.
568 *Schmidt-Kessel*, Standards vertraglicher Haftung, S. 73; *Treitel*, The Law of Contract, 11. Aufl., S. 880f.; *Treitel*, Frustration and Force Majeure, Rn. 6–021; *Treitel*, Unmöglichkeit, »Impracticability« und »Frustration«, S. 75f.; *Hammer*, Frustration of contract, S. 82f.

sucht, ob sie tatsächlich völlig aus dem Anwendungsbereich der *frustration* ausgeschlossen sind.

1. Unmöglichkeit

Ein Fall der Unmöglichkeit liegt vor, wenn nachträgliche Ereignisse es dem Schuldner unmöglich machen, seine Leistung überhaupt zu erbringen oder sie zur vereinbarten Zeit oder in der vereinbarten Art und Weise zu erbringen.[569] Die Unmöglichkeitsfälle bilden die älteste Form der *frustration of contract*. Die *frustration* kann hierbei etwa dann eintreten, wenn der vertragswesentliche Gegenstand zerstört worden ist, die Vertragspartei gestorben ist oder die Vertragsdurchführung dauerhaft verhindert wird.

Zur ersten Gruppe der Unmöglichkeit gehört der berühmte Fall *Taylor v. Caldwell*[570] mit der abgebrannten Musikhalle. In gleicher Weise kann etwa ein Frachtvertrag an der Zerstörung der vorgesehenen Ladung oder dem Untergang des gecharterten Schiffes scheitern.[571] Die völlige Vernichtung des betreffenden Gegenstands ist allerdings nicht erforderlich. Wenn dadurch sein *merchantable character* zerstört oder der Vertragszweck unerreichbar wird, genügt eine schwerwiegende Beschädigung oder Zerstörung eines Teils. Ebenso kann *frustration of contract* eintreten, wenn nicht der Gegenstand der Leistung selbst, sondern ein zu ihrer Erbringung nötiger Gegenstand untergegangen ist. So kann ein Kauf und Montage einer Maschine betreffender Vertrag als „*frustrated*" angesehen werden, wenn die für die Maschine vorbereitete Fabrik zerstört worden ist.[572]

Auch der Tod oder die dauernde Verhinderung einer Vertragspartei oder eines sonst am Vertrag Beteiligten kann die *frustration* des Vertrags bewirken, wenn der Vertrag auf die Vertragspartei besonders zugeschnitten ist. Mit der dauernden Verhinderung sind z.B. eine Krankheit, Inhaftierung oder Einberufung des Schuldners gemeint.[573] Von der Unmöglichkeit können insbesondere sog. *personal contracts* also Arbeitsverträge, Ausbildungsverträge, *agency*-Verträge sowie Verträge über Konzert- und Theateraufführungen betroffen werden.[574]

---

569 *Treitel*, Unmöglichkeit, »Impracticability« und »Frustration«, S. 91; *Schmidt-Kessel*, Standards vertraglicher Haftung, S. 63.

570 [1861–73] All E.R. S. 24ff.

571 *Asfar v. Blundell* [1896] 1 Q.B., S. 123ff.; *Jackson v. Union Marine Insurance Co. Ltd.* [1874–80] All E.R., S. 317ff.; *Schmidt-Kessel*, Standards vertraglicher Haftung, S. 61.

572 *Treitel*, The Law of Contract, 11. Aufl., S. 870.

573 Halsbury's Law of England, Band 9 (1), 4. Neuaufl., Par. 903.

574 *Treitel*, The Law of Contract, 11. Aufl., S. 872.

2. *Illegalität*

Bei der rechtlichen Unmöglichkeit handelt es sich um Fälle, in denen die geschuldete Leistung rechtswidrig geworden ist. Die Tatbestände der Fälle der rechtlichen Unmöglichkeit erfassen nach dem Vertragsschluss eingeführte gesetzliche Verbote (*subsequent legal changes*), wie etwa ein Verbot des Verkaufs von Kraftwagen an Privatpersonen während eines Kriegs und andere Regierungsmaßnahmen, wie zum Beispiel Beschränkungen der Bautätigkeit.[575]

Wesentliche Beiträge zur rechtlichen Unmöglichkeit haben die Fälle geliefert, in denen Vertragsparteien sich nach dem Vertragschluss in den feindlichen Lagern eines Kriegs wiederfanden. Infolge des Ausbruchs eines Kriegs unter britischer Beteiligung wird jede geschäftliche Zusammenarbeit zwischen britischen Personen und Feinden als illegal betrachtet (das Verbot des *trading with the enemy*) und alle Verträge zwischen diesen Parteien werden aufgelöst. Dieses Verbot erfasst auch solche Geschäfte, die zwar nicht mit Angehörigen feindlicher Staaten geschlossen sind, deren Abwicklung aber Feindkontakte voraussetzt.[576]

Die Illegalität ist nicht nur auf das Verbot des *trading with the enemy* beschränkt. Eine wichtige Gruppe bilden auch Fälle, in denen es sich um Handelssanktionen oder Restriktionen des Kapitalverkehrs handelt.[577] Dabei unterliegt die Wirkung ausländischer Verbote gewissen Sonderregeln. Der Eintritt der *frustration* wird hier davon abhängig gemacht, ob die Verbote hinreichenden Bezug zum Vertrag haben. Dazu ist erforderlich, dass der Vertrag zumindest teilweise in dem betreffenden Staat zu erfüllen ist.[578]

3. *Zweckverfehlung*

Die in *Taylor v. Caldwell* entwickelten Grundsätze zur Vernichtung eines vertragswesentlichen Gegenstands wurden in den Krönungsfällen über die Unmöglichkeit auf die Zweckverfehlungsfälle erweitert. Seit der Entscheidung *Krell v. Henry* kann *frustration of contract* auch dann eintreten, wenn der beiden Vertragsparteien bekannte Zweck des Vertrags unerreichbar geworden ist. Haben die

575 *Hay*, Zum Wegfall der Geschäftsgrundlage im anglo-amerikanischen Recht, AcP 1964 (164), S. 231ff.(235); *Schmidt-Kessel*, Standards vertraglicher Haftung, S. 67.

576 Z.B. *Fibrosa Spolka Akcyjna v. Fairbairn Lawson Combe Barbour Ltd* [1942] 2 All E. R. S. 122ff.; *Schmidt-Kessel*, Standards vertraglicher Haftung, S. 64

577 Z.B. *Libyan Arab Foreign Bank v. Bankers Trust Co.* [1989] 3 All E.R., S. 252ff.; *Wahda Bank v. Arab Bank plc.* [1996] 1 Lloyd's Rep., S. 470ff.; *Schmidt-Kessel*, Standards vertraglicher Haftung, S. 65.

578 *Bangladesh Export Import Co. Ltd. V. Sucden Kerry S.A.* [1995] 2 Lloyd's Rep. S. 1ff.(5); *Schmidt-Kessel*, Standards vertraglicher Haftung, S. 67.

Parteien den Eintritt oder Fortbestand bestimmter Umstände oder eine sonstige Bedingung zur Grundlage des Vertrages gemacht, bindet der Wortlaut des Vertrags nur soweit, wie sich die Erwartungen der Parteien erfüllen. Dies ist nach Richter *Vaughan Williams* in zwei Stufen zu ermitteln: Zunächst ist aufgrund der ausdrücklichen Vereinbarungen und den beiden Parteien bekannten Umständen des Einzelfalls der Gegenstand des Vertrags festzustellen. Dann ist zu prüfen, ob die Erwartung bestimmter Verhältnisse notwendige Grundlage dieses Vertrags ist. Wann solche Erwartungen als Vertragsgrundlage anzusehen sind, wurde jedoch im einzelnen nicht ausgeführt.[579] Wichtig ist, dass der von beiden Vertragsparteien beabsichtigte Zweck vereitelt wird.[580] So hat zum Beispiel das Gericht in einem anderen Krönungsfall entschieden, dass durch den Ausfall der Krönung der Vertragszweck nicht gescheitert ist. Im Fall *Herne Bay Steamboat Co. v. Hutton*[581] handelte es sich um einen Dampfer, der bei Spithead für den Tag der Krönung gemietet worden ist, um die Flottenschau zu sehen. Die Flottenschau hat nicht stattgefunden. Das Gericht betrachtete den Vertrag als einen Mietvertrag über den Dampfer, um eine Besichtigungsfahrt zu machen und entschied, dass durch den Ausfall nur einer dieser Attraktionen der Vertrag nicht aufgelöst worden war.

4. Unpraktikabilität

a) Grundsatz – keine frustration durch hardship

In Fällen der *impracticability* (seltener bezeichneten als „*commercial impossibility*“[582]) behauptet die Vertragspartei, die zur Leistungserbringung verpflichtet war, dass infolge eines außerhalb ihres Einflussbereiches bleibenden Ereignisses die Kosten der Leistungserbringung so stark gestiegen sind oder dass die Leistungserbringung aus anderen Gründen so stark erschwert worden ist, dass sie befreit werden soll.[583] Nach der herrschenden Meinung tritt grundsätzlich keine *frustration of contract* ein, wenn infolge dieses Ereignisses die Leistungserbringung lediglich belastender (*onerous*) wird. Dies gilt unabhängig vom Charakter des eine Veränderung der Verpflichtung herbeiführenden Ereignisses. Vor allem

579 *Hammer*, Frustration of contract, S. 46; *Beatson*, Anson's Law of Contract, 28. Auflage, 534f.

580 *Treitel*, Unmöglichkeit, »Impracticability« und »Frustration«, S. 101f.; *Atiyah*, An Introduction to the Law of Contract, S. 233.

581 [1903] 2 K.B., S. 683ff.

582 *Treitel*, Frustration and Force Majeure, Rn. 6–021.

583 *Treitel*, Unmöglichkeit, »Impracticability« und »Frustration«, S. 56f.; *Schmidt-Kessel*, Standards vertraglicher Haftung, S. 73.

können nicht solche Ereignisse wie Preisschwankungen, Geldwertminderung oder unerwartete Hindernisse bei der Leistungserbringung, die zu den normalen Risiken gehören, zur Entlastung des Schuldners führen.[584] Aus der Sicht der englischen Gerichte scheint eine im Vertrag vereinbarte *force-majeure* oder *hardship*-Klausel die einzige Möglichkeit zu sein, um sich gegen *impracticability* abzusichern. [585] Da es sich hier häufig um völlig unvorhersehbare Ereignisse handelt, wird viel Gründlichkeit bei der Vertragsgestaltung verlangt, um alle möglichen Schwierigkeiten bei der Vertragsdurchführung zu berücksichtigen.[586]

Als Leitentscheidung der Unpraktikabilität gilt das Urteil *Davis Contractors Ltd v. Fareham UDC*,[587] in dem sich ein Bauunternehmen verpflichtet hatte, innerhalb von acht Monaten 78 Häuser zu einem fest vereinbarten Pauschalpreis zu errichten. Aufgrund unerwarteter Umstände, die die Parteien nicht zu verantworten hatten, standen Arbeitskräfte nicht im erforderlichen Umfang zur Verfügung. Die Bauausführung verursachte deshalb wesentlich höhere Kosten und konnte erst nach 22 Monaten abgeschlossen werden. Der Bauunternehmer hielt den Vertrag für *frustrated* und verlangte Zahlung einer angemessenen Vergütung auf der Basis der Bereicherung, die beim Auftraggeber eingetreten war. Da in diesem Fall lediglich eine Erschwerung der Leistungserbringung vorgelegen hat, lehnte das *House of Lords* die Annahme von *frustration* ab. Die Absage hat *Lord Radcliffe* mit den Worten „*it is not hardship or inconvenience or material loss itself which calls the principle of frustration into play*" begründet.[588] Nicht ohne Bedeutung war in diesem Fall auch die Tatsache, dass sich der Bauunternehmer nicht etwa gegen Schadenersatzansprüche oder Vertragsstrafen verteidigte, sondern durch die Beseitigung des Vertrags in den Genuss eines Anspruchs aus *quantum meruit* für die erbrachten Leistungen kommen wollte. Der Unternehmer bezweckte damit eine Vertragsanpassung, die nie als eine Rechtsfolge von *frustration of contract* eintritt.[589]

---

584 Halsbury's Law of England, Band 9 (1), 4. Neuaufl., Par. 904.

585 *McKendrick*, in: *McKendrick*, Force Majeure and Frustration of Contract, 2. Aufl., S. 43f., 52; *Treitel*, Frustration and Force Majeure, Rn. 6–023.

586 *Gergen*, Ind.L.J. 1995, S. 45ff.(48, 81).

587 [1956] 2 All E.R., S. 145ff.; *Davis Contractors Ltd v. Fareham UDC* ist nicht die erste Entscheidung, die sich mit der Unpraktikabilität befasset – frühere Entscheidungen: *Lord Loreburn* in *Tennants v. C.S. Wilson & Co. Ltd* [1917] A.C., S. 495ff.(510), *Viscount Simon* in *British Movietonews Ltd. v. London & District Cinemas Ltd* [1951] 2 All E.R., S. 617ff. (625).

588 [1956] 2 All E.R., S. 145ff. (160).

589 [1956] 2 All E.R., S. 145ff. (151); *Schmidt-Kessel*, Standards vertraglicher Haftung, S. 69f.; *Schlegel*, Rutgers L.R. 1969, S. 419ff.(426f.).

In einen anderen für diese Fallgruppe wichtigen Gerichtsentscheidung *Tsakiroglou & Co. Ltd. v. Noblee & Thorl GmbH*[590] handelte es sich um eine Leistungserschwerung, die infolge der Schließung des Suez-Kanals entstanden ist. Die Verkäufer hatten sich verpflichtet, den Käufern 300 Tonnen sudanesischer Erdnüsse c.i.f. nach Hamburg zu liefern. Die beiden Vertragsparteien waren beim Vertragsschluss von einem Transport durch den Suez-Kanal ausgegangen, hatten dies jedoch nicht ausdrücklich vereinbart. Am 2. November 1956 wurde der Suez-Kanal im Zuge der militärischen Auseinandersetzung zwischen Ägypten einerseits und Israel, England und Frankreich andererseits geschlossen. Der Weg um das Kap der Guten Hoffnung dauerte zweieinhalb Mal so lang und führte zu einer Verdoppelung der Transportkosten. Da es sich in diesem Fall nur um eine Kostenersteigerung gehandelt hat, schien es dem Gericht nicht schwerwiegend genug für die Annahme einer *frustration*.[591]

b) Ausnahmefälle

Trotz dieser Grundauffassung, nach der eine Leistungserschwerung zur *frustration of contract* nicht führen kann, gibt es einige Fälle, in denen der Eintritt von *frustration* bejaht wurde. Dennoch war *impracticability* nicht der einzige Grund, der in diesen Fällen für die Annahme von *frustration* sprach. Entscheidender war z.B. die Existenz einer Vertragsklausel oder eine vorübergehende Unmöglichkeit.[592] Aber schon die Tatsache, dass es Fälle gegeben hat, in denen eine Leistungserschwerung zum Tatbestand gehörte und es zur *frustration* gekommen ist, verwässert im gewissen Maße den Grundsatz keine *frustration* durch *hardship*.

Zu diesen „*quasi* – Unpraktikabilitätsfällen“, in denen *frustration of contract* bejaht wurde, gehören einige c.i.f. Verträge (also Verträge, in denen der Verkäufer im allgemeinen durch eine *force majeure* oder *hardship*-Klausel nicht geschützt wird), deren Abwicklung durch das im Jahre 1973 von den USA verhängte Exportverbot für Sojabohnenmehl und die damit verbundenen erheblichen Marktpreissteigerungen verhindert wurden. In diesen Fällen ist von den Gerichten entschieden worden, dass die Verkäufer nicht verpflichtet waren, die Ware zu beschaffen. In *Tradax Export S.A. v. André & Cie.*[593] hat zum Beispiel der *Court of Appeal* ausgesprochen, dass unter diesen besonderen Umständen (in denen

590 [1961] 2 All E.R, S. 179ff.

591 Cheshire, Fifoot und Furmston's Law of Contract, 12. Aufl.,S. 577f.; *Schmidt-Kessel*, Standards vertraglicher Haftung, S. 63. Kritisch zu dieser Gerichtsentscheidung – *Schlegel*, Rutgers L.R. 1969, S. 419ff.(432f.).

592 *Treitel*, Unmöglichkeit, »Impracticability« und »Frustration«, S. 80f.; *Treitel*, The Law of Contract, 11. Aufl., S. 882f.

593 [1976] 1 Lloyd's Rep. S. 416ff.(42).

sich viele Käufer um eine sehr begrenzte Menge vertragsmäßiger Ware bemühen würden) eine Beschaffungspflicht eines jeden Verkäufers den Preis der Ware auf ein extrem hohes Niveau treiben würde. In einer späteren „Sojabohnen-Entscheidung" erklärte *Lord Wilberforce*, dass es *„impracticable and commercially unsuitable"* sei, unter solchen den Verkäufer an seiner Beschaffungsverpflichtung festzuhalten.[594]

In einem anderen Unpraktikabilitätsfall *Kodros Shipping Corporation of Monrovia Appellants v. Empresa Cubana de Fletes Respondents* (*The Evia*)[595] ist der *Court of Appeal* zu einem anderen Ergebnis als in *Tsakiroglou & Co. Ltd. v. Noblee & Thorl GmbH* gekommen. In *The Evia* ging es um ein Frachtschiff, das nach Ausbruch des Krieges zwischen Irak und dem Iran im Schatt el Arab festgehalten wurde. In dieser Entscheidung hatte der *Court of Appeal* die Voraussetzungen der *frustration* bejaht. Das *House of Lord* stellte diese Auffassung nicht in Frage und überprüfte lediglich, ob die Charterer den Eintritt der *frustration* zu vertreten hatten, da sie Order gegeben hatten, Basrah anzulaufen.[596]

c) Versuch der Erstreckung der doctrine of frustration – Lord Denning

In der Rechtsprechung wurden von *Lord Denning* Versuche unternommen, die *doctrine of frustration* auf die Fälle der Leistungserschwerungen zu erstrecken. Zu einem dieser Versuche zählen etwa seine Ausführungen in der Sache *Staffordshire Area Health Authority v. South Stattfordshire Waterworks Co.*[597] In diesem Fall hatte sich ein Wasserwerk im Jahre 1929 verpflichtet, ab sofort und *„at all times hereafter"* ein Krankenhaus zu einem fest vereinbarten Preis per 1000 gallons mit Wasser zu versorgen. Der Vertrag enthielt keine ausdrückliche Regelung für seine Beendigung oder Anpassung. Im Jahre 1975 beliefen sich die Kosten des Wasserversorgers auf das 20-fache des vereinbarten Preises und das Wasserwerk klagte auf Feststellung, dass die Vereinbarung unter Einhaltung einer angemessenen Kündigungsfrist kündbar sei. *Lord Denning* hielt das Wasserwerk nicht an seiner ursprünglichen Verpflichtung fest. Er sah den Vertrag als *frustrated by the change of the situation* an.[598] Dabei stützte er sich auf eigene – und vom *House of Lords* ausdrücklich abgelehnte – Ausführungen in der Sache

594 *Bremer Handelsgesellschaft m.b.H. v. Vanden Avenne-Izegem P.V.B.A.* [1978] 2 Lloyd's Rep., S. 109ff. (115).
595 (1983) A.C., S. 736ff.
596 (1983) A.C., S. 736ff. (751); *Hammer*, Frustration of contract, Unmöglichkeit und Wegfall der Geschäftsgrundlage, S. 76.
597 [1978] 3 All E.R., S. 769ff.
598 [1978] 3 All E.R., S. 769ff. (777).

British Movietones Ltd. v. London and District Cinemas Ltd..[599] Die Kollegen von Lord Denning teilten dieses Auffassung nur im Ergebnis: Die Partei war nach *implied term* zur Kündigung berechtigt. Sie zogen aber die Grundsätze der *frustration of contract* als Entlastungsgrund nicht heran.[600]

In einem anderen Fall – *Brauer & Co. (Great Britain) Ltd. v. James Clark (Brush Materials) Ltd.*[601] – ging die eigentliche Entscheidung dahin, dass die über den im Vertrag vereinbarten Preis hinaus gestiegenen Beschaffungskosten den Verkäufer nicht befreiten. Hier hat *Lord Denning* die Meinung vertreten, dass das Ergebnis anders ausfallen hätte können, wenn diese Kosten sich verhundertfacht hätten. Erst bei einer solchen Steigerung würde eine „*fundamentally different situation*" entstehen, die eine Entlastung des Verkäufers rechtfertigen würde.

d) Kritik des Grundsatzes „keine frustration durch hardship"

Die Ablehnung einer Leistungserschwerung als Entlastungsgrund bei *frustration* durch die Rechtsprechung stößt auf kritische Stimmen im englischen Schrifttum.[602] Für die Erstreckung der *frustration* auf Unpraktikabilitätsfälle und unter diesen vor allem auf Charterfälle, die heutzutage mit Hilfe des aus dem Seerecht stammenden Rechtsinstituts „*abandonment of voyage*" gelöst werden, spricht *J. Beatson*.[603] Er sieht keinen Grund dafür, die Fälle der *impracticability* anders als die von *frustration* zu betrachten und die Frage der Kostensteigerung in den Gerichtsüberlegungen durch andere zweitwichtige Aspekte des Falls (z.B. *delay*) zu ersetzen.[604] Dies entspricht der Auffassung *Schlegels*, dass die Kostensteigerung mit Ausnahme der Fälle des Todes einer Vertragspartei oder des Untergangs

---

599 (C.A.) [1951] K.B., S. 190ff. (200f.).

600 *Schmidt-Kessel*, Standards vertraglicher Haftung, S. 74f.; *Treitel*, Frustration and Force Majeure, Rn. 6–034.

601 [1952] 2 All E.R., S. 497ff.; *Treitel*, Unmöglichkeit, »Impracticability« und »Frustration«, S. 79.

602 Z.B. *Schlegel*, Rutgers L.R. 1969, S. 419ff.; *Beatson*, Increased Expense and Frustration, in: *Rose*, Consensus ad idem, Essays in the Law of Contract in Honour of Guenter Treitel, S. 121ff. (131f.); *Phang*, AALR, 1992, S. 278ff. (286f.); *Perillo*, Tulane JICL 1997, S. 5ff.(14).

603 *Beatson*, in: *Rose*, Consensus ad idem, Essays in the Law of Contract in Honour of Guenter Treitel, S. 121ff.

604 *Beatson*, in: *Rose*, Consensus ad idem, Essays in the Law of Contract in Honour of Guenter Treitel, S. 121ff. (136).

des vertragswesentlichen Gegenstands, die einzige Folge des *frustrating event* und in Wirklichkeit der einzige Anreiz zur Berufung auf *frustration* seien.[605]

In seinem Beitrag nennt *J. Beatson* zunächst eine Reihe von Argumenten, die gegen die Erstreckung der *frustration* sprechen und danach widerlegt er sie. Die Abneigung gegen eine Annahme der *frustration* bei Unpraktikabilitätsfällen erklärt er vor allem damit, dass die Gerichte das Risiko ungern erneut verteilen, weil sie dadurch einen unverdienten Profit (*windfall profit*) einer Vertragpartei nicht herbeiführen wollen.[606] Als ein anderes, für eine besonders eingeschränkte Anwendung der *frustration* sprechendes Argument nennt er die Einhaltung der Rechtssicherheit, die durch die Erweiterung des Anwendungsbereichs der *frustration* gefährdet würde. Weiter betonen die Gegner, dass Marktschwankungen gewöhnlich seien und daher die Vertragparteien mit solchen Erschwerungen rechnen müssten. Auch die endgültige zulässige Rechtsfolge der *frustration,* die Auflösung, spreche für eine restriktive Anwendung dieses Rechtsinstituts.[607]

Nach Meinung von *J. Beatson* basiere die Angst vor Herbeiführung eines unverdienten Profits durch eine neue Risikoverteilung auf einer unzutreffenden Auffassung, dass das Risiko immer nur von einer Partei getragen werde (wie etwa *Lord Sumner* in *Larrinaga & Co., Ltd. v. Société Franco-Américaine des Phosphates de Médulla, Paris*: „*the basis of a speculative contract is to distribute all the risks on one side or on the other*“[608]). Demgegenüber lässt sich anführen, wenn sich Vertragsparteien beim Vertragsschluss darauf verlassen könnten, dass im Falle besonderer Schwierigkeiten bei der Vertragsdurchführung die *frustration* den Vertrag beenden würde oder dass das Gericht den Vertrag anpassen würde, dies durchaus eine positive Wirkung hätte, indem der Druck, alles Mögliche im Vertrag zu regeln, reduziert wäre. Dies würde unnötige materielle und zeitliche Aufwendungen sparen.[609]

Ebenso soll das Bestreben nach der Rechtssicherheit eine besondere Behandlung der Kostensteigerungsfälle nicht rechtfertigen. Hierbei führt *J. Beatson* Beispiele aus dem amerikanischen Recht an, in denen *impracticability* zur Auflösung des Vertrags führen kann (*Uniform Commercial Code sec. 2–615, Restatement*

---

605 *Schlegel*, Rutgers L.R. 1969, S. 419ff. (433); zustimmend – *Phang*, AALR 1992, S. 287.

606 So z.B. *Triantis*, U.Toronto L.J. 1992, S. 450ff. (476f.).

607 *Beatson*, in: *Rose*, Consensus ad idem, Essays in the Law of Contract in Honour of Guenter Treitel, S. 121ff. (134).

608 [1923] All E.R., S. 1ff.(12)

609 *Gergen*, Ind.L.J. 1995, S. 45ff. (48, 81).

(Second) of Contracts sec. 261)[610] und die Fälle der Leistungserschwerung trotzdem sehr selten vorkommen.[611]

Das Argument, dass Marktschwankungen ein Teil des Lebens seien, widerlegt er damit, dass es nur infolge der außergewöhnlichen und unvorhersehbaren Veränderungen der Umstände zur *frustration* kommen könnte.[612] Letztendlich weist er auf den Fall der Pachtverträge hin, die noch nicht lange vorher außerhalb des Anwendungsbereichs der *frustration* lagen und obwohl sie heutzutage weiterhin selten sind nicht mehr einem Sonderprinzip unterliegen. Als Lösungsansatz zitiert er die Worte die Worte *Beilhache J.*:„*care must be taken not to let a man lightly off his bargain and yet not to construe* [...] *(the contract)* [...] *with too pedantic literness. Rise in price as an excuse (is) a question of degree*"[613].

IV. Voraussetzungen für den Eintritt der frustration

Obwohl heutzutage der Test von „*radical change of circumstances*" als dominierend angesehen wird, können auch andere Tests (ausgenommen von „*implied term*") in den gerichtlichen Entscheidungsprozess einbezogen werden. Da in den einzelnen Theorien die Betonung auf unterschiedliche Elemente gelegt wird (z.B. auf den Gesichtspunkt des vernünftigen Menschen, auf die Wiederherstellung der Gerechtigkeit oder auf den Grad der Veränderung der geschuldeten Leistung), sind die Kriterien für den Eintritt der *frustration* nicht immer einfach festzustellen.[614] Darüber hinaus ist die Entscheidung des Gerichts in den *frustration of contract* betreffenden Fällen von ihrer Natur aus sehr stark von den Umständen des Einzelfalls abhängig und auch aus diesem Grunde sind hier allgemeine Grundsätze kaum feststellbar.[615]

Aus der Rechtsprechung ergeben sich einige Merkmale des Eintritts der *frustration of contract*, die nur mit bestimmter Wahrscheinlichkeit im gerichtlichen

610 Mehr zu den amerikanischen Regelungen – *Trakman*, Minn.L.Rev. 1985, S. 471ff.; *Hurst*, N.C.L.Rev. 1976, S. 545ff.; *Treitel*, Frustration and Force Majeure, Rn. 6–001f.

611 *Beatson*, in: *Rose*, Consensus ad idem, Essays in the Law of Contract in Honour of Guenter Treitel, S. 121ff. (135).

612 *Beatson*, in: *Rose*, Consensus ad idem, Essays in the Law of Contract in Honour of Guenter Treitel, S. 121ff. (136).

613 *Instone & Co. Ltd v. Speeding, Marshall & Co. Ltd* (1915) 32 T.L.R., S. 202 zitiert nach *Beatson*, in: *Rose*, Consensus ad idem, Essays in the Law of Contract in Honour of Guenter Treitel, S. 121ff. (140).

614 *Schmidt-Kessel*, Standards vertraglicher Haftung, S. 84; *McKendrick*, in: Chitty on Contracts, 28 Aufl., Band I, Rn. 24–018.

615 *Phang*, AALR 1992, S. 278ff. (279).

Entscheidungsprozess berücksichtigt werden können. Für den Eintritt der *frustration* wird häufig vorausgesetzt, dass

1. es nach dem Vertragschluss zu einer radikalen Veränderung der geschuldeten Leistung (*radical change in the obligation*) gekommen ist,
2. diese Veränderung durch ein außerhalb des Einflussbereichs der Parteien bleibendes Ereignis (sog. *frustrating event*) verursacht wurde (das sog. Prinzip der vernünftigen Kontrolle – *the principle of reasonable control*), insbesondere dass die *frustration* ohne Herbeiführung der sich darauf berufenden Vertragspartei geschah, d.h. von der betreffenden Vertragspartei nicht zu vertreten ist (keine *self-induced frustration*) und dass
3. die Vertragsparteien keine dieses *frustrating event* betreffenden Bestimmungen im Vertrag vereinbart haben.

Diese Voraussetzungen sind mit wenigen Ausnahmen (z.B. der Illegalität, die trotz der Existenz einer vertraglichen Vereinbarung zur *frustration of contract* führt) auf alle *frustration*-Fallgruppen anwendbar.[616] Daher ist damit zu rechnen, dass die Leistungserschwerungsfälle, die vielleicht zukünftig im *case law* zum Rang der *frustration of contract* erhoben werden, unter dem Gesichtpunkt der Erfüllung dieser Kriterien geprüft werden.

Im folgenden Abschnitt werden die einzelnen Voraussetzungen mit ihren wesentlichen Elementen dargestellt: *radical change in the obligation* mit dem Anwendungsbereich der *frustration* und der Erheblichkeit der Veränderung (B, IV, 1, a) und b)), *the principle of reasonable control* mit Beispielen von *frustrating events*, der Frage der Unvorhersehbarkeit dieser Ereignisse (B, IV, 2, a) und b)) und abschließend Tatbestände, die den Eintritt der *frustration* ausschließen – *self-induced frustration* (B, IV, 2, c)) und Existenz einer sich auf das *frustrating event* beziehenden Vertragsbestimmung (B, IV, 3).

1. Radical change in the obligation

a) Anwendungsbereich der frustration

Selbst der Name des Rechtsinstituts *frustration of contract* weist darauf hin, dass der Anwendungsbereich der *frustration* auf Verträge beschränkt ist. Darüber hinaus kann die *frustration of contract* nur bei einem Vertrag eintreten, bei dem das zur frustration führende Ereignis (sog. *frustrating event*) nach dem Vertrag-

616 *Beatson*, in: *Rose*, Consensus ad idem, Essays in the Law of Contract in Honour of Guenter Treitel, S. 140)

schluss geschehen ist.[617] Es gelten dagegen keine Beschränkungen bezüglich des Charakters des Vertrags: das Rechtsinstitut kann grundsätzlich bei allen Vertragstypen zur Anwendung kommen.[618] In der Rechtsprechung ist *frustration* bislang häufig in Arbeits-[619], Bau-[620], Charter-[621], Seelieferungs-[622] und Kaufverträgen[623] eingetreten. Wobei es wesentlich schwieriger ist, den Eintritt der *frustration* bei Dauerschuldverhältnissen als im Falle kurzfristiger Verträge erfolgreich geltend zu machen.[624] Noch vor kurzer Zeit wurde beispielweise vorherrschend die Auffassung vertreten, dass *frustration of contract* bei Verpachtungsverträgen nicht vorliegen kann. Dies wurde mit dem Gedanken begründet, dass der Verpachtungsvertrag nicht nur ein Schuldverhältnis, sondern auch Besitz verschaffe und dass der Besitz von seiner Natur aus nie zerstört werden könne.[625] Erst im Urteil *National Carriers Ltd v. Panalpina (Northern) Ltd* hat das *House of Lords* entschieden, dass *frustration* bei Verpachtung in besonderen Fällen, wie z.B. bei kurzfristiger Vermietung eines Ferienhauses, das verbrannte, zur Anwendung kommen kann.[626] Auch nach der neuen Auffassung kann der Pächter von seinen vertraglichen Verpflichtungen gegenüber dem Verpächter nicht entlastet werden,

617 *McKendrick*, in: Chitty on Contracts, 28 Aufl., Rn. 24–002; *Cartwright*, L.Q.R. 1987, S. 594ff. (602, Fn. 43); *Fried*, Contract as Promise, a Theory of Contractual Obligation, S. 58; *Amalgamted Investment and Property Co. Ltd. v. John Walker & Sons Ltd. (Ch.D.)* [1976] 3 All E.R., S. 509ff.

618 Halsbury's Law of England, Band 9(1), 4. Neuaufl., Par. 900.

619 Z.B. *Unger v. Preston Corpn* [1942] 1 All E.R. S. 200ff.

620 Z.B. *Metropolitan Water Board v. Dick, Kerr & Co* [1916–17] All E.R., S. 122ff.; *Federal Steam Navigation Co Ltd v. Dixon & co Ltd* (1919) 1 Ll..L. Rep., S. 63ff.; *Woodfield Steam Shipping Co Ltd v. J.L. Thomson 6 Sons Ltd* (1919) 1 Ll..L. Rep., S. 126ff.

621 Z.B. *Tamplin S S Co Ltd v. Anglo-Mexican Petroleum Products Co Ltd* [1916–17] All E.R., S. 104fff.

622 Z.B. *Associated Portland Cement Manufacturers (1900) Ltd v. William Cory & Son Ltd* (1915) 31 T.L.R., S. 442.

623 Z.B. *Fibrosa Spolka Akcyjna v. Fairbairn Lawson Combe Barbour Ltd* [1942] 2 All E. R. S. 122ff.; *Denny, Mott and Dickson Ltd v. James B. Fraser & Co Ltd* [1944] 1 All E.R. S. 678ff.

624 Z.B. *Dominion Coal Co. v. Lord Strathcona Shipping Co. Ltd* [1926] A.C. S. 108ff., (115); *Larrinaga & co., Ltd. V. Société Franco-Américaine des Phosphates de Médulla, Paris,* [1923] All E.R. Rep., S. 1ff. (9f.); *Beatson*, in: *Rose,* Consensus ad idem, Essays in the Law of Contract in Honour of Guenter Treitel, S. 121ff. (123).

625 Halsbury's Law of England, Band 9 (1), 4. Neuaufl., Par. 901; Cheshire, Fifoot und Furmston's Law of Contract, 12. Aufl., S. 582; *Beatson*, Anson's Law of contract, 28. Aufl., S. 553f.

626 *National Carriers Ltd v. Panalpina (Northern) Ltd* [1981] 1 All E.R., S. 161ff.; *Atiyah,* An Introduction to the Law of Contract, S. 235; *Treitel*, The Law of contract, 11. Aufl., S. 895; Case Comment, L. & T. Review 1998, S. 2f.(3), D 30–31.

wenn die Nutzung des Grundstücks vorübergehend eingeschränkt oder nicht möglich ist, es sei denn, der gemeinsame Zweck der beiden Vertragsparteien ist gescheitert. Dies wäre der Fall, wenn sich der Verpächter entschieden hat, ein Grundstück zur Pacht zu geben, weil der Pächter das Grundstück bebauen will. Wird es indes verboten auf dem verpachteten Grundstück zu bauen, dann könnte es zur *frustration of contract* kommen. Es ist jedoch zweifelhaft, ob dies tatsächlich einen Fall der *frustration* darstellen würde. Heutzutage, dank der Raumordnungspläne, lässt sich nämlich ohne weiteres feststellen, ob das Grundstück bebaubar ist oder nicht.[627]

Noch seltener kann die *doctrine of frustration* bei Verträgen eingreifen, in denen es sich um einen Grundstückerwerb handelt. So wurde entschieden, dass die Aufnahme eines Gebäudes in das Denkmalverzeichnis nicht zur *frustration of contract* führe.[628]

Es ist unklar, ob eine Partei durch *frustration of contract* von der Erbringung einer Geldleistung befreit werden kann.[629] Gegen die Anwendung der *frustration* bei Geldleistungen spricht vor allem das allgemein (auch im *common law*) bekannte und von *Friedrich Savigny* stammende Prinzip, nach dem eine Geldleistung niemals unmöglich ist, weil es immer Geld in der Welt gibt.[630]

b) Erheblichkeit der Veränderung (radical bzw. significant change)

Frustration of contract tritt dann ein, wenn durch die *frustrating events* die geschuldete Leistung zu einer „*radically*" oder „*fundamentally*" anderen geworden ist als nach dem Vertrag vereinbart. Ob es schon zu einer radikalen Veränderung gekommen ist, beurteilt sich nach den Umständen des Einzelfalls. Bei der Grenzziehung zwischen einer radikalen und einer noch nicht radikalen Veränderung versucht man Hinweise für die Feststellung einer fundamentalen Veränderung in anderen Rechtsinstituten zu finden. Da *frustration of contract* ebenso wie der Vertragsbruch (*breach of contract*) ein Erlöschensgrund des Vertrags (*discharge*) darstellt,[631] haben die Gerichte, wie etwa in *Jackson v. Union Marine Insurance Co. Ltd*[632] oder *Honkong Fir Shipping Co. Ltd v. Kawasaki Kisen Kaisha Ltd.*,[633]

---

627 *Atiyah*, An Introduction to the Law of Contract, S. 235.

628 *Amalgamated Investment and Property Co Ltd v. John Walker & Sons Ltd* [1976] 3 All E.R., S. 509ff.; Halsbury's Law of England, Band 9 (1), 4. Neuaufl., Par. 901; *Beatson*, Anson's Law of contract, 28. Aufl., S. 555; *McKendrick*, in: Chitty on Contracts, 28. Aufl., Band I, Rn. 24–055.

629 Halsbury's Law of England, Band 9 (1), 4. Neuaufl., Par. 1076, Fn. 1.

630 *Wladis*, Georgetown L.J. 1987, S. 1575ff. (1584).

631 *Graf von Bernstorff*, Einführung in das englische Recht, S. 76f.

632 [1874–80] All E.R., S. 317ff.

für *frustrating events* die gleichen Maßstäbe verwendet wie bei einem Vertragsbruch. Im Urteil *Honkong Fir Shipping Co. Ltd v. Kawasaki Kisen Kaisha Ltd* vertritt *Lord Diplock* die Ansicht, dass eine Partei von der Leistungserbringung nur dann zu entlasten ist, wenn der Partei durch das *frustrating event* alle Vorteile, die mit der Durchführung des Vertrags verbunden sind („*the benfit which it was the intention of the parties as expressed in the contract that he should obtain as the consideration for performing those undertakings*„[634]), entzogen werden.

2. *Das Prinzip der vernünftigen Kontrolle (The principle of reasonable control)*

a) Charakteristik

Das zum ersten Mal in der Entscheidung in der Sache *J. Lauritzen AS v. Wijsmuller BV, The Super Servant Two* vollständig zum Ausdruck gekommene Prinzip der *reasonable control* stellt die wichtigste Voraussetzung für den Eintritt der *frustration* dar.[635] Das von Richter *Hobbhouse* formulierte Prinzip schließt eine erfolgreiche Berufung auf *frustration* aus, wenn das die *frustration* hervorrufende Ereignis innerhalb des Kontrollbereiches beider oder mindestens einer Vertragspartei bleibt: "[...] *they are not good law if they are taken to suggest that events within the reasonable control of one of the parties can frustrate a contract*".

Ebenso enthalten *speeches* der Richter des *Court of Appeal* in dieser Sache Ausführungen, die eine Geltung dieses Prinzips bestätigen. So verweist *Lord Bingham* darauf, dass „*the essence of frustration is that it is caused by some unforeseen supervening events over which the parties to the contract have no control and for which they are therefore not responsible*".[636]

b) Frustrating events

i. Beispiele

Aus der Vielfalt der in der Rechtsprechung vertretenen Tatbestände ergibt sich, dass die *frustration of contract* durch viele verschiedene Ereignisse verursacht

633 [1962] 2 Q.B., S. 26ff.
634 [1962] 2 Q.B., S. 26ff. (66).
635 *Hobbhouse J* – [1989] 1 Lloyd's Rep., S. 148ff.(156); *Phang*, AALR 1992, S. 278ff. (282).
636 *J. Lauritzen A.S. v. Wijsmuller B.V. (The Super Servant Two)*, [1990] 1 Lloyd's Rep. S.1ff., S. (10).

werden kann. In *Halsbury's Law of England*[637] wurden sieben Fallgruppen der *frustrating events* genannt:

- Untergang eines vertragswesentlichen Gegenstands (z.B. Untergang einer Musikhalle,[638] Zerstörung einer Maschinenanlage, die installiert werden sollte[639]),
- Ausfall eines erwarteten Ereignisses (z.B. *frustration* eines Mietvertrags durch Ausfall des Krönungszuges[640]),
- Verzögerung (z.B. bei Charterverträgen,[641] bei Bauverträgen[642]),
- Änderung der Rechtslage (z.B. *frustration* infolge der Abschaffung einer Beamtenstelle,[643] Errichtung eines Bahnhofs auf dem Grundstück, das nach dem Vertrag nicht zu bebauen war[644]),
- Maßnahmen der Exekutive (z.B. *frustration* eines Vertrags über die Ausstellung einer Werbung infolge der Regelungen für Kriegszeiten (*Defence Regulations*),[645] infolge staatlicher Einschränkungen für den Bau von Handelsschiffen,[646] kriegsbedingter Requisition von Schiffen durch die Eigenstaatsregierung[647] oder Kriegeserklärung und das damit verbundene Verbot des *trading with enemies*[648]),
- Änderung des ausländischen Rechts und Akte der Drittstaatsgewalt (z.B. Absage der Exporterlaubnis durch die portugiesische Regierung,[649] *frustration*

637 Band 9 (1), 4. Neuaufl., Par. 902.

638 *Taylor v. Caldwell* [1861–78] All E.R., S.24ff.

639 *Appleby v. Myers* (1867) LR 2 CP S. 651ff.

640 *Krell v. Henry* [1903] 2 KB, S. 740ff.; *McKendrick,* in: Chitty on Contracts, 28. Aufl., Rn. 24–032ff

641 *Jackson v. Union Marine Insurance Co. Ltd.* [1874–80] All E.R., S. 317ff.; *McKendrick,* in: Chitty on Contracts, 28. Aufl., Band I, Rn. 24–034f.

642 *Sir Landsay Parkinson & Co. Ltd. v. Commissioners of Work* (C.A.)[1949] 2 K.B., S. 632ff. (665).

643 *Reilly v. R.* (P.C. (Can)) (1934) A.C. S. 176ff.; *McKendrick,* in: Chitty on Contracts, 28. Aufl., Band I, Rn. 24–022.

644 *Baily v. De Crespigny* (1869) L.R. 4 Q.B., S. 180ff.; *McKendrick,* in: Chitty on Contracts, 28. Aufl., Band I, 24–021.

645 *White and Carter Ltd. v. Carbis Bay Garage Ltd.* [1941] 2 All ER, S. 633ff.

646 *Federal Steam Navigation Co. Ltd. v. Dixon & Co. Ltd.* (1919) 1 Ll. Rep. S. 63ff.; *Woodfield Steam Shipping Co. Ltd. v. JL Thompson & Sons Ltd.* (1919) 1 Ll.L.Rep., S. 126ff.

647 *Bank Line, Ltd. v. Arthur Capel & Co.* [1918–19] All E.R., S. 504ff.; *McKendrick,* in: Chitty on Contracts, 28. Aufl., Band I, 24–040ff.

648 *Arnhold Karberg & Co. v. Blythe, Green, Jourdain & Co., Theodor Schneider & Co. v. Burgett and Newsam* [1916] 1 KB, S. 495.

649 *M.W. Hardy & Co. Inc. v A.v. Pound & Co. Ltd.* [1956] 1 Lloyd's Rep., S. 255ff.

infolge des durch die amerikanische Regierung eingeführten Exportverbots für Sojabohnen[650]),

- Tod und Unfähigkeit (z.B. *frustration* wegen Krankheit der Opernsängerin bei einem Vertrag über eine Aufführung [651] oder wegen Inhaftierung bei einem Arbeitsvertrags[652]).

ii. Vorhersehbarkeit der frustrating events

Grundsätzlich kann *frustration* nur bei Ereignissen eintreten, die für die Vertragsparteien unvorhersehbar waren und daher für sie völlig unerwartet geschehen sind. Dies hat *Lord Bingham* in seinen schon bei der Charakterisierung des Prinzip der vernünftigen Kontrolle zitierten Worten zum Ausdruck gebracht: „*The essence of frustration is that it is caused by some unforeseen supervening event over which the parties to the contract have no control and for which they are therefore not responsible*".[653] Hat eine Partei das Ereignis vorhergesehen oder musste sie es als „*reasonable person*" vorhersehen können, dann bedeutet dies, dass das Ereignis innerhalb des vernünftigen (*reasonable*) Kontrollbereiches der Parteien war. Das schließt eine Berufung auf *frustration* aus.[654] Dabei soll bei der Feststellung der Unvorhersehbarkeit keine besondere Sorgfalt (wie z.B. bei Delikten) von den Vertragsparteien angefordert werden.[655] Nach der Auffassung von *G. Treitel* soll das Gericht einen objektiven Maßstab von einem durchschnittlich intelligenten Menschen verwenden: „[...] *the event must be one which any person of ordinary inteligence would regard as likely to occur*".[656]

Die Unvorhersehbarkeit des *frustrating event* kann jedoch nicht als eine absolute Voraussetzung für den Eintritt von *frustration of contract* angesehen werden. Die *doctrine of frustration* ist schon auch dann zur Anwendung gekommen, wenn die Parteien das *frustration* auslösende Ereignis vorhergesehen haben.[657] Dies

---

650 *Tradax Export Sa v. André & Cie* [1976] 1 Lloyd's Rep., S. 416ff.

651 *Poussard v. Spiers and Pond* (1876) 1 Q.B.D., S. 410ff.

652 *Unger v. Preston Corpn* [1942] 1 All E.R., S. 200ff.. Über die Kontroversen, die mit der Anwendung der *frustration* auf Arbeitsverträge verbunden sind – *McKendrick*, in: *McKendrick*, Force Majeure and Frustration of Contract, 2. Aufl., S. 40.

653 *J. Lauritzen A.S. v. Wijsmuller B.V. (The Super Servant Two)*, [1990] 1 Lloyd's Rep. S.1ff., S. (10).

654 *Phang*, AALR 1992, S. 278ff. (289).

655 *Phang*, AALR 1992, S. 278ff. (293).

656 *Treitel*, The Law of Contract, 8. Aufl., S. 802; ebenso – *McKendrick*, in: Chitty on Contracts, 28. Aufl., Band I, Rn. 24–058.

657 Z.B. *Tatem Ltd v. Gamboa* [1939] 1 K.B. S. 132ff.; *Lord Denning* in *Ocean Tramp Tankers Corporation v. V/O Sovfracht, The Eugenia*, [1964] 1 All E.R., S. 161ff.

scheint die Richtigkeit der im Schrifttum ausgedruckten Kritik zu bestätigen, dass die englische Rechtsprechung zur *frustration of contract* nicht immer kohärent ist. [658]

c) Keine self-induced frustration

i. Grundgedanke

Frustration ist ausgeschlossen, wenn das Scheitern des Vertrags auf ein Fehlverhalten einer Partei zurückzuführen ist: „*Reliance cannot be placed on a self-induced frustration.*" Die damit begründete und im englischen Schrifttum durchgesetzte Terminologie ist freilich unglücklich, weil die *self-induced frustration* gar keine *frustration* ist. Das *self-inducement* schließt nämlich die *frustration* aus.[659] So wird vorausgesetzt, dass das zur *frustration* führende Ereignis ohne Verschulden der sich auf *frustration of contract* berufenden Partei geschehen ist („*without blame or fault on the side of the party seeking to rely on it*".). [660] Dahinter steht der als allgemeines Prinzip geltende Grundgedanke, dass die Rechtsordnung niemanden Vorteile aus eigenem Fehlverhalten gewährt.[661] Dieser Grundgedanke hat bereits in der Entscheidung *Mertens v. Home Freeholds Company*[662] Ausdruck gefunden: „*so far as I know, it has never been held that a man is entitled to take advantage of circumstances as a frustration of the contract if he has brought about those circumstances about himself.*"[663]

Das Problem der Herbeiführung von *frustration* beinhaltet zwei komplizierte Fragen: erstens, ob ein fahrlässiges Verhalten, das kein Vertragsbruch darstellt, als selbst *self-induced frustration* gilt (*negligent conduct as self-induced frustration*) und zweitens, ob die betroffene Partei wählen darf, welche von den von ihr geschuldeten Leistungen *frustration* unterliegt (Auswahlentscheidung einer Partei – *the concept of election*).[664] Die Antworten auf die beiden Fragen waren von Re-

---

(166); *Beatson*, Anson's Law of contract, 28. Aufl., S. 548; *Treitel*, The Law of Contract, S. 903.

658 So z.B. *McKendrick*, in: *McKendrick*, Force Majeure and Frustration of Contract, S. 37, 39.

659 *Schmidt-Kessel*, Standards vertraglicher Haftung, S. 131; *Atiyah*, An Introduction to the Law of Contract, S. 239.

660 *J. Lauritzen A.S. v. Wijsmuller B.V. (The Super Servant Two)* [1990] 1 Lloyd's Rep. S.1ff., S. (8); *Phang*, AALR 1992, S. 278ff. (296); *Treitel*, The Law of Contract, S. 905.

661 *Schmidt-Kessel*, Standards vertraglicher Haftung, S. 133.

662 (C.A.) [1921] 2 K.B., S. 526ff.

663 [1921] 2 K.B., S. 526ff. (536).

664 *Phang*, AALR 1992, S. 278ff. (295f.).

levanz für den schon zitierten Fall *J. Lauritzen A.S. v. Wijsmuller B.V. (The Super Servant Two)*[665]. In dieser Sache handelt sich um einen von den Beklagten übernommenen Transport eines schweren Ölbohrgeräts von Japan nach Rotterdam. Der Transport sollte mit einem der beiden dafür in Betracht kommenden Spezialschiffe Super Servant One oder Super Servant Two durchgeführt werden. Die Beklagten konnten zwischen den beiden Schiffen wählen. Die Super Servant Two, welche nach der internen Planung der Beklagten für den Transport vorgesehen war, ging infolge eines fahrlässigen Verhaltens des Beklagten vor Beginn des Transports verloren. Die Beklagten erklärten den Vertrag daraufhin für gescheitert. Die Super Servant One war für den vorgesehenen Zeitraum anderweitig eingesetzt. Nach der Vereinbarung der Parteien führten die Beklagten den Transport mit anderen Mitteln durch, welche diesen für beide Seiten erheblich verteuerte. Die Kläger verlangten Schadenersatz. Dem von den Beklagten erhobenen Einwand der *frustration* hielten sie entgegen, dass diese infolge der durch die Beklagten vorgenommenen Auswahl des Schiffes *self-induced* sei.

ii. Der Begriff der fault (Verschulden)

Die Antwort auf die Frage, ob ein fahrlässiges Verhalten, das kein Vertragsbruch darstellt, als *self-induced frustration* gilt, hängt davon ab, wie der Begriff „*fault*" (Verschulden) zu verstehen ist.[666] Es besteht kein Zweifel, dass es eine *self-induced frustration* ist, also keine *frustration* eintritt, wenn ein *frustrating event* auf dem Vertragsbruch einer Partei beruht.[667] Mehr Schwierigkeiten kann die Frage bereiten, ob die Fahrlässigkeit (*negligence*) eine *frustration* ausschließt. Es gilt hier zwar die Regel, dass es einen kausalen Zusammenhang zwischen dem Verhalten der betreffenden Partei und dem *frustrating event* geben muss. Diese Regel beantwortet aber nicht direkt die Frage, ob damit auch eine Fahrlässigkeit einer Partei gemeint ist.[668] Diese Frage hatte das Gericht in der Sache *J. Lauritzen A.S. v. Wijsmuller B.V. (The Super Servant Two)* zu beantworten.[669] In seiner *speech* hat Richter *Hobhouse* das schon erwähnte Prinzip der vernünftigen Kon-

665 [1990] 1 Lloyd's Rep., S. 1ff.
666 *Phang*, AALR 1992, S. 278ff. (296f.).
667 Wie etwa in den Fällen – *Ocean Tramp Tankers Corporation v. V/O Sovfracht (The Eugenia)* [1964] 2 Q.B., S. 226ff (237), *Hare v. Murphy Brothers Ltd.* (C.A. (Civ.Div.)) [1974] I.C.R., S. 603ff.; *Schmidt-Kessel*, Standards vertraglicher Haftung, S. 136.
668 *Phang*, AALR 1992, S. 278ff. (298f.); *Schmidt-Kessel*, Standards vertraglicher Haftung, S. 136.
669 Die Frage lautete: „*Whether* [...] *the contract was frustrated* [...] *if the loss of the Super Servant Two was caused by the negligence of the Defendants, their servants or agents.*" – (Comm.Ct.)[1989] 1 Lloyd's Rep., S. 148ff. (151).

trolle entwickelt, aber keine vollständig klärende Antwort gegeben. Ebenso hat das Gericht in zweiter Instanz nicht geklärt, ob *negligence* den Ausschluss der *frustration* bewirkt.[670] So kann man sich bei der Beantwortung dieser Frage lediglich auf das Prinzip der vernünftigen Kontrolle stützen. Nach diesem Prinzip ist *frustration* bei Ereignissen, die innerhalb des Kontrollbereichs einer Vertragspartei bleiben, ausgeschlossen. Da die durch Fahrlässigkeit verursachten Ereignisse durch eine Handlung oder ein Unterlassen einer Vertragspartei verursacht werden und daher innerhalb des vernünftigen Kontrollbereichs dieser Vertragspartei bleiben, kann es bei ihnen nicht zur *frustration* kommen.[671] Durch die *self-induced frustration* werden also sowohl Vertragsbrüche wie auch anderes fährlässiges Verhalten der Parteien erfasst.

iii. Auswahlentscheidung einer Partei (election) als Sonderfall der self-induced frustration

Die Frage, ob die betroffene Partei wählen darf, welche von den von ihr geschuldeten Leistungen der *frustration* unterliegt, gehört zur Problematik des Einflusses von Auswahlentscheidung (*election*) einer Partei auf den Eintritt der *frustration*. Im Fall *J. Lauritzen A.S. v. Wijsmuller B.V. (The Super Servant Two)* ging es um die Herbeiführung der *frustration* durch die Wahl von *Super Servant Two*, die von den Beklagten vorgenommen wurde.[672] Unter der *self-induced frustration* durch die Auswahlentscheidung verbergen sich insbesondere die Fälle, in denen der Verkäufer mehreren Vertragsparteien Lieferung aus einer begrenzten Vorratsschuld versprochen hat und sich nach Vertragschluss herausstellt, dass mit den tatsächlich zur Verfügung stehenden Waren nur ein Teil der Verpflichtungen erfüllt werden kann.[673] Im Gegensatz zum amerikanischen Recht[674] gibt es im englischen Recht kein Prinzip der *pro rata*-Verteilung, d. h. der Verkäufer kann von seinen Pflichten nicht befreit werden, wenn er die zur Verfügung stehenden Güter zwischen allen Käufer verteilt.[675] Daher stellt sich die Frage, ob der

670 *Schmidt-Kessel*, Standards vertraglicher Haftung, S. 159.

671 *Phang*, AALR 1992, S. 278ff., (298); *McKendrick*, in: Chitty on Contracts, 28. Aufl., Band I, Rn. 24–059, 24–061; *Treitel*, The Law of Contract, S. 906.

672 Ein anderer Fall – *Maritime National Fish Ltd. v. Ocean Trawlers Ltd.* [1935] A. C., S. 524ff.;. *Beatson*, Anson's Law of Contract, 28. Aufl., S. 551f; *McKendrick*, in: Chitty on Contracts, 28 Aufl., Rn. 24–060f.

673 Z.B. *Bremer Handelsgesellschaft mbH v. Continental Grain Co.* (C.A.) [1983] 1 Lloyd's Rep., S. 269; *Hammer*, Frustration of contract, Unmöglichkeit und Wegfall der Geschäftsgrundlage, S. 23

674 s. 2–615 (b) U.C.C.; *Rauh*, Leistungserschwerungen im Schuldvertrag, S. 121f.

675 *Pancommerce SA v. Veecheema BV* (C.A.) [1983] 2 Lloyd's Rep., S. 304ff. Die Verteilung *pro rata* wird als Vertragsanpassung angesehen und *frustration of contract*

Schuldner wählen darf, welche von den Verträgen durch die *frustration of contract* aufgelöst werden sollen. Für die Zulassung einer solchen Wahl spricht die Tatsache, dass die betroffene Partei das Ereignis nicht herbeigeführt hat und aus diesem Grund es nach der Auffassung von *G. Treitel* ungerecht wäre, wenn man diese Wahl als *self-induced frustration* qualifizieren würde.[676] Dagegen spricht aber, dass es ausschließlich vom Schuldner selbst abhängt, wie viele Verträge er abschließt und es daher in seinem Einfluss- und Risikobereich liegt, ob er später alle Verträge durchführen kann: „*It is within the promisor's control how many contracts he enters into and the risk should be his.*"[677] Deswegen widerspreche die Auswahlentscheidung des Schuldners dem Prinzip der vernünftigen Kontrolle.[678] Noch deutlicher kommt es in der Definition der *frustration*, die in der Begründung der Entscheidung des *Court of Appeal* von *Lord Bingham* formuliert wurde: „ [...] *The essence of frustration is that it should not be due to the act or election of the party seeking to rely on it* [...]." [679] Danach wird im Falle mehrerer undurchführbarer Verträge keiner der abgeschlossenen Verträge als *frustrated* angesehen, so dass der Schuldner für die Verletzung aller Verträge einstehen muss. Daher empfehlt sich in der Situation, in der mehrere Verträge abgeschlossen werden, in jedem einzelnen Vertrag eine *force majeure*-Klausel zu vereinbaren.[680]

3. Vertragliche Risikozuweisung

Mit der *doctrine of frustration* ist eine Verteilung des Risikos, das mit dem Eintritt außergewöhnlicher und unerwarteter Ereignisse verbunden ist, bezweckt. Die Vertragsparteien sind aber weiterhin darin frei, selbst im Wege der Vertragsvereinbarungen für solche Situationen vorzusorgen.[681] Enthält der Vertrag eine sich

---

kann im Grundsatz nur zur Auflösung des Vertrags führen – *Treitel*, The Law of Contract, 11. Aufl., S. 878. Eine Befolgung der amerikanischen Grundsätze zur *pro rata*-Verteilung wird im Schrifttum gefordert – z.B. *Hudson*, MLR 1968, S. 535ff. (541f.).

676 *Treitel, The Law of Contract, 7. Aufl., S. 700f.* zitiert nach *Phang*, AALR 1992, S. 278ff. (299).

677 Richter *Hobhouse* in *J. Lauritzen A.S. v. Wijsmuller B.V. (The Super Servant Two)*[Q.B.] [1989] 1 Lloyd's Rep., S. 148ff. (158)

678 *Phang*, AALR 1992, S. 278ff. (304).

679 *J. Lauritzen A.S. v. Wijsmuller B.V. (The Super Servant Two)* (C.A). [1990] 1 Lloyd's Rep, S. 1ff. (8)

680 *McKendrick*, in: *McKendrick*, Force Majeure and Frustration of Contract, 2. Aufl., S. 48; *McKendrick*, in: Chitty on Contracts, 28. Aufl., Band I, Rn. 24–062

681 *Treitel*, The Law of Contract, 11 Aufl., S. 898. Zu *force majeure-* und *hardship* Klauseln – *Swadling*, in: *McKendrick*, Force Majeure and Frustration of Contract,

auf das *frustrating event* beziehende Bestimmung, z. B. in Form einer *force majeure-* oder *hardship*-Klausel, ist die Anwendung der *doctrine of frustration* grundsätzlich (mit Ausnahme von Illegalitätsfällen) ausgeschlossen.[682] Eine vertragliche Vereinbarung kann jedoch die Anwendung der *doctrine of frustration* nur verdrängen, soweit sie das im betreffenden Ereignis konkretisierte Risiko einer Partei besonders zuweist. Nach der Formel von *Lord Sumner* in der Entscheidung *Bank Line Ltd. v. Arthur Capel & Co.* muss die Vertragsbestimmung daher hinsichtlich dieses Ereignisses „*full and complete*" sein.[683] Dieses Vollständigkeitserfordernis bezieht sich sowohl auf die Anwendungsvoraussetzungen der betreffenden Vertragsklausel als auch auf die durch sie ausgesprochenen Rechtsfolgen. Wenn die Anwendungsvoraussetzungen das verwirklichte Risiko nicht oder nicht vollständig erfassen und die Voraussetzungen der *frustration* vorliegen, tritt die *frustration of contract* ein. Dasselbe gilt für Vereinbarungen, welche zwar das Risiko vollständig erfassen, jedoch nur einen Teil der zu erwartenden Rechtsfolgen regeln.[684]

Eine vertragliche Risikozuweisung muss nicht immer ausdrücklich sein. Sie kann sich auch aus dem Zusammenhang der Bestimmungen des Vertrags ergeben.[685] Wenn die Vertragsparteien keine Bestimmungen für den Fall des Eintritts eines vorhersehbaren Ereignisses vereinbart haben, entscheidet das Gericht immer für den Einzelfall, ob die Vertragsparteien damit einverstanden waren, dass im Falle des Eintritts dieses Ereignisses die betroffene Partei das ganze Risiko tragen soll oder ob sie sich in dieser Weise auf die *doctrine of frustration* verlassen wollte.[686] Für die vertragliche Zuweisung des ganzen Risikos einer Partei

---

2. Aufl., S. 3ff.; *Böckstiegel*, in: *Horn*, Adaptation and renegotiation of contracts in international trade and finance, S. 159ff.; *McKendrick/Parker*, I.C.C.L.R. 2000, S. 132ff.

682 Z.B. *Joseph Constantine Steamship Line Ltd v. Imperial Chemical Smelting Corpn* Ltd [1941] 2 All E.R. S. 165ff.(171); Halsbury's Law of England, Band 9 (1), 4. Neuaufl., Par. 905; *Beatson*, Anson's Law of Contract, 28. Aufl., S. 547; *Phang*, AALR 1992, S. 278ff. (294); *Atiyah*, An Introduction to the Law of Contract, S. 240; *McKendrick*, in. Chitty on Contracts, 28. Aufl., Band I, Rn. 24–056.; *McKendrick*, in: *McKendrick*, Force Majeure and Frustration of Contract, 2. Aufl., S. 34.

683 *Bank Line Ltd. v. Arthur Capel & Co. (H.L.)* [1919] A.C., S. 435ff. (455).

684 *Schmidt-Kessel*, Standards vertraglicher Haftung, S. 93; *Treitel*, The Law of Contract, 11 Aufl., S. 900; *McKendrick*, in: Chitty on Contracts, 28. Aufl., Band I, Rn. 24–056; *Atiyah*, An Introduction to the Law of Contract, S. 243; *McKendrick*, in: *McKendrick*, Force Majeure and Frustration of Contract, 2. Aufl., S. 35f.

685 *Treitel*, The Law of Contract, 11 Aufl., S. 898; *Schmidt-Kessel*, Standards vertraglicher Haftung, S. 91.

686 *Lord Wright* in *Martime National Fish, Ltd. V. Ocean Trawlers, Ltd.*, [1935] All E.R., S. 86ff. (89); Halsbury's Law of England, Band 9 (1), 4. Neuaufl., Par. 905;

kann insbesondere eine überdurchschnittlich hohe Vergütung sprechen, die als eine Art Prämie für die Bereitschaft zur Risikoübernahme („*insurance premium against special risks*") anzusehen ist.[687]

V. Rechtsfolgen

Die *frustration of contract* tritt unabhängig von dem Willen der Parteien ein und führt zur Vertragsauflösung (B, V, 1). Die sich darauf berufende Partei muss jedoch in ihrem Antrag auf den Zeitpunkt des Eintritts der *frustration* hinweisen (B, V, 3). Die Vertragsauflösung ist die einzige Rechtsfolge der *frustration*. In Wirklichkeit kann es aber zu gerichtlichen Eingriffen in den Vertrag kommen, die zu einem einer Vertragsmodifikation vergleichbaren Ergebnis führen (B, V, 2). Im *common law* gilt das Prinzip „*the loss lies where it falls*", nach dem es nur eine beschränkte Möglichkeit der Rückabwicklung erbrachter Leistungen gibt (B, V, 4, a) und b)). Erst nach dem Inkrafttreten des *Reform Law (Frustrated Contracts) Act 1943* können Geldzahlungen und andere Aufwendungen zurückgefordert werden. (B, V, 4, c))

1. Vertragsauflösung

Frustration führt eine Auflösung des Vertrags herbei, die automatisch, ohne dass es eines Gestaltungsaktes des Gerichts oder der Parteien bedarf, den Vertrag gänzlich zum Erlöschen bringt: „*Frustration brings the contract to an end forthwith, without more and automatically.*"[688] Der Vertrag kann dabei durch *frustrating events* aufgelöst werden, obwohl die Parteien ihn in Unkenntnis dieser Auflösung noch als in Kraft betrachten und in diesem irrtümlichen Glauben gehandelt haben.[689] Hieraus könnte das Gericht jedoch einen stillschweigend geschlossenen Vertrag herleiten, der entweder den Inhalt des aufgelösten Vertrags oder andere Regelungen enthält.[690]

Im Falle des Eintritts der *frustration* ist die Tätigkeit des Gerichts von feststellender, nicht von rechtsgestaltender Art. Das Gericht entscheidet lediglich, ob die Voraussetzungen der *frustration* in dem von der sich darauf berufenden Partei

---

McKendrick, in: Chitty on Contracts, 28. Aufl., Band I, Rn. 24–057; *Phang*, AALR 1992, S. 278ff. (290).

687 *Atiyah*, An Introduction to the Law of Contract, S. 241.

688 *J. Lauritzen A.S. v. Wijsmuller B.V. (The Super Servant Two)*, [1990] 1 Lloyd's Rep., S. 1ff. (8).

689 *Hirji Mulji v. Cheong Yue Steamship Co.Ltd.* [1926] All E.R. S. 51ff. (57f.); *Treitel*, Unmöglichkeit, »Impracticability« und »Frustration«, S. 122.

690 *Treitel*, Unmöglichkeit, »Impracticability« und »Frustration«, S. 122.

angegebenen Zeitpunkt vorgelegen haben. Bei seiner Entscheidung muss sich das Gericht auf die Tatsachen, die den Vertragsparteien beim Eintritt der *frustration* bekannt waren, beschränken.[691] Die damalige Situation soll nicht im Lichte der späteren Entwicklungen beurteilt werden und dies sogar wenn es sich im Zeitraum zwischen dem Eintritt der *frustration* und dem Gerichtsprozess herausgestellt hat, dass damals der Vertrag hätte durchgeführt werden können.[692]

Grundsätzlich können sich beide Parteien auf die einmal eingetretene *frustration* berufen. Von diesem Grundsatz gibt es allerdings Ausnahmen. Wenn die Partei die Störung des Vertrags selbst herbeigeführt hat (also bei *self-induced frustration*), ist es ihr verwehrt, sich hierauf zu berufen. Ihr Vertragspartner entscheidet, ob er am Vertrag festhalten oder ihn als aufgelöst behandeln möchte.[693]

Anders als bei der Berechtigung zur Vertragsaufhebung wegen Vertragsverletzung gehen die Folgen der *frustration* nicht durch nachträgliches Verhalten einer Partei verloren. Insbesondere findet kein stillschweigender Verzicht (*waiver*) oder keine Verwirkung (*estoppel*) der sich aus dem Vertragsscheitern ergebenden Rechtsfolgen statt.[694] Denn *frustration of contract* wird nicht als Recht angesehen, sondern als „*legal doctrine*".[695]

2. *Keine Anpassungsmöglichkeit*

Aus dem Grundsatz der Vertragsauflösung ergibt sich, dass eine Anpassung des Vertrags nicht stattfindet. Eine solche Rechtsfolge wird verworfen, weil sie nach der von *common law* Juristen vorherrschend vertretenen Meinung nur eine Quelle der Ungewissheiten darstelle.[696] Faktisch kann es in einzelnen Fällen zu einer Art „Vertragsanpassung" kommen. Wenn zum Beispiel die Parteien den durch *frustration* aufgelösten Vertrag als in Kraft betrachten, dann kann das Gericht hieraus einen neuen, stillschweigend geschlossenen Vertrag herleiten. Der neue Vertrag enthält entweder den Inhalt des aufgelösten Vertrags oder andere Regelungen. Wo der Inhalt des neuen Vertrags von dem des ursprünglichen Vertrags abweicht, entspricht dies im Ergebnis oftmals der Vertragsanpassung. Eine weitere

---

691 Cheshire, Fifoot und Furmston's Law of Contract, 12. Aufl., S. 576

692 *Court Line Ltd v. Dant and Russell Inc* [1939] 3 All E.R., S. 314ff.; *Atlantic MaritimeCo Inc v. Gibbon* [1953] 2 All E.R. S. 1086; Halsbury's Law of England, Band 9 (1), 4. Neuaufl., Par. 910

693 *Hammer*, Frustration of contract, S. 96; *Treitel*, Frustration and force Majeure, Rn. 15–003.

694 *Schmidt-Kessel*, Standards vertraglicher Haftung, S. 47; *Hammer*, Frustration of contract, S. 96.

695 *Hammer*, Frustration of contract, S. 96.

696 *Treitel*, Unmöglichkeit, »Impracticability« und »Frustration«, S. 122.

Art „Anpassungsmöglichkeit“ besteht dann, wenn Dienste nach der Auflösung, aber in Unkenntnis davon, geleistet werden. In solchen Fällen würde der dienstleistenden Partei ein Anspruch auf eine angemessene Vergütung (*quantum meruit*) zustehen. Die Grundlage für diesen Anspruch wird zwar nicht im aufgelösten Vertrag, sondern in der ungerechtfertigen Bereicherung gesehen. Da aber die angemessene Vergütung auch die neuen Umstände berücksichtigt, kann sie den ursprünglichen Vertragspreis übersteigen. Das praktische Ergebnis einer solchen Berechnung der Vergütung kann der „Vertragsanpassung“ sehr nahe kommen.[697] Ebenso kann die schon beschriebene *pro rata* – Verteilung als eine Art der Abänderung des Vertrags angesehen werden. Ob der im amerikanischen Recht anerkannte Grundsatz der *pro rata* – Verteilung im englischen Recht je solche Anerkennung erfahren wird, sei nach der Meinung *Treitels* fraglich.[698]

Ebenso unwahrscheinlich scheint eine stärkere Ausrichtung von dem Rechtsinstitut der *frustration* an dem Konzept von *hardship* und damit die Zulassung einer Vertragsanpassung als Rechtsfolge, die gelegentlich in der Literatur gefordert wird.[699] Eine dahingehende Entwicklung erscheint in Anbetracht der gefestigten Rechtsprechung und der Vorbehalte gegen die richterliche Anpassung in näherer Zukunft jedoch ausgeschlossen.[700]

3. Zeitpunkt des Eintritts der frustration of contract

Grundsätzlich beendet die *frustration of contract* den Vertrag automatisch mit dem Eintritt des *frustration* beibringenden Ereignisses. Wenn die zu erbringende Leistung mit einem zukünftigen Ereignis verbunden ist und das Ereignis abgesagt wird, dann findet *frustration* zum Zeitpunkt der Ankündigung der Absage statt.[701] Besonders behandelt werden die Fälle der *frustration of contract* infolge eines Kriegesausbruchs. Hier wird die Auffassung vertreten, dass eine Kriegserklärung nicht unbedingt automatisch zur *frustration* führen muss.[702] Da die Dauer eines Krieges nicht einzuschätzen ist, kann man von Anfang an nicht annehmen, dass

697 Ibd.

698 Ibd.

699 *Kotzur*, J.I.B.L. 1998, S. 345ff. (347); *McInnis*, in: *Mc Kendrick*, Force Majeure and Frustration of Contract, 2. Aufl.
In der Rechtsprechung versuchte ohne Erfolg *Lord Denning* in der Entscheidung *British Movietonews, Ltd. v. London & District Cinemas, Ltd.* ((C.A.)[1950] 2 All E.R., S. 390ff.) dieses Prinzip der Vertragsbeendung zu übergehen. Dazu – *Rauh*, Leistungserschwerungen im Schuldrecht, S. 112f.

700 *Kröll*, Ergänzung und Anpassung von Verträgen durch Schiedsgerichte, S. 207.

701 Halsbury’s Law of England, Band 9 (1), 4. Neuaufl., Par. 910.

702 Halsbury’s Law of England, Band 9 (1), 4. Neuaufl., Par. 910.

der Krieg den wirtschaftlichen Zweck eines Vertrags vernichten wird.[703] Nur Verträge mit einer Vertragspartei aus dem kriegsgegnerischen Staat gelten mit der Kriegserklärung als von der *frustration of contract* betroffene Verträge.[704]

Der Grundsatz, dass die Auflösung des Vertrags automatisch erfolgt, führt zu Problemen, wenn die Voraussetzungen der *frustration* nicht schlagartig, sondern aufgrund einer längeren, kontinuierlichen Entwicklung eintreten. Hier muss ermittelt werden, zu welchem Zeitpunkt die Voraussetzungen der *frustration of contract* vorgelegen haben. Die Gerichte werden mit dieser Frage nicht belastet. Sie entscheiden lediglich, ob die Voraussetzungen der *frustration* in dem Zeitpunkt vorgelegen haben, in dem sich eine der Parteien hierauf berufen hat. Deswegen muss sich die *frustration* geltend machende Partei spätestens bei Abfassung des Antrags darüber klar werden, wann die kritische Grenze überschritten ist.[705]

4. Rückabwicklung der erbrachten Leistungen

a) Rückabwicklung nach common law bis 1942

Die ursprüngliche Regelung der Rechtsfolgen der *frustration of contract* folgte dem Ansatz, dass die *frustration* die Wirksamkeit des Vertrags erst ab dem Zeitpunkt berührt, in dem ihre Voraussetzungen vorliegen. Bis zu diesem Zeitpunkt erworbene Rechte blieben unangetastet. Forderungen, die erst nach dem Eintritt der *frustration* fällig geworden wären, mussten danach nicht mehr erfüllt werden. Vor diesem Zeitpunkt fällige Forderungen waren hingegen auch dann zu erfüllen, wenn die Gegenleistung nicht mehr erbracht werden konnte. Wenn sie bereits erfüllt waren, gab es dem *common law*-Prinzip „*the loss lies where it falls*" entsprechend keine bereicherungsrechtliche Rückabwicklung.[706]

Die Frage der Rückabwicklung stellte sich zum ersten Mal in der Entscheidung *Chandler v. Webster*,[707] in der eine Rückabwicklung abgelehnt wurde. In

---

703 *Finelvet AG v. Vinava Shipping Co Ltd, The Chrysalis* [1983] 2 All E.R., S. 658ff.(668).

704 *Fibrosa Spolka Akcyjna v. Fairbairn Lawson Combe Barbour Ltd* [1942] 2 All E.R. S. 122ff.

705 *Hammer*, Frustration of contract, Unmöglichkeit und Wegfall der Geschäftsgrundlage, S. 95.

706 Halsbury's Statutes of England and Wales, Band 11, Rn. 912; *Hammer*, Frustration of contract, S. 99; *Rauh*, Leistungserschwerungen im Schuldrecht, S. 135; *McKendrick*, in: Chitty on Contracts, 28 Aufl., Band I, Rn. 24–070; Cheshire, Fifoot und Furmston's Law of Contract, 12. Aufl., S. 584.

707 [1904] 1 K.B., S. 493ff.; *Hellwege*, Die Rückabwicklung gegenseitiger Verträge, S. 254f.

diesem Fall hatte der Beklagte Räumlichkeiten an den Kläger für die Tage vermietet, an denen die Krönungsfeierlichkeiten für Edward VII. stattfinden sollten. Die Räumlichkeiten lagen genau an der Strecke des Krönungszuges. Der Kläger zahlte £ 100 des Mietzinses in Höhe von etwas über £ 141 an. Nach dem Vertragsschluss erkrankte Edward VII. und die Krönungsfeierlichkeiten wurden verschoben. Der Kläger verlangte nunmehr seine Anzahlung zurück. Die Klage wurde abgewiesen. Das Gericht ging zwar davon aus, dass die Grundlage des Vertrags gewesen sei, dass die Krönungsfeierlichkeiten stattfinden würden, und dass der Zweck des Vertrags gewesen sei, dass der Kläger den Krönungszug von den Räumlichkeiten des Beklagten verfolgen könne. Doch daraus folge nicht, dass die Rückabwicklung von bereits getätigten Leistungen verlangt werden könne. Der Vertrag werde nämlich nicht *ex tunc* vernichtet, sondern befreit die Parteien nur *ex nunc* von der Pflicht zur weiteren Erfüllung des Vertrags.[708]

Diese Entscheidung ist im Schrifttum kritisiert worden. Es sei für einen Schuldner nur schwer verständlich gewesen, wenn er seine Zahlungen weiterhin habe erbringen müssen, obwohl er gewusst habe, dass er niemals eine Gegenleistung erhalten würde. Dem Sachleistungsschuldner gewährte diese Regelung dagegen unter Umständen erhebliche Vorteile. Könnte die Leistung später doch noch erbracht werden, erhält er die doppelte Vergütung für seine Leistung.[709]

b) Rückabwicklung nach common law ab 1942

In dem aus dem Jahre 1942 stammenden Fall *Fibrosa Spolka Akcyjna v. Fairbarn Lawson Combe Barbour, Ltd.*[710] folgte das *House of Lords* der Entscheidung des *Court of Appeal* in dem *Fall Chandler v. Webster* nicht. In der Sache *Fibrosa Spolka Akcyjna v. Fairbairn Lawson Combe Barbour Ltd.* hatte sich eine britische Firma in den Monaten vor Ausbruch des zweiten Weltkrieges verpflichtet, Maschinen an eine polnische Gesellschaft mit Sitz in Wilno zu liefern. Als Kaufpreis vereinbarten die Parteien £ 4.800. Die polnische Gesellschaft sollte ein Drittel des Kaufpreises vorauszahlen. £ 1.000 zahlte die Klägerin vereinbarungsgemäß sofort an. Am 3. September 1939 erklärte Großbritannien Deutschland den Krieg und zum vereinbarten Liefertermin war Gdynia von deutschen Truppen besetzt. Die englische Beklagte hätte daher gegen ein gesetzliches Verbot verstoßen, wenn sie die Maschinen nach Gdynia geliefert hätte. Die Klägerin verlangte nunmehr ihre Anzahlung zurück.

---

708 *Hellwege*, Die Rückabwicklung gegenseitiger Verträge, S. 255.
709 *McElroy/Williams*, MLR 1941, Band 5, S. 1ff.; *Rauh*, Leistungserschwerungen im Schuldrecht, S. 136.
710 [1942] 2 All E. R. S. 122ff.

Das *House of Lords* hat die Voraussetzungen der *frustration of contract* bejaht, hielt die Anwendung der Grundsätze aus *Chandler v. Webster* aber für nicht gerechtfertigt. Sie hätte nämlich dazu geführt, dass der Lieferant die vorausgezahlte Summe hätte behalten und die noch ausstehende fällige Zahlung von £ 600 hätte verlangen können, zur Lieferung aber nicht verpflichtet gewesen wäre. Das Gericht hat hierbei eine Rückzahlungsverpflichtung in den Fällen zugelassen, in denen ein *total failure of consideration* eingetreten war.[711]

c) Rückabwicklung nach dem Law Reform (Frustrated Contracts) Act 1943

i. Ausgangspunkt

Da das *House of Lords* in der Entscheidung *Fibrosa Spolka Akcyjna v. Fairbarn Lawson Combe Barbour, Ltd* eine Rückerstattung nur in den Fällen einer *total failure of consideration* bejaht hat, würde für die Fälle, in denen nur eine geringe Gegenleistung erbracht worden ist, weiterhin der im Fall *Chandler v. Webster* aufgestellte Grundsatz mit all seinen Nachteilen gelten.[712] Um diesen Mängeln des *common law* abzuhelfen, wurden im Jahre 1943 die Rechtsfolgen der *frustration* durch den *Law Reform (Frustrated Contracts) Act* 1943 neu geregelt.

ii. Anwendungsbereich

Der Anwendungsbereich des *Law Reform (Frustrated Contracts) Act 1943* wird durch section 2 (5) begrenzt. Ausgenommen sind bestimmte Arten von Charterverträgen, die Versicherungsverträge und Verträge, die s. 7 des *Sale of Goods Act* unterfallen oder Verträge über den Verkauf oder die Lieferung bestimmter Waren, wenn durch den Untergang der Ware *frustration* eingetreten ist. In diesen Fällen gelten weiterhin die Grundsätze des *common law*.[713] Die letzte Ausnahme (die Sonderregelung für den *Sale of Goods Act*) wird allerdings im Schrifttum als nicht nachvollziehbar und modifikationsbedürftig angesehen.[714]

---

711 *Treitel*, Unmöglichkeit, »Impracticability« und »Frustration«, S. 145f; Cheshire, Fifoot und Furmston's Law of Contract, 12. Aufl., S. 585f.

712 Halsbury's Statutes of England and Wales, Band 11, Rn. 912.

713 Halsbury's Statutes of England and Wales, Band 11, Rn. 919; *Treitel*, Unmöglichkeit, »Impracticability« und »Frustration«, S. 150f.; Cheshire, Fifoot und Furmston's Law of Contract, 12. Aufl., S. 590f.; *Coen*, Vertragsscheitern und Rückabwicklung, S. 398.

714 *Atiyah*, The Sale of Goods, 8. Aufl., S. 335f.; *Treitel*, Unmöglichkeit, »Impracticability« und »Frustration«, S. 151; *Hammer*, Frustration of contract, S. 102.

iii. Neuregelungen

Vorbehaltlich besonderer Vereinbarungen der Parteien,[715] können nach den Regelungen des *Law Reform (Frustrated Contracts) Act* vor Eintritt der *frustration* erbrachte Zahlungen zurück gefordert werden. Diese Regel des *Law Reform (Frustrated Contracts) Act* basiert nicht auf der in *Fibrosa Spolka Akcyjna v. Fairbarn Lawson Combe Barbour, Ltd* aufgestellten Voraussetzung vom *total failure of consideration* und greift also auch dann, wenn bei Eintritt der *frustration of contract* Teilleistungen erbracht sind.[716] Spätere Zahlungen werden nicht geregelt, allerdings dürften insoweit die üblichen Regeln des Bereicherungsrechts eingreifen.[717] Verbindlichkeiten, die bis zu diesem Zeitpunkt fällig wurden, sind gemäß s. 2 (2) nicht mehr zu erfüllen.

Wenn die Partei, an die Geldleistungen zu erbringen waren, selbst für die Durchführung des Vertrags Aufwendungen gemacht hat, so kann das Gericht nach seinem Ermessen unter Berücksichtigung aller Umstände des Einzelfalls das Recht zusprechen, geleistete Zahlungen zu behalten oder Zahlung zu verlangen (s. 1 (2)). Die zugesprochene Summe darf jedoch gemäß s. 1 (2) *Law Reform (Frustrated Contracts) Act* die Aufwendungen ihrem Wert nach nicht übersteigen.[718] Aufwendungen, die der Schuldner der Geldzahlung im Hinblick auf die Durchführung des Vertrags gemacht hat (insbesondere Finanzierungskosten), sind allerdings vom Wortlaut der Bestimmung nicht erfasst.[719]

Wenn eine Partei durch die Durchführung des Vertrages einen Vorteil („*valuable benefit*") erlangt, der nicht in einer Geldzahlung im Sinne von s. 1 (2) des Gesetzes besteht, so kann das Gericht der anderen Partei nach seinem Ermessen unter Berücksichtigung aller Umstände des Einzelfalls das Recht zusprechen, Zahlung zu verlangen (s. 1 (3)). Der zugesprochene Betrag darf wiederum den Wert von *valuable benefit* nicht übersteigen. Diese gesetzlichen Regelungen werden kritisiert, weil sie eindeutige Kriterien vermissen lassen, nach denen sich der Ausgleich zwischen den Parteien richten soll.[720] Zu einem besseren Verständnis des Gesetzes trägt teilweise die Rechtsprechung bei. So erfolgt die Er-

---

715 Halsbury's Statutes of England and Wales, Band 11, Rn. 917.
716 *Hammer*, Frustration of contract, S. 103.
717 *Coen*, Vertragsscheitern und Rückabwicklung, S. 399.
718 *Hammer*, Frustration of contract, S. 103; *Treitel*, Unmöglichkeit, »Impracticability« und »Frustration«, S. 147; Halsbury's Statutes of England and Wales, Band 11, Rn. 914.
719 *Hammer*, Frustration of contract, S. 103.
720 *Coen*, Vertragsscheitern und Rückabwicklung, S. 400.

mittlung des zugesprochenen Betrages nach Richter *Goff*[721] in zwei Stufen. Zunächst ist der erlangte Vorteil festzustellen und zu bewerten. Hierbei legte er den zentralen Begriff von s. 1 (3) – *valuable benefit* – in der Weise aus, dass nur das Endprodukt, das der Gläubiger letztlich erhalten hat, und nicht die Aufwendungen, bei der Beurteilung des *benefit* zu berücksichtigen sind.[722] Dieses alleinige Abstellen auf das Endprodukt ist im Schrifttum auf Kritik gestoßen, weil in den Fällen, in denen noch kein Endprodukt fertiggestellt ist, überhaupt kein *valuable benefit* vorliegen kann. Würde z.B. ein Haus kurz vor seiner Fertiggestellung durch Feuer zerstört werden, ginge das Bauunternehmen leer aus. Daher wird gefordert, bei der Bewertung des *benefit* alle erbrachten Leistungen zu berücksichtigen.[723] Der letzte Schritt ist nach *Goff* die Festlegung einer gerechten Summe.[724]

Unberücksichtigt vom *Law Reform (Frustrated Contracts) Act* bleiben Zahlungen, die eine Partei aufgrund der Umstände, die zur *frustration* geführt haben, von einer Versicherung erlangt hat. Dies gilt jedoch nicht, wenn die Partei vertraglich zum Abschluss dieser Versicherung verpflichtet war (s. 1 (5)).[725]

In s. 2 (4) wird die schon im *common law* aufstellte Regel der *partial frustration* bestätigt. Bei einer partiellen Störung handelt sich um Fälle, in denen ein Teil der Leistung verhindert wird oder die Leistungserbringung oder –annahme sich verspätet und den Schuldner keine *self-induced frustration* vorzuwerfen ist. Die Rechtsfolgen der *frustration* können sich dann ausnahmsweise auf abtrennbare Vertragsteile beschränken, während der übrige Vertragsinhalt aufrecht erhalten bleibt.[726]

---

721 *B.P. Exploration Co. (Libya) Ltd v. Hunt (No. 2)* (Q.B.D.) (1979) 1 W.L.R., S. 783ff. (815f.). Diese Entscheidung wurde vom House of Lords bestätigt (1983) 2 A.C., S. 352. Dazu auch – *Coen*, Vertragsscheitern und Rückabwicklung, S. 400f.; *Hellwege*, Die Rückabwicklung gegenseitiger Verträge, S. 261f.; Halsbury's Statutes of England and Wales, Band 11, Rn. 915; *Rauh*, Denv.J.Int'l & Pol'y 1996, S. 151ff. (168f.); *McKendrick*, in: Chitty on Contracts, 28 Aufl., Band I, Rn. 24–083f.

722 *Rauh*, Leistungserschwerungen im Schuldrecht, S. 139; *Hammer*, Frustration of contract, Unmöglichkeit und Wegfall der Geschäftsgrundlage, S. 103.

723 *McKendrick*, in: *McKendrick*, Force Majeure and Frustration of Contract, S.235f.; *Rauh*, Leistungserschwerungen im Schuldrecht, S. 139; *Coen*, Vertragsscheitern und Rückabwicklung, S. 402.

724 *McKendrick*, in: *McKendrick*, Force Majeure and Frustration of Contract, S.237.

725 *Treitel*, Unmöglichkeit, »Impracticability« und »Frustration«, S. 129f.; Halsbury's Statutes of England and Wales, Band 11, Rn. 918.

726 *Hammer*, Frustration of contract, Unmöglichkeit und Wegfall der Geschäftsgrundlage, S. 97, 103; *McKendrick*, in: Chitty on Contracts, 28. Aufl., 24–064f.

VI. Abgrenzung zu anderen Rechtsinstituten

Anders als im deutschen oder polnischen Schrifttum taucht die Frage der Abgrenzung der *frustration of contract* von anderen Rechtsinstituten in der englischen Literatur selten auf.[727] Dies heißt aber nicht, dass es im Bereich der *frustration of contract* keine Überschneidungen mit anderen konkurrierenden Ansprüchen geben würde. Schwierigkeiten kann insbesondere die Abgrenzung der *frustration* vom Anwendungsbereich des Irrtums (*mistake*) und der Sonderregelung für den Untergang der Ware nach s. 7. *Sale of Goods Act* bereiten.

1. Mistake (Irrtum)

Die *doctrine of mistake* hat wie die *doctrine of frustration* viel Diskussion im Schrifttum ausgelöst.[728] Auch die Entwicklung des Rechtsinstituts des Irrtums ähnelt der des *frustration of contract*. Dem englischen Recht war nämlich bis zu Beginn des 19. Jahrhunderts der Gedanke fremd, dass ein Vertrag wegen *mistake* angefochten werden kann. Erst seit der zweiten Hälfte des 19. Jahrhunderts hat sich durch die englische Rechtsprechung die Ansicht durchgesetzt, dass ein Vertrag unter engen Voraussetzungen wegen Irrtums unwirksam ist. Allerdings bietet die englische Irrtumslehre zusammengenommen ein verwirrendes Bild, das sich in der Rechtsprechung der *common law courts* und der *equity* Gerichte auseinanderentwickelt hat und so zwei verschiedene Lösungen nebeneinander stehen.[729] Eine besondere Ähnlichkeit mir der *frustration of contract* weist vor allem das Rechtsinstitut des *mistake* auf, das sich im *common law* entwickelt hat.[730]

Damit das Vorliegen eines *mistake* behauptet werden kann, muss nach den Grundsätzen des *common law* ein Tatsachenirrtum vorliegen (*mistake must be of fact*), der, wie die „*change in the obligation*“ im Falle der *frustration*, so „*fundamental*“ ist, dass die Vertragsgrundlage betroffen wird.[731] Dies ist im Einzelfall auszulegen, soweit nicht einige Grundsätze vorhanden sind, welche von der Rechtsprechung herausgebildet worden sind.[732] Allerdings werden anders als bei der *frustration* Verträge, bei denen ein Irrtum vorliegt, als „*void ab initio*“ ange-

---

727 Über die *frustration* and *mistake* – *McKendrick*, in: Chitty on Contracts, 28 Aufl., Band 1, Rn. 24–002; *Treitel*, Frustration and Force Majeure, Rn. 1–005f.; *Smith*, LQR 1994, S. 400. Über *impossibility* und *mistake* – Halsbury's Law of England, 4 Neuaufl., Band 9 (1), Rn. 894f.

728 *Phang*, AALR 1992, S. 278 Fn. 1.

729 *Graf von Bernstorff*, Einführung in das englische Recht, 2.Aufl, S. 62.

730 *Phang*, AALR 1992, S. 278 Fn. 1

731 *Treitel*, Frustration and Force Majeure, Rn. 1–007.

732 *Graf von Bernstorff*, Einführung in das englische Recht, 2.Aufl, S. 62.

sehen, d.h. der Vertragsgegenstand wird zum Zeitpunkt des Vertragsschlusses als nicht mehr existent behandelt. Weiter unterscheiden sich die beiden Rechtsinstitute wesentlich darin, dass eine *frustration of contract* nur infolge eines Ereignisses eintritt, das sich nach dem Vertragschluss ereignet hat, während der *mistake* eine Fehlvorstellung der Parteien einen Tatbestand betrifft, der schon bei Vertragsschluss vorlag und den Parteien unbekannt war.[733] Wegen der Ähnlichkeit der Anwendungsvoraussetzungen ist manchmal die Grenze zwischen den beiden Rechtsinstituten nicht einfach zu ziehen.[734]

2. *Sonderregelung der frustration s. 7 Sale of Goods Act*

Das englische Kaufrecht wurde schon im Jahre 1893 im *Sale of Goods Act* geregelt, der 1979 durch ein neues Gesetz ersetzt wurde. Nach s. 20 dieses Gesetzes trägt im Fall des Warenkaufs grundsätzlich derjenige das Risiko für den unverschuldeten Untergang der Ware, dessen Eigentum sie ist. Eine Ausnahme von diesem Grundsatz ist in s. 7 Sale of Goods Act 1979 zu finden. S. 7 SGA ebenso wie das ganze *Sale of Goods Act* finden Anwendung beim Warenkauf. Bei der *frustration* muss es sich jedoch um ein „*agreement to sell*“ handeln. Ein „*agreement to sell*“ ist eine Vereinbarung, nach der die Übertragung des Eigentums erst zu einem späteren Zeitpunkt oder nach Eintritt einer künftigen Bedingung erfolgen soll (s.2 (4) SGA).[735] Im Fall einer solchen Vereinbarung bleibt das Risiko beim Verkäufer, weil das Risiko grundsätzlich nach s. 20 (1) SGA erst mit dem Eigentum an der verkauften Ware übergeht.[736]

Anders als das deutsche Recht versteht das englische Recht unter „*goods*“ nicht einfach Waren, sondern bewegliche Sachen, darunter auch Schiffe, Tiere, Frucht an Bäumen und sogar Grundstücksteile, wenn diese vom Grundstück getrennt werden. Ausgeschlossen sind aber Forderungen und Rechte, Wertpapiere und Grundstücke.[737] Das „*agreement to sell*“ muss sich auf bestimmte Waren (*specific goods*) beziehen: auf „*goods identified and agreed upon at the time a*

---

733 *McKendrick*, in: Chitty on Contracts, 28 Aufl., Band I, Rn. 24–002; *Cartwright*, LQR 1987, S. 594ff. (602, Fn 43); *Smith*, LQR 1994, S. 400ff. (401); *Treitel*, Frustration and Force Majeure, Rn. 1–005.

734 *McKendrick*, in: Chitty on Contracts, 28 Aufl., Rn. 24–002, Fn. 3; *Amalgamted Investment and Property Co. Ltd. v. John Walker & Sons Ltd. (Ch.D.)* [1976] 3 All E.R., S. 509ff.; *Treitel*, Frustration and Force Majeure, Rn. 1–005.

735 *Hammer*, Frustration of contract, S. 26f.

736 *Atiyah*, The Sale of Goods Act, 8. Aufl., S. 321f., 328; *Dobson*, Sale of Goods and Consumer Credit, 5. Aufl., Rn. 4–12; *Guest*, Benjamin's Sale of Goods, 4. Aufl., Rn. 6–0027.

737 *Graf von Bernstorff*, Einführung in das englische Recht, S. 82; *Atiyah*, The Sale of Goods Act, 8. Aufl., S. 50f.

contract of sale is made".[738] Nach dem Wortlaut der Vorschrift kann *frustration* dann eintreten, wenn die Ware untergegangen ist. Dem Wort „*perish*" wird dabei eine weite Auslegung gegeben. Die überwiegende Ansicht geht nämlich davon aus, dass „*perish*" nicht nur eine Zerstörung der Vertragsgrundlage bedeutet, sondern auch die Fälle umfasst, in denen die Natur der Vertragsgrundlage entscheidend verändert wurde.[739] Wie nach den in der Rechtsprechung entwickelten allgemeinen Grundsätzen der *frustration* setzt diese Vorschrift voraus, dass die Sache ohne Verschulden (*fault*) der Partei untergegangen ist.

Die in der Rechtsprechung entwickelten Grundsätze der *frustration* finden auf die durch s. 7 SGA erfassten Verträge ergänzend Anwendung. Wie bei anderen Verträgen sind die Chancen einer erfolgreichen Berufung auf *frustration*, die lediglich auf einer Kostenersteigerung basiert, gering.[740]

Die Verträge, die s. 7 SGA unterfallen sowie andere Verträge über den Verkauf oder die Lieferung bestimmter Waren, bei denen *frustration* durch den Untergang der Ware eingetreten ist, sind gemäß s. 2 (5) (c) *Law Reform (Frustrated Contracts) Act* vom Anwendungsbereich dieses Gesetzes ausgeschlossen. Für sie gelten weiterhin die Grundsätze des *common law*.[741] Diese Sonderregelung für den *Sale of Goods Act* wird, wie bereits erwähnt, im Schrifttum als nicht nachvollziehbar und modifikationsbedürftig angesehen.[742]

VII. Prozessrechtliche Fragen

Wie bereits erwähnt, beendet *frustration* den Vertrag automatisch und beide Seiten können sich auf die einmal getretene *frustration* berufen. Mit der Berufung auf die *doctrine of frustration* ist die Haftungsentlastung und das Freiwerden (*discharge*) der Partei von ihren vertraglichen Verpflichtungen bezweckt. Die Parteien versuchen dabei in sehr verschiedenen Situationen sich die Rechtsfolge der *frustration*, die automatische Beendigung des Vertrags, zunutze zu machen (B, VI, 1). Viele die *frustration* betreffende Fragen werden heutzutage im Schiedsverfahren entschieden. Da es sich hier um Rechtsfragen handelt, können

738 *Atiyah*, The Sale of Goods Act, 8. Aufl., S. 329f.

739 *Atiyah*, The Sale of Goods Act, 8. Aufl., S. 329; *Rauh*, Leistungserschwerungen im Schuldrecht, S. 7; *Dobson*, Sale of Goods and Cosumer Credit, 5. Aufl.,Rn. 4–10.

740 *McKendrick*, in: Chitty on Contracts, 28 Aufl., Rn. 24–045.

741 Halsbury's Statutes of England and Wales, Band 11, Rn. 919; *Treitel*, Unmöglichkeit, »Impracticability« und »Frustration«, S. 150f.; Cheshire, Fifoot und Furmston's Law of Contract, 12. Aufl., S. 590f.; *Coen*, Vertragsscheitern und Rückabwicklung, S. 398.

742 *Atiyah*, The Sale of Goods, 8. Aufl., S. 335f., *Treitel*, Unmöglichkeit, »Impracticability« und »Frustration« S. 151; *Hammer*, Frustration of contract, S. 102.

sie bei einer fehlerhaften Rechtsanwendung den ordentlichen Gerichten vorgelegt werden und in dieser Weise ihren Niederschlag in den *Law Reports* finden (B, VI, 3). Die Beweislast wird bei diesen Sachen (mit einer Ausnahme) nach den allgemeinen Prinzipien verteilt (B, VI, 2). Auch die Verjährungsfrist läuft in üblicher Weise (B, VI, 4).

1. Prozessuale Konstellationen

Die Gerichte sprechen die *frustration of contract* sowohl bei Anträgen auf Feststellung des Fortbestands des Vertrags (z.B. *Metropolitan Water Board v. Dick, Kerr & Co. Ltd.*[743]) als auch bei Scheitern des Vertrags (*Ertel Bieber & Co. v. Rio Tinto Co. Ltd.*[744]) aus. Mit der Frage der typischen prozessualen Konstellationen der *doctrine of frustration* hat sich *M. Schmidt-Kessel* befasst, der darauf verweist, dass die vom Gericht ausgesprochene Vertragsbeendung als Rechtsfolge der *frustration* für die vortragende Partei als Zwischenziel diene. In erster Linie gehe es der Partei um die Rückabwicklung erbrachter Leistungen.[745] Die publizierten Entscheidungen betreffen sowohl die Rückforderung von Anzahlungen[746] als auch die Rückabwicklung sonstiger vor dem Scheitern des Vertrags erbrachter Leistungen im Wege des Wertersatzes.[747] Die Berufung auf *frustration* erfolgt auch zu Verteidigungszwecken. Besonders häufig in der Rechtsprechung ist ein *frustration*-Einwand bei der Verteidigung gegen Klagen auf die Gegenleistung, wie etwa im historischen Fall *Paradine v. Jane*[748] oder in der Sache *National Carriers Ltd. v. Panalpina (Northern) Ltd.*[749]. Darüber hinaus dient die *doctrine of frustration* als Einwand gegen Schadensersatzansprüche, darunter Schadenansprüche wegen unterbliebener Annahme der Sachleistung.[750]

---

743 *Metropolitan Water Board v. Dick, Kerr & Co. Ltd. (C.A.)* [1917] 2 K.B., S. 1ff.; *Schmidt-Kessel*, Standards vertraglicher Haftung, S. 50.

744 [1918–19] All E.R., S. 127ff.

745 *Schmidt-Kessel*, Standards vertraglicher Haftung, S. 51.

746 *Fibrosa Spolka Akcyjna v. Fairbairn Lawson Combe Barbour Ltd.* (H.L.) [1942] 2 All E. R. S. 122ff.

747 Z.B. *B.P. Exploration Co. (Libya) Ltd v. Hunt (No. 2)* (Q.B.D.) (1979) 1 W.L.R., S. 783ff.

748 [1558–1774] All E.R., S. 172ff.

749 [1981] 1 All E.R., S. 161ff.

750 Z.B. *Taylor v. Caldwell* [1861–78] (Q.B.) All E.R., S. 24ff.; *Poussard v. Spiers & Pond* (1876) 1 Q.B.D., S. 410; *Schmidt-Kessel*, Standards vertraglicher Haftung nach englischem Recht. Limits of Frustration, S. 53f.

2. *Beweislast*

Die Beweislast bei der Feststellung der *frustration* liegt auf der sich auf einer *frustration of contract* berufenden Partei. Sie muss alle Tatsachen nachweisen, die für den Eintritt der *frustration* vorausgesetzt werden. Anders sieht die Beweisverteilung im Falle des Einwands einer *self-induced frustration* aus. Obwohl die Abwesenheit der „*fault*" eine Voraussetzung der *frustration* ist, muss sie nicht von der *frustration* geltend machenden Partei bewiesen werden. In der aus dem Jahre 1941 stammenden Entscheidung *Joseph Constantine SS. Line Ltd. v. Imperial Smelting Corp. Ltd.* hat nämlich das *House of Lords* die Beweislast in der Weise verteilt, dass die Partei, welche sich darauf beruft, dass die *frustration self-induced* sei, darüber Beweis führen muss.[751]

3. *Frustration of contract im Schiedsverfahren*

Jede *frustration of contract* bringt den Vertrag automatisch zum Ende. Dass es überhaupt bei einer *frustration* zum Schiedsverfahren kommen kann, ergibt sich aus dem Urteil *Heyman v. Darwins Ltd.*[752], in dem das *House of Lords* entschieden hat, dass eine Schiedsklausel auch dann ungetastet bleibt, wenn der Vertrag durch *frustration* beendet ist.[753]

Eine wichtige Rolle bei der Problematik der *frustration* im Schiedsverfahren spielt die Klassifizierung der Frage, ob eine *frustration* vorliegt oder nicht. Sie ist nicht eine Tatfrage, sondern wird spätestens seit der Entscheidung in *Tsakiroglou & Co. Ltd. v. Noblee & Thorl GmbH*[754] als Rechtsfrage angesehen. Die Wesentlichkeit der Unterscheidung zwischen Tat- und Rechtsfragen erklärt sich aus der Geschichte des *common law* Zivilprozesses. Sie kommt aus der Zeit des „*trial by jury*", bei dem die Mitglieder der Jury des Lesens nicht immer mächtig waren und daher eine richterliche Kontrolle ihrer Interpretation für angebracht gehalten wurde. Eine solche Kontrolle wäre aber mit einer Klassifizierung als „*question of*

---

751 [1941] 2 All E.R., S. 165ff. (170); *McKendrick*, in: Chitty on Contracts, 28 Aufl., Band I, Rn. 24–063; *Treitel*, The Law of Contract, 11. Aufl., S. 908.

752 *Heyman v. Darwins Ltd* [1942] A.C., S. 356ff. (366–367); ebenso – *Kruse v. Questier & Co. Ltd.* [1953] 1 Q.B., S. 669ff.. Anders – *Hirji Mulji v. Cheong Yue Steamship Co., Ltd.*, {1926] All E.R., S. 51ff.(54).

753 *McKendrick*, in: Chitty on Contracts, 28 Aufl., Band I, Rn. 24–095; Halsbury's Law of England, 4 Neuaufl., Band 9(1), Rn. 909.

754 [1961] 2 All E.R, S. 179ff.

fact" ausgeschlossen gewesen.[755] Da heutzutage *jury trials* im Zivilprozess sehr selten sind, hat dieses Problem an Bedeutung verloren.

Im 20. Jahrhundert hat die Frage nach dem Charakter der sich auf *frustration* beziehenden Entscheidungen eine neue Dimension gewonnen. Zu dieser Zeit hat sich eine neue Praxis entwickelt, wonach in den Verträgen Schiedsklauseln eingefügt werden. Aufgrund solcher Klauseln wird die Feststellung der *frustration* häufig Schiedsgerichten überlassen.[756] Anders als bei Tatfragen unterliegen die schiedsrichterlichen Entscheidungen über Rechtsfragen der Kontrolle der ordentlichen Gerichte.[757] Dies bedeutet aber nicht, dass die Gerichte die Entscheidung der Schiedsrichter beanstanden dürfen, nur weil sie damit nicht einverstanden sind. Vielmehr müssen Fehler in der Rechtsanwendung vorliegen – wie z.B. der Einritt der *frustration* wird unter unrichtigen Voraussetzungen überprüft oder bei der Anwendung der richtigen Voraussetzungen sind die Schiedsrichter zu einem Ergebnis gekommen, das sich mit der Denkweise eines vernünftigen Menschen nicht vereinbaren lässt.[758]

Nach dem Zweiten Weltkrieg haben Londoner Schiedsgerichte und englisches Recht weltweite Wertschätzung erfahren, die große Verfahrenswellen nach sich zogen. Da, wie bereits erwähnt, das britische Schiedsverfahrensrecht das Vorlegen von Rechtsfragen an die ordentlichen Gerichte ermöglicht, haben viele regionale Konflikte und Kriege sowie Naturkatastrophen, an denen nicht unbedingt britische Parteien beteiligt waren, ihren Niederschlag in den *Law Reports* gefunden.[759]

4. Verjährung

Die Fristlänge hängt nach den Bestimmungen des *Limitation Act 1980* von der Form des Vertrags ab. Gemäß sec. 5 *Limitation Act 1980* verjähren Ansprüche aus formlosen Verträgen (*simples contracts*) nach sechs Jahren, während Verträ-

755 *Treitel*, Frustration and Force Majeure, Rn. 16–001; *Kröll*, Ergänzung und Anpassung von Verträgen durch Schiedsgerichte, S. 242.

756 Z.B. *Heyman v. Darwins* (H.L.) [1942] A.C., S. 356ff. (366); *Pioneer Shipping Ltd. v. BTP Tioxide Ltd.* [1982] A.C., S. 724ff. (743–744).

757 *Treitel*, Frustration and Force Majeure, Rn. 16–002f.; *Kröl*, Ergänzung und Anpassung von Verträgen durch Schiedsgerichte, S. 232f.

758 *Treitel*, The Law of Contract, 11. Aufl., S. 897f.; *Pioneer Shipping Ltd. v. BTP Tioxide Ltd.* (H.L.) [1982] A.C., S. 724 ff.(738, 752–3); *Beatson*, Anson's Law of Contract, 28. Aufl., S. 546

759 *Schmidt-Kessel*, Standards vertraglicher Haftung, S. 59; *McKendrick*, in: Chitty on Contracts, Band I, 28. Aufl., Rn. 24–095. Zu den Gründen der Popularität des englischen Vertragsrechts und der englischen Schiedsgerichte– *McKendrick*, CLP 1997, S. 25ff. (56f.).

ge *under seal* (sog. *specialities*), d.h. Verträge, die mindestens eine Partei durch Besiegelung der Vertragsurkunde bindet, grundsätzlich nach zwölf Jahren (s. 8 (1)).[760] Darüber hinaus können die Vertragsparteien eine kürzere Verjährungsfrist durch *exemption clauses* vereinbaren.[761]

Die Verjährung beginnt in dem Moment zu laufen, in dem der Gläubiger den Anspruch erstmals gerichtlich durchsetzen kann. Das Gesetz stellt also beim Verjährungsbeginn nicht auf den Zeitpunkt der Anspruchsentstehung, sondern auf die Entstehung des Klagerechts ab. Ein Klagerecht hat der Gläubiger, wenn er einen Grund zur Klage hat (*cause of action*). Ein Klagegrund liegt vor, wenn die Tatsachen eingetreten sind, die der Kläger im Bestreitensfall beweisen müsste, um eine Verurteilung des Beklagten zu erreichen.[762] Bei einem Antrag auf Feststellung der *frustration* würde die sechsjährige bzw. zwölfjährige Frist ab dem Zeitpunkt laufen, in dem *frustration* eingetreten ist.

Diese Regeln über Verjährungsablauf und -fristen gelten auch für das Schiedsverfahren.[763]

C. Zusammenfassung und Gesamtwürdigung der frustration of contract

Die erste die *frustration of contract* betreffende Entscheidung stammt zwar aus dem Jahre 1863[764], das Rechtsinstitut hat sich aber erst mit der neuen als kritisch bezeichneten Richtung des Vertragsrechts im 20. Jahrhundert durchgesetzt. In Großbritannien wird aber weiterhin stärker auf die Rechtssicherheit und damit auf das ihr dienende Prinzip *pacta sunt servanda* als auf Gerechtigkeitserwägungen abgestellt. Dies ist auch der noch immer sehr konservativen Grundeinstellung der *common law* Richter zuzuschreiben, die alte Regeln einhalten und sehr ungern neue Präzedenzentscheidungen treffen. Sie lassen sich weniger von allgemeinen Gerechtigkeitsgedanken, sondern vielmehr von der Erwägung leiten, welche Konsequenzen eine Einzelentscheidung für die ganze Rechtsordnung haben wird.[765] In der so verstandenen Rechtssicherheit besteht nach der Auffassung

---

760 *Conrads*, Verjährung im englischen Recht, S. 42f; *O'Ware/Browne*, Civili Litigation, 10. Aufl., Rn. 5.002

761 *Conrads*, Verjährung im englischen Recht, S. 45f.; *Graph von Bernstorff*, Einführung in das englische Recht, S. 80.

762 Halsbury's Law of England, 4. Aufl., Band 28, Rn. 820; *Conrads*, Verjährung im englischen Recht, S. 49.

763 *James Lazenby and Co. v. McNicholas Construction Co. Ltd.* (Q.B.D. (Comm.Ct.)) [1995] 2 Lloyd's Rep., S. 30ff. (37).

764 *Taylor v. Caldwell*, [1861–73] All E.R. S. 24ff.

765 *DiMatteo*, U.Pitt.L.Rev. 1999, S. 839, 846, 874–846.

mancher englischen Juristen der Vorteil des *common law* gegenüber dem *civil law.*[766]

Die Gestalt der *doctrine of frustration* wurde durch Ereignisse geprägt, welche jeweils die Durchführung einer großen Anzahl der Verträge betraf und daher entsprechende Prozesslawinen nach sich zog (also Weltkriege, aber auch weniger dramatische Ereignisse wie Schließungen des Suez-Kanals oder Ausfall der Krönungsfeierlichkeiten). Darüber hinaus haben zur Gestaltung der *frustration of contract* Ereignisse, regionale Konflikte oder Naturkatastrophen beigetragen, an denen nicht unbedingt britische Parteien beteiligt waren. Dies ist der Popularität der Londoner Schiedsgerichte und dem englischen Schiedsverfahrensrecht zuzuschreiben, das das Vorlegen von Rechtsfragen an die ordentlichen Gerichte ermöglicht.

Obwohl heutzutage die Existenz der *frustration of contract* nicht mehr in Frage gestellt wird, ist es der englischen Jurisprudenz bis heute nicht gelungen, den Tatbestand der *frustration* in einer allgemein akzeptierten Formel zusammenzufassen. Der letzte bekannteste Versuch wurde von *Lord Bingham* im Urteil *J. Lauritzen A.A. v. Wijsmuller B.V. (The Super Servant Two)* unternommen, in dem er die im Fallrecht entwickelten unstreitigen Grundsätze der *frustration* zusammengefasst hat. Auch die Debatte über die dogmatische Basis dieses Rechtsinstituts wird intensiv geführt. In der Rechtsprechung haben sich viele dogmatische Begründungen zur *frustration* entwickelt, die viel Unklarheit geschaffen haben und zur Inkohärenz führen. Obwohl heutzutage der Test vom „*radical change of circumstances*“ als dominierend angesehen wird, werden auch andere Prüfungsgesichtspunkte (ausgenommen „*implied term*“) im gerichtlichen Entscheidungsprozess angewandt. So ist die Vertragspartei nie sicher, welchem Test das Gericht Vorrang gewähren wird.

Der Anwendungsbereich der *frustration of contract* erfasst vor allem Fälle der Unmöglichkeit, der Illegalität und der Zweckverfehlung. Die Unpraktikabilitätsfälle sind eine absolute Ausnahme. Häufig wird sogar die Anwendung der *frustration of contract* bei bloßen Leistungserschwerungsfällen ausdrücklich ausgeschlossen. Trotz der in der Rechtsprechung (*Lord Denning*) und im Schrifttum (z.B. *J. Beatson, J. H. Schlegel*) unternommenen Versuche, den Anwendungsbereich der *frustration* auf die Unpraktikabilitätsfälle auszudehnen, wird der Eintritt der *frustration* in diesen Fällen überwiegend abgelehnt. Diese Ablehnung ist aber nicht immer konsequent. Vielmehr sprechen die Gerichte die *frustration of*

766 Vergl. z.B. die Stellungnahme vom *General Bar Council of England and Wales* zur Mitteilung der Europäischen Kommission über europäisches Vertragsrechts (2001/C 255/01), abrufbar unter http://www.europa.eu.int/comm/consumers/cons_int/safe_shop/fair_bus_pract/cont_law/comments/index_en.htm.

contract gelegentlich auch bei Leistungserschwerungen aus, wobei sie bei ihren Überlegungen auf andere Tatbestandsmerkmale (z.B. vorübergehende Unmöglichkeit oder Existenz einer Anpassungsklausel) als entscheidend für den Eintritt der *frustration* hinweisen.

Der Eintritt der *frustration of contract* kann bei allen Vertragstypen erfolgreich geltend gemacht werden, wenn es nach Vertragschluss zu einer Veränderung der geschuldeten Leistung gekommen ist, die durch ein objektiv unvorhersehbares und außerhalb des Kontrollbereichs der Parteien liegendes Ereignis (sog. *frustrating event*) verursacht wurde. Grundsätzlich ist die Berufung auf *frustration* bei Geldleistungen, einer selbst herbeigeführten Veränderung und der Existenz einer vertraglichen Regelung zur Durchführung des Vertrags bei veränderten Umständen ausgeschlossen. Die vertragliche Risikoverteilung muss dabei nicht immer ausdrücklich erfolgen und kann sich auch aus dem Zusammenhang der Vertragsbestimmungen ergeben. Darauf kann z.B. eine überdurchschnittlich hohe Vergütung hinweisen, die als eine Art Prämie für die Risikoübernahmebereitschaft anzusehen ist.

Welche Kriterien vom Gericht bei der Feststellung der *frustration* als entscheidend angesehen werden, ist sehr stark von den Umständen des Einzellfalls abhängig. Der Eintritt der *frustration* ist sogar möglich, wenn die Parteien das *frustrating event* vorhergesehen und im Vertrag eine Anpassungsklausel vereinbart haben. Dies kann geschehen im Fall einer Klausel, die den Tatbestand und seine Folgen nicht vollständig regelt. Darüber hinaus ist es wesentlich schwieriger, den Eintritt der *frustration* bei Dauerschuldverhältnissen als im Falle von kurzfristigen Verträgen erfolgreich geltend zu machen.

Eine *frustration of contract* hat einzig nur die Rechtsfolge der Vertragsaufhebung, die automatisch eintritt und durch nachträgliches Verhalten einer Partei nicht verloren geht. In der Praxis kann es zwar in einzelnen Fällen zu einer Art „Vertraganpassung“ kommen, üblicherweise beschränkt sich aber die Aufgabe des Gerichts nur auf die Entscheidung darüber, ob die Voraussetzungen der *frustration* zu dem Zeitpunkt vorgelegen haben, den die Partei geltend macht, die sich auf *frustration* beruft. Aufgrund der Endgültigkeit dieser Rechtsfolge sprechen die englischen Gerichte eine *frustration of contract* sehr ungern aus. Sie befürchten, dass *frustration* von Parteien, denen an einer totalen Befreiung von Vertragspflichten gelegen ist, als ein billiger Ausweg aus unliebsamen Verträgen missgebraucht werden könnte.[767]

---

767 *Beatson*, in: *Rose*, Consensus ad idem, Essays in the Law of Contract in Honour of Guenter Treitel, S. 121ff. (134); *Kröll*, Ergänzung und Anpassung von Verträgen durch Schiedsgerichte, S. 207.

Auf die einmal eingetretene *frustration of contract* können sich beide Parteien berufen. Wenn jedoch eine Partei diese Veränderung herbeigeführt hat (also bei sog. *self-induced frustration*) ist es ihr verwehrt, sich hierauf zu berufen. Als *self-induced frustration* gilt neben jedem fahrlässigen Verhalten auch die Entscheidung einer Partei über die Durchführung nur einzelner von mehreren Verträgen, deren Abwicklung nicht vollständig möglich ist. Die Gerichte und Schiedsgerichte sprechen *frustration of contract* sowohl bei Antrag auf Feststellung des Fortbestands als auch bei Scheitern des Vertrages aus. Die Berufung auf *frustration* kann auch zu Verteidigungszwecken erfolgen. Die Rechtsfolge der Vertragsbeendung dient für die vortragende Partei als Zwischenziel. In erster Linie geht es um die Rückabwicklung bereits erbrachter Leistungen, die seit dem Inkrafttreten des *Law Reform (Frustrated contracts) Act 1943* möglich ist. Da sie auf dem von der anderen Partei wirklich erlangten Vorteil basiert, werden manche Aufwendungen bei der Rückerstattung nicht berücksichtigt. Darüber hinaus bleiben wichtige Verträge wie bestimmte Arten von Charterverträgen, Versicherungsverträgen und Verträge, die s. 7 des *Sale of Goods Act* unterfallen, vom Geltungsbereich dieses Gesetztes ausgeschlossen. Für sie gelten weiterhin die Grundsätze des *common law*.

Aufgrund ihrer Mängel wird die *doctrine of frustration* im Schrifttum häufig kritisch bewertet.[768] So wird kritisiert, dass sie zu eng und mit den wirtschaftlichen Gegebenheiten kaum vereinbar sei und in der heutigen Gestalt ihre Funktion nicht erfülle.[769] Gelegentlich werden in der Literatur Vorschläge gemacht, die *frustration of contract* auf Leistungserschwerungsfälle auszudehnen oder eine Vertragsanpassung als Rechtsfolge zuzulassen. Das Postulat der Erweiterung des Anwendungsbereichs wird auf starke Argumente gestützt; u.a. darauf, dass die Zulassung der Berufung auf *frustration* bei einer Leistungserschwerung den in Wirklichkeit schon bestehenden Tatbestand sanktionieren würde. Trotzdem scheint eine dahingehende Entwicklung der *doctrine of frustration* in Anbetracht der gefestigten Rechtsprechung in näherer Zukunft nicht zu erwarten.[770]

Man kann zwar versuchen der *frustration* auch positive Seiten abzugewinnen, die in dem Anreiz liegen, den sie für eine Verhandlungslösung der Parteien darstellen. Allein die Möglichkeit, dass sich im Falle des Scheiterns der Verhand-

---

768 Z.B. *McKendrick*, in: *McKendrick*, Force Majeure and Frustration of Contract, S. 42f.,53f..; *Rogers*, in: *McKendrick*, Force Majeure and Frustration of Contract, S. 245.

769 „*The operation of the doctrine of frustration is one of the least successful of the efforts of lawyers to meet the needs of commerce. Unforeseen occurrences are surely a common event. Yet the response of the law is both uncertain and inadequate.*" – *Rogers*, in: *McKendrick*, Force Majeure and Frustration of Contract, 2. Aufl., S. 245.

770 *Kröll*, Ergänzung und Anpassung von Verträgen durch Schiedsgerichte, S. 207.

lungen die andere Partei wirksam auf *frustration* berufe und es dann zu einer Vertragsbeendigung komme, könne die Kooperationsbereitschaft erheblich erhöhen.[771] Diese Funktion der *frustration* scheint aber eine sekundäre, Rolle zu spielen.[772]

Wegen der unklaren Grundsätze der Anwendung der *frustration* sowie der weiterhin starken Anhänglichkeit der englischen Gerichte an „*sanctity of contract*“ wird im Schrifttum den Vertragsparteien empfohlen, sich auf die *doctrine of frustration* nicht zu verlassen, sondern eine *force majeure*-Klausel im Vertrag zu vereinbaren.[773]

§ 4. Vergleich der untersuchten Lösungsansätze

I. Historische Entwicklung

Die historische Entwicklung der Störung der Geschäftsgrundlage, der polnischen *rebus sic stantibus*-Klausel und der *frustration of contract* war immer eng mit der ökonomischen und sozialpolitischen Situation verbunden. Insbesondere im Hinblick auf die Geschichte des 20. Jahrhunderts lässt sich eine allgemein geltende Regel feststellen: Je schlechter die wirtschaftliche Lage war, desto mehr Interesse erweckte die Problematik in der Lehre und der Praxis. So erlebte sie zum ersten Mal ihre Blütezeit infolge des Ersten Weltkriegs und der Wirtschaftskrise des 20er Jahren. Danach hatte der Ausbruch des Zweiten Weltkriegs einen großen Einfluss. Die letzte Renaissance fand in den mitteleuropäischen Staaten nach dem Durchbruch aus dem Jahre 1989 statt, der zur Wiederherstellung der deutschen Einheit und zum Zusammenbruch des Sozialismus in Polen geführt hat. Diese dramatischen Ereignisse haben sich in der deutschen und in der polnischen Doktrin sowie in der Rechtsprechung des RG, des BGH und des OG widergespiegelt. Das Schrifttum hat in der Entwicklung der Störung der Geschäftsgrundlage eine besonders wichtige Rolle gespielt: Der Begriff der Störung der Geschäftsgrundlage ist im Buch „*Die Geschäftsgrundlage, Ein neuer Rechtsbegriff*“ Oertmanns entstanden und die Mehrzahl der wissenschaftlichen Beiträge ist die Kodifizierung dieses Rechtsinstituts in Deutschland im Jahre 2002 zu verdanken.

Anders als in Deutschland oder in Polen hat die Literatur in der Entwicklung der englischen Lehre von der *frustration of contract* eine sekundäre Rolle ge-

---

771 *Kröll*, Ergänzung und Anpassung von Verträgen durch Schiedsgerichte, S. 207.

772 *S. Kröll* ist dennoch der einzige Autor, der auf diese Funktion der *frustration* hinweist.

773 *Treitel*, Frustration and Force Majeure, 2–037f.; *McKendrick*, in: *McKendrick*, Force Majeure and Frustration of Contract, 2. Aufl., S. 39.

spielt. Sie hat keine eigenen Rechtskonzeptionen entwickelt und sich lediglich auf die Kritik der im *case law* entwickelten Lösungsansätze beschränkt. Für die Entwicklung der *frustration of contract* bleibt auch die Tatsache nicht ohne Bedeutung, dass Großbritannien von den Wandel und Krisen des 20. Jahrhunderts weniger als kontinentaleuropäische Staaten betroffen wurde. Damit und mit dem Konservativismus des *common law* lässt sich erklären, warum in England trotz der Durchsetzung des Rechtsinstituts der *frustration of contract* immerhin mehr auf das der Rechtssicherheit dienende *pacta sunt servanda*-Prinzip als auf allgemeine Gerechtigkeitserwägungen abgestellt wird. Darüber hinaus ist es der englischen Jurisprudenz bis heute nicht gelungen, den Tatbestand der *frustration* in einer allgemein akzeptierten Formel zusammenzufassen. Auch die Debatte über die dogmatische Basis dieses Rechtsinstituts ist die ganze Zeit lebendig. In der Rechtsprechung haben sich viele dogmatische Begründungen zur *frustration* entwickelt, die viel Unklarheit schaffen und zu Inkohärenz führen. Obwohl heutzutage der Test eines „*radical change of circumstances*" als dominierend angesehen wird, können auch andere Tests (ausgenommen der von „*implied term*") in den gerichtlichen Entscheidungsprozess mit einbezogen werden. So ist die Vertragspartei nie sicher, welchem Test das Gericht Vorrang gewähren wird.

II. Ausnahmecharakter

In allen drei Rechtsystemen wird der Ausnahmecharakter der untersuchten Rechtsinstitute betont. Sie werden der Rechtssicherheit gegenübergestellt, wobei sich die stärkste Anhänglichkeit an dem *pacta sunt seranda* Prinzip im englischen Recht feststellen lässt. Von manchen englischen Juristen wird dies sogar als der größte Vorteil des *common law* gegenüber den kontinentaleuropäischen Rechtsystemen und der Grund für seine Popularität gesehen.

Die Kodifizierung der Störung der Geschäftsgrundlage und der *rebus sic stantibus*-Klausel bestätigt, dass es sich um Rechtsfiguren handelt, deren Nützlichkeit nicht mehr in Frage gestellt wird. In beiden Fällen ist durch die Kodifizierung kein Bruch mit der vorherigen Rechtslage entstanden: Die bisherige Rechtsprechung der deutschen Gerichte findet weiterhin Beachtung. Auch die Regelung des Art. 357[1] ZGB wird als Kontinuität des alten Art. 269 OGB angesehen, daher können sich die Gerichte auf die alte Rechtsprechung stützen. Sowohl in § 313 BGB wie auch in Art. 357[1] ZGB ist es beiden Gesetzgebern gelungen, die Flexibilität dadurch zu behalten, dass die Regelungen nur die Leitlinien in allgemeiner Form wiedergeben. Die Konkretisierung soll wie zuvor der Rechtsprechung überlassen werden.

Anders als in Polen, wo die *rebus sic stantibus*-Klausel erneut schon im Jahre 1990 kodifiziert wurde, ist die Diskussion zu § 313 BGB relativ aktuell. Im Gegensatz zum polnischen Schrifttum, in dem die Kodifizierung der *rebus sic stantibus*-Klausel vornehmlich positiv bewertet wurde, wird § 313 BGB in der deutschen Literatur häufig kritisiert. Der Vorschrift wird vor allem vorgeworfen, dass in ihrem Inhalt der Ausnahmecharakter der Störung der Geschäftsgrundlage nicht hinreichend zum Ausdruck kommt. Selten wird dagegen die Auffassung vertreten, dass jegliche Kodifizierung der Störung der Geschäftsgrundlage ganz unnötig sei. Ob das Argument, dass durch die gesetzliche Regelung die Störung der Geschäftsgrundlage häufiger zur Anwendung kommen wird, richtig ist, wird sich erst in einigen Jahren erweisen. Das Beispiel der im Jahre 1990 kodifizierten polnischen *rebus sic stantibus*-Klausel scheint diese Befürchtung der Kritiker der deutschen Regelung nicht zu bestätigen. Im Vergleich zur Zeit der Wirtschaftskrise der 80er Jahre kommt die Klausel heutzutage selten zum Einsatz. Auch im Schrifttum wird der Regelung des Art. 357^1 ZGB weniger Aufmerksamkeit als am Anfang der 90er Jahre geschenkt. Dies bestätigt, dass die Problematik der Leistungserschwerung infolge veränderter Umstände vornehmlich in schwierigen Zeiten Interesse erweckt.

III. Anwendungsbereich der untersuchten Rechtsinstitute

1. Sachlicher Anwendungsbereich

Alle drei untersuchten Rechtsinstitute finden Anwendung auf schuldrechtliche Verträge (§ 313 BGB auch auf Verträge des Sachen-, Familien-, Erb- und Gesellschaftsrechts), die noch nicht abgewickelt worden sind. Erfasst sind dabei grundsätzlich alle Vertragstypen. Im englischen Vertragsrecht, anders im deutschen Recht, in dem die Voraussetzungen des § 314 BGB geringer sind als die des § 313 BGB, ist eine erfolgreichreiche Berufung auf *frustration* bei Dauerschuldverhältnissen schwieriger als bei kurzfristigen Verträgen. Dass Dauerschuldverhältnisse, die ihrer Natur nach häufiger von veränderten Umständen betroffen werden können, schlechter gestellt werden als andere Verträge, scheint nur den Vorwurf der Kritiker der heutigen Gestalt der *frustration of contract* zu bestätigen, dass dieses Rechtsinstitut mit den wirtschaftlichen Gegebenheiten kaum vereinbar sei und ihre Funktion nicht erfülle.

Sowohl im deutschen als auch im englischen Vertragsrecht ist die Berufung auf die veränderten Umstände bei Geldleistungen grundsätzlich ausgeschlossen. Auf die polnische *rebus sic stantibus*-Klausel kann sich indessen sowohl eine mit einer Leistungserschwerung konfrontierte Partei wie auch eine Partei, die unter der Gefahr eines gravierenden finanziellen Verlusts steht, berufen. Damit fallen in den Anwendungsbereich des Art. 357^1 ZGB neben den Fällen der wirtschaftlichen Unmöglichkeit auch die Fälle, in denen es sich lediglich um ein rein finanzielles Hindernis handelt. Ausgeschlossen dagegen bleiben die Fälle, in denen nur eine sich darauf berufende Partei durch die Veränderung der Umstände betroffen ist (z.B. leidet nur sie unter finanziellen Schwierigkeiten). Diese Formel des Art. 357[1] ZGB, die bei gegenseitigen Verträgen den Schutz auch Geldschuldnern gewährleistet, ist positiv zu bewerten.

2. *Zeitlicher Rahmen*

Die *rebus sic stantibus*-Klausel und *frustration of contract* können nur bei einer nachträglichen Veränderung der Umstände zur Anwendung kommen und unterscheiden sich dadurch vom Rechtsinstitut des Irrtums. Die Störung der Geschäftsgrundlage erfasst dagegen neben den Fällen des Wegfalls der Geschäftsgrundlage auch die Fälle des Fehlens der Geschäftsgrundlage, in denen sich die Umstände schon vor Vertragsschluss verändert haben, wovon die Parteien indessen nichts wussten.

3. *Fallgruppen*

Die Anwendungsbereiche der von den untersuchten Rechtsinstituten erfassten Fallgruppen stimmen nicht überein. Während die Leistungserschwerungen den Kern der polnischen Regelung der *rebus sic stantibus*-Klausel bilden, sind sie im deutschen Recht neben Äquivalenzstörungen und Zweckstörungen nur ein Teil aller durch das Rechtsinstitut der Störung der Geschäftsgrundlage erfassten Fälle. Noch wesentlicher unterscheidet sich das Rechtsinstitut der *frustration of contract* von seinen kontinentaleuropäischen Äquivalenten dadurch, dass der Anwendungsbereich der *frustration* neben den Fällen der Illegalität, der Zweckverfehlung auch die Unmöglichkeitsfälle erfasst. Die Leistungserschwerungen sind hierbei eine absolute Ausnahme. Trotz der in der Rechtsprechung und im Schrifttum unternommenen Versuche, den Anwendungsbereich der *frustration* auf die Unpraktikabilitätsfälle auszudehnen, wird der Eintritt der *frustration* von Gerichten in diesen Fällen regelmäßig abgelehnt. Dies lässt sich vor allem mit der Endgültigkeit der Rechtsfolge der *frustration* – Vertragsauflösung erklären, die als ein billiger Ausweg aus unliebsamen Verträgen missbraucht werden könnte. Diese Ablehnung geschieht aber nicht immer konsequent. Gelegentlich sprechen die Gerichte die *frustration of contract* auch bei bloßen Leistungserschwerungen aus, sie weisen aber in ihren Überlegungen auf andere Tatbestandsmerkmale (z.B. vorübergehende Unmöglichkeit oder Existenz einer Anpassungsklausel) als entscheidend für den Eintritt der *frustration* hin.

IV. Voraussetzungen

Die Voraussetzungen für die Anwendung der einzelnen untersuchten Rechtsinstitute stimmen im Wesentlichen überein. Zu den vorausgesetzten Tatbestandsmerkmalen, die allen drei Rechtsystemen gemeinsam sind, gehören: Veränderung der Umstände und Unvorhersehbarkeit der Veränderung bzw. der Konsequenzen dieser Veränderung. Die Voraussetzung des kausalen Zusammenhangs (*conditio sine qua non*) zwischen der Veränderung der Umstände und der Leistungserschwerung wird zwar nur im polnischen Schrifttum ausdrücklich genannt. Dieser Zusammenhang ist aber selbstverständlich und muss bei allen untersuchten Rechtsinstituten vorliegen. Als ausschließende Kriterien gelten das Verschulden einer Partei, die sich auf die Veränderung der Umstände beruft und die Existenz einer gesetzlichen oder vertraglichen Risikoverteilung.

Die Voraussetzungen für den Eintritt der *frustration of contract* sind im *case law* formuliert. Dies ergibt sich aus der Natur des *common law*, das vornehmlich auf dem Fallrecht basiert und in dem die Gesetze nur eine ergänzende Funktion haben. Da § 313 BGB und Art. 357^1 ZGB aber auch nur die Leitlinien in allgemeiner Form wiedergeben, ist die Konkretisierung der Voraussetzungen für die Anwendung der Störung der Geschäftsgrundlage in Deutschland und der *rebus sic stantibus*-Klausel in Polen ebenfalls der Rechtsprechung überlassen worden. Dadurch wollte der deutsche und der polnische Gesetzgeber die Flexibilität und Anpassungsfähigkeit dieser Rechtsinstitute behalten, die ihrem Erfolg zugrunde lag.

1. Veränderung der Umstände

Die vorausgesetzte Erheblichkeit der Veränderung der Umstände wird im deutschen Recht davon abhängig gemacht, ob die im Gesetz als Grundlage des Vertrags bezeichnete Geschäftsgrundlage betroffen ist. Was zur Geschäftsgrundlage geworden ist, muss in jedem konkreten Einzelfall festgestellt werden. Unter dem Begriff der Geschäftsgrundlage versteht man sowohl die subjektive wie auch die objektive Geschäftsgrundlage. Darüber hinaus wird zwischen der kleinen und der großen Geschäftsgrundlage unterschieden. Da nach der Begründung zum Regierungsentwurf des Schuldrechtsmodernisierungsgesetzes eine Störung aller Geschäftsgrundlagen zu den gleichen Rechtsfolgen führt, wird den einzelnen Unterscheidungen, die zum besseren Verständnis dieses Rechtsinstituts nur in geringem Maße beitragen, jegliche praktische Bedeutung abgesprochen.

Im Vergleich zum deutschen Recht wird das Problem des Charakters der Veränderung der Umstände im polnischen und englischen Recht nicht so vertiefend betrachtet. Das englische Recht setzt voraus, dass ein *frustration* herbeiführendes

Ereignis (*frustrating event*) zu einer radikalen Veränderung der geschuldeten Leistung führt und dass dieses Ereignis außerhalb des Einflussbereichs der Parteien bleibt. Auch das polnische Recht stellt auf die Außergewöhnlichkeit der Veränderung der Umstände ab und nicht auf das diese Veränderung herbeiführende Ereignis. So können auch in den beiden Rechtsystemen sowohl ein Kriegsausbruch wie auch eine gewöhnliche Veränderung der Rechtslage zur Entlastung der betroffenen Partei führen.

2. *Unvorhersehbarkeit*

Die Erheblichkeit der Veränderung der Umstände reicht selbst nicht aus. In allen untersuchten Rechtssystemen wird vorausgesetzt, dass die Veränderung der Umstände bzw. ihre Konsequenzen unvorsehbar waren. Damit ist die Beachtung des Ausnahmecharakters der *rebus sic stantibus*-Klausel bezweckt. Wer die Veränderung der Umstände bzw. den Einfluss der Veränderung auf den Vertrag vorhergesehen hat, von diesem kann erwartet werden, dass er im Vertrag, z. B. durch eine Anpassungs- oder Rücktrittsklausel, Vorsorge trifft. Hat er dies unterlassen, verdient er keinen Schutz.

Die Voraussetzung der Unvorhersehbarkeit bei der *frustration of contract* ergibt sich aus der Geltung des sog. Prinzips der vernünftigen Kontrolle. Das Prinzip schließt den Eintritt der *frustration* immer dann aus, wenn das *frustration* herbeiführende Ereignis innerhalb des Kontrollbereichs mindestens einer Partei lag. Hat eine Person das Ereignis vorhergesehen oder musste sie es vorhersehen können, dann lag dieses Ereignis innerhalb des vernünftigen Kontrollbereichs. Anders als bei der *frustration of contract* und der Störung der Geschäftgrundlage bezieht sich die Voraussetzung der Unvorhersehbarkeit im Falle der polnischen *rebus sic stantibus*-Klausel nicht auf die Veränderung der Umstände selbst, sondern auf die Konsequenzen dieser Veränderung der Umstände. Damit werden durch die Regelung des Art. 357^1 ZGB auch die Parteien geschützt, die zwar die Veränderung der Umstände vorhersehen konnten, nicht aber ihre Konsequenzen für den Vertrag. Da nach dem turbulenten 20. Jahrhundert kaum ein Ereignis als wirklich unvorhersehbar gelten kann, scheint das Abstellen auf die Unvorhersehbarkeit der Folgen der Veränderung der Umstände und nicht auf die Veränderung selbst der heutigen Wirklichkeit besser zu entsprechen.

Die Voraussetzung der Unvorhersehbarkeit gilt nicht absolut. Alle untersuchten Rechtsinstitute können zur Anwendung kommen, wenn die Parteien zwar eine Veränderung und ihre Konsequenzen vorhergesehen und eine Anpassungsklausel vereinbart haben, dabei aber den Umfang der Veränderung oder ihre Konsequenzen unrichtig eingeschätzt haben.

Die deutsche Wissenschaft und Praxis behandelt die Frage der Unvorhersehbarkeit häufig in Verbindung mit der Voraussetzung der Unzumutbarkeit. Die Unzumutbarkeit und Unvorhersehbarkeit sollen miteinander in der Weise korrespondieren, dass die Grenzen des Zumutbaren umso höher angesetzt werden, je leichter vorhersehbar eine Veränderung der Umstände war. Gemäß § 313 Abs. 1 BGB muss das Festhalten am Vertrag der benachteiligten Partei unter Berücksichtigung aller Umstände des Einzelfalls, insbesondere der vertraglichen oder gesetzlichen Risikoverteilung, nicht zugemutet werden können. An konkreten Hinweisen zur Frage, wann die Grenze der Unzumutbarkeit überschritten ist, fehlt es sowohl in der Gesetzformulierung wie auch in der Rechtsprechung. Obwohl in der von *Lord Bingham* im Urteil *J. Lauritzen A.A. v. Wijsmuller B.V. (The Super Servant Two)* formulierten Definition der *frustration of contract* und im polnischen Schrifttum zur *rebus sic stantibus*-Klausel auf den gerechtigkeitspreisgebenden Charakter dieser Rechtsfiguren hingewiesen wird, ergeben sich daraus keine Voraussetzungen für ihre Anwendung, die dem deutschen Kriterium der Unzumutbarkeit entsprechen würden. Dem Kriterium der Zumutbarkeit als Tatbestandsmerkmal fehlt es wesentlich an der Genauigkeit, um als zentrale Voraussetzung für die Anwendung eines Rechtsinstituts geeignet zu sein.

3. Gesetzliche und vertragliche Risikoverteilung

Als Tatbestandsmerkmal, das die Anwendung aller untersuchten Rechtsinstitute ausschließt, gilt die Existenz einer gesetzlichen oder vertraglichen Risikoverteilung. Soweit es sich um die Verwirklichung eines typischen Risikos handelt, gilt das Prinzip, dass die Störungen zu Lasten der jeweils betroffenen Vertragspartei gehen. Auch die gesetzlichen Sondervorschriften über außergewöhnliche Veränderung der Umstände bei einzelnen Vertragstypen haben Vorrang vor der Störung der Geschäftsgrundlage und der *rebus sic stantibus*-Klausel.

Die Parteien sind weiterhin frei, selbst im Wege einer Vertragsvereinbarung für unterwartete Ereignisse zu sorgen. Eine solche Bestimmung, die z.B. in Form einer Anpassungs- oder Rücktrittsklausel vereinbart werden kann, genießt in allen drei Rechtsystemen grundsätzlich Vorrang vor allen untersuchten Rechtsinstituten. Die Risikoverteilung muss nicht ausdrücklich erfolgen und kann im Wege der Vertragsauslegung ermittelt werden. Im deutschen und im englischen Schrifttum wird auf die überdurchschnittlich hohe Vergütung hingewiesen, die als eine Art Prämie für die das Risiko übernehmende Partei anzusehen ist. Die vertragliche Risikoübernahme schließt jedoch nicht notwendig eine Möglichkeit der Berufung auf veränderte Umstände aus. In der deutschen Literatur wird die Ansicht vertreten, dass keine Risikoübernahme, auch nicht bei Spekulationsgeschäften, uneingeschränkt ist, und wenn die bestimmte Grenze des Risikos überschritten wird, darf die betroffene Partei entlastet werden. Diese Auffassung (zumindest bezüglich den Versicherungsverträgen) wird auch vom polnischen OG geteilt.

4. Verschulden

Bei allen untersuchten Rechtsinstituten ist die Berufung der benachteiligten Partei auf eine Leistungserschwerung ausgeschlossen, wenn sie selbst die Veränderung der Umstände herbeigeführt hat. Besonders vertieft wird auf die Frage des Verschuldens im englischen Recht eingegangen. Der Eintritt der *frustration* wird unter der Geltung des schon erwähnten Prinzips der vernünftigen Kontrolle geprüft, das weiter als das polnische oder das deutsche Kriterium des fehlenden Verschuldens geht. Jegliches Fehlverhalten einer Vertragspartei ebenso wie ihre Entscheidung über die Erfüllung ausgewählter Leistungen wird als innerhalb des Kontrollbereiches bleibend und daher nicht „frustrierend" angesehen. Diese Beschränkung wird von der Unflexibilität der Rechtsfolgen der *frustration* diktiert (da es keine Vertragsanpassungsmöglichkeit gibt, würde die Zulassung der Berufung auf die *frustration* die uneinbeschränkte Wahl des Schuldners sanktionieren, welche von Gläubigern ohne jegliche Leistung auszugehen sind) und bleibt dem deutschen und dem polnische Recht unbekannt.

V. Rechtsfolgen

Die in § 313 BGB vorgesehenen Rechtsfolgen der Vertragsanpassung und der Vertragsauflösung stimmen mit denen aus Art. 357^1 ZGB überein. Den deutschen und den polnischen Richtern wird ein großer Entscheidungsraum eingeräumt: Sie können den Vertrag auf viele Art anpassen oder ihn aufheben, wenn dessen Durchführung nicht mehr möglich ist.

Anders als nach englischem Recht treten die Rechtsfolgen der Störung der Geschäftsgrundlage und der *rebus sic stantibus*-Klausel nicht kraft Gesetzes ein, sondern hängen von der gerichtlichen Gestaltung ab. Dabei soll sich das Gericht bei der Entscheidung über eine Anpassung bzw. Aufhebung des Vertrags von Gerechtigkeitserwägungen leiten lassen. Das polnische Gericht ist verpflichtet, die Interessen beider Parteien zu berücksichtigen und in Übereinstimmung mit den Grundsätzen des gesellschaftlichen Zusammenlebens zu entscheiden, während das deutsche Gericht das Kriterium der Zumutbarkeit heranziehen muss.

1. Vertragsanpassung und -aufhebung

Aus Gründen der Vertragstreue und der Verkehrssicherheit hat im deutschen wie im polnischen Recht die Anpassung Vorrang vor der Vertragsauflösung, wobei die Vertragaufhebung bei der Störung der Geschäftsgrundlage, anders als im Fall der *rebus sic stantibus*-Klausel, durch eine Rücktrittserklärung einer Vertragspartei erfolgt. Die Bandbreite der Modalitäten einer Vertragsanpassung ist im deutschen und im polnischen Recht groß und hängt von den Umständen des Einzelfalls ab. Wegen der Vielzahl der Modifikationen ist eine Vertragsanpassung eine sehr flexible Rechtsfolge, die besonders gut für Leistungserschwerungen geeignet ist. Sowohl im deutschen wie auch im polnischen Schrifttum wird betont, dass trotz der großen Flexibilität bezüglich der Anpassungsmöglichkeiten die Befugnis des Gerichts nicht uneingeschränkt ist. Im deutschen Recht soll der Eingriff in den Vertrag nicht weiter gehen, als es erforderlich ist, um die Zumutbarkeit wiederherzustellen. Auch im polnischen Recht soll die Vertragsanpassung nicht zur Entstehung eines neuen Rechtsverhältnisses führen.

Anders als im polnischen und deutschen Recht gibt es nur eine einzige Rechtsfolge der *frustration of contract,* nämlich Vertragsaufhebung, die automatisch eintritt. In den einzelnen Fällen kann es jedoch zu einer Art Modifikation des Vertrags kommen (z.B. bei *quantum meruit*). Wegen des Automatismus der Rechtsfolge der *frustration* besteht die Aufgabe des Gerichts lediglich in der Feststellung, ob die Voraussetzungen der *frustration* in der von den Parteien angegebenen Zeit vorlagen. Wegen seiner Endgültigkeit besteht eine Gefahr, dass sie als Mittel zum Ausweg aus unliebsamen Verträgen verwendet wird. Wie bereits erwähnt, wird mit dem Charakter der Rechtsfolge der *frustration* die Vorsicht der englischen Juristen bei den Leistungserschwerungsfällen erklärt. Die Zulassung einer Vertragsanpassung als Rechtsfolge, die gelegentlich in der Literatur gefordert wird, erscheint jedoch in Anbetracht der gefestigten Rechtsprechung in näherer Zukunft ausgeschlossen.

2. *Neuverhandlungspflicht*

In der der Kodifizierung vorangegegangen Diskussion wird im polnischen und deutschem Schrifttum gefordert, dass die Parteien zu Neuverhandlungen verpflichtet werden sollen. Erst nach den erfolglosen Verhandlungen könnten sich die Parteien an das Gericht wenden. Dieser Lösungsansatz hat sich jedoch in keinem der beiden Staaten durchgesetzt.

3. *Rückabwicklung*

Im Falle der Vertragsbeendung kann nach allen untersuchten Rechten die Rückabwicklung erbrachter Leistungen erfolgen. Anders als im Falle der Störung der Geschäftsgrundlage, bei der sich die Rückabwicklung nicht mehr nach dem Bereicherungsrecht richtet, sondern nach §§ 346ff. BGB, basiert die im *Law Reform*

(Frustrated contracts) Act 1943 vorgesehene Rückabwicklung auf dem der anderen Partei gegenüber erlangten und noch bestehenden Vorteil. Demzufolge bleiben manche Aufwendungen bei der Rückerstattung unberücksichtigt. Darüber hinaus ist die Anwendung dieses Gesetzes im Falle vieler wichtiger Vertragstypen ausgeschlossen. Für sie gelten weiterhin die Grundsätze des *case law*.

Noch anders wird das Problem der Rückabwicklung im polnischen Recht gelöst, wonach nur das Gericht nach eigenem Ermessen, ohne jegliche Leitlinien und nur unter Berücksichtigung der Grundsätze des gesellschaftlichen Zusammenlebens, entscheidet, wie und in welchem Umfang die erbrachten Leistungen zurückzugewähren sind. Hierbei stellt sich aber die Frage, ob die dem Gericht hierbei eingeräumten Befugnisse nicht zu weitgehend sind.

VI. Abgrenzung zu anderen Rechtsinstituten

Bei allen untersuchten Rechtsinstituten taucht die Frage nach der Abgrenzung zu anderen Rechtsinstituten auf. Sowohl im polnischen wie auch im deutschen Recht sind die Leistungserschwerungsfälle von den verschiedenen Formen der Unmöglichkeit zu unterscheiden. Anders als in ihren kontinentaleuropäischen Äquivalenten erfasst die *frustration of contract* auch Unmöglichkeitsfälle. Insbesondere gibt es im Bereich der Störung der Geschäftsgrundlage viele Überschneidungen mit anderen konkurrierenden Ansprüchen, die Schwierigkeiten bei der Abgrenzung bereiten können. Darunter scheint vor allem die Unterscheidung zwischen Fehlen der Geschäftsgrundlage (§ 313 BGB) und dem Irrtum aus § 119 BGB sowie die in der Begründung zum Regierungsentwurf dargestellte Abgrenzung zwischen der sittlichen Unmöglichkeit gemäß § 313 BGB und der persönlichen Unmöglichkeit gemäß § 275 Abs. 3 BGB unnötig.

VII. Prozessuales

Bei allen untersuchten Rechtsinstituten können sich beide Parteien auf die Leistungserschwerung berufen. Wenn jedoch eine Partei die Veränderung der Umstände herbeigeführt hat, ist es ihr verwehrt, sich hierauf zu berufen. Während die Berufung auf veränderte Umstände nach deutschem und englischem Recht sowohl im Wege einer Klage wie auch zu Verteidigungszwecken erfolgen kann, ist es nach der bisherigen Rechtsprechung in Polen unzulässig, eine Leistungserschwerung in einer Klageerwiderung geltend zu machen. Diese Beschränkung führt zur Aussetzung des alten Verfahrens und läuft damit der Verfahrensökonomie zuwider.

In allen Rechtssystemen unterliegt der Anspruch der regelmäßigen Verjährungsfrist, wobei es in Deutschland wegen der Voraussetzung der Unzumutbarkeit zur Verwirkung des Anspruchs vor dem Fristablauf kommen kann.

Teil 2
Leistungserschwerungen im europäischen Zivilrecht

§ 1. Pläne eines europäischen Zivilgesetzbuchs

A. Europäische Vertragsrechtskodifikation als erste Stufe der europäischen Privatrechtsvereinheitlichung

Da die Leistungserschwerungsfälle rechtsvergleichend mit dem Ziel untersucht wurden, eine europäisch harmonisierte Regelung zu ermöglichen, sind nunmehr die Grundlagen eines europäischen Vertragsrechts vorzustellen. Bereits seit längerer Zeit wird von Wissenschaftlern, Praktikern, Politikern und Mitgliedern der EG-Organe die Schaffung einer EG-einheitlichen Zivilrechtskodifikation als wünschenswertes langfristiges Ziel formuliert. Dieser Gedanke fällt mit der Europäisierung des Privatrechts, die im Gemeinschaftsrecht und in der Rechtsprechung des EuGH stattfindet (A,I), sowie mit der Entdeckung des „Europäischen Privatrechts“ als wissenschaftlicher Disziplin in den achtziger und frühen neunziger Jahren zusammen (A,II). Parallel zur Entwicklung der Europäischen Rechtswissenschaft gingen die ersten politischen Anstöße zur Schaffung einer gemeinsamen europäischen Privatrechtskodifikation vom Europäischen Parlament aus (A,III). Als Folge der Entschließungen des Europäischen Parlaments sind zahlreiche wissenschaftliche Arbeitsgruppen entstanden, die sich mit der Problematik der Privatrechtsvereinheitlichung befassen. Als die bekannteste gilt die sog. Lando-Kommission (A,IV).

Die in den 90er Jahren entfesselte Debatte über den Sinn einer solchen Kodifikation dauert an. Die Diskussionsteilnehmer haben sich in zwei Gruppen geteilt: die Gegner und die Protagonisten (A,V,1), zu denen sowohl „Kodifikatoren“ wie auch „Kultivatoren“ (A,V,2) gehören. Als ein wichtiger Diskussionspunkt gelten hierbei die Konvergenzprobleme zwischen dem *common law* und *civil law*, die nach der Auffassung der Gegner einer Kodifikation nicht zu überwinden sind (A,V,3). Bis jetzt ungelöst bleibt die Frage der Gemeinschaftskompetenz zur Erlassung eines Zivilgesetzbuchs (A,VI).

Die Problematik der zukünftigen Gestaltung eines Teils der zukünftigen Zivilrechtskodifikation, nämlich des Vertragsrechts, hat mit der Kommissionsmitteilung aus dem Jahre 2001 eine neue Brisanz gewonnen (A,VII,1). Mit dieser Mitteilung hat die Kommission die Interessierten in die Gestaltung weiterer Maßnahmen auf diesem Gebiet miteinbezogen. Die Ergebnisse der Konsultation wurden in Form des Aktionsplans in der Mitteilung der Kommission vorgestellt (A,VII,3). Dem Aktionsplan, zu dem auch die Kommission um Beiträge gebeten hat (A,VII,3,c), haben eine weitere Mitteilung der Kommission (2004) und einen jährlichen Bericht der Kommission über die Fortschritte im Bereich des Europäischen Vertragsrechts (2005) ausgelöst (A,VIII).

I. Europäisierung des Privatrechts

1. Primäres Gemeinschaftsrecht

Die privatrechtlichen Maßgaben finden sich im primären Gemeinschaftsrecht. Die Vorschriften des EG-Vertrags enthalten, anders als etwa das Grundgesetz, eine ausdrückliche Vorgabe zur Wirtschaftsverfassung: Art. 4 EG enthält die Festlegung auf einen marktverfassten Binnenmarkt. Der Binnenmarkt setzt einen Austausch voraus, der durch das privatrechtliche Instrument des Vertrags ermöglicht wird.[774]Auch die Grundfreiheiten des primärrechtlichen EG-Vertrages liefern Vorgaben für das Privatrecht. Der Binnenmarkt soll nämlich im Wege der Umsetzung dieser Grundfreiheiten (Artt. 28 ff. EG) geschaffen werden. Die Grundfreiheiten werden durch ein Einheitsrecht gegen Wettbewerbsbeschränkungen (Art. 81 und 82 EG) ergänzt, das private Marktakteure daran hindern soll, durch Absprachen untereinander Marktbarrieren herzustellen.[775] Nach der neueren Rechtsprechung des EuGH verpflichten die Grundfreiheiten nicht nur die Mitgliedstaaten, sondern sie entfalten auch horizontale Wirkung und können daher auch unmittelbar in den Rechtsbeziehungen zwischen Privatpersonen Anwendung finden.[776]

2. Sekundäres Gemeinschaftsrecht

Die in der Gemeinschaft vorangetriebene Rechtsvereinheitlichung wird als ein „*Integrationsinstrument*", „*ein Integrationsfaktor von hervorragender eigenständiger Bedeutung*" bezeichnet. Obwohl das ursprüngliche Ziel der Europäischen Gemeinschaft nicht die Harmonisierung oder Vereinheitlichung des

774 *Pfeiffer*, EWS 2004, S. 98 (101); Müller-Graff, NJW, S. 13ff. (14).
775 *Basedow*, JuS 2004, S. 89ff. (92).
776 EuGH, Rs. C-281/98 (*Angonese/Cassa die Rispramio di Bolzano*), DVBl. 2000, S. 1268f.; *Streinz*, JuS 2000, 1111

Rechts, sondern die Integration der Märkte war, hat schon *Walter Hallstein* die EWG wegen der Rechtsangleichungspolitik „*Rechtsgemeinschaft*" genannt.[777]

Bei der Rechtsvereinheitlichung wird vom Grundsatz der begrenzten Ermächtigung ausgegangen (Art. 5 I EG), nach dem die Gemeinschaft nur tätig werden darf, sofern ihr für die beabsichtigte Maßnahme durch das Primärrecht eine entsprechende Kompetenz zugewiesen wird. Gemäß Art. 3 I h EG gehört die Rechtsangleichung zum Bereich der konkurrierenden Kompetenz. In diesem Bereich gilt das in Art. 5 II EG verankerte Subsidiaritätsprinzip, nach dem die Gemeinschaft nur dann rechtssetzend tätig werden kann, wenn ein bestimmtes Ziel durch ein Handel der Mitgliedstaaten auf nationaler Ebene nicht ausreichend erreicht werden kann und daher das Ziel in Anbetracht des Umfangs und der Wirkung einer gemeinschaftsrechtlichen Maßnahme besser auf Gemeinschaftsebene erreicht werden kann.[778] Dabei dürfen die Maßnahmen der Gemeinschaft nach Art. 5 III EG nicht über das zum Erreichen der Ziele des EG-Vertrags erforderliche Maß hinausgehen (Verhältnismäßigkeitsprinzip).[779] Im Gegensatz zu vielen Verfassungen föderaler Staaten enthält der EG-Vertrag keine umfassende Gesetzgebungskompetenz in Bezug auf einzelne Bereiche des Rechts. Stattdessen finden sich derartige Kompetenzgrundlagen in zahlreichen Einzelbestimmungen (z.B. Art. 40, 46 II, 47 II EG) sowie in den allgemeinen Ermächtigungen der Artikel 94 und 95 EG. Die Kompetenzgrundlagen sind funktional ausgerichtet. Das heißt, die Rechtsangleichungsmaßnahme muss der Verwirklichung des im entsprechenden Artikel des EG-Vertrags genannten Ziels der Gemeinschaft dienen und dies unabhängig davon, welcher Bereich der Rechtsordnungen der Mitgliedstaaten davon betroffen ist.[780] Es ist die Aufgabe der Kommission, die geeignete rechtliche Basis für ihre jeweiligen Gesetzesvorschläge zu finden.[781]

Die allgemeinen Ermächtigungsvorschriften der Artt. 94 EG und 95 EG finden nur dann Anwendung, wenn keine speziellen Normen die Gemeinschaft zum Erlass rechtsangleichender Maßnahmen ermächtigen. Während früher Art. 94 EG die Schlüsselvorschrift für die Angeleichung des Rechts war, das die Errichtung des Gemeinsamen Marktes beeinflusste, hat sich die dort genannte Voraussetzung einer einstimmigen Entscheidung im Rat immer mehr als Hindernis erwiesen, da die Anzahl der Mitgliedstaaten zunahm. Daher hat die Einheitliche Euro-

---

777 *Remien*, ZfRV 1995, S. 116ff. (118); *Basedow*, JuS 2004, S. 89ff. (92); *Müller-Graff*, NJW 1993, S. 13, 17; *Ulmer*, JZ 1992, S. 1f.; *Möllers*, Am.J.Comp.L. 2000, S. 679ff. (681).

778 *Schwartz*, ZEuP 1994, S. 559ff. (573f.); *Engel*, ZfRV 1999, S. 121ff. (127).

779 *Engel*, ZfRV 1999, S. 121ff. (128).

780 *Engel*, ZfRV 1999, S. 121ff. (122); *Basedow*, JuS 2004, S. 89ff. (92); *Müller-Graff*, NJW 1993, S. 17.

781 *Basedow*, JuS 2004, S. 89ff. (92).

päische Akte von 1986 Art. 95 EG eingeführt. Art. 95 EG ermächtigt die Gemeinschaft zur Rechtsangleichung durch Maßnahmen, die die Errichtung oder das Funktionieren des Binnenmarktes zum Gegenstand haben. Im Gegensatz zu Art. 94 EG fordert diese Vorschrift für alle in Frage kommenden Maßnahmen nur eine qualifizierte Mehrheit im Rat.[782]

Mit der Einführung des Art. 95 EG gab die Kommission eine Erklärung ab, nach der sie bei der Wahrnehmung ihres Initiativrechts bei der Rechtssetzung vorzugsweise zum Instrument der Richtlinie greifen werde, wenn Materien betroffen seien, die im nationalen Recht bereits durch Gesetz geregelt sind. Das Privatrecht ist in den meisten der Mitgliedstaaten umfassend gesetzlich geregelt. Daher war es zwingend, in diesem Bereich mit dem Instrument der Richtlinie vorzugehen.[783] Die Richtlinien sind hinsichtlich des Ziels verbindlich, ihre Umsetzung überlassen sie aber den nationalen Gesetzgebern. Der EuGH hat aufgezeigt, dass Richtlinien keine direkte Wirkung in horizontalen Beziehungen schaffen, die charakteristisch für das Privatrecht sind. Daher zählt nicht alleine die Richtlinie, sondern auch ihre Umsetzung in das Rechtsystem des jeweiligen Mitgliedstaates. Die Integration der Richtlinien in das jeweilige nationale Recht ist aber häufig schwierig und die Umsetzung wird in den einzelnen Nationalstaaten unterschiedlich durchgeführt.[784] Diese im Wege der Richtlinien betriebene Rechtsvereinheitlichung lässt wesentlich eine einheitliche europäische Privatrechtssystematik und –dogmatik vermissen und wird daher als „*pointillistisch*“[785] bezeichnet.[786]

Schließlich hat Art. 308 EG eine hervorzuhebende Bedeutung im Privatrecht erlangt. Diese Norm ist zwar im Verhältnis zu anderen Ermächtigungsgrundlagen subsidiär und daher im Lichte von Art. 94 und 95 EG keine Stütze für eine Harmonisierung der nationalen Rechte. Sie stellt aber eine nützliche Basis für die Gemeinschaftsgesetzgebung bei der Schaffung neuer Rechtsinstitute wie der Gemeinschaftsmarke oder der Europäischen Wirtschaftlichen Interessenvereinigung dar.[787]

Das Privatrecht hat bei der Rechtsvereinheitlichung nicht im Vordergrund gestanden, doch wurden schon 1965 im Gesamtbericht über die Tätigkeit der Gemeinschaft auch privatrechtliche Materien genannt: das Patent- und Warenzei-

782 *Engel*, ZfRV 1999, S. 121ff. (122f.); *Basedow*, JuS 2004, S. 89ff. (93).
783 *Pfeiffer*, EWS 2004, S. 98ff. (101).
784 *Basedow*, JuS 2004, S. 89ff. (93f.).
785 *Kötz*, RabelsZ 50 (1986), S. 1ff. (5f.).
786 *Heutiger*, EJCL 2003, Vol. 7.3, Pkt. 7.a, abrufbar unter: http://www.ejcl.org; *Meyer*, BB 2004, S. 1285; *Tröger*, ZEuP 2003, S. 525ff.; *Hahn*, Int'l J. Legal Info. 2002, S. 265ff. (272,277).
787 *Basedow*, JuS 2004, S. 89ff. (93).

chenrecht, das Gesellschaftsrecht, die Versicherungsverträge, das Recht des unlauteren Wettbewerbs. Später kam die Verbraucherpolitik hinzu und schon das Verbraucherprogramm von 1975 nannte legislative Maßnahmen im Bereich der allgemeinen Geschäftsbedingungen, der Schädigung durch fehlerhafte Waren oder unzureichende Dienstleitungen, der irreführenden Werbung, des Kundendienstes bei langlebigen Konsumgütern, des Verbraucherkredits.[788] In den letzten Jahren hat sich die Anzahl der rein privatrechtlichen Maßnahmen noch erhöht. Eine Sammlung solcher Gemeinschaftsakte in drei Bänden enthält über 70 Verordnungen und Richtlinien.[789]

3. Der Beitrag des EuGH

Neben dem legislativen Weg zur Rechtsangleichung steht der richterrechtliche Weg. Eine besondere Rolle wird hier dem EuGH zugeschrieben, der gemäß Art. 220 I EG die Wahrung des Rechts bei der Auslegung und Anwendung des EG-Vertrags sichert. Damit ist jedoch nicht nur die Einhaltung der Bestimmungen des EG gemeint, sondern darüber hinaus alle Rechtsquellen des primären und sekundären Gemeinschaftsrechts. Immer mehr nationale Richter legen dem Gerichtshof gemäß Art. 234 EG Vorabentscheidungsersuchen zur Auslegung von Gemeinschaftsrecht vor. Dies gibt dem Gerichtshof die Möglichkeit, Grundsätze zu entwickeln, die die Lücken der einzelnen Rechtsakte schließen und diese einer einheitlichen Interpretation unterwerfen. Der EuGH hat wichtige Beiträge zur Entwicklung des Gemeinschaftsrechts geleistet, in dem er auf allgemeine Rechtsgrundsätze verwies und neue entwickelt hat.[790]

Anders als bei der Auslegung des Primärrechts hat der Gerichtshof bei der Auslegung von Richtlinien häufig eher Zurückhaltung bewiesen. Die Entscheidungen zum sekundären Gemeinschaftsrecht sind kurz und gehen selten in ihrer Argumentation über den Text und die Begründungserwägungen des einzelnen Rechtsakts hinaus.[791]

Auch die nationalen Gerichte tragen durch das ständig in der EuGH-Rechtsprechung zum Ausdruck kommende Gebot der richtlinienkonformen Auslegung mitgliedstaatlichen Rechts zur Vereinheitlichung des europäischen Privatrechts bei. Die Pflicht zur richtlinienkonformen Auslegung bezieht sich nicht nur auf Richtlinienumsetzungsgesetze, sondern auf jegliches, damit auch bereits bei Er-

---

788 *Remien*, ZfRV 1995, S. 117 ff. (118).

789 *Basedow*, JuS 2004, S. 89ff. (93).

790 *Basedow*, JuS 2004, S. 89ff. (94); *Schwartz*, ZEuP 1994, S. 559ff. (576f.); *Koopmans*, Am.J.Comp.L. 1991, S. 493ff. (496f.).

791 *Lurger*, Grundfragen der Vereinheitlichung, S. 186f.; *Basedow*, JuS 2004, S. 89ff. (94f.); *Hahn*, Int'l J. Legal Info.2002, S. 265ff. (269f.).

lass einer Richtlinie bestehendes mitgliedstaatliches Recht, soweit nur deren Wirkungsbereich erfasst wird.[792]

II. Europäisierung der Privatrechtswissenschaft

Erst nach einigen Jahren der Herausbildung eines europäischen Privatrechts hat sich herausgestellt, dass die europäische Gesetzgebung und Rechtsprechung selbst für die Entstehung einer europäischen Rechtskultur nicht genügen. Das „allgemeine juristische Bewusstsein" ist nämlich davon weitgehend unberührt geblieben und orientierte sich weiterhin an den nationalen Privatrechtsordnungen. Um diese Diskrepanz zu überwinden, wird gefordert, eine neue europäische Rechtskultur durch Zusammenwirken des Europarechts im engeren Sinne und der modernen Rechtsdogmatik, der Rechtsvergleichung und der Rechtsgeschichte zu schaffen.[793] Insbesondere der Rechtsvergleichung kommt in diesem Prozess eine neue integrative Funktion zu.[794] Die Rechtsvergleichung dient heutzutage nicht nur als Unterrichtsfach an den Universitäten, sondern als Hilfsmittel für den Gesetzgeber, als Auslegungsinstrument und als Grundlage für die supranationale Vereinheitlichung des Rechts. Rechtsvereinheitlichung innerhalb der Europäischen Union kann nicht durch Aufzeigen von unterschiedlichen Lösungen der verschiedenen Mitgliedsstaaten der EU und der Wahl der am häufigsten angewandten Lösung betrieben werden. So besteht die Aufgabe der Rechtsvergleichung darin, nach effizienten Problemlösungen zu suchen, ohne einer bestimmten Rechtsdogmatik von vorneherein den Vorzug zu geben.[795]

Heutzutage wird die Entwicklung eines europäischen Privatrechts durch viele Zeitschriften (z.B. Zeitschrift für Europäisches Privatrechts (ZEuP), European Review for Private Law (ERPL), Europa e dritto privato, Columbia Journal of European Law) und Bücher (z.B. *Kötz*, Europäisches Vertragsrecht, 1. Aufl. Tübingen 1992; *Basedow*, Europäisches Privatrecht, Haag 1996; *Drobnig*, Private

---

792 EuGH, Rs. C-456/98 (*Centrosteel STL/Adipol GmbH*), NJW 2000, S. 3267f.; Rs. C-397/01 (*Pfeiffer/Deutsches Rotes Kreuz*), NJW 2004, S. 3547ff.; *Müller-Graff*, NJW 1993, S. 13ff. (21).

793 Eine solche „Europäisierung der Rechtswissenschaft" forderte *Helmut Coing* in seinem programmatischen Artikel von 1990. Dabei wies er auf das *ius commune* als historisches Vorbild und auf das US-amerikanische Privatrecht als modernes Vorbild hin – *Coing*, NJW 1990, S. 937ff. Auch – *Zimmermann*, JZ 1995, S. 477; *Caruso*, Eur.Law.J. 1997, S. 3ff. (12f.). Zur Rolle der Rechtsgeschichte – *Kötz*, JZ 1992, S. 20ff..

794 *Schlesinger*, Am.J.Comp.L. 1995, S. 477ff. (479f.).

795 *Heutiger*, EJCL 2003, Vol. 7.3, Pkt. 6, abrufbar unter: http://www.ejcl.org;; *Hahn*, Int'l J. Legal Info.2002, S. 265ff. (286); *Kirchner*, Duke J. Comp. & Int'l L., S. 671ff. (675f.).

Law in the European Union, München 1996) gefördert.[796] Auch das Jurastudium wird durch Kontakte mit Partneruniversitäten und Austauschprogramme stärker europäisch ausgerichtet.[797]

III. Politische Anstöße zur Zivilrechtskodifikation

Parallel zur Entwicklung der europäischen Rechtswissenschaft gingen die ersten politischen Anstöße zu einer Befassung mit der Privatrechtsvereinheitlichung vom Europäischen Parlament aus. In zwei ersten Entschließungen hat das Europäische Parlament dem Anliegen Ausdruck verliehen, die Ausarbeitung einer einheitlichen Zivilrechtskodifikation für die EU-Mitgliedstaaten in Gang zu setzen. In der Entschließung vom 26. Mai 1989 geht das Parlament davon aus, dass die gesetzliche Regelung von Einzelfragen des Privatrechts den Erfordernissen und Zielsetzungen des Gemeinsamen Binnenmarkts, insbesondere nach der Verabschiedung der Einheitlichen Europäischen Akte, nicht entspreche. Daher müssten umfassende Bereiche des Privatrechts, vor allem des Schuldrechts, vereinheitlicht werden. Im Forderungsteil der Entschließung von 1989 wurde sowohl eine moralische als auch eine finanzielle Unterstützung der in der Gemeinschaft bestehenden Institute für die Ausarbeitung rechtsvergleichender Studien sowie aller Bemühungen um eine Kodifikation gefordert.[798]

Zu Beginn des Jahres 1994 hat das Europäische Parlament jedoch festgestellt, dass diese Forderung von den Mitgliedstaaten nicht aufgegriffen worden war. Die Mitgliedstaaten förderten die Vereinheitlichung des Privatrechts ausschließlich weiter im Rahmen von UNIDROIT, UNCITRAL und den Arbeiten des Europarats. Nur auf der Ebene einer wissenschaftlichen Initiative (*Lando*-Kommission) war die Entschließung von 1989 aufgenommen worden.[799] Aus diesem Grund wurde in der Entschließung vom 6. Mai 1994 hervorgehoben, dass es bei dem Vorhaben einer EU-Privatrechtskodifikation nicht um „Zukunftsmusik“ geht, sondern dass es schon zahlreiche Bereiche gibt, in denen eine Vereinheitlichung des Privatrechts stattgefunden hat. Das Parlament kritisierte auch die Untätigkeit der Kommission im Hinblick auf die in der ersten Entschließung geforderten Vorbereitungsarbeiten und forderte die Kommission nachdrücklich auf, nun endlich diese Arbeiten in Angriff zu nehmen. Dabei blieb das Europäische Parlament bei dem Ansatz seiner Entschließung von 1989, dass die Einsetzung eines Aus-

---

796 *Smits*, MJ 1999, S. 26ff. (36f.); *Zimmermann*, JZ 1995, S. 477f.

797 *Zimmermann*, JZ 1995, S. 477f.; *Ulmer*, JZ 1992, S. 1ff. (8); *Heutiger*, EJCL 2003, Vol. 7.3, Pkt. 2, abrufbar unter: http://www.ejcl.org;.; *López-Rodríguez*, Brook.J.Int'l L., 2004, S. 1195ff. (1214f.).

798 *Tilmann*, ZEuP 1995, S. 534.

799 *Tilmann*, ZEuP 1995, S. 535.

schusses von Wissenschaftlern (diesmal ausdrücklich *Lando*-Kommission) unterstützt werden soll.[800]

IV. Wissenschaftliche Arbeitsgruppen

Als Folge der umfassenden Diskussionen über eine europäische Zivilrechtskodifikation sind eine Reihe von wissenschaftlichen Arbeitsgruppen entstanden.[801] Die bekannteste Gruppe von Wissenschaftlern, die sich mit den Fragen des zukünftigen gemeinsamen europäischen Vertragsrechts beschäftigt hat, ist die *Commission on European Contract Law* (*Lando*-Kommission). Nachdem der letzte, der dritte Teil der Grundregeln des Europäischen Vertragsrechts fertig gestellt worden ist, ist die Tätigkeit der Commission beendet und die Gruppe ist inzwischen in der *Study Group on European Civil Code* aufgegangen. Diese neue Gruppe besteht aus acht einzelnen *Working Teams*, die für die ihnen zugeordneten Privatrechtsgebiete Positionspapiere für gesamteuropäische Regeln erstellen. Die derart entwickelten Regeln werden an das aus dreißig Wissenschaftlern bestehende Koordinationsteam der *Study Group* weitergeleitet und von diesem nach mehrfacher Diskussion und Überarbeitung als *Principles* veröffentlicht. Diese Grundregeln sollen vorrangig dem Ziel dienen, als mögliche Entwürfe für weitere Teilbereiche eines europäischen Zivilgesetzbuchs zur Verfügung zu stehen.[802] Rechtsvergleichende Forschungsstudien zum Zweck der Erarbeitung der gemeinsamen Grundsätze der einzelnen Bereiche des Zivilrechts führt man auch im Rahmen der *European Group on Tort Law*[803] und der *International Working Group on European Trust Law* (die Arbeiten sind inzwischen beendet).[804]

Eine andere Gruppe – die Akademie Europäischer Privatrechtswissenschaftler – wurde 1992 von Prof. *Guisseppe Gandolfi* in Pavia gegründet. Nach fast zehnjähriger Arbeit legte sie 2000 den Vorentwurf für ein Erstes Buch eines zukünftigen Europäischen Vertragsgesetzbuchs (*Code Européen Des Contrats, Avant-projet, Livre Premier*) vor. Im Gegensatz zu den Grundregeln der *Lando*-Kommission und der *Study Group on a European Civil Code* handelt es sich bei

800 *Lurger*, Grundfragen der Vereinheitlichung, S. 8–9.

800 *Tilmann*, ZEuP 1995, S. 534, 539–540.

801 Seite des Instituts für internationales und ausländisches Privatrecht der Universität zu Köln, http://www.uni-koeln.de/jur-fak/instipr/eurprivr/arbeitsgruppen.htm, Stand: 20.01.2005

802 *Lurger*, Grundfragen der Vereinheitlichung, S. 11f.; Homepage: http://www.sgecc.net.

803 *Lurger*, Grundfragen der Vereinheitlichung, S. 19f.; Homepage: http://civil.udg.es/tort/.

804 Die *Principles on European Trust Law* erschienen in *Schulze/Zimmermann* (Hrsg.), Basistexte zum Europäischen Privatrecht, 2. Aufl., Baden-Baden 2002.

dem Werk der Akademie also nicht nur um die Formulierung von Prinzipien für eine spätere Vertragsgesetzgebung, sondern bereits um eine erste Formulierung eines Teil des zukünftigen Gesetzbuch selbst.[805]

Schließlich gibt es auch Einrichtungen, deren Ziel nicht darin besteht, neue Entwürfe der europäischen Zivilrechtskodifikation zu formulieren, sondern als Diskussions- und Informationsplattformen zur Privatrechtsvereinheitlichung zu dienen, wie z. B. *Society of European Contract Law* (SECOLA)[806], *The Common Core of European Private Law Project*[807], *European Research Group on Existing EC Private Law (Acquis Gruppe)*[808].

V. Diskussion über einheitliches europäisches Zivilgesetzbuch

1. Pro und contra

Die Gegner eines europäischen Zivilgesetzbuchs gehen davon aus, dass „*die Pluralität der nationalen Rechte ein Teil der Identität der europäischen Rechtskultur ist*"[809] und beanstanden, dass die Europäisierung des Rechts zu einem erheblichen Verlust an kultureller Vielfalt führe.[810] Die Befürworter berufen sich dagegen auf die Geschichte, die zeige, dass das Privatrecht nicht zwingend auf die nationale Ebene beschränkt sein müsse: Die Nationalisierung des Privatrechts fand während des 19. Jahrhundert statt.[811] So lehrte uns die Rechtsgeschichte, dass Recht keine Folklore sei, sondern einer Frage der Ethik, der Wirtschaft und technischer Überlegungen.[812]

Ein wichtiger Diskussionspunkt sind auch Kosten, die nach Meinung der Befürworter einer europäischen Kodifikation wegen eines national beschränkten

---

805 *Lurger*, Grundfragen der Vereinheitlichung, S. 13f.; Seite des Instituts für internationales und ausländisches Privatrecht der Universität zu Köln, http://www.uni-koeln.de/jur-fak/instipr/eurprivr/arbeitsgruppen.htm, Stand: 20.01.2005. Zum Entwurf eines Europäischen Vertragsgesetzbuchs – *Sonnenberger*, RIW 2001, S. 409f.; *Patti*, ZEuP 2004, S. 118ff.

806 Homepage: http://www.secola.org.

807 Homepage: http://www.jus.unitn.it/dsg/common-core/hme.html; *Hahn*, Int'l J. Legal Info. 2002, S. 265ff. (282f.); *Smits*, ML 1999, S. 26ff. (38f.); *Lurger*, Grundfragen der Vereinheitlichung, S. 16f.; *Bussani/Mattei*, Columbia J. Eur.L. 1997/98, S. 339ff.

808 Homepage: http://www.aquis-group.org

809 *Häberle*, Europäische Rechtskultur. Versuch einer Annäherung in zwölf Schritten, 1994, 27 zitiert nach *Remien*, ZfRV, 1995, S. 116f.

810 *Remien*, ZfRV 1995, S. 119.

811 *Zimmermann*, JZ 1992, S. 8 ff.; *Pfeiffer*, EWS 2004, S. 98f.

812 *Lando*, CML Rev. 1998, S. 821ff. (826).

Privatrechts stetig wachsen.[813] Nach der Gegenmeinung sind diese Kosten ohne wirtschaftswissenschaftliche Untersuchungen, die bislang fehlen, nicht zuverlässig einzuschätzen.[814] Darüber hinaus weisen die Gegner auf die Kosten eines europäischen Gesetzbuchs hin, die mit der Einführung jeglicher komplexen Neuregelungen verbunden sind (neue Lehrbücher, Notwendigkeit häufigerer Anwaltsberatung wegen der noch nicht gefestigten Vorschriften etc.).[815]

Neben pragmatischen Argumenten betonen die Protagonisten einen idealistischen Aspekt einer einheitlichen europäischen Zivilrechtskodifikation. Ihrer Meinung nach würde eine solche Kodifikation viel zur europäischen Identität beitragen.[816] Nach Auffassung der Gegner eines gemeinsamen europäischen Zivilgesetzbuchs soll man nicht „künstlich" nach juristischer europäischer Identität suchen, sondern sich von Sachgründen leiten lassen.[817]

2. *Kultivatoren und Kodifikatoren*

Die Diskussion über eine zukünftige europäische Zivilrechtskodifikation wird häufig mit der Auseinandersetzung zwischen *Thibaut* und *Savigny* im 19. Jahrhundert verglichen.[818] Die Befürworter eines gemeinsamen europäischen Zivilrechts lassen sich nämlich in zwei Schulen teilen: als „Kultivatoren" werden die Nachfolger *Savignys* bezeichnet und die Nachfolger *Thibauts* als „Kodifikatoren".[819] Die Kultivatoren sind der Meinung, dass ein europäisches Zivilrecht erst durch langdauernde Pflege und Kultivierung entstehen könne.[820] Dieser Prozess solle von Wissenschaftlern begleitet werden, die durch ihre Schriften das Recht festigen werden. So entstehen Regeln des Zivilrechts, die sowohl durch die Rechtswissenschaftler als auch durch die Praxis akzeptiert werden. In dieser

---

813 *Basedow*, JuS, 2004, 89, 90; *Schmid*, RSC No. 2000/14, S. 5, abrufbar unter http://jeanmonnetprogram.org.

814 *Kronke*, Rechtspoltisches Forum Nr. 11, http://www.irp.uni-trier.de/11_kronke.pdf, S. 7

815 *Dauner-Lieb*, NJW 2004, S. 1431f.; auch – *Dauner-Lieb*, R.I.D.C. 2004, S. 559ff. (561).

816 *Möllers* (Am.J.Comp.L. 679, 681–682) bezeichnet sogar die Rechtsvereinheitlichung innerhalb der EU als Motor der Integration.

817 *Remien*, ZfRV, 1995, S. 120; *Kronke*, Rechtspoltisches Forum Nr. 11, http://www.irp.uni-trier.de/11_kronke.pdf, S. 8–9.

818 Z.B. *Zimmermann*, ZEuP 1993, S. 4; *Lando*, CML Rev. 1998, S. 821ff. (823f.); *Kronke*, Rechtspoltisches Forum Nr. 11, http://www.irp.uni-trier.de/11_kronke.pdf, S. 4; *Van Gerven*, E.L. Rev. 2002, S. 156ff. (160); *Joerges*, Duke J. Comp. & Int'l L., S. 149ff.(157f.); .

819 *Lando*, CML Rev. 1998, S. 821ff. (827f.).

820 *Smits*, ML 1998, S. 328ff.

Weise wird auch der Wettbewerb der Rechtsordnungen beibehalten, was die Durchsetzung der besten Lösungsansätze ermöglichen werde.[821] Die Kultivierung werde zugleich zu einer schmerzlosen Verschmelzung des *common law* mit den kontinentalen Rechtssystemen und dadurch zur Entstehung des sog. gemischten Rechtsystems (*mixed legal system*) führen.[822]

Die Kritiker dieser Auffassung führen an, dass es wegen der Vielfalt der Rechtssysteme innerhalb der Europäischen Union sehr lange dauern werde, auf diesem Wege eine Europäisierung zu erreichen.[823] Die Kodifikatoren streben daher nach einer Kodifikation des europäischen Zivilrechts. Diese Kodifikation kann aber in vielerlei Gestalt in Erscheinung treten. Es besteht zum einen die Möglichkeit, ein verbindliches Gesetzbuch für alle zu schreiben (dafür z.B. *Ole Lando*), zum anderen, ein *soft law* zu entwickeln, das Grundsätze darlegt (bevorzugt z.B. von einem anderen Mitglied der *Lando*-Kommission – *Hugh Beale*).[824] Manche Befürworter eines verbindlichen Gesetzbuchs sprechen sich auch für einen Rechtsakt aus, der die Form einer zusätzlichen, dem UN-Kaufrecht ähnlichen Privatrechtskodifikation haben könnte. Diese würde neben schon existierenden Privatrechtsordnungen treten und ihr könnten grenzüberschreitende Sachverhalte unterliegen (sog. Modell von 15 + 1 (heutzutage 25+1)).[825]

Angesichts der Probleme, die bei der Erarbeitung eines einheitlichen Zivilrechts auftauchen, wird manchmal postuliert, dass man sich stattdessen in erster Linie auf einen Entwurf eines europäischen IPR-Gesetzes konzentrieren soll.[826] Eine einheitliche Regelung in diesem Bereich würde viele Probleme lösen, wie z.B. die Verhinderung des *forum shopping*, und ließe sich einfacher realisieren. Sie wird aber nicht nur als eine Alternative angesehen: Die Arbeiten an den beiden Projekten, d.h. an einem Zivilrechtsgesetz und IPR-Gesetz, könnten parallel stattfinden.[827]

---

821 *Smits*, G.J.Int'l & Comp.L. 2002, S. 79ff. (81).

822 *Smits*, ML 1998, S. 328ff. (338f.). Zu den „*mixed legal systems*" – *Kötz*, Tul.L.Rev. 2003, S. 435ff.; *Reid*, Tul.L.Rev. 2003, S. 5ff.

823 *Lando*, CML Rev. 1998, S. 821ff. (828).

824 *Lurger*, Grundfragen der Vereinheitlichung, S. 13, Fn. 18. Auch *Van Gerven* spricht sich für diesen Lösungsansatz, schließt aber nicht auch, dass das *soft law* zukünftig durch ein bindendes Recht ersetzt werden könnte – *Van Gerven*, E.L. Rev. 2002, S. 156ff. (168f.).

825 *Remien*, ZfRV 1995, S. 116ff. (122).

826 *Joerges*, Duke J.Comp. & Int'l L., S. 149ff. (162).

827 *Koch*, ERPL 1995, S. 329ff. (329, 331f.). Zu den schon vorhandenen Kollisionsnormen innerhalb der Gemeinschaft – *Grundmann*, „Binnenmarktkollisionsrecht – vom klassischen IPR zur Integrationsordnung", RabelsZ 2000, S. 457ff. Als erster Schritt zur Entstehung eines europäisches IPR-Gesetzes wird das am 14. 01.2003 von der Kommission veröffentlichte Grünbuch über die Umwandlung des Übereinkommens

3. Kodifikation und common law

Eine besondere Rolle spielt in der Diskussion die Frage des Verhältnisses zwischen dem *civil law* und *common law.*[828] Als bekanntester Gegner eines europäischen Zivilgesetzbuchs gilt hierbei *Pierre Legrand*, der auf die angeblich unüberwindlichen Unterschiede zwischen dem *common law* und den kontinentalen Rechtssystemen verweist, aufgrund denen jeder Versuch einer Harmonisierung des Zivilrechts scheitern müsse. Er vertritt die Auffassung, dass englisches Recht nie ein Teil des historischen *ius commune europaeum* war und daher *„the legal systems* [englisches common law und kontinentaleuropäische Rechtsordnungen] *have not been converging, are not converging and will not be converging.*"[829] Zugleich betont er, dass Kodifikationen keine Überlegenheit gegenüber dem *case law* nachweisen und jegliches europäisches Zivilgesetzbuch gegen die Natur des *common law* wäre. Die Einführung eines europäischen Zivilrechtsgesetzbuches sieht er nicht nur als Versuch der Unterdrückung des englischen Rechtssystems an, sondern auch als Gewalttat gegen die in einer anderen Mentalität aufgewachsenen englischen Juristen.[830]

Mit *Pierre Legrand* polemisiert *Vincenzo Zeno-Zencovich.* Seiner Meinung nach zeigt das Beispiel der offenen amerikanischen Rechtskultur, dass der Konservatismus und die damit verbundene Abneigung gegen Änderungen kein unerlässlicher Teil des *common law* ist.[831] Zugleich ist er sich den Unterschieden zwischen dem *common law* und *civil law* bewusst. Er weist darauf hin, dass das *common law* und die kontinentaleuropäischen Rechtssysteme durch eine andere Rechtslogik geprägt sind. Anders als kontinentaleuropäische Juristen, die sich von der Deduktion leiten lassen, stellt die englische Denkweise auf Induktion ab. Trotz der Nichtexistenz einer Kodifikation bildet aber das englische Rechtssys-

---

von Rom aus dem Jahre 1980 über das auf vertragliche Schuldverhältnisse anzuwendende Recht in ein Gemeinschaftsinstrument, KOM (2000) 654 endg.. Dazu – *Magnus/Mankowski*, ZVglRWiss 2004, S. 131ff.

828 *Watt*, Tex. Int'l L.J. 2004, S. 429ff.(433f.).

829 *Legrand*, I.C.L.Q. 1996, S. 52ff. (61f.); anders – *Zimmermann*, JZ 1992, S. 1ff.(15).

830 *Legrand*, MLR 1997, S. 44ff. (56f.). Es kann überraschen, dass sich diese verbissenen Argumente *Legrands* wegen seiner Herkunft (Frankokanadier) und des juristischen Berufswegs (Professor an einer holländischen Universität) nicht mit einem *common law chauvinism* erklären lassen – *Zeno-Zencovich*, ERPL 1998, S. 349ff. (353). Dies betrifft nicht unbedingt *Malcom Clarke*, der seine starke Opposition zu jeglichen Kodifikationen mit den scherzhaften Worten illustrierte: Wenn man angesichts der 10 Gebote annimmt, dass der liebe Gott für die Gesamtkodifikation ist, dann bin ich wohl ein Advokat des Teufels – *Clarke*, J. Bus. L. 2001, S. 605.

831 *Zimmermann*, ZEuP 1993, S. 4ff. (46f.); *Zeno-Zencovich*, ERPL 1998, S. 349ff. (358).

tem, genau wie jede kontinentaleuropäische Rechtsordnung, eine logische und kohärente Einheit.[832] Daher war auch die Entstehung eines Entwurfs des englischen Vertragsrechts möglich, der von *McGregor* ausgearbeitet wurde und in der Literatur als eine Art Brückenschlag zwischen vertragsrechtlichen Konzeptionen des *common law* und *civil law* angesehen wird.[833] Darüber hinaus finden sich auch in England in wichtigen Bereichen Teilkodifikationen, wie etwa der *Sale of Goods Act*.[834]

Gegen das Argument *Legrands*, dass sich das *common law* und *civil law* absolut getrennt entwickelt hätten und daher keine Ähnlichkeiten aufweisen, weist man allerdings auf die intensiven kontinentaleuropäischen Einflüsse des englischen Rechts im 19. Jahrhundert hin, die zur Umgestaltung des englischen Rechts (vor allem zur Einteilung in die Kategorien Vertrag, Delikt und Sachenrecht) geführt haben.[835] Auch heutzutage scheint die Aufforderung von *Basil Markesinis*, der die englischen Richter zu einer breiteren rechtsvergleichenden Einstellung ermutigt, auf immer mehr fruchtbaren Boden zu fallen.[836] Das langsame Durchsetzen des neuen Trends lässt sich in der Rechtsprechung des *House of Lords* beobachten. So zitiert zum Beispiel *Lord Goff of Chieveley* in seinen Ausführungen zum Urteil *White v. Jones* die deutsche Lehrvertreter *Lorenz*, *Kötz* and *Markesinis* sowie die deutsche und die holländische Rechtsprechung.[837] In den letzten dreißig Jahren ließ sich das englische Recht (vor allem im Bereich der Gesetzesgestaltung und des Verwaltungsrecht) vom Gemeinschaftsrecht inspirieren.[838] Die Auswirkungen bleiben aber nicht einseitig. Auch das *common law* beeinflusst die kontinentaleuropäischen Rechtssysteme, die solche ihnen unbekannte Rechtsinstitute wie *leasing*, *franchising* oder *trust* übernommen haben.[839]

Als ein besonders gutes Zeichen für die Perspektiven einer europäischen Privatrechtskodifikation kann nach Auffassung von *Zeno-Zencovich* die Entstehung der UNIDROIT *Principles* sowie der *Principles of European Contract Law* genannt werden, die zeigen, dass eine erfolgreiche Zusammenarbeit zwischen den kontinentalen und *common law*-Juristen möglich ist.[840]

---

832 *Zeno-Zencovich*, ERPL 1998, S. 349ff. (356f.).
833 *Lurger*, Grundfragen der Vereinheitlichung, S. 13.
834 *Zimmermann*, ZEuP 1993, S. 4ff. (7). Dass die Idee der Kodifikation auch dem englischen Rechtsystem bekannt ist, führt *Weiss* (Yale J. Int'l.L. 2000, S. 435ff.(470f.)) an.
835 *Gordley*, ZeuP 1993, S. 498ff.; *Smits*, MJ 1999, S. 25ff. (40).
836 ML 1998, S. 328ff. (337). *Smits*, ML 1999, S. 25ff. (41f.)
837 *White v. Jones*, [1995] 2 W.L.R., S. 187ff.; *Smits*, ML 1999, S. 25ff. (45).
838 *Lewis*, Colum.J.Eur.L. 1996, S. 1ff. (19f.).
839 *López-Rodríguez*, Brook.J.Int'l L. 2004, S. 1195ff. (1210); *Smits*, ML 1999, S. 25ff. (40).
840 *Zeno-Zencovich*, ERPL 1998, S. 349ff. (361).

Wenn man einen Akt der Sekundärrechtssetzung durch die Institutionen der Europäischen Gemeinschaft in Betracht zieht, stellt sich die Frage, ob die Gemeinschaft überhaupt eine ausreichende Kompetenz für den Erlass einer Privatrechtskodifikation besitzt. Die Frage der Kompetenz würde sich nur dann erübrigen, wenn die Mitgliedstaaten ein europäisches Zivilrechtsgesetzbuch im Wege eines völkerrechtlichen Vertrags beschließen. Der dafür erforderliche politische Konsens aller Mitgliedstaaten scheint jedoch auf absehbare Zeit kaum erzielbar. Auch für jede Novellierung wäre wieder Einstimmigkeit aller Vertragsparteien notwendig, was die Gefahr einer Versteinerung des Rechts in sich tragen würde.[841] Die Frage der Kompetenz der Gemeinschaft für ein Zivilrechtsgesetzbuch stößt auf viele Kontroversen. Selbst die Kommission, bei der die Kompetenz liegt, eine Gesetzgebungsinitiative einzuleiten, scheint die Kompetenz der Gemeinschaft für einen solchen Rechtsakt zu bezweifeln.[842]

Der Europäische Rat hat während seiner Sondertagung im finnischen Tampere am 15. und 16. Oktober 1999 Art. 65 EG als Kompetenzgrundlage genannt. Er äußerte dabei, dass die Schaffung eines Raums der Freiheit, der Sicherheit und des Rechts in der Europäischen Union (im Sinne des Artt. 61 ff. EG) auch die teilweise Vereinheitlichung des Zivilrechts erfordert. Der Europäische Rat hielt es für erforderlich, einzelne Bereiche des Zivilrechts in der europäischen Union zu vereinheitlichen, um das in Art. 65 EG erwähnte *„reibungslose Funktionieren des Binnenmarkts“* zu gewährleisten.[843] Die Kompetenzgrundlage des Art. 65 EG für eine Vereinheitlichung des Vertragsrechts erweist sich jedoch als problematisch, weil die Vorschrift nicht alle Bereiche des Zivilrechts erfasst, sondern nur jene, die Einfluss auf die Verwirklichung des freien Personenverkehrs in der Union haben. Hierfür besser geeignet erscheint Art. 95 EG, der für die Verwirklichung der Ziele des Art. 14 EG, also die Verwirklichung des Binnenmarktes durch Maßnamen der Gemeinschaft, gilt.[844] Diesen Standpunkt hat das Europäische Parlament später in seiner Entschließung von 2001 bestätigt, in der die Kommission aufgefordert wurde, bei der weiteren Konsolidierung und Entwick-

841 *Engel*, ZfRV 1999, S. 121ff. (122); anders – *Van Gerven*, E.L. Rev. 2002, S. 156ff. (171f. insb. 173–174).

842 *Schwartz*, ZEuP 1994, S. 559ff. (570); *Kenny*, E.L.Rev. 2003, S. 538ff. (547). *Basedow* (JuS 2004, S. 95f.) ist dagegen der Meinung, dass sich die Position der Kommission erst mit ihrer Mitteilung im Jahre 2001geändert hat.

843 *Lurger*, Grundfragen der Vereinheitlichung, S. 9f.

844 *Lurger*, Grundfragen der Vereinheitlichung, S. 105f; *Kronke*, Rechtspolitisches Forum Nr. 11, htp://www.irp.uni-trier.de/11_kronke.pdf, S.6.

lung der Zivilrechtsharmonisierung auf die Rechtsgrundlage des Art. 95 EG zurückzugreifen.[845]

Im Schrifttum wird die Kompetenz der Gemeinschaft zum Erlass einer Zivilrechtskodifikation oder sogar eines europäischen Vertragsgesetzbuchs in Frage gestellt. Dagegen scheint vor allem das in Art. 5 II EG ausgedrückte Subsidiaritätsprinzip und das Verhältnismäßigkeitsprinzip aus Art. 5 III EG zu sprechen. Nach dem Verhältnismäßigkeitsprinzip kommt nur eine Maßnahme in Betracht, welche konkrete Störungen behebt. Dass die Angleichung- oder sogar die Vereinheitlichungsmaßnahme für das Funktionieren des Binnenmarktes nützlich ist oder sein könnte, genügt dafür nicht.[846] Daher wird in der Literatur gelegentlich die Auffassung vertreten, man müsse eine Kompetenzgrundlage schaffen, wenn man ein europäisches Zivilgesetzbuch haben wolle.[847] Im Lichte der letzten Kommissionsmitteilungen (aus dem Jahre 2001, 2003 und 2004), die die Frage der Kompetenzgrundlage offen lassen,[848] ist die endgültige Entscheidung darüber wahrscheinlich erst zu erwarten, wenn die Idee eines europäischen Vertragsrechtsgesetzes konkrete Gestalt annimmt.

VII. Initiativen der Kommission

1. Mitteilung über das europäische Vertragsrecht

a) Anhörung der Kommission

Die Problematik der zukünftigen Gestalt des europäischen Vertragsrechts hat mit der Veröffentlichung der Kommissionsmitteilung Mitte des Jahres 2001 neue Brisanz gewonnen. Die Mitteilung hatte das Ziel: das Europäische Parlament,

---

845 Entschließung des Europäischen Parlaments zu Annäherung des Zivil- und Handelsrechts der Mitgliedstaaten, Amtsblatt der Europäischen Gemeinschaften, C 140 E/538.

846 *Kronke*, Rechtspolitisches Forum Nr. 11, http://www.irp.uni-trier.de/11_kronke.pdf, S.7; *Schmid*, RSC No. 2001/14, S. 7f., abrufbar unter http://jeanmonnetprogram.org; *Kenny*, E.L. Rev. 2003, S. 538ff. (547).
Dies hat auch in der Rechtsprechung des EuGH seine Bestätigung gefunden. In der *Tabacco*-Entscheidung (C-376/98, *Germany v Parliament and Council (Tobacco)* [2000] E.C.R. I-8419, [2000] 3 C.M.L.R. S. 1175, Par. 83) hat der EuGH angeführt: „ [...] *To construe ...* [Art. 95] *as meaning that it vests* [...] *a general power to regulate the internal market* [...] *would also be incompatible with the principle embodied in Art. 3b [Art. 5] of the EC Treaty* [...]“.

847 *Kronke*, Rechtspolitisches Forum Nr. 11, http://www.irp.uni-trier.de/11_kronke.pdf, S.8; *Kenny*, Penn St. Int'l L.Rev. 2003, S. 569ff. (608f.).

848 *Kenny*, E.L.Rev. 2003, S. 538ff. (548).

den Rat sowie alle interessierten Kreise in die Gestaltung weiterer Maßnahmen auf diesem Gebiet miteinzubeziehen. In der Mitteilung hat die Kommission die Frage gestellt, ob das ordnungsgemäße Funktionieren des Binnenmarktes durch die Divergenzen in den nationalen Vertragsrechten behindert wird und wie die bisher verfolgte punktuelle Harmonisierung zu beurteilen ist. Des Weiteren wurden vier mögliche Lösungswege vorgeschlagen: 1) keine Regelung, die Lösung wird dem Marktgeschehen überlassen; 2) die Erarbeitung einheitlicher Vertragsgrundsätze, die von den Parteien optional in ihren jeweiligen Vertrag einbezogen werden können; 3) die Überarbeitung und Verbesserung der bestehenden EG-Richtlinien im Bereich des Vertragsrechts; 4) der Erlass neuer Rechtsvorschriften auf EG-Ebene – einer Vertragsrechts-Verordnung oder -Richtlinie, zwingend oder dispositiv.[849] Die interessierten Kreise sollten bis zum 15.10.2001 Stellung nehmen.

b) Stellungsnahmen zur Mittelung der Kommission

Die Kommission hat 181 Antworten auf ihre Mitteilung erhalten.[850] Die Diskussionsteilnehmer kamen aus den nachfolgenden fünf Interessengruppen: Regierungen, Wirtschaftskreise, Verbraucherverbände, Rechtspraktiker und Rechtslehrer. Die meisten Beiträge kamen aus Deutschland und dem Vereinigten Königreich. An der Anhörung haben sich dabei besonders viele Vertreter aus Hochschul- und Wirtschaftskreisen beteiligt.[851] Schon zur ersten Frage nach Problemen durch die Unterschiedlichkeit der nationalen Rechte gab es ganz verschiedene Einschätzungen. Teilweise wurden Behinderungen des Binnenmarktes zwar theoretisch eingeräumt, praktisch aber kaum identifiziert.[852] Nach anderer Auffassung verteuern sich transnationale Geschäfte durch den erhöhten Beratungsbedarf. Zudem führe der Verweis auf die Rechtswahlmöglichkeiten zu einer Benachteiligung der schwächeren Vertragspartner, insbesondere der kleinen und mittleren Unterneh-

849 Mitteilung zum Europäischen Vertragsrecht, Amtsblatt, 2001/C 255/01.

850 Mitteilung der Kommission an das Europäische Parlament und den Rat, ein kohärentes Europäisches Vertragsrecht, Ein Aktionsplan, KOM(2003) 68 endgültig, Amtsblatt, 2003/C63/01, Pkt. 4. Die Stellungnahmen zur Mitteilung über das Europäische Vertragsrecht, Zusammenfassung ist unter der Adresse: http://www.europa.eu.int/comm/consumers/cons_int/safe_shop/fair_bus_pract/cont_law/comments/summeries/sum_de.pdf abzurufen. Einzelne Stellungsnahmen sind unter http://www.europa.eu.int/comm/consumers/cons_int/safe_shop/fair_bus_pract/cont_law/comments/index_en.htm zu finden.

851 Stellungnahmen zur Mitteilung über das Europäische Vertragsrecht, Zusammenfassung, Pkt. 1.

852 Z.B. Stellungsnahme der englischen Regierung.

men, aber auch der Verbraucher.[853] Darüber hinaus weisen die Vertreter aus den Wirtschaftskreisen auf die negative Wirkung der sachenrechtlichen Unterschiede insbesondere bei der Besicherung oder bei den Haftungsregelungen hin.[854]

Die Option I befürwortete nur eine kleine Minderheit der Teilnehmer,[855] während die Option II recht viele Befürworter fand.[856] Eine überwältigende Mehrheit sprach sich für die Option III[857] aus und eine Mehrheit lehnte – zumindest zum derzeitigen Zeitpunkt – die Option IV ab,[858] also diejenige, die den Erlass neuer Rechtsvorschriften zum europäischen Vertragsrecht vorsah. In zahlreichen Beiträgen wurde jedoch die Ansicht vertreten, diese IV. Lösung könne je nachdem, wie sich die Situation infolge der Umsetzung der Optionen II und III entwickle, möglicherweise zu einem späteren Zeitpunkt nochmals in Erwägung gezogen werden.[859]

In Anbetracht der in der Literatur häufig diskutierten Probleme der Konvergenz des *common law* und der kontinentaleuropäischen Rechtssysteme sind die aus dem Vereinigten Königreich kommenden Stellungnahmen besonders interessant. Sowohl die englische Regierung wie auch die Rechtspraktiker sprachen sich eindeutig gegen jegliche Form einer europäischen Privatrechtkodifikation aus.[860] Manchmal wurde sogar auf die Überlegenheit des *common law* gegenüber den kontinentalen Rechtssystemen hingewiesen, die sich u.a. daraus ergebe, dass das *civil law* der Rechtssicherheit nicht genügend Rechung trage.[861] Darüber hinaus

---

853 Z.B. portugiesische Regierung, auch viele Stimmen aus Wirtschaftkreisen – Stellungnahmen zur Mitteilung über das Europäische Vertragsrecht, Zusammenfassung, Pkt. 3.1.2.

854 Stellungsnahmen zur Mitteilung über das Europäische Vertragsrecht, Zusammenfassung – Pkt. 3.1.2.

855 Z.B. wird die Option I bei Handelsverträgen in der Stellungsnahme von der *Society of Public Teachers of Law* des Vereinigten Königreichs und Irlands nachdrücklich befürwortet. Die *Law Society* würde es bei bestimmten Rechtsgeschäften vorziehen, keine Maßnahmen zu ergreifen.

856 Z.B. dänische Regierung, der deutsche Bundesrat.

857 Z.B. Regierungen Italiens, Portugals und Polens, der deutsche Bundesrat.

858 Für den Erlass neuer Rechtsvorschriften auf EG-Ebene – einer Vertragsrechts-Verordnung oder -Richtlinie hat sich z.B. *International Chamber ot Commerce* (ICC) ausgesprochen.

859 Z.B. Regierungen Italiens, Portugals und Polens.

860 Die Stellungnahmen der Regierung des Vereinigten Königreiches, der *Law Society of England*, des *General Bar Council of England and Wales.*

861 Die Stellungnahme des *General Bar Council of England and Wales.* Die starke Überzeugung über die größere Effizienz des *common law* gegenüber dem *civil law* und über die daraus folgende bessere Kondition der Wirtschaft in den *common law*-Staaten kommt gelegentlich zum Ausdruck auch in der Literatur. Als erster Wissenschaftler, der diese These gestellt hat, gilt *Hayek* (Constitution of Liberty, Chicago 1960 und Law, Legislation and Liberty, Chicago 1973). Seine Nachfolger hat er u.a.

würde die Einführung einer gemeinsamen Vertragsrechtskodifikation die starke Position des *common law* und der *common law*-Juristen sowie den derzeitigen „Export" des englischen *common law* gefährden.[862]

Das Europäische Parlament hat seine Stellung zur Kommissionsmitteilung ausführlich in seiner Entschließung vom 15. November 2001 ausgedrückt. Darin hat es einen Arbeitszeitplan für die Vereinheitlichung des Vertragsrechts vorgeschlagen. Der Plan sieht vor, dass der Verabschiedung eines europäischen Regelwerks zum Vertragsrecht, die Ausarbeitung der gemeinsamen rechtlichen Begriffe und Terminologien vorangehen soll. Das Parlament hat auch vorgeschlagen, dass ab 2010 die Ausarbeitung des richtigen EU-Vertragsrechtsgesetzes schon stattfinden soll.[863]

3. Aktionsplan der Kommission

a) Vorgeschlagene Maßnahmen

Die Schlussfolgerungen der ersten Konsultation zum europäischen Vertragsrecht wurden in Form des Aktionsplans in der Mitteilung der Kommission an das Europäische Parlament und den Rat vom 12. Februar 2003 vorgestellt.[864] Der Aktionsplan schlägt eine Mischung aus nicht-gesetzgeberischen und gesetzgeberischen Maßnahmen vor. Im Hinblick auf die Vereinheitlichung des Vertragsrechts soll:

1. die Kohärenz des Gemeinschaftsrechts auf dem Gebiet des Vertragsrechts erhöht;
2. die Ausarbeitung EU-weiter Allgemeiner Geschäftsbedingungen gefördert;
3. die Opportunität von nicht sektorspezifischen Lösungen wie etwa eines optionalen Rechtsinstruments auf dem Gebiet des europäischen Vertragsrechts eingehender untersucht werden.[865]

---

in *Rubin* (Sup.Ct.Econ.Rev. 2005, S. 19ff.), *Mahoney* (J. Legal Stud. 2001, S. 503ff.) gefunden.

862 Stellungsnahme des *General Bar Council of England and Wales*.

863 Entschließung des Europäischen Parlaments zur Annäherung des Zivil- und Handelsrechts der Mitgliedstaaten, Amtsblatt, 2002/C140E/538.

864 Mitteilung der Kommission an das Europäische Parlament und den Rat, ein kohärentes Europäisches Vertragsrecht, Ein Aktionsplan, KOM(2003) 68 endgültig, Amtsblatt, 2003/C63/01,

865 Mitteilung der Kommission an das Europäische Parlament und den Rat, ein kohärentes Europäisches Vertragsrecht, Ein Aktionsplan, KOM(2003) 68 endgültig, Amtsblatt, 2003/C63/01, Zusammenfassung.

Weiterhin will die Kommission die sektorspezifische Rechtsvereinheitlichung fortsetzen. [866] Dabei geht es aber zunächst weniger um die Erweiterung des Regelungsfelds als um einen Konsolidierungsprozess zur Erhöhung der Qualität und Kohärenz der Regelungen. Dies wird sowohl die Redaktion als auch die Umsetzung und Anwendung betreffen.[867] Im Rahmen der ersten Maßnahme hat auch die Kommission die Schaffung des Gemeinsamen Referenzrahmens vorgeschlagen, der die besten Lösungen für eine gemeinsame Terminologie und Regeln bereithalten wird. Mit dem Referenzrahmen soll eine größere Annäherung der Vertragsrechte der einzelnen EU-Mitgliedstaaten und unter Umständen auch geeigneter Drittstaaten erreicht werden. Darüber hinaus wird der Gemeinsame Referenzrahmen die Basis für die weitere Überlegung zu einem optionalen Rechtsinstrument auf dem Gebiet des europäischen Vertragsrechts liefern.[868] Um sicherzustellen, dass der Gemeinsame Referenzrahmen den Bedürfnissen der Wirtschaftsteilnehmer entspricht und ein Modell für Regelungsansätze im Vertragsrecht bietet, beabsichtigt die Kommission, umfassende Forschungsarbeiten auf diesem Gebiet zu finanzieren.[869]

Des Weiteren beabsichtigt die Kommission die Ausarbeitung EU-weiter Allgemeiner Geschäftsbedingungen, die durch den Austausch von Informationen über bestehende oder geplante Initiativen sowohl auf europäischer Ebene als auch innerhalb der Mitgliedstaaten gefördert werden soll. Der Austausch soll u.a. auf einer Website stattfinden, auf der Unternehmen, Einzelpersonen und Organisationen Initiativen veröffentlichen werden.[870]

Mit einer dritten Maßnahme wird die Kommission untersuchen, ob möglicherweise sektorspezifische Maßnahmen wie etwa optionale Instrumente erforderlich sein könnten, um Probleme im Bereich des europäischen Vertragsrechts zu lösen.[871] Was die Form eines solchen Instruments betrifft, wird eine Verordnung oder Empfehlung vorgeschlagen.

Die im Aktionsplan angeregten Maßnahmen dienen dem Ziel, einen Raum der Freiheit, der Sicherheit und des Rechts zu schaffen. Sie laufen parallel zum Grünbuch über die Umwandlung des Übereinkommens von Rom von 1980 über das auf vertragliche Schuldverhältnisse anzuwendende Recht in ein Gemein-

866 Aktionsplan, Pkt. 55f.
867 Ibd., Pkt. 69f.
868 Ibd., Pkt. 59f., 95.
869 Ibd., Pkt. 63.
870 Ibd., Pkt. 87.
871 Ibd., Pkt. 89f.

schaftsinstrument und über dessen Modernisierung.[872] In diesem Sinne sollen sich das Grünbuch und der Aktionsplan gegenseitig ergänzen.[873]

b) Stellungnahmen des Europäischen Parlaments und Europäischen Rates

Sowohl das Europäische Parlament als auch der Europäische Rat haben zum Aktionsplan Entschließungen angenommen,[874] in denen der Aktionsplan begrüßt und auf die Notwendigkeit hingewiesen wurde, alle betroffenen Kreise an der Erarbeitung des Gemeinsamen Referenzrahmens zu beteiligen. In seiner Entschließung vom 22. September 2003 hat das Parlament der Kommission vorgeworfen, dass sie im Aktionsplan keinen bestimmten Zeitrahmen für die zu unternehmenden Schritte vorgesehen hatte. Nach der Auffassung des Parlaments sollte der gemeinsame Referenzrahmen bis Ende 2006 fertig gestellt und zügig eingeführt werden.[875]

c) Reaktionen auf den Aktionsplan

Bei der Kommission sind 122 Beträge zum Thema des Aktionsplans eingegangen,[876] die in die gleichen fünf Gruppen wie bei der Konsultationen zur Mitteilung der Kommission aus dem Jahre 2001 eingeteilt wurden.

i. Erste Maßnahme

Der erste Vorschlag der Kommission, die bisherigen Regeln zu vereinfachen und zu harmonisieren, ist auf breite Zustimmung der Diskussionsteilnehmer gestoßen. Die an der Diskussion beteiligten Regierungen waren der Ansicht, dass diese Maßnahme die einheitliche Anwendung des Gemeinschaftsrechts verbessern und das reibungslose Funktionieren des Binnenmarkts erleichtern würde.[877] Ebenso

---

872 KOM (2002) 654 endgültig.

873 Mitteilung der Kommission an das Europäische Parlament und den Rat, ein kohärentes Europäisches Vertragsrecht, Ein Aktionsplan, KOM(2003) 68 endgültig, Amtsblatt, 2003/C63/01, Pkt. 12,13.

874 Entschließung des Europäischen Parlaments vom 2. September 2003; Entschließung des Europäischen Rates vom 22. September 2003 – abrufbar unter: http://europa.eu.int/comm/consumers/cons_int/safe_shop/fair_bus_pract/cont_law/actionplan_de.htm

875 Entschließung des Europäischen Parlaments zum Aktionsplan der Kommission – Pkt. 12

876 Reaktionen auf den Aktionsplan – ein kohärentes europäisches Vertragrecht, Pkt. 1, abrufbar unter – http://europa.eu.int/comm/consumers/cons_int/safe_shop/fair_bus_pract/cont_law/analyticaldoc_de.pdf

877 Ibd., Pkt. 3.1.1.

hat der Vorschlag, die Forschungsarbeiten zur Entwicklung gemeineuropäischer Vertragsprinzipien zu unterstützen, weitgehend Gefolgschaft gefunden. In den meisten Stellungnahmen wird die Auffassung vertreten, dass bei der Ausarbeitung des gemeinsamen Referenzrahmens die unterschiedlichen Rechtstraditionen der Mitgliedstaaten im Vordergrund stehen müssten.[878] Fast alle Vertreter der Lehre haben sich bereit erklärt, einen Beitrag zu weiteren Arbeiten zu leisten.[879] Darüber hinaus wird in manchen Beiträgen aus den Wirtschaftskreisen die Notwendigkeit hervorgehoben, dafür zu sorgen, dass die Marktteilnehmer an den entsprechenden Arbeiten beteiligt werden, damit sichergestellt werden könne, dass tatsächlich eine Auseinandersetzung mit denjenigen Binnenmarkthindernissen erfolgt, denen sich diese gegenübersehen.[880]

ii. Zweite Maßnahme

Die von der Kommission als zweite Maßnahme vorgeschlagene Förderung der Ausarbeitung EU-weit verwendbarer Standardvertragsbedingungen ist auf unterschiedliche Reaktionen gestoßen. Zu einem wird die Auffassung vertreten, dass gemeinsame Standardvertragsklauseln die Transaktionskosten verringern und damit grenzüberschreitende Rechtsgeschäfte erleichtern würden.[881] Zum anderen wird bezweifelt, ob die Standardvertragsklauseln wirksam zur Beseitigung von Binnenmarkthindernissen beitragen können.[882] Andere ziehen den Nutzen einer Website in Zweifel, insbesondere unter dem Gesichtspunkt der hierfür erforderlichen Mittel.[883]

iii. Dritte Maßnahme

Die Reaktionen auf die dritte Maßnahme sind auch uneinheitlich. Während die Mehrheit der Regierungsstellungsnahmen sowie die Beiträge aus den Wirtschaftskreisen eher zurückhaltend ausfällt, sprechen sich die Vertreter der Lehre für weitere Überlegungen über die Notwendigkeit eines optionalen Instruments im Bereich des europäischen Vertragrechts aus. Allerdings wenden manche Vertreter der Rechtslehre ein, dass die Zeit für die Ausarbeitung eines solchen Instruments noch nicht reif sei.[884] Die Mehrheit scheint dabei eine Opt-in-Lösung

878 Ibd., Pkt. 3.1.4.
879 Ibd., Pkt. 3.1.5.
880 Ibd., Pkt. 3.1.2.
881 Ibd., Pkt. 3.2.4.
882 Ibd., Pkt. 3.2.2.
883 Ibd., Pkt. 3.2.4.
884 Ibd., Pkt. 3.2.5.

zu bevorzugen, die oft unter Hinweis auf das Subsidiaritätsprinzip befürwortet wird. Ein Befürworter eines Opt-out-Instruments argumentiert aber, der Vorgänger des UN-Kaufrechts, das Haager Übereinkommen von 1964, sei im Vereinigten Königreich als Opt-in-Instrument ausgestaltet worden mit der Folge, dass es praktisch völlig wirkungslos geblieben sei.[885] Anders als die Teilnehmer aus den Wirtschaftskreisen zieht die Mehrheit der Vertreter in der Lehre einen verbindlichen Rechtsakt in Form einer Verordnung vor.[886]

Was den Inhalt eines optionalen Instruments angeht, waren viele Diskussionsteilnehmer der Meinung, dass ein optionales Instrument einige allgemeine vertragsrechtliche Vorschriften sowie Vorschriften für bestimmte Verträge enthalten sollte, die für grenzüberschreitende Rechtsgeschäfte besonders wichtig sind. Es wurde vorgeschlagen, dass im Rahmen der allgemeinen vertragsrechtlichen Bestimmungen das optionale Instrument Vorschriften über Abschluss, Wirksamkeit und Auslegung von Verträgen sowie über Erfüllung, Nichterfüllung und Anspruchsgrundlagen enthalten könne.[887]

Zum Geltungsbereich eines optionalen Instruments haben die meisten Beteiligten die Ansicht vertreten, ein neues Instrument solle sich sowohl auf Geschäfte zwischen Unternehmen wie auch zwischen Unternehmen und Verbrauchern erstrecken und somit zwingende Vorschriften enthalten, die ein hohes Verbraucherschutzniveau garantieren.[888] Die Einbeziehung von Rechtsgeschäften zwischen den Unternehmen wirft die Frage des Verhältnisses zwischen dem optionalen Instrument und dem UN-Kaufrecht auf. Die Diskussionsteilnehmer waren sich darin einig, dass das optionale Instrument und das CISG aufeinander abgestimmt werden müssen. Zugleich wurden aber verschiedene Vorschläge gemacht, wie diese Abstimmung erfolgen soll: manche waren der Auffassung, das optionale Instrument solle lediglich einige ergänzende Vorschriften zum CISG enthalten, während andere vorschlugen, das CISG als Bestandteil in das optionale Instrument aufzunehmen.[889]

885 Ibd., Pkt. 3.3.5. Ebenso – *Basedow* (ZEuP 2004, S. 1ff. (3)).

886 Reaktionen auf den Aktionsplan – ein kohärentes europäisches Vertragsrecht, Pkt. 3.3.2, 3.3.5.

887 Mitteilung der Kommission an das Europäische Parlament und den Rat, KOM(2004) 651 endg., Anhang II, Pkt. 4.

888 Mitteilung der Kommission an das Europäische Parlament und den Rat, KOM(2004) 651 endg., Anhang II, Pkt. 5.

889 Mitteilung der Kommission an das Europäische Parlament und den Rat, KOM(2004) 651 endg., Anhang II, Pkt. 5.

Am 11. Oktober 2004 hat die Kommission die „Mitteilung zum Europäischen Vertragsrecht und Überarbeitung des gemeinschaftlichen Besitzstands- weiteres Vorgehen" veröffentlicht.[890] Diese Mitteilung beschreibt die Anschlussmaßnahmen der Kommission zum Aktionsplan 2003 im Lichte der Reaktionen aus den EU-Organen, Mitgliedstaaten und Interessengruppen. Die Kommission erläutert, wie der Gemeinsame Referenzrahmen ausgestaltet werden soll, um die Kohärenz des derzeit geltenden und künftigen Gemeinschaftsrechts zu verbessern und gibt Hinweise zu seiner Vorbereitung und Ausarbeitung. Der Gemeinsame Referenzrahmen soll danach aus drei Teilen bestehen: 1. vertragsrechtliche Grundsätze mit Hinweis auf notwendige Ausnahmen, 2. Definitionen von Schlüsselbegriffen, 3. Mustervorschriften.[891] Die Mitwirkung von Interessengruppen an der Gestalt des Gemeinsamen Referenzrahmens soll durch ein Netz von Experten gesichert werden. Zu allen Themen des Forschungsprojekts werden regelmäßig Seminare organisiert. Die Arbeiten werden durch eine spezielle Website unterstützt, die für Forscher, Sachverständige, Interessengruppen, die Kommission, Sachverständige der Mitgliedstaaten und das Europäische Parlament zugänglich ist.[892] In der Mitteilung wird die Erwartung ausgedrückt, dass die Forscher bis 2007 einen Schlussbericht mit allen für die Erarbeitung eines Gemeinsamen Referenzrahmens durch die Kommission benötigen Daten vorlegen.[893] Bei der Auswertung des Abschlussberichts der Forscher wird die Kommission sicherstellen, dass der Entwurf des Gemeinsamen Referenzrahmens einem Praxistauglichkeitstest unterzogen wird.[894] Nächster Schritt nach dem Vorlegen des Abschlussberichts soll eine offene Konsultation in Form eines Weißbuchs sein. Die Verabschiedung des Gemeinsamen Referenzrahmens durch die Kommission ist für 2009 vorgesehen.[895]

Parallel sollen die Überlegungen zur Opportunität eines optimalen Instruments weitergeführt werden. Die Kommission hat in der Mitteilung ein Überprüfungsschema vorgestellt, das bei der weiteren Diskussion über die Zweckmäßigkeit eines solchen Instruments zu berücksichtigen ist. Darüber hinaus sollen sich die Überlegungen auf die Frage der Verbindlichkeit eines optionalen Instruments sowie des Verhältnisses zwischen dem Übereinkommen von Rom und dem opti-

890 KOM (2004) 651 endg.
891 Mitteilung der Kommission an das Europäische Parlament und den Rat, KOM(2004) 651 endg., Pkt. 3.1.3. Siehe auch Anhang I zu dieser Mitteilung.
892 Ibd., Pkt. 3.1.2.
893 Ibd., Pkt 3.1.1.
894 Ibd., Pkt. 3.2.2.
895 Ibd., Pkt. 3.2.3.

onalen Instrument konzentrieren.[896] Die Frage, wie das optionale Instrument inhaltlich im Einzelnen ausgestaltet wird und welche Bereiche besondere Aufmerksamkeit verdienen, sei noch ausführlich zu erörtern. Dabei soll nach der Ansicht der Kommission ein optionales Instrument nur solche Teilgebiete des Vertragsrechts regeln, die mit Sicherheit zur Lösung konkreter Probleme beitragen können. Zu denken wäre hier beispielweise an Hindernisse, die das ordnungsgemäße Funktionieren des Binnenmarkts beeinträchtigen.[897]

Im ersten jährlichen Fortschrittsbericht zum europäischen Vertragsrecht und zur Überprüfung des gemeinschaftlichen Besitzstands der Kommission[898] wird die Entstehung eines Forschungsnetzes (des sog. CFR-Net) und des Netzwerks des CFR-Sachverständigen aus den Mitgliedstaaten bestätigt.[899] Die beiden Gruppen arbeiten in den Workshops. Der Synchronisation der Arbeit dient eine spezielle neu eingerichtete Website, auf die die Beteiligten die Entwürfe, Kommentare u.s.w. setzen können. Darüber hinaus treffen sich diejenigen, die auf politischer oder fachlicher Ebene einen Beitrag zur Ausarbeitung des CFR leisten, im Rahmen eines europäischen Diskussionsforums. Das erste Forum hat am 26. September 2005 in London stattgefunden.[900] Über die weiteren Entwicklungen wird die Kommission in weiteren jährlichen Berichten informieren.

B. Zusammenfassung und Stellungnahme zu den Plänen einer europäischen Vertragsrechtskodifikation

Die privatrechtlichen Regelungen finden sich sowohl im primären wie auch im sekundären Gemeinschaftsrecht und werden durch den EuGH fortentwickelt.

---

896 Ibd., Anhang II, Pkt. 2

897 Ibd., Anhang II, Pkt. 4

898 KOM (2005) 456 endg.

899 Das CFR-net besteht aus 177 Mitgliedern, wobei die meisten aus Deutschland (35) und dem Vereinigten Königreich (25) kommen (Siehe Anhang zum Bericht der Kommission vom 23.9.2005, KOM(2005) 456 endg.). Die Geschichte des UN-Kaufrechts, an dessen Vorbereitung auch die Vertreter des VK beteiligt waren und das später von Großbritannien nicht ratifiziert wurde, zeigt, dass die Teilnahme der Briten an der Ausarbeitung des GRR nicht unbedingt zur späteren Akzeptanz dieses Regelwerks führen muss. Zur Kritik einer solchen Einstellung der englischen Juristen– *McKendrick*, CLP 1997, S. 25ff. (58f.); *Beatson*, Has the Common Law a Future?, S. 7f.

900 Gemeinsame Konferenz der britischen Ratspräsidentschaft und der Europäischen Kommission zum Europäischen Vertragsrecht vom 26. September 2005. Die Vorträge sind abrufbar unter – http://europa.eu.int/comm/consumers/cons_int/safe_shop/fair_bus_pract/cont_law/conference26092005_de.htm.

Soweit das Privatrecht in den Mitgliedstaaten gesetzlich geregelt ist, wird bei seiner Vereinheitlichung das Instrument der Richtlinie verwendet. Wegen des Charakters dieses Rechtsinstruments (Verbindlichkeit nur hinsichtlich der Ziele und keine direkte horizontale Wirkung) ist die Umsetzung der Richtlinien in das Rechtsystem des jeweiligen Mitgliedstaats entscheidend. Sie bereitet aber Probleme und wird in den einzelnen Staaten unterschiedlich durchgeführt. Das so entstandene Recht läßt eine einheitliche europäische Privatrechtssystematik und – dogmatik und wird häufig von Rechtswissenschaftlern kritisiert, die den Fragen des Europarechts immer mehr Bedeutung beimessen. Die ersten Anstöße zur Ausarbeitung einer gemeinsamen europäischen Zivilrechtskodifikation gingen parallel von der Wissenschaft und dem Europäischen Parlament aus. Es sind zahlreiche Wissenschaftliche Arbeitsgruppen entstanden, die verschiedene Fragen des europäischen Zivilrechts behandeln. Als bekannteste gilt die sog. *Lando*-Kommission und die von *G. Gandolfi* initiierte Akademie Europäischer Privatrechtwissenschaftler, die sich mit dem europäischen Vertragsrecht befasst haben.

Neue Brisanz hat die Problematik der zukünftigen Gestaltung des europäischen Privatrechts mit der Veröffentlichung der Kommissionsmitteilung im Jahre 2001 gewonnen. Das Ziel dieser Mitteilung, alle interessierten Kreise in die Gestaltung weiterer Maßnahmen auf dem Gebiet des europäischen Vertragsrechts miteinzubeziehen, wurde erreicht. An den der Mitteilung und dann dem späteren Aktionsplan folgenden Konsultationen haben viele Vertreter der Praxis und der Rechtswissenschaft teilgenommen. In den meisten Beiträgen wird erwartet, dass die Kohärenz des Gemeinschaftsrechts auf dem Gebiet des Vertragsrechts erhöht und ein Gemeinsamer Rahmen ausgearbeitet wird. Der Gemeinsame Rahmen soll die besten Lösungen für gemeinsame Terminologie und Regeln bereithalten und die Basis für weitere Überlegungen zu einem optionalen Rechtsinstrument auf dem Gebiet des europäischen Vertragsrecht liefern. Im Jahre 2004 ist ein Forschungsnetz entstanden (das sog. CFR-net, unterstützt von den CFR-Sachverständigen), das bis 2007 der Kommission einen Abschlussbericht mit allen benötigen Daten zur Ausarbeitung eines Entwurfs vorlegen soll. Der für 2009 vorgesehenen Verabschiedung des Gemeinsamen Rahmens geht eine offene Konsultation voraus.

Parallel soll die Diskussion über ein optionales Rechtsinstrument weitergeführt werden. Die Frage der Kompetenzgrundlage für den Erlass eines solchen Rechtsinstruments bleibt weiterhin unentschieden. Im Lichte der Mittelungen der Kommission, die diese Frage offen lassen, ist wahrscheinlich eine endgültige diesbezügliche Entscheidung erst dann zu erwarten, wenn die Idee eines europäischen Vertragsrechtsgesetzes allmählich Gestalt annimmt. Über die weiteren Entwicklungen auf dem Gebiet des europäischen Vertragsrechts wird die Kommission in einem jährlichen Bericht informieren.

Die Initiativen der Kommission haben der in der Wissenschaft seit den 90er Jahren geführten Diskussion über eine zukünftige europäische Zivilrechtkodifikation eine neue Dimension gegeben. Es ist zu begrüßen, dass auch die Praxis an der Debatte um die Ausarbeitung des Gemeinsamen Referenzrahmens beteiligt ist. Dies wird hoffentlich dazu beitragen, dass die Fragen der europäischen Zivilrechtskodifikation mehr nach sachlichen und weniger nach ideologischen Kriterien entschieden werden. Sehr positiv ist auch die Teilnahme der Experten aus vielen Mitgliedstaaten zu bewerten. Dadurch werden bei der Ausarbeitung des Gemeinsamen Rahmens mehr verschiedene nationale Lösungsansätze in Betracht gezogen, was die Auswahl der optimalen Lösungsansätze ermöglicht. Stark vertreten sind neben den deutschen die englischen Juristen, die besonders skeptisch gegenüber der Idee einer europäischen Kodifikation sind. Das Beispiel des UN-Kaufrechts in Großbritannien zeigt aber, dass die Teilnahme an den Arbeiten nicht unbedingt zur späteren Übernahme des fertigen Rechtsakts führen muss.

Nicht ohne Bedeutung für die Pläne einer europäischen Zivilrechtskodifikation bzw. Kodifikation des Vertragsrechts ist der EU-Beitritt der neuen Länder im Jahre 2004. Einerseits bedeutet er eine immer größere Zahl immer disparaterer Rechtsordnungen im Rahmen der EU, die zu einem erheblichen Hemmnis für den Handels- und Wirtschaftsverkehr führen. Andererseits sind zu den 15 alten Mitgliedstaaten neue Staaten gekommen, die sich, wie etwa Polen, jahrelang in einer Isolation von Westeuropa, seiner Kultur und Sprachen entwickelt haben. In den sechzehn Jahren, die seit dem Zusammenbruch des Sozialismus vergangen sind, hat sich in allen Bereichen des Gesellschaftslebens zwar viel verändert, aber es war unmöglich, in dieser Zeit alle Rückstände nachzuholen. In der laufenden Diskussion wird manchmal vorgebracht, dass die Fremdsprachenkenntnisse der Juristen aus den alten EU-Mitgliedstaaten oder ihre Kenntnisse über Fremdrechtsordnungen weiterhin nicht hinreichend sind, um sich problemlos in einem internationalisierten Privatrecht zu bewegen[901] und es wird eine mehr übernational ausgerichtete juristische Ausbildung gefordert.[902] Die Kenntnisse der Juristen aus einem Staat, in dem fünfzig Jahre lang Russisch als erste Fremdsprache unterrichtet wurde und es wenig wirtschaftliche und kulturelle Kontakte mit Westeuropäern gab, lassen bestimmt noch mehr zu wünschen übrig. Es kann daher nicht überraschen, dass in Polen das Interesse am europäischen Privatrecht und

---

901 *Van Gerven*, E.L. Rev. 2002, S. 156ff. (174f.); *Heutiger*, EJCL 2003, Vol. 7.3, Pkt. 7c, abrufbar unter: http://www.ejcl.org; *Remien*, ZfRV 1995, S. 116ff. (124). Über die neuen Herausforderungen, die eine neue europäische Kodifikation mit sich bringen würde – auch *Kirchner*, UC. Davis L.Rev. 1998, S. 671ff. (676).

902 *López-Rodríguez*, Brook.J.Int'l L. 2004, S. 1195ff. (1216, 1218f.); *Meyer*, BB 2004, S. 1285ff. (1290); *Heutiger*, EJCL 2003, Vol. 7.3, Pkt. 8, abrufbar unter: http://www.ejcl.org.

überhaupt an internationalen Aspekten des Rechts, abgesehen von Initiativen der einzelnen juristischen Fakultäten, die schon zur Zeit des Sozialismus als kosmopolitisch gegolten haben, relativ gering ist.[903] Anders als in den alten Mitgliedstaaten wird zum Beispiel im polnischen Schrifttum keine Diskussion über die Pläne der Einführung eines europäischen Zivilgesetzbuchs geführt. In den Zeitschriften sind zwar einzelne Aufsätze zu dieser Problematik zu finden, sie werden aber entweder von ausländischen Rechtswissenschaftlern verfasst, die als starke Protagonisten der Idee der gemeinsamen Kodifikation gelten und daher die Problematik einseitig darstellen,[904] oder sie enthalten nur knappe Informationen über den Stand der Arbeiten an der Kodifikation, ohne sich um eine eigene Kommentierung zu bemühen.[905] Bemerkenswert ist auch, dass sowohl zur Mitteilung der Kommission aus dem Jahre 2003 wie auch zum Aktionsplan keine Stellungnahmen der Vertreter der Rechtslehre aus Polen eingegangen sind.[906]

In Anbetracht des heutigen Zustands der Rechtswissenschaft ist nicht zu erwarten, dass die polnischen Juristen in der näheren Zukunft in der Lage sein werden, mit den Problemen der geplanten weitgehenden Europäisierung des Privatrechts zurechtzukommen. Dabei kann die polnische Rechtsordnung, der die Rechtsverhältnisse von fast 40 Millionen Menschen unterliegen, und damit auch die polnische Wissenschaft als marginal betrachtet werden. Obwohl über die Situation in den anderen neuen EU-Mitgliedstaaten keine Informationen zur Verfügung stehen, ist es vorstellbar, dass sie sehr ähnlich ist. Daher scheint die Harmonisierung des Zivilrechts, beginnend mit einem Opt-in-Instrument auf dem Gebiet des Vertragsrechts, dessen Geltungsbereich zunächst für grenzüberschreitende Sachverhalte beschränkt wäre, die einzig realisierbare Lösung für die nähere Zukunft zu sein. Man muss den Juristen aus allen Mitgliedstaaten mehr Zeit lassen, den Herausforderungen der neuen Zeiten gewachsen zu sein.

---

903 Die Internationalisierung der juristischen Ausbildung in Polen postuliert *Radwan*, Edukacja prawnicza 2004, Nr. 7, S. 1ff.

904 z. B. *v. Bar*, KPP 2002, Nr. 2, S. 305ff.

905 z.B. *Żuławska*, KPP 2001, Nr. 2, S. 229ff., *Rajski*, KPP 2002, Nr. 1, S. 211.

906 Stellungnahmen zur Mitteilung über das Europäische Vertragsrecht, S. 31ff. Abrufbar unter: http://www.europa.eu.int/comm/consumers/cons_int/safe_shop/fair_bus_pract/cont_law/comments/summeries/sum_de.pdf.

§ 2. Mögliche Gestalt einer Regelung über Leistungserschwerungen in einem europäischen Zivilgesetzbuch

A. Leistungserschwerungen in internationalen Regelwerken

In der Diskussion über einen optimalen Lösungsansatz für die Leistungserschwerungen infolge der Veränderung der Umstände in einer gemeinsamen europäischen Vertragsrechtskodifikation soll den wichtigen übernationalen Regelwerken Rechnung getragen werden. Da solche Regelwerke, die im folgenden Abschnitt darzustellen sind, im Wege des Vergleichs und der Auswertung der durch verschiedene nationale Rechtsordnungen angebotenen Lösungsansätze entstanden sind, können sie als Vorbilder für eine zukünftige europäische Vertragsrechtskodifikation dienen.

Als das für die internationale Rechtsentwicklung des Schuldrechts wichtigste Dokument gilt das am 1. Januar 1988 in Kraft getretene Übereinkommen der Vereinten Nationen über Verträge über den internationalen Warenkauf. Das UN-Kaufrecht wurde bereites von 21 der 25 EU-Mitgliedstaaten ratifiziert [907] und übt seinen Einfluss auf die Entwicklung des Kaufrechts auch dadurch aus, dass es als Modellordnung für zahlreiche Staaten, die ihr Schuldvertragsrecht neu regeln, dient (B,I).

Eine vorbildliche Rolle bei der Ausarbeitung einer europäischen Vertragsrechtskodifikation können auch die von der *Lando*-Kommission ausgearbeiteten Grundregeln des Europäischen Vertragsrechts (*Principles of European Contract Law* – PECL) sowie die UNIDROIT-Prinzipien für Internationale Handelsverträge (*UNIDROIT Principles of International Commercial Contracts*) spielen. Es handelt sich dabei nicht um völkervertragliche verbindliche Rechtsetzung, sondern um die Wiedergabe weithin praktizierter und anerkannter Grundsätze („*soft law*"), deren Geltung von der Annahme durch die Parteien abhängt. Die im *soft law* formulierten Lösungsansätze gelten in der Literatur als optimal, was der größeren Kompromissbereitschaft bei den Arbeiten an einem solchen Werk als bei der Ausarbeitung eines bindenden Rechtsakts zugeschrieben wird. Dies folgt daraus, dass die Verfasser nicht durch Gedanken eingeschränkt werden, dass ihr Werk Akzeptanz bei einer möglichst großen Anzahl ratifizierender Staaten finden muss. Dies ermöglicht es die besten Lösungsansätze zu finden und ein gutes Regelwerk zu schaffen.[908] Dank ihres unverbindlichen Charakters war es möglich,

---

907 Die Liste aller 67 Staaten, die das Übereinkommen ratifiziert haben, ist auf der Website der UNCITRAL unter – http://www.uncitral.org/en/uncitral_texts_sale_goods/1980CISG_status.html – abrufbar.

908 *Bonell*, ULR 1996, S. 26ff. (29); *Gopalan*, J.L &Com. 2004, S. 117ff. (156, 159)

in den Grundregeln des Europäischen Vertragsrechts und den UNIDROIT-Prinzipien für Internationale Handelsverträge viele Fragen zu regeln, die vom UN-Kaufrecht nicht erfasst sind.[909] Dazu gehört u.a. die Frage der Leistungserschwerungen infolge der Veränderung der Umstände, die in Art. 6:111 PECL und Art. 6.2 UNIDROIT Principles geregelt ist (B,II). Auch der aus der Akademie Europäischer Privatrechtswissenschaftler stammende Vorentwurf des Ersten Buchs eines Europäischen Vertragsgesetzbuchs (*Code Européen des Contrats, Avant-projet, Livre Premier*), bei dem es sich nicht um die Formulierung von Prinzipien für eine spätere Vertragsgesetzgebung wie bei den PECL, sondern bereits um eine erste Formulierung eines Teil des zukünftigen Gesetzbuchs selbst handelt, enthält eine diesbezügliche Regelung in Art. 97 Abs. 1 und Art. 157 (B,III).

I. Wiener UN-Kaufrecht

1. Entstehungsgeschichte und allgemeine Charakteristik des Wiener UN-Kaufrechts

Die Geschichte des Übereinkommens der Vereinten Nationen über Verträge über den internationalen Warenkauf (UN-Kaufrecht, CISG[910]) begann mit den von *Ernst Rabel* im Jahre 1929 angeregten Arbeiten, die durch den Krieg unterbrochen wurden und schließlich auf einer Konferenz in Den Haag im Jahre 1964 die Form eines Staatenübereinkommens angenommen haben. Das Haager Übereinkommen wurde jedoch lediglich von neun Staaten ratifiziert. Hauptgrund für das Scheitern des Übereinkommens war, dass bei seiner Vorbereitung und auf der Staatenkonferenz 1964 zu wenige Staaten vertreten waren, die zudem im Wesentlichen nur westeuropäisch waren. Infolgedessen war der überwiegende Teil der Staaten der Welt, der am Zustandekommen der Regeln keinen Anteil hatte, nicht bereit, dieses für ihn fremde Regelwerk zu übernehmen.[911] Die Kritik am Haager Übereinkommen hat schon im Jahre 1969 die UNCITRAL (Kommission der Vereinten Nationen für Internationales Handelsrecht) zum Aufnehmen der Arbeiten an einen Entwurf eines neuen Kaufrechtübereinkommens veranlasst.[912] Im

---

909 *Bonell*, ULR 1996, S. 26ff. (32f.); *Slater*, Fla.J.Int'l L. 1998, S. 231ff. (239).

910 CISG steht für die englische Bezeichnung dieses Übereinkommens – United Nations Convention on Contracts for the International Sale of Goods.

911 *Herber*, in: *Doralt*, Das UNCITRAL-Kaufrecht im Vergleich zum österreichischen Recht, S. 28f.; *Schlechtriem*, in: *Schlechtriem*, Einheitliches Kaufrecht und nationales Obligationenrecht, S. 28. Zur historischen Entwicklung des internationalen Einheitsrechts auch – *Daun*, JuS 1997S. 811ff. (812).

912 *Czerwenka*, Rechtsanwendungsprobleme im internationalen Kaufrecht, S. 121.

Jahre 1977 wurde in Wien der sog. Wiener Entwurf verabschiedet, der später während der Sitzung in New York ergänzt und 1980 auf der Konferenz in Wien angenommen wurde. Das Übereinkommen der Vereinten Nationen über Verträge über den internationalen Warenkauf trat am 1. Januar 1988 nach der Hinterlegung der 10. Ratifikationsurkunde in Kraft.[913]

Inzwischen ist das UN-Kaufrecht das für die internationale Rechtsentwicklung des Schuldrechts wichtigste Dokument. Das Übereinkommen wurde von 21 der 25 EU-Mitgliedstaaten ratifiziert[914] und damit gelten im weit überwiegenden Teil der Europäischen Union dieselben Regeln für internationale Handelskäufe. Das UN-Kaufrecht hat über seine unmittelbare Wirkung als vereinheitlichtes, global verbreitetes Kaufrecht hinaus große Bedeutung als Modellordnung für zahlreiche Staaten, die ihr Schuldvertragsrecht neu regeln. Auf der europäischen Ebene hat sein Regelungsmodell die Verbrauchsgüterkauf-Richtlinie maßgeblich beeinflusst. Die *Principles of European Contract Law* folgen ihm ebenso wie die *UNIDROIT Principles of International Commercial Contracts*.[915]

Das CISG regelt den Abschluss von Kaufverträgen sowie Rechte und Pflichten der Vertragsparteien (Art. 4 CISG). Nicht erfasst sind dagegen die Fragen der allgemeinen Vertragsrechts wie etwa Verjährung, Abtretung, Anfechtung oder Aufrechnung (Art. 7 Abs. 2 CISG) sowie die vertragliche Haftung für Personenschäden, die die Ware verursacht hat (Art. 5 CISG).[916]

Das CISG ist gemäß Art. 3 CISG auf Kaufverträge, Werklieferungsverträge und gemischte Verträge anzuwenden, bei denen das Kaufelement überwiegt. Dabei muss es um die Veräußerung beweglicher Sachen, nicht um Rechte oder Grundstücksgeschäfte gehen. Aus dem Anwendungsbereich sind gemäß Art. 2 CISG Verbraucherkäufe, amtliche Versteigerungen, der Kauf von Flugzeugen, Schiffen und Elektrizität ausgenommen.

Das UN-Kaufrecht kommt zur Anwendung, wenn entweder beide Vertragsparteien in verschiedenen Vertragsstaaten niedergelassen sind (Art. 1 Abs. 1 lit. a

---

913 *Schlechtriem*, in: *Schlechtriem*, Einheitliches Kaufrecht und nationales Obligationenrecht, S. 32; *Czerwenka*, Rechtsanwendungsprobleme im internationalen Kaufrecht, S. 123.

914 Nur der Vereinten Königreich, Irland, Malta und Portugal haben das Übereinkommen nicht ratifiziert – http://www.uncitral.org/en/uncitral_texts_sale_goods/1980 CISG_status.html.

915 *Koch/Magnus/Winkler von Mohrenfels*, IPR und Rechtsvergleichung, 3. Aufl., S. 143f.; *Zimmermann*, JURA 2005, S. 441; *Magnus*, ZEuP 1999, S. 642.

916 Regelungen über die Verjährung enthält das New Yorker UNCITRAL-Übereinkommen über die Verjährungsfrist beim internationalen Kauf beweglicher Sachen vom 13.6.1974 – *Deckert*, Jura 1997, S. 288ff. (290).

CISG) oder wenn das IPR der *lex fori* zur Anwendung des Rechts eines Vertragsstaates des CISG führt (Art. 1 I b CISG).[917]

Wenn die Anwendungsvoraussetzungen des Übereinkommens erfüllt sind und die Parteien seine Geltung nicht ausgeschlossen haben, dann untersteht der Vertrag automatisch dem CISG. Eine Abbedingung des UN-Kaufrechts, die vollständig oder teilweise sein kann (Art. 6 CISG), muss jedoch hinreichend deutlich zum Ausdruck kommen. So bedeutet etwa die Klausel „Es gilt deutsches Recht" nicht notwendig einen Ausschluss, da auch das UN-Kaufrecht deutsches Recht ist.[918]

2. *Leistungserschwerungen im Wiener UN-Kaufrecht*

Im UN-Kaufrecht ist keine ausdrückliche Regelung über Leistungserschwerungen infolge einer Veränderung der Umstände zu finden. Eine annähernde Regelung enthält Art. 79 CISG, der eine Haftungsbefreiung bei einer objektiven Pflichtverletzung vorsieht, wenn die Nichterfüllung auf einen Hinderungsgrund beruht, der außerhalb des schuldnerischen Einflussbereichs liegt. Art. 79 Abs. 5 CISG stellt klar, dass die in Art. 79 CISG vorgesehene Befreiung nichts am Vorliegen einer Vertragsverletzung ändert. Die Haftungsbefreiung erstreckt sich grundsätzlich lediglich auf Schadensersatzansprüche.[919] Dabei muss gemäß Art. 79 Abs. 4 CISG die in ihrer Leistungsfähigkeit gehemmte Partei die andere Partei über den Hinderungsgrund unterrichten. Unterlässt sie eine solche Unterrichtung, so ist sie zum Ersatz des daraus entstehenden Schadens verpflichtet.[920]

Art. 79 Abs. 1 CISG stellt für eine Entlastung strenge Voraussetzungen auf, die kumulativ erfüllt sein müssen: Die Nichterfüllung einer Vertragspflicht muss auf einen Hinderungsgrund zurückgehen, den die Partei nicht beeinflussen konnte. Weiter ist erforderlich, dass die Partei mit dem Hinderungsgrund bei Vertragschluss nicht rechnen musste und dass sie ihn und seine Folgen weder vermeiden noch überwinden konnte. Als Hinderungsgründe kommen dabei alle Ursachen in Betracht, die zur teilweisen oder vollständigen Nichterfüllung einer Vertragspflicht führen und die nicht dem Verantwortungsbereich des Schuldners zuzurechnen sind. Hierher gehören Naturkatastrophen, politische Ereignisse wie Krieg, Embargo sowie unbeeinflussbares Verhalten Dritter wie Sabotageakte, genereller Streik. Dagegen bewirken keine Entlastung persönliche Hinderungsgründe auf Seiten des Schuldners (z.B. Krankheit, Tod, Verhaftung). Auch für sein

917 *Czerwenka*, Rechtsanwendungsprobleme im internationalen Kaufrecht, S. 130f.; *Deckert*, Jura 1997, S. 288ff. (290); *Menne*, JuS 1998, S. 711ff. (715).

918 *Menne*, JuS 1998, S. 711ff. (716).

919 *Karollus*, UN-Kaufrecht, S. 211.

920 *Karollus*, UN-Kaufrecht, S. 211, *Daun*, JuS 1997, S. 998ff. (1004).

eigenes finanzielles Leistungsvermögen hat der Schuldner generell einzustehen.[921]

Von der auf einen Hinderungsgrund abstellenden Regelung des Art. 79 CISG werden die Fälle vorübergehender und dauernder, sowie anfänglicher oder nachträglicher Unmöglichkeit erfasst.[922] Umstritten bleibt dagegen die Frage, ob und inwieweit dem Schuldner eine Berufung auf Art. 79 CISG bei einer bloßen Leistungserschwerung infolge veränderter Marktverhältnisse offen steht. In der Literatur wird manchmal eine solche Entlastung in sehr engen Grenzen anerkannt.[923] Die Gegner der Erstreckung des Anwendungsbereiches des Art. 79 CISG auf wirtschaftliche Unmöglichkeit führen jedoch an, dass die CISG-Verfasser mit der Formulierung dieser Regelung absichtlich vom dem breiteren Anwendungsbereich des Art. 74 Haager Übereinkommens abweichen wollten.[924] Zur Anwendung des Art. 79 CISG auf Leistungserschwerungsfälle könnte man kommen, wenn man die im UN-Kaufrecht fehlende Regelung über Leistungserschwerungen als Regelungslücke im Sinne des Art. 7 Abs. 2 CISG betrachten würde. Dann wären allgemeine Grundsätze des Einheitskaufrechts oder über IPR berufenes nationales Recht maßgeblich. In der Literatur wird die Auffassung vertreten, dass die UNIDROIT-Prinzipien für Internationale Handelsverträge, die eine Regelung über Leistungserschwerung infolge veränderter Umstände enthalten, als solche allgemeine Grundsätze anzusehen sind.[925] Angesichts des mit Art. 79 CISG verfolgten Ziels und der eindeutigen Formulierung dieser Vorschrift kann man jedoch nicht von einer Regelungslücke sprechen, so dass hierbei ein Rückgriff auf die UNIDROIT-Prinzipien für Internationale Handelsverträge sowie auf ein nationales Recht ausscheidet.[926]

---

921 *Magnus*, in: *Honsell*, Kommentar zum UN-Kaufrecht, Art. 79, Rn. 12, 13; *Karollus*, UN-Kaufrecht, S. 208.

922 *Daun*, JuS 1997, S. 998ff. (1004).

923 *Karollus*, UN-Kaufrecht, S. 208; *Magnus*, in: *Honsell*, Kommentar zum UN-Kaufrecht, Art. 79, Rn. 14.

924 *Flambouras*, Pace Int'l L. Rev. 2001, S. 261ff. (265); *Rimke*, Pace Review of the Convention on contracts for the International Sale of Goods, 1999–2000, S. 197ff. (211f.).

925 *Bonell*, ULR 1996, S. 26ff. (34f.); *Rimke*, Pace Review of the Convention on contracts for the International Sale of Goods, 1999–2000, S. 197ff. (235f.); *Sinclair*, Int. A.L.R. 2003, S. 65ff. (73).

926 *Flambouras*, Pace Int'l L. Rev. 2001, S. 261ff. (279f., 287f.); *Rimke*, Pace Review of the Convention on contracts for the International Sale of Goods, 1999–2000, S. 197ff. (218f., 236); *Slater*, Fla.J.Int'l L. 1998, S. 231ff. (257f.). Anders – *Perillo* (Tulane JICL 1997, S. 5ff. (9)), der sich für die ergänzende Anwendung der UNIDROIT Principles auch bei Leistungserschwerungen ausspricht.

II. Grundregeln des Europäischen Vertragsrechts und UNIDROIT-Prinzipien für Internationale Handelsverträge

1. Entstehungsgeschichte und allgemeine Charakteristik der Grundregeln des Europäischen Vertragsrechts und der UNIDROIT-Prinzipien für Internationale Handelsverträge

Die UNIDROIT-Prinzipien für internationale Handelsverträge (UNIDROIT Principles) stellen eine Sammlung allgemeiner Rechtsgrundsätze für internationale Wirtschaftsverträge dar.[927] Sie wurden von dem Internationalen Institut für die Vereinheitlichung des Privatrechts (*Institut International pour l'unification du Droit Privé*, UNIDROIT) formuliert. Dieses Institut ist eine unabhängige zwischenstaatliche Organisation, die bereits 1926 als Hilfsorgan des Völkerbundes mit Sitz in Rom gegründet wurde. Ihr Ziel ist die Ausarbeitung von Möglichkeiten zur Harmonisierung und Koordinierung der Privatrechtsordnungen von Staaten und Staatengruppen, sowie die schriftliche Vorbereitung der staatlichen Übernahme einheitlicher Privatrechtsnormen. Seit 1926 entstanden eine Vielzahl bedeutender internationaler Abkommen unter der Leitung bzw. Mitarbeit von UNIDROIT. Die im Mai 1994 nach fünfzehnjährigen Vorarbeiten vorgelegten UNIDROIT–Prinzipien für internationale Handelsverträge sind dabei von besonderer Bedeutung.[928] Die UNIDROIT Principles sind im Ansatz ähnlich den vom *American Law Institute* herausgegebenen *Restatements of the Law* und entfalten als sogenanntes *„soft law"* keine unmittelbare Bindungswirkung.[929] Praktisch dienen sie jedoch oft (insbesondere in der internationalen Schiedsgerichtspraxis) als verlässliche Zusammenstellung der international geltenden *lex mercatoria*.[930] Darüber hinaus spielen sie eine vorbildliche Rolle für nationale und internationale Gesetzgebungsvorhaben (Abs. 5 der Präambel).

Im Jahre 2004 wurde eine neue überarbeitete und erweitere Fassung der UNIDROIT Principles verabschiedet, die 185 Artikel (65 mehr als die alte Version) enthält. Die alte, aus sieben Regelungskategorien bestehende Fassung (Grundlagen, Abschluss, Wirksamkeit, Auslegung, Inhalt, Erfüllung und Nichterfüllung) wurde durch die Vorschriften über Vertretung, Aufrechnung, Abtretung und Übertragung von Rechten Pflichten und Verträgen sowie Verjährungsfristen

---

927 *Frick*, RIW 2001, S. 417.

928 Homepage des *International Institute for the Unification of Private Law* – http://www.unidroit.org.

929 *Berger*, ZVglRWiss 1995, S. 217ff. (219f.); *Krüger*, Rechtseinheit von unten?, S. 23ff.

930 *Sinclair*, International Arbitration Law Review 2003, S. 65ff.(69f.); *Berger*, ZVglRWiss 1995, S. 217ff. (224f.).

erweitert. Darüber hinaus enthalten die *UNIDROIT Principles 2004* einige wenige Abänderungen des Wortlauts der Prinzipien 1994 sowie Ergänzungen um mehrere Abschnitte oder Unterabschnitte zu bisher nicht behandelten Themen. Die Regelung über die veränderten Umstände (Art. 6.2) blieb unverändert.[931]

Die *Principles of European Contract Law* (PECL) beruhen auf einer privaten Initiative von Wissenschaftlern aus den Mitgliedstaaten der Europäischen Union, die sich Anfang der achtziger Jahre um den dänischen Juristen *Ole Lando* bildete. Diese Gruppe beschäftigt sich mit rechtsvergleichender Grundlagenforschung und wissenschaftlichen Vorarbeiten für ein europäisches Zivilgesetzbuch. Seit 1995 gab die Gruppe (*Lando*-Kommission) die sogenannten *Principles of European Contract Law* heraus, bei deren Erarbeitung sowohl auf nationales Recht der Mitgliedstaaten, wie auch auf internationale Vorbilder wie das UN-Kaufrecht oder das *American Restatement of the Law of Contracts* zurückgegriffen wurde.[932] Die Kommission arbeitete in drei Tagungen (entsprechend: 1982 – 1990, 1992 – 1996, 1997 – 2001). Die Frucht der zweiten Tagung war die Herausgabe der *Principles Part I* und *Part II* im Jahre 1999. Der erste 59 Artikel umfassende Teil befasst sich im Wesentlichen mit den Modalitäten der Leistungserbringung, mit der Nichterfüllung und den Rechtsbehelfen im Fall der Nichterfüllung, sowie mit einer Reihe von allgemeinen Fragen (Anwendung, Abdingbarkeit, Begriffsbestimmungen, allgemeine Verhaltenspflichten im Rechtsverkehr etc.). Im Teil II sind in 73 Artikeln das Recht des Vertragschlusses, die Vollmacht von Vertretern, die Gültigkeit von Verträgen sowie Inhalte und Wirkungen geregelt. Der dritte Teil enthält 69 Artikel und behandelt die Mehrheit von Parteien, Abtretung, Schuldübernahme und Vertragsübernahme, Aufrechnung, Verjährung, Rechtswidrigkeit, Bedingungen und Kapitalisierung von Zinsen. Mit dem Arbeitsergebnis der dritten Tagung – Part III der *Principles* – war die Tätigkeit der Kommission abgeschlossen. Sie ist inzwischen in der *Study Group on European Civil Code* aufgegangen.[933]

Die zwei Regelwerke, deren Materie – Grundsätze des Vertragsrechts – wesentlich übereinstimmend ist, unterscheiden sich voneinander vor allem durch den Zweck, der mit der Aufstellung verfolgt wurde. Die UNIDROIT Principles sind in erster Linie als Vertragsbedingungen für den internationalen auch außereuropäischen Handelsverkehr gedacht. Sie können z.B. als ein Ausweg dienen,

---

931 UNIDROIT Principles of International Commercial Contracts, Introduction to the 2004 Edition, S. viii; *Brödermann*, RIW 2004, S. 721ff. (722, 731f.).

932 *Lando*, Am.J.Comp.L. 1992, S. 573ff. (579).

933 *Zimmermann*, Teil I, JURA 2005, S. 289ff. (290); Wissenschaftliche Arbeitsgruppen und Einrichtungen zum Europäischen Privatrecht, Seite des Instituts für internationales und ausländisches Privatrecht der Universität zu Köln, http://www.uni-koeln.de/jur-fak/instipr/eurprivr/arbeitsgruppen.htm, Stand: 20.01.2005.

wenn die Vertragsparteien keine Einigung über die Frage des anwendbaren Rechts erzielen können.[934] Manchmal werden die Prinzipien als allgemeine Rechtsprinzipien oder *lex mercatoria* angesehen, obwohl die Parteien sich auf ein nationales Recht und nicht auf die Prinzipien geeinigt hatten.[935] Demgegenüber sind die Absichten, die mit der Aufstellung der Grundsätze des Europäischen Vertragsrechts verfolgt werden, deutlich komplexer. Man kann die Grundsätze vor allem als eine Art *restatement* verstehen, mit dem wesentliche übereinstimmende Grundzüge der europäischen Rechtsordnung festgehalten werden.[936] Zugleich stellen sie eine Diskussionsgrundlage für die Arbeit an einer europäischen Zivilrechtskodifikation dar. Unabhängig davon bieten die beiden Regelwerke dem nationalen Gesetzgeber einen möglichen Ordnungsrahmen, an dem sich einzelne legislative Maßnahmen orientieren könnten.[937]

2. *Leistungserschwerungen in den Grundregeln des Europäschen Vertragsrechts und UNIDROIT-Prinzipien für Internationale Handelsverträge*

a) *Allgemeine Charakteristik des Art. 6:111 PECL und des Art. 6.2 UNIDROIT Principles*

Sowohl die PECL wie auch die UNIDROIT Principles enthalten Regelungen über Leistungserschwerungen, die ihrer Funktion nach der deutschen Störung der Geschäftsgrundlage, der polnischen *rebus sic stantibus*-Klausel und der englischen *frustration of contract* entsprechen. In den PECL wird dabei von der „Veränderung der Umstände“ gesprochen, während in den UNIDROIT-Prinzipien der englische Begriff *Hardship* als „Änderung der Geschäftsgrundlage“ übersetzt wurde. Die Regelungen sind in den Grundsätzen des Europäischen Vertragsrechts und in den UNIDROIT-Prinzipien weitestgehend übereinstimmend angelegt, in den UNIDROIT-Prinzipien allerdings etwas ausführlicher entfaltet und klarer strukturiert.[938]

---

934 *Frick*, RIW 2001, S. 416ff. (418).

935 Z.B. Ad hoc Schiedsgericht, New York, 00.00.0000, ICC Internationales Schiedsgericht Paris, Nr. 7265/FMS, 05.05.1997; ICC Internationales Schiedsgericht Paris, Nr. 9474, 00.02.1999; ICC Internationales Schiedsgericht, Nr. 12111, 06.01.2003. Diese Schiedssprüche sind unter http://unilex.pl abrufbar. Dazu auch – *Bonell*, ZfRV 1996, S. 152ff.; *Brödermann*, RIW 2004, S. 721ff. (726f.); *Brower/Sharpe*, Va.J.Int'l L. 2004, S. 199ff. (205f.).

936 *Krüger*, Rechtseinheit von unten?, S.34ff.

937 *Ernst*, in: *Basedow*, Europäische Vertragsvereinheitlichung und deutsches Recht, S. 130f.

938 *Ernst*, in: *Basedow*, Europäische Vertragsvereinheitlichung und deutsches Recht, S. 130f.

In beiden Regelwerken wird zugleich zu Beginn bestätigt, dass das Prinzip *pacta sunt servanda* im Grundsatz auch gegenüber einer Erschwerung der Leistungserbringung gilt.[939] In Art. 6:111 PECL und Art. 6.2.1 (1) UNIDROIT Principles wird ausdrücklich festgelegt, dass das Prinzip *pacta sunt servanda* auch dann eingreift, wenn die Leistungserfüllung „belastender" geworden ist. Die beiden Regelwerke lassen jedoch ausnahmsweise die Durchbrechung dieses Prinzips bei einer Leistungserschwerung zu, wenn diese von einer grundlegenden Veränderung der Umstände verursacht worden ist. Eine durch die veränderte Umstände eingetretene Leistungserschwerung, die von der in beiden Regelwerken geregelten *force majeure* zu unterscheiden ist,[940] kann nach den UNIDROIT Principles und den PECL in zwei Formen eintreten: die Kosten der zu erbringenden Leistung haben sich erhöht oder der Wert der Gegenleistung hat sich vermindert.[941] Die wesentliche Erhöhung der Kosten kann z.B. durch einen dramatischen Anstieg des Preises der für die Produktion der Waren notwendigen Rohstoffe oder Dienstleistungen oder durch die Einführung neuer Sicherheitsbestimmungen, die teurere Produktionsverfahren erfordern, verursacht werden.[942] Eine durch die erste Art betroffene Partei ist normalerweise diejenige, welche die nicht auf Geld gerichtete Leistungspflicht erfüllen muss. In der zweiten Form, in der es sich um einen wesentlichen Wertverfall der von der einen Partei erhaltenen Leistung handelt, kann die Leistung entweder aus einer Zahlungspflicht oder aus einer nicht auf Geld gerichteten Verpflichtung bestehen.[943] So kann sich auf die so formulierten Regelungen sowohl eine Partei berufen, die eine Sachleistung zu erbringen hat, wie auch diejenige, die eine Geldleistung schuldet.

Art. 6.2 UNIDROIT Principles wie das ganze Regelwerk findet Anwendung auf internationale Handelsverträge. Solch eine Beschränkung gibt es im Falle der PECL des Art. 6:111 PECL nicht, weil die *Principles of European Contract Law* auch auf Verträge mit Verbrauchern angewendet werden können.[944] Beide Rege-

---

939 Comment 1 on Art. 6.2.1, UNIDROIT 2004; *von Bar/Zimmermann*, Grundregeln des Europäischen Vertragsrechts, S. 389.

940 Comment 6 on Art. 6.2.2, UNIDROIT 2004; *von Bar/Zimmermann*, Grundregeln des Europäischen Vertragsrechts, S. 389; *Lando*, Pace Int'l L. Rev. 2001, S. 339ff. (368). Die Partei kann wählen, ob sie den Anspruch aus der *force majeure*-Regelung (Art. 8:108 PECL, Art. 7.1.7 UNIDROIT Principles) oder den aus der Regelung über die Veränderung der Umstände geltend macht – *Ernst*, in: *Basedow*, Europäische Vertragsvereinheitlichung und deutsches Recht, S. 153f.

941 Comment 2 on Art. 6.2.2, UNIDROIT 2004; *von Bar/Zimmermann*, Grundregeln des Europäischen Vertragsrechts, S. 390.

942 Comment 2a on Art. 6.2.2, UNIDROIT 2004.

943 Comment 2b on Art. 6.2.2, UNIDROIT 2004.

944 *DiMatteo*, Harv. Int'l L.J. 2002, S. 569ff. (575); *Prado*, Diritto del commercio internazionale 1997, S. 360f.; *Boele-Woelki*, ULR 1996, S. 652ff. (656).

lungen sind naturgemäß von dispositivem Charakter: den Parteien steht es frei etwas anderes zu vereinbaren. Sie können die Vorschriften modifizieren oder sogar ihre Geltung ausschließen.[945]

b) Voraussetzungen für die Anwendung

i. Veränderung der Wertäquivalenz bzw. übermäßige Belastung

Die Hauptvoraussetzung, dass die Verteuerung der Leistungserbringung bzw. die Entwertung der Gegenleistung sich auf die Vertragspflichten auswirkt, wird in den zwei Regelwerken unterschiedlich definiert.[946] Die UNIDROIT Principles setzen bei der Wert-Äquivalenz der vertraglichen Leistungen an: Diese muss sich grundsätzlich verändert haben. Die Veränderung kann entweder in gestiegenen Leistungskosten oder in einem Wertverlust der von einer Partei erhaltenen Leistung bestehen. Diese Veränderung muss objektiv messbar sein: Eine bloße Veränderung der persönlichen Einschätzung des Wertes der Leistung durch eine Partei ist belanglos. Bei der Entscheidung über das Ausmaß der Veränderung sind jeweils die Umstände des Einzelfalls zu berücksichtigen.[947]

Die PECL stellen hingegen darauf ab, dass die Erfüllung des Vertrages „übermäßig belastend" wirkt. Die „übermäßige Belastung" kann eine Folge einer Steigerung der Erfüllungskosten sein oder darin bestehen, dass die erwartete Gegenleistung wertlos geworden ist. Als Beispiel für die erste Situation wird im Kommentar ein Fall genannt, in welchem die Transportkosten steigen, weil der Suezkanal schließt und die Schiffe um das Kap der Guten Hoffnung geschickt werden müssen.[948] Um eine Verminderung der Gegenleistung handelt es sich z. B. in einem Fall, in welchem ein Vertrag auf fünfzig Jahre zur Lieferung von Berieselungswasser zu einem festen Preis geschlossen wird und der Preis infolge einer Inflation lächerlich gering wird.[949] Im Kommentar wird jedoch hervorgehoben, dass eine Konservenfabrik, die die ganze zukünftige Ernte eines Tomatenproduzenten zu 10 pence pro Kilo kauft, sich auf die Veränderung der Umstände nicht berufen kann, wenn der Preis auf dem Markt infolge von unerwartet hohen

---

945 *von Bar/Zimmermann*, Grundregeln des Europäischen Vertragsrechts, S. 389; Comment 7 on Art. 6.2.2, UNIDROIT 2004; *Ernst*, in: *Basedow*, Europäische Vertragsvereinheitlichung und deutsches Recht, S. 154.

946 *Ernst*, in: *Basedow*, Europäische Vertragsvereinheitlichung und deutsches Recht, S. 149.

947 Comment 2 on Art. 6.2.2, UNIDROIT 2004.

948 *von Bar/Zimmermann*, Grundregeln des Europäischen Vertragsrechts, S. 390; vergl. auch die englische Rechtsprechung – S. 106f.

949 Schiedsgericht Berlin, 00.00.1990, SG 126/90, http://www.unilex.info.

Tomatenimporten auf 5 pence gefallen ist.[950] Der Formel in den PECL (d.h. Betonung auf die reine Belastung der betroffenen Partei statt auf der Äquivalenz von Leistungen) wirft *Ernst* vor, dass sie die Möglichkeit eröffnet, nach dem gesamtwirtschaftlichen Status des Schuldners zu entscheiden und dass sie in dieser Weise zu reinen Mitleidsentscheidungen führen kann.[951]

ii. Zeitpunkt der Veränderung

Auch der erforderliche Zeitpunkt der Veränderung der Umstände ist in den zwei Vorschriften unterschiedlich. In den Grundregeln wird verlangt, dass die Umstandsänderung nach Vertragsschluss eingetreten ist. Wenn, ohne dass die Parteien davon wussten, schon im Moment des Vertragsschlusses Umstände vorlagen, die die Erfüllung für eine Partei übermäßig belastend machen würden, dann kommen die Regeln des Irrtumsrechts zur Anwendung.[952] Art. 6.2.2 lit. b der UNIDROIT Principles dagegen kann auch Anwendung finden, wenn die Veränderung der Umstände bereits zuvor gegeben war, aber den Parteien unbekannt blieb und vernünftigerweise nicht bekannt sein konnte.[953]

iii. Unvorhersehbarkeit

Die Veränderung der Umstände muss bei beiden Regelungen unvorsehbar sein, d. h. die Umstandsänderung darf nicht von einer Art sein, dass sie von den Parteien hätte bedacht sein müssen.[954] Eine betroffene Partei kann sich nicht erfolgreich auf die Leistungserschwerung berufen, wenn die beeinflussenden Ereignisse mit verkehrserforderlicher Sorgfalt hätten vorhergesehen und in Rechnung gestellt werden können. Als Maßstab soll dabei eine Person dienen, die nicht unangemessen optimistisch oder pessimistisch ist und ihre eigenen Interessen nicht vernachlässigt. Nach dem Kommentar zu den PECL würde zum Beispiel eine sorgfältige Person einen anderen Weg wählen, wenn sie wüsste, dass in einer bestimmten Region mit Blockaden durch LKW-Fahrer zu rechnen ist. Sie würde

950 *von Bar/Zimmermann*, Grundregeln des Europäischen Vertragsrechts, S. 390.
951 *Ernst*, in: *Basedow*, Europäische Vertragsvereinheitlichung und deutsches Recht, S. 149.
952 *von Bar/Zimmermann*, Grundregeln des Europäischen Vertragsrechts, S. 391.
953 Comment 3a on Art. 6.2.2, UNIDROIT 2004; *Prado*, Diritto del commercio internazionale 1997, S. 323ff. (362).
954 *von Bar/Zimmermann*, Grundregeln des Europäischen Vertragsrechts, S. 391; Comment 3b on Art. 6.2.2 UNIDROIT 2004.

nicht leichtsinnig annehmen, dass die Straße an dem fraglichen Tag schon frei sein werde.[955]

iv. Unzurechenbarkeit des Risikos

Die belastete Partei kann sich auch nicht auf Art. 6.111.2 lit. c PECL sowie auch Art. 6.2.2 lit. d UNIDROIT Principles berufen, wenn sie das Risiko der Veränderung der Umstände tragen muss, weil sie sich selbst dazu ausdrücklich verpflichtet hatte oder weil der Vertrag seiner Natur nach ohnehin spekulativ war. Besonders im Fall eines spekulativen Vertrags wird angenommen, dass die verpflichtete Partei das Risiko der Veränderung in Erwartung der höheren Gewinne in Kauf genommen hat.[956] Gemäß Art. 6.2.2 lit. c UNIDROIT Principles wird neben den soeben genannten Anforderungen zusätzlich verlangt, dass diese eine Leistungserschwerung herbeiführenden Ereignisse außerhalb des Einflussbereiches der betroffenen Vertragspartei liegen.[957]

c) Rechtsfolgen der Leistungserschwerung

i. Neuverhandlungspflicht

Sowohl nach den UNIDROIT Principles (Art. 6.2.3) als auch nach den PECL (Art. 6:111:3) hat eine übermäßige Leistungserschwerung infolge der Veränderung der Umstände zunächst einmal zur Folge, dass die Parteien verpflichtet sind, sich in erneuten Verhandlungen um eine Anpassung oder Beendigung des Vertrages zu bemühen. Nach Art. 6:111:3 PECL müssen die Verhandlungen nach dem Prinzip von Treu und Glauben und den Geboten des redlichen Geschäftsverkehrs geführt werden. Das heißt, dass sie weder in die Länge gezogen noch missbräuchlich abgebrochen werden dürfen. Das Prinzip von Treu und Glauben gebietet in der Regel, dass jeder Streitpunkt zwischen den Parteien angesprochen werden muss. Als bösgläubig handelnd wird eine Partei angesehen, die immer noch verhandelt, obwohl sie bereits einen entsprechenden Vertrag mit einem Dritten geschlossen hat.[958] Das gleiche Gebot der Handlung nach dem Prinzip von Treu und Glauben gilt für die Neuverhandlungen gemäß Art.6.2.3 UNIDROIT Principles, obwohl es in dieser Vorschrift ausdrücklich nicht formu-

---

955 *von Bar/Zimmermann*, Grundregeln des Europäischen Vertragsrechts, S. 391.

956 *von Bar/Zimmermann*, Grundregeln des Europäischen Vertragsrechts, S. 391; Comment 3d on Art. 6.2.2, UNIDROIT 2004; *Perillo*, Tulane JICL 1997, S. 5ff. (24f.).

957 Comment 3c on Art. 6.2.2, UNIDROIT 2004; *Prado*, Diritto del commercio internationale 1997, S. 323ff. (363).

958 *von Bar/Zimmermann*, Grundregeln des Europäischen Vertragsrechts, S.391.

liert wurde.[959] In den Vorschriften der Grundregeln gibt es keine Frist, binnen der eine Partei Nachverhandlungen verlangen muss. Gemäß Art. 6.2.3 Abs.1 UNIDROIT Principles muss das Verlangen unverzüglich erhoben werden. Die „Unverzüglichkeit" wird dabei nach den Umständen des Einzelfalls bestimmt.[960]

Die Befürworter der Neuverhandlungspflicht betonen, dass eine Vertragsanpassung eine komplexe Aufgabe ist, für die die Parteien mit ihrer Sachkunde am besten prädestiniert seien. Der größte Vorteil dieser Lösung soll auch darin bestehen, dass sie den Parteien ermögliche, den Vertrag auf der Basis einer friedlichen Einigung und mit optimaler Berücksichtigung der widersprüchlichen Interessen zu modifizieren. Zugleich entspreche die Neuverhandlungspflicht am ehesten dem Grundsatz der Privatautonomie.[961] Diesem Lösungsansatz, der sich im polnischen und im deutschen Recht nicht durchgesetzt hat, kann entgegengehalten werden, dass er keine Gewähr für Effizienz bietet, da es unmöglich ist, die Parteien zum konstruktiven Verhandeln zu zwingen.[962] Darauf, dass mit dieser Gefahr auch die PECL-Verfasser rechneten, weist die Regelung des Art. 6:111:3 zweiter Satz hin. Nach dieser Vorschrift stellt die Neuverhandlungspflicht eine selbstständige Pflicht dar, die im Verletzungsfall eigene Sanktionen auslöst. Der Ausgleich nach dieser Vorschrift wird normalerweise in Schadenersatz für den Verlust bestehen, der aus der Ablehnung von Neuverhandlungen oder daraus entstanden ist, dass sie bösgläubig abgebrochen wurden. Jede Seite kann dabei schadensersatzpflichtig werden.[963] Die Vorschrift der UNIDROIT-Prinzipien (Art. 6.2.3 Abs. 2) enthält zusätzlich noch eine andere Bestimmung, nach der das Verlangen nach Nachverhandlung als solches die benachteiligte Partei nicht berechtigt, die Erfüllung zu verweigern. Dies ergibt sich gerade aus dem besonderen Charakter des Rechtsinstituts der Veränderung der Umstände und soll den Missbrauch des Artikels verhindern. Das Zurückhalten der Erfüllung darf nur in Ausnahmesituationen stattfinden.[964]

ii. Rolle des Gerichts

Wenn sich die Verhandlungen innerhalb angemessener Zeit trotz ernsthaften Bemühungen als erfolglos erweisen, ist jede Partei entsprechend Art. 6.2.3 Abs. 3 UNIDROIT und Art. 6:111:3 PECL grundsätzlich berechtigt, die Sache dem Ge-

---

959 Comment 5 on Art. 6.2.3, UNIDROIT 2004.

960 Comment 2 on Art. 6.2.3, UNIDROIT 2004; *Prado*, Diritto del commercio internationale 1997, S. 323ff. (367f.).

961 *Zimmermann*, JZ 1995, S. 487.

962 So *Roth*, in: Münchener Kommentar, Band 2a, 4. Aufl., § 313 BGB, Rn. 93.

963 *von Bar/Zimmermann*, Grundregeln des Europäischen Vertragsrechts, S. 391.

964 Comment 4 on Art. 6.2.3, UNIDROIT 2004.

richt vorzulegen. In diesem Sinne ist der Eingriff des Gerichts in das Vertragsverhältnis das letzte Mittel. Dem Gericht wird dabei ein großer Entscheidungsspielraum eingeräumt: es kann den Vertrag anpassen oder aufheben. Schon aus dem Zweck der beiden Vorschriften ergibt sich, dass das Hauptziel die Aufrechterhaltung des Vertrages sein sollte. Deshalb kann das Gericht nach den PECL sogar die Parteien verpflichten, noch einmal eine letzte Anstrengung zu Neuverhandlungen zu unternehmen, wenn es glaubt, dass die Einigung der Parteien noch möglich ist. Wenn es dies als notwendig erachtet und wenn es nach seinem nationalen Recht zulässig ist, kann das Gericht einen Mediator bestellen, der die Parteien unterstützen soll. Bringt dies alles keinen Erfolg, muss das Gericht die Sache selbst entscheiden.[965]

iii. Vertragsanpassung

Die Vertragsanpassung muss darauf abzielen, das interne Vertragsgleichgewicht wiederherzustellen, dadurch dass die aus der unvorhergesehenen Veränderung der Umstände erwachsenen Kosten gerecht und billig auf beide Parteien umgelegt werden. Die Intervention des Gerichts kann verschiedene Gestaltungsformen haben.[966] Das Gericht kann vor allem den Antrag ablehnen, wenn es findet, dass ein möglicher Eingriff in den Vertrag schlimmer wäre als der einer Partei ohnehin drohende Nachteil. Das Gericht kann den Erfüllungszeitraum verlängern, den Preis bzw. den Leistungsumfang herauf- oder herabsetzen oder Ausgleichszahlung anordnen. Die Gestaltungsbefugnis des Gerichts ist aber nicht uneingeschränkt. Das Gericht kann zwar Vertragsklauseln modifizieren, aber es darf nicht den gesamten Vertrag umschreiben. Als Beispiel eines solchen unzulässigen Neuschreibens des Vertrages wurde im Kommentar zu den PECL eine Situation angeführt, in welcher sich ein Energieversorger verpflichtet hat, Strom zu einem festen Preis zu liefern. Wenn es zu einer Leistungserschwerung kommt, weil der Preis für die Kohle dramatisch ansteigt, darf das Gericht nicht dem Energieversorger anordnen, seine Fabrik auf den Betrieb mit Öl umzustellen.[967]

iv. Vertragsaufhebung

Wenn es keine rationale Möglichkeit gibt, den Vertrag anzupassen, kann das Gericht den Vertrag aufheben. Dabei soll das Gericht den Beendigungszeitpunkt

965 *von Bar/Zimmermann*, Grundregeln des Europäischen Vertragsrechts, S.392; Comment 7 on Art. 6.2.3, UNIDROIT 2004.

966 Comment 7 on Art. 6.2.3, UNIDROIT 2004; *von Bar/Zimmermann*, Grundregeln des Europäischen Vertragsrechts, S. 392.

967 *von Bar/Zimmermann*, Grundregeln des Europäischen Vertragsrechts, S. 392.

bestimmen, der für alle Rückabwicklungsfragen maßgeblich ist. Das Gericht hat die Möglichkeit, den Vertrag auch unter Bedingungen zu beenden, z. B. mit einer Entschädigungszahlung. Es kann auch zusätzliche Leistungen für einen bestimmten Zeitraum anordnen und den Vertrag erst nach Ablauf dieses Zeitraumes beenden.[968]

III. Code Européen des Contrats, Avant-projet von Gandolfi

1. Entstehungsgeschichte und allgemeine Charakteristik des Code Européen des Contrats

Im Jahre 1999, nach fast zehnjähriger Arbeit, legte die Akademie Europäischer Privatrechtswissenschaftler den in französischer Sprache verfassten Vorentwurf des Ersten Buchs eines Europäischen Vertragsgesetzbuchs (*Code Européen des Contrats, Avant-projet, Livre Premier*) vor. Die Geschichte dieses Vorentwurfs geht auf die von Prof. *Giuseppe Gandolfi* vom 20. bis 21. Oktober 1990 in Pavia veranstaltete Tagung über ein zukünftiges europäisches Vertragsgesetzbuch zurück. Auf dieser Tagung hat sich eine Arbeitsgruppe unter der Leitung *Gandolfis* gebildet, die ihre Bemühungen um eine europäische Vertragsrechtskodifikation weiter fortsetzte und seit dem Jahre 1992 als die Akademie Europäischer Privatrechtswissenschaftler (*Accademia dei Giusprivatisti Europei*) arbeitete.[969] Die Akademiemitglieder haben bei der Ausarbeitung des Entwurfs eher die Rolle eines Konsultativgremiums gespielt, das Anregungen gegeben, Vorentwürfe kommentiert und sich gelegentlich in nationalen Untergruppen getroffen hat: die eigentliche Redaktionsarbeit wurde *Gandolfi* überlassen.[970] Anders als bei den Grundregeln des Europäischen Vertragsrechts, die lediglich allgemeine Regeln für den europäischen Rechtsverkehr aufstellen, um eine Diskussionsbasis für eine spätere Gesetzgebung zu bilden, handelt sich bei dem *Code Européen* bereits um eine erste Formulierung eines Teil des zukünftigen Gesetzbuch selbst.[971]

Der Vorentwurf basiert auf dem Vierten Buch des italienischen *Codice Civile* von 1942 und dem im Auftrag der englischen *Law Commission* von *Harvey McGregor* ausgearbeiteten Entwurf des *Contract Code*. Mit dem italienischen Obligationenrecht hat man ein Vorbild gewählt, das eine Art Mittelposition zwischen dem französischen und dem deutschen Zivilrecht und damit zwischen den Hauptvertretern zweier großer europäischer Rechtskreise einnimmt. Den

---

968 *von Bar/Zimmermann*, Grundregeln des Europäischen Vertragsrechts, S. 393; Comment 7 on Art. 6.2.3, UNIDROIT 2004.
969 *Lurger*, Grundfragen der Vereinheitlichung, S. 13f.
970 *Zimmermann*, JURA 2005, S. 289ff. (291).
971 *Sonnenberger*, RIW 2001, S. 409f.; *Patti*, ZEuP 2004, S. 118f.

Contract Code sahen die Mitglieder der Akademie Europäischer Privatrechtswissenschaftler wegen seines erklärten Zieles der Vereinheitlichung des englischen und des schottischen Vertragsrechts als ideale Grundlage für die Schaffung eines europäischen Rechts an. Es wurden auch andere Modelle berücksichtigt wie das UN-Kaufrecht, die Grundregeln des Europäschen Vertragsrechts und die UNIDROIT-Prinzipien für Internationale Handelsverträge.[972]

Der *Code* besteht aus 173 Artikeln, die in elf Titeln gegliedert werden. Die Titel I–V befassen sich mit dem Abschluss und der inhaltlichen Gestaltung des Vertrags im Allgemeinen. Titel VI behandelt die Wirkungen, Titel VII und VIII die Erfüllung der Leistungspflicht und das Leistungsstörungsrecht, Titel IX die Veränderung auf der Gläubiger- und Schuldnerseite, Titel X die Beendigung der aus dem Vertrag resultierenden Ansprüche und Pflichten und Titel XI Vertragsanomalien und ihre Behandlung.[973]

2. *Art. 97 Abs. 1 – keine Nichterfüllung trotz Leistungsstörung*

Eine Regelung über Leistungserschwerungen infolge veränderter Umstände enthält Art. 97 Abs.1 *Code Européen des Contrats*. Diese im Titel VIII „Nichterfüllung des Vertrags" platzierte Vorschrift verneint einen Fall der Nichterfüllung, wenn das Ausbleiben der Leistung oder eines Teils der Leistung auf außergewöhnlichen und unvorhersehbaren Ereignissen beruht, die nach Vertragsschluss eingetreten sind und die Leistungserbringung übermäßig belasten. Damit entsprechen die Voraussetzungen für die Anwendung dieser Vorschrift (Unvorhersehbarkeit, Belastbarkeit der Leistung) im Wesentlichen denjenigen, die nach PECL und UNIDROIT Principles vorliegen müssen. Anders als in den beiden Regelwerken lässt der *Code Européen des Contrats* aber die Frage des von einer Partei übernommenen Risikos unbeachtet.

Wenn die in Art. 97 Abs. 1 *Code Européen* genannten Tatbestandsmerkmale vorliegen, ist der von einer Leistungserschwerung betroffene Schuldner wie nach den PECL und den UNIDROIT Principles berechtigt, eine Neuverhandlung des Vertrags zu verlangen. Art. 97 Abs. 1 *Code Européen* legt eine Frist für die Aufforderung der Neuverhandlungen fest: Der Schuldner muss dem Gläubiger seine Absicht, auf dieses Recht zurückzugreifen, vor Ablauf der für die Erfüllung vorgesehenen Frist oder, bei Fehlen einer sich auf diese Frist beziehenden Vereinbarung, bevor der Gläubiger ihn gemahnt hat, mitteilen. Gemäß Art. 157 Abs. 1

972 *Gandolfi*, Revue trimestrielle de droit civil 1992, S. 707ff. (730f., 736); *Canaris*, in: *Gandolfi*, *Code Européen Des Contracts, Avant-projet, Livre Premier*, S. XXV; *Patti*, ZEuP2004, S. 118ff. (119f.); *Lurger*, Grundfragen der Vereinheitlichung, S. 14.

973 *Sonnenberger*, RIW 2001, S. 409ff. (411).

Code Européen muss die Erklärung des Schuldners Vorschläge über Festlegungen zur Erhaltung des betreffenden Vertrags enthalten und für Beweiszwecke bei Verträgen mit einem Wert von über 5.000 EUR in Schriftform erfolgen (Art. 36 Abs. 2 *Code Européen*). Wenn der Schuldner trotz der Erfüllung aller Voraussetzungen für die Anwendung des Art. 97 Abs. 1 *Code Européen* keine Neuverhandlungen verlangt, kann der Gläubiger ihn unter Setzung einer Frist von nicht weniger als sechzig Tagen auffordern, eine Erklärung darüber abzugeben, ob er die Wiederverhandlung des Vertrages verlangen will oder nicht. Ist die Frist erfolglos verstrichen, so wird angenommen, dass der Schuldner darauf verzichtet hat.

Mit Art. 157 Abs. 2 *Code Européen*, nach dem eine Klage vor Ablauf von sechs bzw. drei Monaten von dem Zeitpunkt des Empfangs dieser Erklärung an erhoben werden kann, wird den Parteien Zeit gelassen, sich außergerichtlich zu verständigen und zugleich sichergestellt, dass die Neuverhandlungen nicht in die Länge gezogen werden. In eilbedürftigen Fällen können gemäß Art. 172 *Code Européen* einstweilige Maßnahmen beim Gericht beantragt werden (Art. 157 Abs. 2 *Code Européen*). Erst wenn die Parteien vor Ablauf der in Art. 157 Abs. 2 *Code Européen* vorgesehenen Frist keine Einigung erzielt haben, kann die von der Leistungserschwerung betroffene Partei innerhalb einer Ausschlussfrist von sechzig darauf folgenden Tagen sein Begehren bei Gericht vorbringen (Art. 157 Abs. 4 *Code Européen*).

Dem Gericht wird ein großer Entscheidungsspielraum eingeräumt: Gemäß Art. 157 Abs. 5 *Code Européen* kann es den Vertrag insgesamt oder den nicht erfüllten Teil ändern oder aufheben. Bei der Gerichtsentscheidung sind nicht nur die Umstände abzuwägen und die Interessen sowie Begehren der Parteien zu berücksichtigen, sondern gegebenenfalls ein Sachverständigengutachten einzuholen. Auf Antrag kann das Gericht, wenn es das für angebracht hält, über die Rückabwicklung des Vertrags und den Schadenersatz entscheiden.

B. Zusammenfassung und Stellungnahme zur möglichen Gestalt einer Regelung über Leistungserschwerungen in einem europäischen Zivilrechtsgesetzbuch

Die Diskussion über eine mögliche Gestalt einer Regelung über Leistungserschwerungen infolge der Veränderung der Umstände in einer gemeinsamen europäischen Vertragsrechtskodifikation sollte von den in übernationalen Regelwerken angebotenen Lösungsansätzen ausgehen. Das Übereinkommen der Vereinten Nationen über Verträge über den internationalen Warenkauf, die Grundregeln des Europäischen Vertragsrechts und die UNIDROIT-Prinzipien für Internationale Handelsverträge sowie der Vorentwurf des Ersten Buchs eines Europäischen

Vertragsgesetzbuchs von *Gandolfi* sind im Wege des Vergleichs und der Auswertung der durch verschiedene nationale Rechtsordnungen angebotenen Lösungsansätze entstanden und können daher als Vorbilder für eine zukünftige europäische Vertragsrechtskodifikation dienen.

Während das UN-Kaufrecht bei veränderten Umständen dem Schuldner keine Abhilfe anbietet, enthalten die *soft law* darstellenden PECL (Art. 6:111) und UNIDROIT Principles (Art. 6.2) sowie der erste Entwurf eines Teil des zukünftigen Gesetzbuchs *Gandolfis* (Art. 97 und Art. 157) ausführliche Regelungen über Leistungserschwerungen. Hierbei ist zu betonen, dass in der Literatur die durch *soft law* formulierten Lösungsansätze häufig als optimal gelten. Dies wird der größeren Kompromissbereitschaft bei den Arbeiten an einem solchen Werk im Vergleich zur Ausarbeitung eines bindenden Rechtsakts zugeschrieben. Die Kompromissbereitschaft rührt daher, dass die Verfasser nicht von dem Gedanken eingeschränkt wurden, ihr Werk müsse Akzeptanz durch eine möglichst große Anzahl an ratifizierenden Staaten finden. Dies ermöglicht es ein brauchbares Regelwerk zu schaffen, daher sind die in den PECL und UNIDROIT Principles enthaltenen Lösungsansätze für Leistungserschwerungen besonders gut geeignet und können bei der Ausarbeitung einer europäischen Vertragsrechtskodifikation eine vorbildliche Rolle spielen.

Die für die Anwendung der Vorschriften der PECL-, UNIDROIT Principles und des *Code Européen* vorausgesetzten Tatbestandsmerkmale stimmen im Wesentlichen überein und entsprechen denjenigen, die nach deutschem und polnischen Recht vorliegen müssen. Abgesehen von den unterschiedlichen Formulierungen wird überall vorausgesetzt, dass die eine Leistungserschwerung herbeiführende Veränderung der Umstände unvorhersehbar ist und dass die Leistungserschwerung von einer bestimmten Erheblichkeitsstufe geprägt ist. Der Zeitpunkt des Eintritts der Veränderung wird jedoch unterschiedlich festgelegt: während die Regelung der PECL wie Art. 357[1] ZGB voraussetzt, dass die Veränderung der Umstände nach Vertragschluss eingetreten ist, lassen die UNIDROIT Principles entsprechend dem § 313 BGB zu, dass die Veränderung bereits vor Vertragschluss vorlag, aber den Parteien unbekannt war.

Nach keiner der untersuchten internationalen Regelungen treten die Rechtsfolgen wie bei der englischen *frustration of contract* automatisch ein. Überall wird der Parteiautonomie dadurch Rechung getragen, dass die Erfüllung der Voraussetzungen zur Neuverhandlungspflicht führt. Damit haben sich die Verfasser der drei untersuchten Regelwerke für den Lösungsansatz entschieden, der sich im polnischen und im deutschen Recht aufgrund der Kritik, dass ein konstruktives Verhalten nicht erzwungen werden kann, nicht durchgesetzt. Die Verfasser schienen sich aber dieser Gefahr bewusst zu sein und schlugen daher vor, dass die Neuverhandlungen innerhalb einer bestimmten Frist von der benachteiligten

Partei verlangt werden müssen und durchzuführen seien (Art. 97 Abs. 1 und Art. 157 Abs. 2 *Code Européen*). Das Verlangen nach einer Neuverhandlung als solches berechtigt die benachteiligte Partei nicht, ihre Leistung zurückzuhalten (Art. 6.2.3 Abs. 2 UNIDROIT Principles). Auch stellt die Neuverhandlungspflicht eine selbständige Pflicht dar, deren Verletzung eigene Sanktionen nach sich zieht (Art. 6:111:3 zweiter Satz PECL). Erst wenn sich die Verhandlungen als erfolglos erwiesen haben, sind die Parteien berechtigt, die Sache dem Gericht vorzulegen. Ebenso wie nach polnischem und englischem Recht wird dem Gericht ein großer Entscheidungsspielraum eingeräumt: Es kann den Vertrag an die neuen Verhältnisse anpassen oder ihn aufheben. Bei der Entscheidung über die Vertragsaufhebung kann das Gericht anordnen, wie die Rückabwicklung zu erfolgen hat.

Die Einführung einer Regelung über Leistungserschwerungen in eine Europäische Zivilrechtskodifikation dürfte auf starke Opposition seitens der *common law*-Juristen stoßen, die die Rechtssicherheit der Entlastung des Schuldners von der Erbringung einer durch veränderte Umstände erschwerten Leistung gegenüberstellen. Gewichtige Stimmen im *common law* sind von der Überlegenheit des *common law* gegenüber dem *civil law* überzeugt, die sich vor allem daraus ergeben soll, dass das Prinzip „*pacta sunt servanda*" eine sehr starke oder sogar absolute Position im englischen Recht habe.[974] Demgegenüber lässt sich anführen, dass das englische Vertragsrecht im 20. Jahrhundert einen großen Wandel des Gerechtigkeitsverständnisses durchlaufen hat und nicht mehr ausnahmslos auf dieses Prinzip abstellt.[975] Trotz der gefestigten Rechtsprechung und des Konservatismus vieler englischen Doktrinvertreter lässt sich nicht definitiv feststellen, ob sich der Tatbestand der *frustration of contract* in einem schon abgeschlossenen Entwicklungsstand befindet, daher lässt sich auch nicht ausschließen, dass es in einer weiteren Zukunft zur Erstreckung des Anwendungsbereichs dieses Rechtsinstituts auf Leistungserschwerungen kommt. Für eine solche Entwicklung sprechen die Regelungen über Leistungserschwerungen in *soft law*-Regelwerken wie den PECL, den UNIDROIT Principles sowie in vielen neuen (z.B. im niederländischen NBW[976]) oder novellierten nationalen europäischen Zivilrechtskodifikationen (wie etwa im deutschen BGB oder im polnischen ZGB), die ein Zeichen

---

974 Die Stellungnahme des *General Bar Council of England and Wales* zur Mitteilung zum Europäischen Vertragsrecht (Amtsblatt, 2001/C 255/01), abrufbar unter: http://www.europa.eu.int/comm/consumers/cons_int/safe_shop/fair_bus_pract/cont_law/comments/index_en.htm. In der Literatur wird diese Auffassung u.a. von *P. Rubin* (Sup.Ct.Econ.Rev. 2005, S. 19ff.), *P. Mahoney* (J. Legal Stud. 2001, S. 503ff.) vertreten.

975 Verg. *McKendrick*, CLP 1997, S. 25ff. (33f.).

976 *Lurger*, Grundfragen der Vereinheitlichung, S. 488.

des neuen Trends setzen.[977] Aufgrund der anerkannten Vorbildrolle der PECL, der UNIDROIT Principles sowie des *Code Européen des Contrats* ist zu erwarten, dass sich eine Regelung über Leistungserschwerungen in einer zukünftigen europäischen Zivilrechtskodifikation in einer Gestalt durchsetzt, wie sie sich in einer der Vorschriften dieser *soft laws* und damit auch in § 313 BGB und Art. 357[1] ZGB findet.

977 *Perillo*, Tulane JICL 1997, S. 5ff. (27f.); *Lurger*, Grundfragen der Vereinheitlichung, S. 488.

Zusammenfassung der Ergebnisse

Teil I
Vergleich der untersuchten Lösungsansätze

I. Historische Entwicklung

- Auf die historische Entwicklung aller Rechtsinstitute und ihre heutige Gestalt hat immer die ökonomische und politisch soziale Situation einen entscheidenden Einfluss ausgeübt. Die Entwicklung der *frustration of contract* wurde auch durch die Besonderheiten des *common law* geprägt: z.B. hat das Schrifttum anders als in Deutschland oder in Polen dort eine weniger bedeutsame Rolle gespielt.

II. Ausnahmecharakter

- Bei allen untersuchten Rechtsinstituten wird ihr Ausnahmecharakter betont. Sie werden häufig der Rechtssicherheit gegenübergestellt, wobei sich die stärkste Bindung an das *pacta sunt servanda*-Prinzip im englischen Recht feststellen lässt.

III. Anwendungsbereich der untersuchten Rechtsinstitute

- Der sachliche Anwendungsbereich der untersuchten Rechtsinstitute stimmt im Wesentlichen überein. Sie finden Anwendung auf unabgewickelte Verträge und in Deutschland auch auf Verträge im Sachen-, Familien-, Erb- und Gesellschaftsrecht. Nur die polnische *rebus sic stantibus*-Klausel ist auch bei Geldleistungen anwendbar.
- Anders als Art. 357[1] ZGB und die *frustration of contract* erfasst der Anwendungsbereich der deutschen Störung der Geschäftsgrundlage auch die Fälle, in denen es zu einer Veränderung der Umstände vor Vertragsschluss gekommen ist.
- Die durch den Anwendungsbereich des jeweiligen Rechtsinstituts erfassten Fallgruppen stimmen nicht überein. Während die Reglung des Art. 357[1] ZGB

vor allem für Leistungserschwerungsfälle konzipiert ist und diese Fälle auch ein wichtiger Teil aller durch die Regelung des § 313 BGB erfassten Störungen bilden, sind sie nach englischem Recht eine absolute Ausnahme.

IV. Voraussetzungen für die Anwendung

- Zu den Voraussetzungen für die Anwendung der untersuchten Rechtsinstitute, die allen drei Rechtsystemen gemeinsam sind, gehören: Veränderung der Umstände und Unvorhersehbarkeit der Veränderung bzw. der Konsequenzen dieser Veränderung. Als ausschließende Kriterien gelten Verschulden einer sich auf die Veränderung der Umstände berufenden Partei und Existenz einer gesetzlichen oder vertraglichen Risikoverteilung. Bei der Konkretisierung der Voraussetzungen spielt die Rechtsprechung in allen untersuchten Rechtssystemen eine besondere Rolle.
- Ein wesentlicher Unterschied zwischen den untersuchten Rechtsinstituten besteht darin, dass sich die Voraussetzung der Unvorhersehbarkeit bei der polnischen *rebus sic stantibus*-Klausel nicht auf die Veränderung der Umstände wie im deutschen oder englischen Recht bezieht, sondern auf ihre Folgen.
- Eine vertragliche Risikoübernahme schließt die Anwendung der drei Rechtsinstitute nicht in allen Fällen aus. Unter bestimmten Umständen können sie z.B. trotz der Existenz einer Anpassungsklausel zur Anwendung kommen.

V. Rechtsfolgen der Anwendung

- Die Rechtsfolgen liegen nach deutschem und nach polnischem Recht im gerichtlichen Ermessen. In England tritt als Rechtsfolge der *frustration* die Vertragsaufhebung dagegen automatisch ein. Mit dem Automatismus und der Endgültigkeit dieser Rechtsfolge lässt sich erklären, warum die englischen Gerichte sehr selten eine *frustration* aussprechen.
- Anders als die *frustration of contract* bieten die Störung der Geschäftsgrundlage und die *rebus sic stantibus*-Klausel neben der Vertragsaufhebung eine flexiblere Rechtsfolge der Vertragsanpassung an, die besonders gut für die Leistungserschwerungen geeignet ist. Die Idee einer Neuverhandlungspflicht, die in beiden Staaten in der Entwurfsphase vorgeschlagen wurde, hat sich aber nicht durchgesetzt.
- In allen untersuchten Rechtsordnungen kann die Rückabwicklung erbrachter Leistungen erfolgen, wobei im englischen Recht manche Aufwendungen unberücksichtigt bleiben.

VI. Abgrenzung von anderen Rechtsinstituten

- Besonders viele Schwierigkeiten mit der Abgrenzung zu anderen Rechtsinstituten tauchen bei der deutschen Störung der Geschäftsgrundlage auf. Dazu hat in großem Maße der Gesetzgeber beigetragen, der künstliche (wie etwa zwischen der sittlichen und der moralistischen Unmöglichkeit) oder unscharfe (Fehlen der Geschäftsgrundlage und Irrtum) Abgrenzungen geschaffen hat.

VII. Prozessuales

- Der Anspruch steht bei allen untersuchten Rechtsinstituten beiden Parteien zu, wobei es nach polnischem Recht unzulässig ist, eine Leistungserschwerung in einer Klageerwiderung geltend zu machen.
- In allen Rechtsystemen unterliegt der Anspruch den regelmäßigen Verjährungsfristen. In Deutschland kann es jedoch wegen der Voraussetzung der Unzumutbarkeit zur Verwirkung des Anspruchs vor dem Fristablauf kommen.

Teil II
Leistungserschwerungen in einem europäischen Zivilgesetzbuch

§ 1. Pläne eines europäischen Zivilgesetzbuchs

- Nach der jahrelangen und nicht immer effizienten Vereinheitlichung des Privatrechts mit dem Instrument der Richtlinie kamen in den 80er und 90er Jahren erste politische und wissenschaftliche Anstöße zur Ausarbeitung einer einheitlichen europäischen Zivilrechtskodifikation.
- Im Jahre 2004 ist aus der Initiative der Kommission ein Forschungsnetz entstanden, dessen Aufgabe es ist, einen Gemeinsamen Rahmen auszuarbeiten, der als Basis für einen eventuellen Rechtsakt auf dem Gebiet des europäischen Vertragsrechts dienen kann. Die Zusammensetzung dieses Forschungsnetzes (neben Wissenschaftlern auch Praktiker) soll dazu beitragen, dass die Fragen der europäischen Kodifikation mehr nach sachlichen und weniger nach ideologischen Gründen entschieden werden. Die Beteiligung der Experten aus vielen Mitgliedstaaten ermöglicht, dass bei der Ausarbeitung des Gemeinsamen Rahmens verschiedene nationale Lösungsansätze in Betracht gezogen werden, was zur Auswahl der optimalen Lösungsansätze führen soll.

- Bei der Entscheidung über die Vereinheitlichung des europäischen Zivilrechts ist die Situation aller Länder zu berücksichtigen. Die neuen EU-Mitglieder hatten weniger Zeit, den Herausforderungen der Europäisierung des Privatrechts zu entsprechen und holen noch viele Rückstände nach. Daher scheint die Form eines Opt-in-Instruments auf dem Gebiet des Vertragsrechts, dessen Geltungsbereich zunächst für grenzüberschreitende Sachverhalte beschränkt wäre, die einzige realisierbare Lösung für die näheren Zukunft zu sein.

§ 2. Mögliche Gestalt einer Regelung über Leistungserschwerungen in einem europäischen Zivilgesetzbuch

- In der Diskussion über eine optimale Gestalt einer Regelung über Leistungserschwerungen infolge der Veränderung der Umstände in einer gemeinsamen europäischen Vertragsrechtskodifikation sind die von den wichtigen übernationalen Regelwerken angebotenen Lösungsansätze zu berücksichtigen.
- Die Grundregeln des Europäischen Vertragsrechts (PECL Art. 6:111), die UNIDROIT-Prinzipien für Internationale Handelsverträge (UNIDROIT Principles Art. 6.2) sowie der erste Entwurf eines Teil des zukünftigen Gesetzbuch *Gandolfis* (*Code Européen des Contracts* Art. 97 und Art. 157) enthalten ausführliche Regelungen über Leistungserschwerungen.
- Wesentliche Voraussetzungen für die Anwendung dieser Vorschriften wie die Unvorhersehbarkeit der Veränderung (PECL, UNIDROIT Principles, *Code Européen des Contracts*), die Erheblichkeit der Leistungserschwerung (PECL, UNIDROIT Principles, *Code Européen des Contracts*) sowie der Ausschluss im Fall der Risikoübernahme von der betroffenen Partei (PECL, UNIDROIT Principles) entsprechen denjenigen, die für die Anwendung des § 313 BGB, des Art. 357^1 poln. ZGB und der *frustration of contract* erfüllt werden müssen. Dabei muss die Veränderung bei den PECL wie nach dem polnischen und englischen Recht nach Vertragschluss eingetreten sein.
- Die Rechtsfolgen erfassen neben der dem deutschen und polnischen Recht bekannten Vertragsanpassung und -aufhebung vor allem Neuverhandlungen, deren effiziente Durchführung sichergestellt wird durch die Festlegung von Fristen (*Code Européen des Contracts*), die Verpflichtung zur Leistungserbringung trotz der Aufforderung von Neuverhandlungen (UNIDROIT Principles) oder die Möglichkeit eines Schadenersatzes bei Ablehnung oder bei bösgläubigem Abbruch der Neuverhandlungen (PECL).
- Die in den PECL, UNIDROIT Principles, im *Code Européen des Contracts* ausgearbeiteten Lösungsansätze gelten häufig als optimal und spielen eine Vorbildrolle für nationale und internationale Gesetzgebungsvorhaben. Daher

ist zu erwarten, dass sich eine Regelung über Leistungserschwerungen in einer europäischen Zivilrechtskodifikation auch gegen Widerstand aus England durchsetzt, wo man stark auf Rechtssicherheit bedacht ist. Dies könnte in einer den Vorschriften dieser Regelwerke und damit im Wesentlichen dem § 313 BGB und Art. 357^{1} ZGB entsprechenden Gestalt geschehen.

1. Bayerisches Landrecht

(Codex Maximilianeus Bavaricus Civilis)
[zitiert nach G. Gieg, Clausula rebus sic stantibus und Geschäftsgrundlage, Ein Beitrag zur Dogmengeschichte, Aachen 1994, S. 52–53]

§ 12 Von der Sache Untergang od. Mutation

Durch den Untergang der Sache wird 1mo die Obligation nur in folgenden Umständen aufgehoben, da man nämlich die selbige Sache nicht in Genere vel Quantitate, sondern in Corpore et Specie schuldig gewesen ist, annebens der Untergang weder ex Mora noch Culpa, oder sonst ex Facto Debitoris, und zwar an der ganzen Sache erfolgt; denn, wenn sie nur zum Theile untergeht so bleibt man doch des übrigen Theiles halber in der Schuldigkeit, und da etwa Mora, Culpa, vel Factum Debitoris mitunterläuft, so ist er wenigstens zur Schadloshaltung verbunden.
Dem Untergange wird 2do gleichgeachtet, wenn die Sache aus dem Commercio humano tritt, und da hiernächst
3tio alle Verbindungen die Clausulam: Rebus sic stantibus, stillschweigend in sich halten, so werden solche auch durch die Veränderung der in die Obligation gebrachten Sache, jedoch andergestellt nicht, als unter folgenden drey Requisiten aufgehoben: Wenn nämlich
erstens sothane Veränderung weder Mora noch Culpa aut Facto Debitoris veranlaßt worden, selbe auch
zweytens nicht leicht vorauszusehen gewesen, und endlich
drittens von solcher Beschaffenheit ist, dass wenn der Debitor solche vorausgewußt hätte, er sich nach unpartheyischem und redlichem Gutachten verständiger Leute nimmermehr hierauf eingelassen haben würde,
in welchen Umständen gleichwohl noch zur rechtlichen Ermäßigung stehet, ob die Obligation völlig aufgehoben, oder nur nach Proportion der Veränderung gemäßiget werden sollte.

2. Allgemeines Landrecht für die Preußischen Staaten

[zitiert nach G. Gieg, Clausula rebus sic stantibus und Geschäftsgrundlage, Ein Beitrag zur Dogmengeschichte, Aachen 1994, S. 79]

Erster Teil, 5. Titel

§ 377
Außer dem Fall einer wirklichen Unmöglichkeit, kann wegen veränderter Umstände, die Erfüllung eines Vertrages in der Regel nicht verweigert werden.

§ 378
Wird jedoch durch eine solche unvorhergesehene Veränderung die Erreichtung des ausdrücklich erklärten, oder aus der Natur des Geschäfts sich ergebenden Endzwecks beyder Theile unmöglich gemacht, so kann jeder derselben von dem noch nicht erfüllten Vertrage wieder abgehn.

§ 379
Ein Theil kann alsdann von dem anderen nur in so fern Entschädigung fordern, als die Veränderung der Unstände durch dessen freye Handlung bewirkt worden.

§ 380
Wird durch die Veränderung der Umstände nur der ausdrücklich erklärte oder sich von selbst verstehende Zweck des einen Theils ganz vereitelt, so kann derselbe zwar von dem Vertrage zurücktreten;

§ 381
Er muss aber, wenn die Veränderung in seiner Person sich ereignet hat, den Andern vollständig entschädigen.

§ 382
Ist die Veränderung in der Person des Andern erfolgt, so kann in der Regel keiner von beyden Theilen Entschädigung fordern.

§ 383
Doch muß der Zurücktretende diese Entschädigung leisten, wenn er selbst den Andern in diese veränderten Umstände gesetzt hat.

3. Bürgerliches Gesetzbuch

[i. d. F. vom 1. Januar 2002]

§ 313 Störung der Geschäftsgrundlage. *(1) Haben sich Umstände, die zur Grundlage des Vertrags geworden sind, nach Vertragsschluss schwerwiegend verändert und hätten die Parteien den Vertrag nicht oder mit anderem Inhalt geschlossen, wenn sie diese Veränderung vorausgesehen hätten, so kann Anpassung des Vertrags verlangt werden, soweit einem Teil unter Berücksichtigung aller Umstände des Einzellfalls, insbesondere der vertraglichen oder gesetzlichen Risikoverteilung, das Festhalten am unveränderten Vertrag nicht zugemutet werden kann.*
(2) Einer Veränderung der Umstände steht es gleich, wenn wesentliche Vorstellungen, die zur Grundlage des Vertrags geworden sind, sich als falsch herausstellen.
(3) Ist eine Anpassung des Vertrags nicht möglich oder einem Teil nicht zumutbar, so kann der benachteiligte Teil vom Vertrag zurücktreten. An die Stelle des Rücktrittsrechts tritt für Dauerschuldverhältnisse das Recht zur Kündigung.

4. Obligationengesetzbuch

[Polnische Gesetze und Verordnungen in deutscher Übersetzung 1933, Nr. 28, S. 920]

Art. 269 *Wenn aus Anlass von außergewöhnlichen Ereignissen wie: Krieg, Seuche, vollständigem Misswuchs und anderen Elementarschäden die Leistung mit übermäßigen Schwierigkeiten verbunden war oder der einen der Parteien ein auffallender Schaden droht, was die Parteien nicht bei dem Abschluss des Vertrages vorhersehen konnten, so kann das Gericht, wenn es dies nach den Grundsätzen des guten Glaubens für notwendig ansieht, nach Abwägung der Interessen beider Parteien die Art der Erfüllung, die Höhe der Leistung bestimmen oder sogar den Vertrag auflösen.*

5. Zivilgesetzbuch

[Polnische Wirtschaftsgesetze, Aktuelle Gesetztexte in deutscher Übersetzung, 6. Aufl., S. 66]

Art. 357^{1} *Wenn infolge veränderter Umstände die Leistung mit übermäßigen Schwierigkeiten verbunden wäre oder einer Partei ein bedeutender Verlust drohen würde, was die Parteien beim Vertragsschluss nicht vorausgesehen haben, kann das Gericht nach Abwägung der Interessen beider Parteien in Übereinstimmung mit den Grundsätzen des gesellschaftlichen Zusammenlebens die Art und Weise der Erfüllung des Schuldverhältnisses und den Umfang der Leistung bestimmen oder sogar durch Urteil den Vertrag aufheben. Bei der Auflösung des Vertrages kann das Gericht erforderlichenfalls auch über die Auseinanderrechung der Parteien unter Berücksichtigung der im vorausgehenden Satz enthaltenen Grundsätze entscheiden.*[978]

Art. 358^{1} *§ 1. Wenn der Gegenstand des Schuldverhältnisses von Anfang an in einer Geldleistung besteht, erfolgt die Erfüllung der Leistung durch Zahlung des Nominalbetrages, es sei denn, dass besondere Vorschriften etwas anderes bestimmen.*
§ 2. Die Parteien können vertraglich vereinbaren, dass die Höhe der Geldleistung durch einen nicht in Geld bestehenden Wertmesser bestimmt wird.
§ 3. Wenn sich die Kaufkraft des Geldes nach Entstehung des Schuldverhältnisses wesentlich verändert, kann das Gericht nach Erwägung der Interessen der Parteien und in Übereinstimmung mit den Grundsätzen des gesellschaftlichen Zusammenlebens die Höhe und die Art der Erfüllung der Geldleistung verändern, auch wenn sie in einem Urteil oder Vertrag festgelegt sind.
§ 4. Die Veränderung der Höhe der Geldleistung oder der Art und Weise ihrer Erbringung kann eine ein Unternehmen führende Partei nicht beantragen, wenn die Geldleistung im Zusammenhang mit der Führung des Unternehmens steht.
§ 5. Die Vorschriften der §§2 und 3 berühren nicht die Bestimmungen zur Regelung der Preise und anderer Geldleistungen.

6. Sale of Goods Act 1979

[Halsbury's Statutes of England and Wales, 4. Aufl., London 2004, Band 39, S. 68ff.]

978 Die Übersetzung stammt aus der Sammlung „Polnische Wirtschaftsgesetze, Aktuelle Gesetztexte in deutscher Übersetzung", 6. Auf., S. 66. In der zweiten Zeile wurde „was" statt „den" eingesetzt. Das Relativpronomen „was" entspricht dem polnischen Relativpronomen „czego" und bezieht sich auch auf die „übermäßigen Schwierigkeiten".

2 [Contract of sale]
(1) A contract of sale of goods is a contract by which the seller transfers or agrees to transfer the property in goods to the buyer for a money consideration, called the price.
(2) There may be a contract of sale between one part owner and another.
(3) A contract of sale may be absolute or conditional.
(4) Where under a contract of sale the property in the goods is transferred from the seller to the buyer the contract is called a sale.
(5) Where under a contract of sale the transfer of the property in the goods is to take place at the future time or subject to some condition later to be fulfilled the contract is called an agreement to sell.
(6) An agreement to sale becomes a sale when the time elapses or the conditions are fulfilled subject to which the property in the goods is to be transferred.

7 [Goods perishing before sale but after agreement to sell]
Where there is an agreement to sell specific goods and subsequently the goods, without any fault on the part of the seller or buyer, perish before the risk passes to the buyer, the agreement is avoided.

20 [Passing of risk]
(1) Unless otherwise agreed, the goods remain at the seller's risk until the property in them is transferred to the buyer, but when the property in them is transferred to the buyer the goods are at the buyer's risk whether delivery has been made or not.
(2) But where delivery has been delayed through the fault of either buyer or seller the goods are at the risk of the party at fault as regards any loss which might not have occurred but such fault.
(3) Nothing in this section affects the duties or liabilities of either seller or buyer as a bailee or custodier of the goods of the other party.
(4) In a case where the buyer deals as consumer or, in Scotland, where there is a consumer contract in which the buyer is a consumer, subsections (1) to (3) above must be ignored and the goods remain at the seller's risk until they are delivered to the consumer.

7. The Law Reform (Frustrated Contracts) Act 1943

[Halsbury's Statutes of England and Wales, 4. Aufl., London 2000, Band 11, S. 224ff.]

An Act to amend the law relating to the frustration of contracts (5th August 1943)

1. Adjustment of rights and liabilities of parties to frustrated contracts

(1) Where a contract governed by English law has become impossible of performance or been otherwise frustrated, and the parties thereto have for that reason been discharged from the further performance of the contract, the following provisions of this section shall, subject to the provisions of section two of this Act, have effect in relation thereto.

(2) All sums paid or payable to any party in pursuance of the contract before the time when the parties were so discharged (in this Act referred to as „the time of discharge") shall, in the case of sums so paid, be recoverable from him as money received by him for the use of the party by whom the sums were paid, and, in the case of the sums so payable, cease to be so payable:
Provided that, if the party to whom the sums were so paid or payable incurred expenses before the time of discharge in, or for the purpose of, the performance of the contract, the court may, if it considers it just to do so having regard to all the circumstances of the case, allow him to retain or, as the case may be, recover the whole or any part of the sums so paid or payable, not being an amount in excess of the expenses so incurred.

(3) Where any party to the contract has, by reason of anything done by any other party thereto in, or for the purpose of, the performance of the contract, obtained a valuable benefit (other than a payment of money to which the last foregoing subsection applies) before the time of discharge, there shall be recoverable from him by the said other party such sum (if any), not exceeding the value of the said benefit to the party obtaining it, as the court considers just, having regard to all the circumstances of the case and, in particular, –

(a) the amount of any expenses incurred before the time of discharge by the benefited party in, or for the purpose of, the performance of the contract, including any sums paid or payable by him to any other party in pursuance of the contract and retained or recoverable by that party under the last foregoing subsection, and
(b) the effect, in relation to the said benefit, of the circumstance giving rise to the frustration of the contract.

(4) In estimating, for the purposes of the foregoing provisions of this section, the amount of any expenses incurred by any party to the contract, the court may, without prejudice to the generality of the said provisions, include such sum as

appears to be reasonable in respect of overhead expenses and in respect of any work or services performed personally by the said party.

(5) In considering whether any sum ought to be recovered or retained under the foregoing provisions of this section by any party to the contract, the court shall not take into account any sums which have, by reason of the circumstances giving rise to the frustration of the contract, become payable to that party under any contract of insurance unless there was an obligation to insure imposed by an express term of the frustrated contract or by or under any enactment.

(6) Where any person has assumed obligations under the contract in consideration of the conferring of a benefit by any other party to the contract upon any other person, whether a party to the contract or not, the court may, if in all the circumstances of the case it considers it just to do so, treat for the purposes of subsection (3) of this section any benefit so conferred as a benefit obtained by the person who assumed the obligations as aforesaid.

2. Provisions as to application of this Act

(1) This Act shall apply to contracts, whether made before or after the commencement of this Act, as respects which the time of discharge is on or after the first day of July, nineteen hundred and forty-three, but not to contracts as respects which the time of discharge is before the said date.

(2) This Act shall apply to contracts to which the Crown is a party in like manner as to contracts between subjects.

(3) Where any contract to which this Act applies contains any provision which, upon the true construction of the contract, is intended to have effect in the event of circumstances arising which operate, or would but for the said provision operate, to frustrate the contract, or is intended to have effect whether such circumstances arise or not, the court shall give effect to the said provision and shall only give effect to the foregoing sections of this Act to such extent, if any, as appears to the court to be consistent with the said provision.

(4) Where it appears to the court that a part of any contract to which this Act applies can properly be severed from the remainder of the contract, being a part wholly performed before the time of discharge, or so performed except for the payment in respect of that part of the contract of sums which are or can be ascertained under the contract, the court shall treat that part of the contract as if it

were a separate contract and had not been frustrated and shall treat the foregoing section of this Act as only applicable to the remainder of that contract.

(5) This Act shall not apply –
(a) to any charterparty, except a time charterparty or a charterparty by way of demise, or to any contract (other than a charterparty) for the carriage of goods by sea; or
(b) to any contract of insurance, save as provided by subsection (5) of the foregoing section; or
(c) to any contract to which section seven of the Sale of Goods Act, 1893 (which avoids contracts for the sale of specific goods which perish before the risk has passed to the buyer) applies, or to any other contract for the sale, or the sale and delivery, of specific goods, where the contract is frustrated by reason of the fact that the goods have perished.

3. Short title and interpretation

(1) This Act may be cited as the Law Reform (Frustrated Contracts) Act, 1943.
(2) In this Act the expression „court" means, in relation to any matter, the court of arbitrator by or before whom the matter falls to be determined.

8. Contract Code
Drawn up on Behalf of the English Law Commission

[*Harvey McGregor*, Milano 1993, S. 245ff.]

CONTRACT SUBSEQUENTLY FRUSTRATED

591. General Rule
Where a contract is frustrated because after it has been entered into
a) the performance of a contracting party becomes impossible or illegal and neither party can show that the other has assumed the risk of impossibility or illegality, or
b) a radical change of circumstances has occurred,
the parties are excused from the moment of frustration from further performance and are entitled to restitution and reimbursement of expenses so far as sections 598 and 599 allow.

592. Performance impossible
Performance is impossible where under the contract
a) acts are to be performed personally by either party to the contract or some other person and he is unable substantially to perform them because of his death or because of incapacity or unavailability in such circumstances that is unlikely that he will be able substantially to perform them within a reasonable time
b) a particular piece of property or property of a particular description is to be provided or made available by a contracting party if the contract is to be substantially performed and that property has been destroyed or become unavailable to that party in such circumstances that it is unlikely that he will be able substantially to perform within a reasonable time.

593. Performance illegal
Performance is illegal where a contracting party cannot substantially perform without committing an act which is illegal within the meaning of section 512 (1)(b) and which is unlikely to become legal within a reasonable time.

594. Assumption of risk
(1) It is a question of construction of the contract whether the risk of impossibility or illegality has been assumed by one party to the contract and, if so, by which party, but the fact that the impossibility or illegality was foreseen by the contracting parties or that they must, as reasonable men, have expected it as likely to result does not establish that either has assumed the risk of its occurring.
(2) A party assumes the risk of impossibility where he brings it about by an unreasonable act or omission which was intended or likely to cause it to occur.
(3) A party may not assume the risk of illegality where to do so would be contrary to public policy.

595. Radical change in circumstances
Circumstances have radically changed where it would be unfair for one contracting party to require the other to perform; and in determining whether it would be unfair account shall be taken of whether one contracting party has made a reasonable offer to modify the terms of the contract in the light of the changed circumstances and of the other party's response to that offer.

SPECIAL CASES

596. Part illegality

Where a contracting party can substantially but not fully perform without committing an act which is illegal within section 512 (1) (b), then, although he must not perform the act so long as it remains illegal, he is liable in damages for breach unless in the circumstances to impose such liability would be contrary to public policy.

597. Part frustration

(1) Where a person has entered into more than one contract, whether with the same person or different persons, and performance of one or more bur not all of the contracts has become impossible or illegal because of circumstances that would have frustrated a single contract if all the contracts had been one, then, except to the extent that he can show that there are sound commercial or other reasons why he should give performance to any such contract or contracts by rendering full performance or offering more than pro rata performance, he must offer the other party to each contract pro rata performance of it.

(2) If any such an offer is accepted within a reasonable time, the contract to which it relates continues in existence as so varied; otherwise it is frustrated.

REMEDIAL RIGHTS

598. Rights of restitution

(1) Except where the contract indicates a contrary intention, a party to a frustrated contract may claim restitution, including specific restitution, of benefits conferred by him in performing the contract subject to his restoring, specifically or otherwise, benefits conferred on him under it.

(2) Benefit is to be interpreted in accordance with section 465 and measured in accordance with sections 467 to 469.

(3) It is in the discretion of the court whether to order specific restitution or restitution in money and, in either case, whether to require the claimant to make specific restoration of benefits received or restoration of their value in money and, in particular, if the court is satisfied that specific restitution or specific restoration would cause disproportionate harm to either party, shall not order or require specific restitution or specific restoration.

599. Rights of reimbursement of expenses

(1) Except where the contract indicates a contrary intention, a party to a frustrated contract who has incurred expenditure in, or in connection with, its per-

formance may claim reimbursement of such part of the expenditure, if any, as the court taking all the circumstances into account considers reasonable.
(2) Expenditure includes overhead expenses and the value of time and effort expended in performance of the contract.

9. Übereinkommen der Vereinten Nationen über Verträge über den internationalen Warenkauf

[BGBl. 1989 II S. 588]

Artikel 79 [Hinderungsgrund außerhalb des Einflussbereichs des Schuldners]

(1) Eine Partei hat für die Nichterfüllung einer ihrer Pflichten nicht einzustehen, wenn sie beweist, dass die Nichterfüllung auf einem außerhalb ihres Einflussbereichs liegenden Hinderungsgrund beruht und dass von ihr vernünftigerweise nicht erwartet werden konnte, den Hinderungsgrund bei Vertragabschluss in Betracht zu ziehen oder den Hinderungsgrund oder seine Folgen zu vermeiden oder zu überwinden.
(2) Beruht die Nichterfüllung einer Partei auf der Nichterfüllung durch einen Dritten, dessen sie sich zur völligen oder teilweisen Vertragserfüllung bedient, so ist diese Partei von der Haftung nur befreit,
(a) wenn sie nach Absatz 1 befreit ist und
(b) wenn der Dritte selbst ebenfalls nach Absatz 1 befreit wäre, sofern Absatz 1 auf ihn Anwendung fände.
(3) Die in diesem Artikel vorgesehene Befreiung gilt für die Zeit, während der der Hinderungsgrund besteht.
(4) Die Partei, die nicht erfüllt, hat den Hinderungsgrund und seine Auswirkung auf ihre Fähigkeit zu erfüllen der anderen Partei zu mitzuteilen. Erhält die andere Partei die Mitteilung nicht innerhalb einer angemessenen Frist, nachdem die nicht erfüllende Partei den Hinderungsgrund kannte oder kennen musste, so haftet diese für den aus dem Nichterhalt entstehenden Schaden.
(5) Dieser Artikel hindert die Parteien nicht, eine anderes als das Recht auszuüben, Schadenersatz nach diesem Übereinkommen zu verlangen.

10. UNIDROIT Prinzipien für Internationale Handelsverträge

[International Institut für die Vereinheitlichung des Privatrechts (UNIDROIT), Rom 1994, S. 1, 152ff.]

PRÄAMBEL

(Zweck der Grundregeln)
Diese Grundregeln enthalten allgemeine Regeln für internationale Handelsverträge.
Sie sind anzuwenden, wenn die Parteien vereinbart haben, dass ihr Vertrag diesen Grundregeln unterliegt.
Sie können angewendet werden, wenn die Parteien vereinbart haben, dass ihr Vertrag „Allgemeinen Rechtsgrundsätzen", der „Lex mercatoria" oder dergleichen unterliegt.
Sie können eine Lösung eines aufgeworfenen Problems bieten, wenn es sich als unmöglich erweist, die maßgebende Regel des anzuwendenden Rechts zu ermitteln.
Sie können benutzt werden, um Regelwerke des internationalen Einheitsrechts auszulegen oder zu ergänzen.
Sie können al Modell für nationale und internationale Gesetzgeber dienen.

ARTIKEL 6.2.1

(Einhaltung des Vertrages)
Wenn die Erfüllung eines Vertrages für eine der Parteien belastender wird, ist diese Partei dennoch verpflichtet, ihre Verpflichtungen zu erfüllen, vorbehaltlich der folgenden Bestimmungen über veränderte Umstände.

ARTIKEL 6.2.2

(Definition der veränderten Umstände [Hardship])
Veränderte Umstände liegen vor, wenn der Eintritt von Ereignissen das Gleichgewicht des Vertrages grundlegend ändert, sei es, weil sich die Kosten der Leistung einer Partei erhöht haben oder weil der Wert der Leistung, die eine Partei erhält, sich vermindert hat, und
(a) diese Ereignisse nach Vertragsabschluss eintreten oder der benachteiligten Partei bekannt werden;
(b) diese Ereignisse vernünftigerweise durch die benachteiligte Partei zum Zeitpunkt des Vertragsabschlusses nicht hatten berücksichtigt werden können;

(c) diese Ereignisse außerhalb des Einflussbereichs der benachteiligten Partei liegen; und
(d) das Risiko des Eintritts dieser Ereignisse durch die benachteiligte Partei nicht übernommen worden war.

ARTIKEL 6.2.3

(Wirkungen veränderter Umstände)
(1) Bei veränderten Umständen ist die benachteiligte Partei berechtigt, Nachverhandlungen zu verlangen. Das Verlangen muss unverzüglich erhoben werden und muss die Gründe angeben, auf die es gestützt wird.
(2) Das Verlangen nach einer Nachverhandlung als solches berechtigt die benachteiligte Partei nicht, die Leistung zurückzuhalten.
(3) Kann innerhalb einer angemessene Frist keine Einigung erzielt werden, kann jede Partei das Gericht anrufen.
(4) Wenn das Gericht veränderte Umstände feststellt, kann es, wenn angemessen,
(a) den Vertrag zu einem Zeitpunkt und zu Bedingungen, die festzulegen sind, aufheben oder
(b) den Vertrag mit dem Ziel der Wiederherstellung seines Gleichgewichts anpassen.

11. Grundregeln des Europäischen Vertragsrechts

[Übersetzung von *Ulrich Drobnig*, *Reinhard Zimmermann* und *Hartmut Wicke*, ZeuP 2000, S.675ff.]

Kapitel 1: Allgemeine Bestimmungen
Abschnitt 1: Anwendungsbereich der Grundregeln

Artikel 1:101: Anwendung der Grundregeln

(1) Diese Grundregeln sind dazu gedacht, als allgemeine Regeln des Vertragsrechts in der Europäischen Union angewendet zu werden.
(2) Diese Grundregeln werden angewendet, wenn die Parteien sich darauf geeinigt haben, sie in ihren Vertrag aufzunehmen oder dass ihr Vertrag diesen Grundregeln unterliegen soll.
(3) Diese Grundregeln können angewendet werden, wenn die Parteien
(a) vereinbart haben, dass ihr Vertrag „allgemeinen Rechtsgrundsätzen", der „lex mercatoria" oder ähnlichen Regeln unterliegen soll; oder

(b) keine Rechtsordnung oder keine Rechtsregeln für ihren Verrag gewählt haben.
(4) Diese Grundregeln können eine Lösung für Streitfragen bieten, für welche die anwendbare Rechtsordnung oder die anwendbaren Rechtsregeln keine Lösung bieten.

Artikel 6:111: Veränderte Umstände

(1) Vertragliche Verpflichtungen sind zu erfüllen, auch wenn die Erfüllung belastender geworden ist, sei es, weil sich die Kosten der Leistung erhöht haben oder weil der Wert der Gegenleistung sich vermindert hat.
(2) Wird jedoch die Erfüllung des Vertrages durch eine Veränderung der Umstände übermäßig belastend, sind die Parteien verpflichtet, in Verhandlungen über eine Änderung oder Aufhebung des Vertrages einzutreten, sofern
(a) die Veränderung der Umstände nach Vertragsschluss eingetreten ist,
(b) die Möglichkeit einer Veränderung der Umstände vernünftigerweise zum Zeitpunkt des Vertragsschlusses nicht in Betracht gezogen werden konnte, und
(c) das Risiko einer Veränderung der Umstände nach dem Vertrag nicht die davon betroffene Partei tragen sollte.
(3) Erzielen die Parteien innerhalb angemessener Zeit keine Einigung, so kann das Gericht
(a) den Vertrag zu einem Zeitpunkt und zu Bedingungen aufheben, die vom Gericht zu bestimmen sind; oder
(b) den Vertrag so anpassen, dass die Verluste und Gewinne, die sich aus der Veränderung der Umstände ergeben, unter den Parteien in gerechter und billiger Weise verteilt werden.
In beiden Fällen kann das Gericht Schadenersatz zusprechen für den Verlust, der dadurch entstanden ist, dass eine Partei sich geweigert hat, in Verhandlungen einzutreten oder die Verhandlungen entgegen den Gebot von Treu und Glauben und des redlichen Geschäftsverkehrs abgebrochen hat.

12. Code européen des contrats, avant-projet

[*Schulze/Zimmermann* (Hrsg.), Basistexte zum Europäischen Privatrecht, 2. Aufl., S. 473ff.]

Art. 97
Keine Nichterfüllung trotz Leistungsstörung

1. Selbst wenn sich der Schuldner mit der Erfüllung der geschuldeten Leistung in Verzug befindet oder wenn er die Leistung nur teilweise erbracht hat, liegt kein Fall der Nichterfüllung vor, wenn zuvor außergewöhnliche und unvorhersehbare Ereignisse eingetreten sind, die die Erfüllung übermäßig belastend haben werden lassen; dies hat zur Folge, dass der Schuldner gemäß Art. 157 eine erneute Aushandlung des Vertrages verlangen kann. Der Schuldner muss aber dem Gläubiger seine Absicht, auf dieses Recht zurückzugreifen, vor Ablauf der für die Erfüllung vorgesehenen Frist bzw. bevor der Gläubiger ihn gemäß Art. 96 lit. a) gemahnt hat, mitteilen.

2. Wird die Leistung nach Abschluss des Vertrages aufgrund von Umständen, für die der Schuldner nicht einzustehen hat, objektiv unmöglich, liegt keine Nichterfüllung vor. Enthält der Vertrag aber ausdrücklich oder implizit ein Garantieversprechen, dass die Erfüllung möglich ist, so muss der Schuldner dem Gläubiger den durch sein Vertrauen auf die Erfüllung entstandenen Schaden ersetzen.

Art. 157
Neuverhandlung des Vertrages

1. Sind außergewöhnliche und unvorhersehbare Ereignisse gemäß Art. 97 Abs. 1 eingetreten, muss die Partei, die von der Befugnis nach dieser Vorschrift Gebrauch machen will, eine Erklärung mit den erforderlichen Angaben an die Gegenseite richten und zudem – wenn ihr Begehren nicht nichtig sein soll – angeben, welche veränderten Festlegungen sie zur Erhaltung des betreffenden Vertrags vorschlägt. Auf diese Erklärung sind die Bestimmungen des Art. 21 und 36 Abs. 2 anwendbar.

2. Eine Klage kann vor dem Ablauf von sechs (drei) Monaten von dem Zeitpunkt des Empfangs dieser Erklärung an erhoben werden, um den Parteien die Möglichkeit zur außergerichtlichen Klärung zu geben; bei Eilbedürftigkeit bleibt die Befugnis unbenommen, bei Gericht die Maßnahmen gemäß Art. 172 zu beantragen.

3. Wenn ein Fall gemäß Abs. 1 vorliegt, kann die Gegenseite die zur Ausübung der dort vorgesehenen Befugnis berechtigte Partei unter Setzung einer Frist von nicht weniger als sechzig Tagen auffordern, eine Erklärung darüber abzugeben, ob sie die Wiederverhandlung des Vertrages verlangen will oder nicht. Ist die Frist erfolglos verstrichen, so wird mit allen Rechtsfolgen ange-

nommen, dass der Betreffende darauf verzichtet hat. Auf diese Aufforderung sind die Bestimmungen der Art. 21 und 36 Abs. 2 anzuwenden.

4. Wenn die Parteien vor dem Ablauf der Frist des Abs. 2 keine Einigung erzielt haben, muss der Berechtigte innerhalb einer Ausschlussfrist von sechzig darauf folgenden Tagen sein Begehren bei Gericht entsprechend den Verfahrensvorschriften, die am Ort der Verfahrenserfüllung anwendbar sind, vorbringen.

5. Das Gericht kann nach Abwägung der Umstände und unter Berücksichtigung der Interessen und Begehren der Parteien und gegebenenfalls unter Einholung eines Sachverständigengutachtens den Vertrag insgesamt oder dessen nicht erfüllten Teil ändern oder aufheben; es kann auch auf Rückgabe entscheiden und zu Schadenersatz verurteilen, falls dies angebracht und beantragt ist.

Literaturverzeichnis

Altmeppen, Holger Nochmals: Schadenersatz wegen Pflichtverletzung, anfängliche Unmöglichkeit und Aufwendungsersatz im Entwurf des Schuldrechtsmodernisierungsgesetzes, DB 2001, S. 1821ff.

– *Anwaltskommentar, s.* Dauner-Lieb, Barbara/Heidel, Thomas/Lepa, Manfred/Ring, Gerhard

Atiyah, Patrick S. The Sale of Goods, 3. Aufl., London 1968

–. Contract and Fair Exchange, University of Toronto Law Journal 1985, S. 1ff.

–. Common Law and Statute Law, MLR 1985, S. 1ff.

–. The Rise and Fall of Freedom of Contract, 1. Aufl., Oxford 1988

–. The Sale of Goods, 8. Aufl., London 1990

–. An Introduction to the Law of Contract, 5. Aufl., Oxford 1995

Bamberger, Heinz/ Roth, Herbert, Kommentar zum Bürgerlichen Gesetzbuch, München 2003
Zit. *Bamberger/Roth*

Banaszek, Bogusław Der polnische Weg zur Demokratie und die Reformpolitik des Landes, ROW 1991, S. 140ff.

von Bar, Christian Le groupe d'études sur un code civil européen, R.I.D.C. 2001, S. 127ff.

–. From Principles to Codification: Prospects for European Pivate Law, Colum. J.Eur.L. 2002, S. 379ff.

–. Od zasad do kodyfikacji: perspektywy europejskiego prawa prywatnego [Von den Grundregeln zu einer Kodifikation: Entwicklungsperspektiven des Europäischen Privatrechts], KPP 2002, Nr. 2, S. 305ff.

von Bar, Christian/ Zimmermann, Reinhard (Hrsg.) Grundregeln des Europäischen Vertragsrechts, Teil I und II, München 2002

Basedow, Jürgen (Hrsg.) Europäische Vertragsvereinheitlichung und deutsches Recht, Tübingen 2000

–. Ein optionales Europäisches Vertragsgesetz – opt-in, opt-out, wozu überhaupt?, ZeuP 2004, S. 1ff.

–. Grundlagen des europäischen Privatrechts, JuS 2004, S. 89ff.

Bayreuther, Frank Die Durchsetzung des Anspruchs auf Vertragsanpassung beim Wegfall der Geschäftsgrundlage, Baden-Baden 2004

Beale, H. (Hrsg.) Chitty on Contracts, 28. Aufl., Band I, London 1996
Zit. Chitty on Contracts, 28. Aufl.

–. Has the Common Law a Future?, Cambridge1996

–. (Hrsg.) Anson's Law of Contract, 28. Aufl., Oxford 2002
Zit. Anson's Law of Contract, 28. Aufl.

Benson, Peter The Theory of Contract Law. New Essays, Cambridge 2001

Berger, Klaus Peter Die UNIDROIT-Prinzipien für Internationale Handelsverträge, ZVglRWiss 1994, S. 217ff.

Bienek, Gerard (Hrsg.) Komentarz do kodeksu cywilnego, Księga trzecia, Zobowiązania, Tom I [Kommentar zum Zivilgesetzbuch. Drittes Buch. Schuldrecht. Band I], 3. Aufl., Warszawa 2002
Zit. *Bienek,* 3. Aufl., Drittes Buch, Band I

Bischoff, Jacques Vertragsrisiko und clausula rebus sic stantibus, Risikozuordnung in Verträgen bei veränderten Verhältnissen, Zürich 1983

Blase, Friedrich A Uniform European Law of Contracts – Why and How, Columbia J.Eur.L. 2002, S. 487ff.

Blumenwitz, Dieter Einführung in das anglo-amerikanische Recht, 6. Aufl., München 1998

Boele-Woelki, Katharina Principles and Private International Law, The UNIDROIT Principles of International Commercial Contracts and The Principles of European Contract Law: How to Apply them to International Contracts, ULR 1996, S. 652ff.

Bonell, Michael Joachim Die UNIDROIT-Prinzipien der internationalen Handelsverträge: Eine neue Lex Mercatoria?, ZfRV 1996, S. 152ff.

–. The UNIDROIT Principles of International Commercial contracts and CISG – Alternatives or Complementary Instruments ?, ULR 1996, S. 26ff.

Braun, Johann Wegfall der Geschäftsgrundlage – JuS 1979, S. 692ff.

Brockmeyer, Germar Das Rechtsinstitut der Geschäftsgrundlage aus der Sicht der ökonomischen Analyse des Rechts, Frankfurt a.M. 1993

Brödermann, Eckart Die erweiterten UNIDROIT Principles 2004, RIW 2004, S. 721ff.

Brol, Jan Klauzule generalne. Kodeks cywilny po nowemu [Generalklauseln, Zivilgesetzbuch nach der neuen Regelung], Rzeczpospolita vom 10. Oktober 1990, Nr. 236, S. IV

Brower, Charles/ Sharpe, Jeremy The Creeping Codification of Transnational Commercial Law: an Arbitrator's Perspective, Va.J.Int'l L. 2004, S. 199ff.

Brzozowski, Adam Wpływ zmiany okoliczności na zobowiązania w obrocie gospodarczym. Klauzule umowne [Die Auswirkung der Veränderung der Umstände auf die Schuldverhältnisse im Wirtschaftsverkehr, Anpassungsklausel], PUG 1991, Beilage, S. 7ff.

–. Glosa do uchwały SN z dnia 26 listopada 1991 r. [Glosse zur Entscheidung des OG vom 26. November 1991], PiP 1992/12, S. 117ff.

–. Wpływ zmiany okoliczności na zobowiązania w prawie polskim (na tle niektórych państw obcych) [Die Auswirkung der Veränderung der Umstände auf die Schuldverhältnisse im polnischen Recht – vor dem Hintergrund des Rechts einiger fremder Staaten], Warszawa 1992
Zit. *Brzozowski*, Wpływ zmiany okoliczności

–. Regulacja wpływu zmiany okoliczności na zobowiązania w świetle nowelizacji kodeksu cywilnego z dnia 28 lipca 1990r. [Die Regelung der Auswirkung der Veränderung der Umstände auf die Schuldverhältnisse im Lichte der Zivilgesetzbuchsnovelle vom 28. Juli 1990], Palestra 1992, Heft 4/5, 1992, S.19ff.

–. Klauzula rebus sic stantibus także w obrocie gospodarczym [Die rebus sic stantibus Klausel auch im Wirtschaftsverkehr], PPH 1997, Heft 1, 7ff.

Bussani, Mauro/ Mattei Ugo	The Common Law Approach to European Private Law, Columbia J. Eur.L. 1997/98, S. 339ff.
Canaris, Claus-Wilhelm u.a. (Hrsg.)	50 Jahre Bundesgerichtshof, Festgabe der Wissenschaft, Band I, München 2000
Canaris, Claus-Wilhelm	Die Reform des Rechts der Leistungsstörungen, JZ 2001, S. 499ff.
Cartwright, John	Solle v. Butcher and the Doctrine of Mistake in Contract, LQR 1987, S. 594ff.
Caruso, Daniela	The Missing View of the Cathedral: The Private Law Paradigm of European Legal Integration, Eur.Law.J. 1997, S. 3ff.
–	Case Comment, Discussion whether a Lease Could Be Frustrated, L. & T. Review 1998, S. 2f.(3), D 30–31
Cheshire, Geoffrey C./ Fifoot, Cecil H./ Furmston, Michael P.	Cheshire, Fifoot und Furmston's Law of Contract, 12. Aufl., London 1991 Zit. Cheshire, Fifoot und Furmston's Law of Contract, 12. Aufl.
Chiotellis, Aristide	Rechtsfolgenbestimmung bei Geschäftsgrundlagenstörungen in Schuldverträgen, München 1981
Ciepła, Helena / Czech, Bogdan / Dąbrowski, Stanisław u.a.	Kodeks cywilny, Praktyczny komentarz z orzecznictwem [Zivilgesetzbuch, Praxiskommentar mit Rechtsprechung], Warszawa 2005 Zit. *Ciepła/Czech /Dąbrowski*
Clarke, Malcolm	Doubts from the Dark Side – the Case against Codes, J.B.L. 2001, S. 605ff.
Coen, Christoph	Vertragsscheitern und Rückabwicklung, Eine vergleichende Untersuchung zum englischen und deutschen Recht, zum UN-Kaufrecht sowie zu den Unidroit und den Principles of European Contract Law, Berlin 2003 Zit. *Coen*, Vertragsscheitern und Rückabwicklung
Cohen, Max	Die Windscheidsche Voraussetzung infolge des Krieges „rediviva“!, AcP 116 (1998), S. 109ff.
Coing, Helmut	Europäisierung der Rechtswissenschaft, NJW 1990, S. 937ff.
Conrads, Markus	Verjährung im englischen Recht, Münster 1996
Cornish, William R./ De N. Clark, Geoffrey	Law and Society in England 1750–1950, London 1989

Czachórski, Witold Zobowiązania. Zarys wykładu. [Schuldrecht. Grundlehrbuch], Warszawa 2002
Zit. *Czachórski,* Zobowiązania

Czerwenka, Beate Rechtsanwendungsprobleme im internationalen Kaufrecht, Berlin 1998

Däubler-Gmelin, Herta Die Entscheidung für die so genannte Große Lösung bei der Schuldrechtsreform, Zum Entwurf eines Gesetzes zur Modernisierung des Schuldrechts, NJW 2001, S. 2281ff.

Daun, Johannes Grundzüge des UN-Kaufrechts, JuS 1997, S. 811ff. und 998ff.

Dauner-Lieb, Barbara Die geplante Schuldrechtsmodernisierung – Durchbruch oder Schnellbruch?, JZ 2001, S. 8ff.

–. Auf dem Weg zu einem europäischen Schuldrecht?, NJW 2004, S. 1431ff.

–. Vers un droit européen des obligations, R.I.D.C. 2004, S. 559ff.

Dauner-Lieb, Barbara/ Dötsch, Wolfgang Prozessuale Fragen rund um § 313 BGB, NJW 2003, S. 921ff.

Dauner-Lieb, Barbara/ Heidel, Thomas/ Lepa, Manfred/ Ring, Gerhard Anwaltskommentar Schuldrecht, Erläuterungen der Neuregelungen zum Verjährungsrecht, Schadenersatzrecht und Mietrecht, Bonn 2002
Zit. Anwaltskommentar

–. Das neue Schuldrecht, Ein Lehrbuch, Heidelberg 2002

Dawson, John/ Cooper, Frank The Effect of Inflation on Private Contracts: United States, 1861–1879, Mich.L.R. 1935, S. 852ff.

Deckert, Martina Der Vertrag im internationalen Handelsverkehr – Ein Überblick, Jura 1997, S. 288ff.

Denning, Alfred The Discipline of Law, London 1979

DiMatteo, Larry A. The History of Natural Law Theory: Transforming Embedded Influences Into a Fuller Understanding of Modern Contract Law, U.Pitt.L.Rev. 1999, S. 839ff.

–. Equity's Modification of Contract: an Analysis of the Twentieth Century's Equitable Reformation of Contract Law, New Eng. L. Rev. 1999, S. 265ff.

–. Contract Talk: Reviewing the Historical and Practical Significance of the Principles of European Contract Law Harv. Int'l L.J. 2002, S. 569ff.

Dobson, Paul — Sale of Goods and Cosumer Credit, 5. Aufl., London 1996

Doralt, Peter (Hrsg.) — Das UNCITRAL-Kaufrecht im Vergleich zum österreichischen Recht, Wien 1985

Drozd, E. — Glosa do postanowienia SN z dnia 26 listopada 1992 r. [Glosse zur Entscheidung des OG vom 26. November 1992], OSP 1993/11/215

Ehmann, Horst/ Sutschet, Holger — Modernisiertes Schuldrecht, Lehrbuch der Grundsätze des neuen Rechts und seiner Besonderheiten, München 2002
Zit. *Ehmann/Sutschet*, Modernisiertes Schuldrecht

Eidenmüller, Horst — Der Spinnerei-Fall: Die Lehre von der Geschäftsgrundlage, Jura 2001, S. 824ff.

Eisenberg, Melvin A. — The Limits of Cognition and the Limits of Contract, Stan.L.Rev. 1995, S. 211ff.

Elliot, Catherine/ Quinn, Frances — English Legal System, 3. Aufl., Harlow 2000

Emmerich, Volker — Annahme zum BGH-Urteil vom 8. Februar 1978, JuS 1978, S. 487

–. — Das Recht der Leistungsstörungen, 5. Aufl., München 2003

Engel, Arno Johannes — Ein Europäisches Zivilrechtsgesetzbuch? – Zukunftsperspektiven aus dem Blickwinkel der Gemeinschaftskompetenz, ZfRV 1999, S. 121ff.

— — Erman, Bürgerliches Gesetzbuch, 11. Aufl., Köln 2004
Zit. Erman, 11. Aufl.

Ernst Wolfgang/ Zimmermann Reinhard — Zivilrechtswissenschaft und Schuldrechtsreform, zum Diskussionsentwurf eines Schuldrechtsmodernisierungsgesetzes des BMJ, Tübingen 2001
Zit. *Ernst/Zimmermann*, Zivilrechtswissenschaft und Schuldrechtsreform

Fikentscher, Wolfgang — Die Geschäftsgrundlage als Frage des Vertragsrisikos: dargestellt unter besonderer Berücksichtigung des Baurechtes, München 1971

Fischer, Michael — Der Ausschluss der Leistungspflicht im Falle der Unmöglichkeit im Entwurf des Schuldrechtsmodernisierungsgesetzes (§ 275 BGB RegE), BB 2001, S. 1923ff.

Flambouras, Dionysios The Doctrines of Impossibility of Performance and Clausula Rebus sic Stantibus in the 1980 Convention on Contracts for the International Sale of Goods and the Principles of European Contract Law – a Comparative Analysis, Pace Int'l L. Rev. 2001, S. 261ff.

Flume, Werner Allgemeiner Teil des Bürgerlichen Rechts, 3. Aufl., Berlin 1979

Frick, Joachim G. Die UNIDROIT-Prinzipien für internationale Handelsverträge, RIW 2001, S. 416ff.

Fried, Charles Contract as Promise, a Theory of Contractual Obligation, Cambridge 1981

Gandolfi, Giuseppe Pour un code européen des contrats, Revue trimestrielle des droit civil 1992, S. 707ff.

–. Code Européen des Contrats, Avant-projet, Livre Premier, Milano 2004

Garro, Alejandro M. The Contribution of the UNIDROIT Principles to the Advancement of International Commercial Arbitration, Tulane JICL 1994, S. 93ff.

Gasteyger, Curt Das Recht in Osteuropa – Unterschiede und Gemeinsamkeiten seiner Entwicklung, ROW 1959, S. 150ff.

Gawlik, Zdzisław W sprawie klauzuli rebus sic stantibus w kodeksie cywilnym [In Sachen der rebus sic stantibus Klausel im Zivilgesetzbuch], PiP 1990, Heft 3, S. 77ff.

–. Nadzwyczajna zmiana stosunków jako przesłanka modyfikacji lub rozwiązania umowy [Die außergewöhnliche Verhältnisänderung als Voraussetzung für Anpassung oder Aufhebung des Vertrages], MP 1995, Heft 3, S. 65ff.

–. Gospodarcza niemożliwość świadczenia [Die wirtschaftliche Leistungsunmöglichkeit], Rzeszowskie Zeszyty Naukowe „Prawo-Ekonomia", Heft XIX, 1996, S. 3ff.

Gergen, Mark P. A Defense of Judicial Reconstruction of Contracts, Ind.L.J. 1995, S. 45ff.

Van Gerven, Walter Codifying European Private Law? Yes, If, E.L.Rev. 2002, S. 156ff.

Gieg, Georg Clausula rebus sic stantibus und Geschäftsgrundlage, Ein Beitrag zur Dogmengeschichte, Aachen 1994

Gilmore, Grant The Death of Contract, Columbus 1974

Glatz, Walburga Die Novellierung des polnischen Zivilgesetzbuches, ROW 1993, S. 44ff.

dies. Die Entwicklung des polnischen Zivilrechts, Darstellung und Bewertung unter dem Aspekt wirtschaftlichen Wandels, Berlin 2000
Zit. *Glatz,* Die Entwicklung des polnischen Zivilrechts

Gniewek, Edward (Hrsg.) Kodeks cywilny, Komentarz, Tom I [Zivilgesetzbuch, Kommentar, Band I], Warszawa 2004
Zit. *Gniewek,* Band I

von Godin, Reinhard/ Ratz, Paul Kommentar zum Handelsgesetzbuch, Dritter Band, Berlin 1963

Gopalan, Sandeep New Trends in the Making of International Commercial Law, J.L.&Com. 2004, S. 117ff.

Gordley, James The Philosophical Origins of Modern Contract Doctrine, Oxford 1991

–. Common law und civil law: eine überholte Unterscheidung, ZeuP 1993, S. 498ff.

–. Impossibility and Changed and Unforeseen Circumstances, Am.J.Comp.L. 2004, S. 513ff.

Görk, Stefan Deutsche Einheit und Wegfall der Geschäftsgrundlage, München 1995

Górnicki, Leonard Prawo cywilne w pracach Komisji Kodyfikacyjnej Rzeczypospolitej Polskiej w latach 1919–1939 [Zivilrecht in der Arbeit der Kodifikationskommission der Republik Polen], Wrocław 2000
Zit. *Górnicki,* Prawo cywilne w pracach Komisji

Graf von Bernstorff, Christoph Einführung in das englische Recht, 2.Aufl., München 2000

Grün, Beate Der Wegfall der Geschäftsgrundlage bei DDR-Wirtschaftsverträgen nach der Wende, JZ 1994, S. 763ff.

Grundmann, Stefan Binnenmarktkollisionsrecht – vom klassischen IPR zur Integrationsordnung, RabelsZ 2000, S. 457ff.

Guest, Anthony G. Benjamin's Sale of Goods, 4. Aufl., London 1992

Haarmann, Wilhelm Wegfall der Geschäftsgrundlage bei Dauerrechtsverhältnissen, Berlin 1979

– Halsbury's Law of England, 4 Neuaufl., Band 9(1), 28, London 1998

– Halsbury's Statutes of England and Wales, Band 11, 39, 4. Aufl., London 2000

Hahn, Anne-Catherine The Harmonisation of European Private Law Systems and the Role of Comparative Law, Int'l J. Legal Info., S. 265ff.

Hammer, Gottfried Frustration of contract, Unmöglichkeit und Wegfall der Geschäftsgrundlage: ein Vergleich der Lösungsansätze englischer und deutscher Rechtsprechung, Berlin 2001

– Handkommentar zum BGB, 3. Aufl., Baden-Baden 2003

Harmathy, Attila (Hrsg.) Binding Force of Contract, Budapest 1991

Hay, Peter Geschäftsgrundlage im anglo-amerikanischen Recht, AcP 164 (1964), S. 231ff.

Hayek, Friedrich Constitution of Liberty, Chicago 1960

–. Law, Legislation and Liberty, Chicago 1973

Hellwege, Phillip Die Rückabwicklung gegenseitiger Verträge als einheitliches Problem. Deutsches, englisches und schottisches Recht in historisch-vergleichender Perspektive, 2004 Tübingen
Zit. *Hellwege*, Die Rückabwicklung gegenseitiger Verträge

Helm, Andreas Die Einordnung wirtschaftlicher Leistungserschwerungen in das Leistungsstörungsrecht nach der Schuldrechtsreform, Frankfurt am Main 2005

Henssler, Martin Risiko als Vertragsgegenstand, Tübingen 1994

Henssler, Martin/ Graf von Westphalen, Friedrich Praxis der Schuldrechtsreform, Köln 2002

Heutiger, Viola Das Privatrecht im Prozess der Europäischen Integration, EJCL 2003, Vol. 7.3, Pkt. 6, Website: http://www.ejcl.org

Honsell, Heinrich (Hrsg.) Kommentar zum UN-Kaufrecht, Heidelberg 1997

Horwitz, Morton The Modern Foundations of Modern Contract Law, Harvard L.R. 1974, S. 917ff.

Horn, Norbert Neuverhandlungspflicht, AcP 1981, S. 255ff.

–. Adaptation and renegotiation of contracts in international trade and finance, Deventer 1985

Huber, Ulrich Verpflichtungszweck, Vertragsinhalt und Geschäftsgrundlage, JuS 1972, S. 57 ff.

Hudson, A.H. Prorating in the English Law of Frustrated Contracts, MLR 1968, S. 535ff.

Hurst, Thomas R. Freedom of contract in an Unstable Economy, Judicial Reallocation of Contractual Risks under UCC Section 2–615, N.C.L.Rev. 1976, S. 545ff.

Internationales Institut für die Vereinheitlichung des Privatrechts (UNIDROIT) (Hrsg.) UNIDROIT Grundregeln der Internationalen Handelsverträge, Rom 1994

– Jauernig, Kommentar zum BGB, 11. Aufl., München 2004
Zit. Jauering, 11. Aufl.

Joerges, Christian The Challenges of Europeanization in the Realm of Private Law: A Plea for a New Legal Discipline, Duke J. Comp. & Int'l L., S. 149ff.

Joskow, Paul L. Commercial Impossibility, the Uranium Market and the Westinghouse Case, J. Legal Stud. 1977, Band 6, S. 119ff.

Karollus, Martin UN-Kaufrecht, Eine systematische Darstellung für Studium und Praxis, Wein 1991
Zit. *Karollus*, UN-Kaufrecht

Kegel, Gerhard Rohstoff- und Rüstungskredite, Rechtsfragen ihrer Abwicklung, JZ 1951, S. 385ff.

–. Geschäftsgrundlage, Gutachten für den 40. DJT, Verhandlungen des 40. DJT, Bd. I, 1953, S. 135ff.

Kegel, Gerhard/ Rupp, Hans/ Zweigert, Konrad Die Einwirkung des Krieges auf Verträge in der Rechtsprechung Deutschlands, Frankreichs, Englands und der Vereinigten Staaten von Amerika, Berlin 1941
Zit. *Kegel/Rupp/Zweigert*, Die Einwirkung des Krieges auf Verträge

Kenny, Mel The 2003 action plan on European contract law: is the Commission running wild?, E.L.Rev. 2003, S. 538ff.

–. Globalization, Interlegality und Europeanized Contract Law, Penn St. Int'l L. Rev. 2003, S. 569ff.

Kirchner, Christian A „European Civil Code": Potential, Conceptual, and Methodological Implications, U.C. Davis L.Rev. 1998, S. 671ff.

Kohte, Wolfhard/ Micklitz, Hans/ Rott, Peter / Tonner, Klaus/ Willingmann, Armin — Das neue Schuldrecht-Kompaktkommentar, München 2003

Köbler, Ralf — Die „clausula rebus sic stantibus" als allgemeiner Rechtsgrundsatz, Tübingen 1991
Zit. *Köbler*, Die „clausula rebus sic stantibus"

Köbler, Gerhard/ Pohl, Heidrun — Deutsch-Deutsches Rechtswörterbuch, München 1991

Koch, Harald — Private International Law: A „Soft" Alternative to the Harmonisation of Private Law?, ERPL 1995, S. 329ff.

Koch, Harald/ Magnus, Ulrich/ Winkler von Mohrenfels, Peter — IPR und Rechtsvergleichung, Ein Studien- und Übungsbuch zum Internationalen Privat- und Zivilverfahrensrecht und zur Rechtsvergleichung, 3. Aufl., München 2004

Köhler, Helmut — Unmöglichkeit und Geschäftsgrundlage bei Zweckstörungen im Schuldverhältnis, München 1971
Zit. *Köhler*, Unmöglichkeit und Geschäftsgrundlage

Koller, Ingo — Die Risikozurechnung bei Vertragsstörungen in Austauschverträgen, München 1979

–. — Die Bedeutung des Haftungsmaßstabs für die Zurechnung des Leistungserschwerungsrisikos, NJW 1996, S.300ff.

Koopmans, Thijmen — The Birth of European Law at the Crossroads of Legal Traditions, Am.J.Comp.L. 1991, S. 493ff.

Korbkin, Russell B./ Ulen, Thomas S. — Law and Science: Removing the Rationality Assumption from Law and Economics, Cal. L. Rev. 2002, S. 1051ff.

Kordasiewicz, Bogusław — Glosa do wyroku S.Woj. w Szczecinie z 27.04.1984 r., I Cr 206/84 [Glosse zum Urteil des Woiwodschaftsgerichts in Stettin vom 27.04.1984, I Cr 206/84], PiP 1985, Heft 4, S. 148ff.

Kötz, Hein — Rechtsvereinheitlichung – Nutzen, Kosten, Methoden, Ziele, RabelsZ 50 (1986), S. 1ff.

–. — The Value of Mixed Legal Systems, Tul.L.Rev. 2003, S. 435ff.

–. — Was erwartet die Rechtsvergleichung von der Rechtsgeschichte, JZ 1992, S. 20ff.

Kotzur, Wolfgang Termination of Contracts – Frustrated Parties, J.I.B.L. 1998, S. 345ff.

Krebs, Peter Die große Schuldrechtsreform, DB 2000, Beilage Nr.14, S. 27–28

Kröll, Stefan Ergänzung und Anpassung von Verträgen durch Schiedsgerichte, Köln 1998

Kronke, Herbert Brauchen wir ein europäisches Zivilgesetzbuch?, Rechtspolitisches Forum Nr. 11, Institut für Rechtspolitik an der Universität Trier; abrufbar unter: http://www.irp.uni-trier.de/11_kronke.pdf

Krückmann, Paul Clausula rebus sic stantibus, Kriegsklausel, Streikklausel, AcP 116 (1918), S. 157ff.

–. Kalkulationsirrtum und ursprüngliche Sinn-, Zweck- und Gegenstandslosigkeit, AcP 128 (1928), S. 157ff.

–. Die Voraussetzung als virtueller Vorbehalt, AcP 131 (1929), S. 257ff.

Krüger, Heiko Rechtseinheit von unten? Restatements of the Law als Alternativen internationaler und europäischer Rechtsvereinheitlichung, Baden-Baden 2005

Lammich, Siegfried Einige rechtliche Probleme der Wirtschaftsplanung in Polen, ROW 1971, S. 156ff.

Lando, Ole Principles of European Contract Law: An Alternative to or a Precursor of European Legislation? Am.J.Comp.L. 1992, S. 573ff.

–. Is codification needed in Europe? Principles of European Contract Law and the relation to Dutch law, ERPL 1993, S. 157ff.

–. Guest Editorial: European Contract Law after the Year 2000, CML Rev. 1998, S. 821ff.

–. Salient Features of the Principles of European Contract Law: a Comparison with the UCC, Pace Int'l L.Rev. 2001, S. 339ff.

Larenz, Karl Geschäftsgrundlage und Vertragserfüllung, München 1963

Laufs, Adolf Rechtsentwicklung in Deutschland, Berlin 1984

Legrand, Pierre European Legal Systems are not Converging, I. C. L.Q. 1996, S. 52ff.

–. The Impossibility of 'Legal Transplant', MJ 1997, S. 111f.

–. Against a European Civil Code, MLR 1997, S. 44ff.

Lehmann, Heinrich	Missbrauch der Geschäftsgrundlage, JZ 1952, S. 10ff.
Lembke, Gerd	Vorhersehbarkeit und GG. Eine Untersuchung über die Bedeutung der Vorhersehbarkeit und der Erkennbarkeit für den Rechtsbehelf des Fehlens oder Wegfall der GG, Köln 1991 Zit. *Lembke*, Vorhersehbarkeit und GG
Lenel, Otto	Die Lehre von der Voraussetzung (im Hinblick auf den Entwurf eines bürgerlichen Gesetzbuchs), AcP 74 (1889), S. 213ff.
Lewaszkiewicz-Petrykowska, Biruta	Niemożliwość świadczenia następcza [Die Leistungsunmöglichkeit], „Studia Prawno-Ekonomiczne" 1970, Heft 4, S. 75ff.
Lewis, Xavier	A Common Law Fortress under Attack: is English Law Being Europeanized?, Colum. J.Eur.L. 1996, S. 1ff.
Liebscher, Marc/ Zoll, Fryderyk	Einführung in das polnische Recht, München 2005
Littbarski, Sigurd	Neuere Tendenzen zum Anwendungsbereich der Lehre von der Geschäftsgrundlage, JZ 1981, S. 8ff.
Locher, Eugen	Geschäftsgrundlage und Geschäftszweck, AcP 121 (1923), S. 1ff.
Longtemps de Berier, Roman	Polskie prawo cywilne. Zobowiązania [Das polnische Zivilrecht. Schuldrecht], Lwów 1939, Reprint Poznań 1994
López-Rodríguez, Ana M.	Towards a European Civil Code without a Common European Legal Culture? The Link between Law, Language and Culture, Brook. J. Int'l L. 2004, S. 1195ff.
Löwisch, Manfred	Arbeitskampf und Vertragserfüllung, AcP 174 (1974), S. 231ff.
Lurger, Brigitta	Grundfragen der Vereinheitlichung des Vertragsrechts in der Europäischen Union, Wien 2002 Zit. *Lurger*, Grundfragen der Vereinheitlichung
Łętowska, Ewa	Glosa do uchwały SN z dnia 26 października 1984r. [Glosse zur Entscheidung des OG vom 26. Oktober 1984], NP 1985, Heft 7–8, S. 122ff.
dies.	Die Zielsetzung bei der Novellierung des polnischen Zivilgesetzbuches, JOR XXVIII (1987), S. 315ff.

Łopatka, Adam — Le droit civil dans le système du droit socialiste, in : Problèmes du droit civil contemporain en Pologne, Wrocław 1986, S. 21ff.

Maciejowski, Tadeusz — Historia ustroju i prawa sądowego Polski [Die Geschichte der polnischen Staatsformen und des polnischen Gerichtsrechts], Warszawa 2003

Magnus, Ulrich — Wesentliche Fragen des UN-Kaufrechts, ZeuP 1999, S. 642ff.

Magnus, Ulrich/ Mankowski, Peter — The Green Paper on a Future Rome I Regulation – on the Road to a Renewed European Private International Law of Contracts, ZvglRWiss 2004, S. 131ff.

Mahoney, Paul G. — The Common Law and Economic Growth: Hayek might be Right, J. Legal Stud. 2001, S. 503ff.

Manchester, A.H. — A Modern Legal History of England and Wales 1750–1950, London 1980

Mańko, Rafał — Przesłanki zastosowania klauzuli rebus sic stantibus w polskim prawie cywilnym [Die Voraussetzungen für die Anwendung der rebus sic stantibus Klausel im polnischen Zivilrecht], Przeg. Praw. UW, 2002/1, S. 85ff.

Martinek, Michael — Die Lehre von den Neuverhandlungspflichten, AcP 1998, S. 329ff.

Maskow, Dieter — Auswirkungen des Übergangs zur Marktwirtschaft auf Wirtschaftsverträge (Wegfall der Geschäftsgrundlage), Wirtschaftsrecht 1991, S. 141ff.

Mattheus, Daniela — Schuldrechtsmodernisierung 2001/2002 – Die Neuordnung des allgemeinen Leistungsstörungsrechts, JuS 2002, S. 209ff.

McElroy R. G./ Williams, Glanville — The Coronation Cases – Teil I und II, M.L.R. 1941, Band 4, S. 241ff. und Band 5, S. 1ff.

McGregor, Harvey — Contract Code drawn up on behalf of the English Law Commission, Milano 1993

McKendrick, Ewan (Hrsg.) — Force Majeure and Frustration of Contract, 2. Aufl., London 1995

–. — English Contract Law: a Rich Past, an Uncertain Future?, CLP 1997, S. 25ff.

McKendrick, Ewan/ Parker, Matthew — Drafting force majeure Clauses: Some Practical Considerations, I.C.C.L.R. 2000, S. 132ff.

McNair, Arnold D./ Watts, Arthur D. — The Legal Effects of War, 4. Aufl., Cambridge 1966

Medicus, Dieter „Geld muss man haben“, Unvermögen und Schuldnerverzug bei Geldmangel, AcP 188 (1988), S. 399ff.

–. Bürgerliches Recht- eine nach Anspruchsgrundlagen geordnete Darstellung zur Examenvorbereitung, Köln 2002

–. Die Leistungsstörungen im neuen Schuldrecht, NJW 2003, S. 521ff.

Menne, Martin Grundzüge des internationalen Vertragsrechts – eine Einführung aus anwaltlicher Sicht, JuS 1998, S. 711ff.

Meyer, Justus BB-Europareport: Auf dem Weg zu einem Europäischen Zivilgesetzbuch, Der Aktionsplan der EG-Kommission für ein kohärentes europäisches Vertragsrecht, BB 2004, S. 1285ff.

Möllers, Thomas M.J. The Role of Law in European Integration, Am.J.Comp.L. 2000, S. 679ff.

– Motive zu dem Entwurfe eines BGB für das Deutsche Reich, Berlin 1896

Motsch, Richard Risikoverteilung im allgemeinen Leistungsstörungsrecht, JZ 2001, S. 428ff.

Mróz, Teresa O wykonywaniu świadczeń pieniężnych w warunkach zmiany okoliczności [Über die Geldleistungserbringung unter veränderten Umständen], Palestra 2000, Heft 2–3, S.7ff.

Müller-Graff, Peter-Christian Europäisches Gemeinschaftsrecht und Privatrecht, NJW 1993, S. 13ff.

– Münchener Kommentar zum Bürgerlichen Gesetzbuch, 4. Aufl., München 2001
Zit. Münchener Kommentar, 4. Aufl.

Muñiz-Argüelles, Luis A Theory on the Will Theory: Freedom of Contract in a Historical and Comparative Perspective, Revista Juridica de la Universidad de Puerto Rico 1983, S. 249ff.

Nauen, Bernd Leistungserschwerung und Zweckverteilung im Schuldverhältnis, Berlin 2002

Nesterowicz, Mirosław Glosa do uchwały SN z dnia 26 listopada 1991 r. [Glosse zur Entscheidung des OG vom 26. November 1991], PS 1993/7–8, S. 81

Nicklisch, Fritz Ergänzende Vertragsauslegung und Geschäftsgrundlagenlehre – ein einheitliches Rechtsinstitut zur Lückenausfüllung?, BB 1980, S. 949 ff.

Nieśpiał, M. Glosa do wyroku sądu apelacyjnego z dnia 15 lutego 1994 r., I ACr 21/94 [Glosse zum Urteil des Appellationsgerichts vom 15. Februar 1994, I Acr 21/94], OSA 1996, Heft 3, S. 59

Niezbecka, Elżbieta Wpływ nadzwyczajnej zmiany stosunków na uprawnienia z zakresu prawa spadkowego [Die Auswirkung der außergewöhnlichen Veränderung der Umstände auf die erbrechtlichen Verhältnisse], Rejent 1992, Heft 1, S. 39ff.

North, Peter M. Problems of Codification in Common Law System, RabelsZ 1982, S. 490ff.

Oertmann, Paul Die Geschäftsgrundlage: ein neuer Rechtsbegriff, Leipzig 1921
Zit. *Oertmann*, Die Geschäftsgrundlage

Ogus, Anthony The Economic Basis of Legal Culture: Networks and Monopolization, Oxford J. Legal Stud. 2002, S. 419ff.

Örücü, Esin Critical Comparative Law: Considering Paradoxes for Legal Systems in Transition, EJCL 2000, Vol. 4, http://www.ejcl.org/41/art41-1.html

Ostrowski, Lucjan Klauzula rebus sic stantibus w świetle procedury cywilnej [Die rebus sic stantibus Klausel im Lichte des Zivilprozessrechts], Palestra 1998, Heft 7–8, S. 70 ff.

O'Ware, John/ Browne, Kevin Civil Litigation, 10. Aufl., London 2001

\- Palandt, Kommentar zum Bürgerlichen Gesetzbuch, 65. Aufl., München 2006
Zit. Palandt, 65. Aufl.

Patti, Salvatore Kritische Anmerkungen zum Entwurf eines europäischen Vertragsgesetzbuchs, ZeuP 2004, S. 118ff.

Peer, Maria G. Die Rechtsfolgen von Störungen der Geschäftsgrundlage, Das neue Schuldrecht, Jb.J. ZivRWiss. 2001, S. 61ff.

Pełczyński, Piotr Klauzula rebus sic stantibus – kilka uwag de lege ferenda [Die rebus sic stantibus Klausel – Bemerkungen de lege ferenda], Rzeszowskie Zeszyty

Naukowe „Prawo-Ekonomia“, Heft XIX, 1996, S. 23ff.

Perillo, Joseph M. Force majeure und hardship under the Unidroit Principles of international commercial contracts, Tulane JICL 1997, S. 5ff.

Pfeiffer, Thomas Auf dem Weg zu einem Europäischen Vertragsrecht, EWS 2004, S. 98ff.

Phang, Andrew Frustration in English Law – a Reappraisal, AALR 1992, S. 278ff.

Picker, Eduard Schuldrechtsreform und Privatautonomie, Zur Neuregelung der Schuldnerpflichten bei zufallsbedingter Leistungsstörung nach § 275 Abs. 2 und § 313 BGB, JZ 2003, S. 1035ff.

Pietrzykowski, Krzysztof (Hrsg.) Kodeks cywilny, Komentarz [Zivilgesetzbuch. Kommentar], 2. Aufl. Warszawa 1997
Zit. *Pietrzykowski*, 2. Aufl.

–. Kodeks cywilny, Komentarz [Zivilgesetzbuch, Kommentar], 3 Aufl., Warszawa 2004
Zit. *Pietrzykowski*, 3. Aufl.

–. Kodeks cywilny, Komentarz [Zivilgesetzbuch, Kommentar], 4. Aufl., Warszawa 2005
Zit. *Pietrzykowski*, 4. Aufl.

– Polnische Gesetze und Verordnungen in deutscher Übersetzung, Gesetzbuch der Schuldverhältnisse, Nr. 28, 1933, S. 909ff.

Poczobut, Jerzy Zur Reform des polnischen Zivilrechts (mit einigen rechtsvergleichenden Bemerkungen), ZeuP 1999, S. 75ff.

– Polnische Gesetze und Verordnungen in deutscher Übersetzung 1933, Nr. 28

– Polnische Wirtschaftsgesetze, Aktuelle Gesetztexte in deutscher Übersetzung, 6. Aufl., Warszawa 2004

Posner, Richard A./ Rosenfield, Andrew M. Impossibility and Related Doctrines in Contract Law: An Economic Analysis, J. Legal Stud. 1977, Band 6, S. 83ff.

Prado, Maurício C.A. La theorie du hardship dans les principes de l'unidroit relatifs aux contracts du commerce international, Une approche comparative des principes et les solutions adoptées par le droit français et par le droit américain, Diritto del commercio internazionale 1997, S. 323ff.

Preusner-Zamorska, Janina/ Pisuliński, Jerzy — Die clausula rebus sic stantibus als Instrument der Milderung negativer Folgen der Marktdestabilität auf Grund der Obligationsverhältnisse. Bemerkung de lege ferenda, Arch Iur Cracov 1990, Heft XXIII, S. 62ff.

– Protokolle zu dem Entwurfe des BGB, Berlin 1898

Przybyłowski, Kazimierz — Der Einfluss veränderter Umstände auf die Schuldverhältnisse in der polnischen Rechtsprechung und Literatur, ZOR, 1929, Heft 2, 169ff.

Rabello, Alfredo M. (Hrsg.) — Aequitas and Equity: Equity in Civil Law and Mixed Jurisdiction; papers presented at the second Conference on Aequitas and Equity, Jerusalem 1997

Radwan, Arkadiusz — Student-Eurostudent-Global Student, czyli o internacjonalizacji edukacji prawniczej [Student-Eurostudent-Globalstudent, über die Internationalisierung der juristischen Ausbildung], Edukacja Prawnicza 2004, Nr. 7, S. 1ff.

Radwański, Zbigniew — Kierunki reformy prawa cywilnego [Richtung der Reform des Zivilrechts], PiP 1987, Nr. 4, S. 3ff.

–. Les orientations de la reforme du droit civil polonais, Droit Polonais Contemporain, Nr. 1–4 (73/76), 1987, S. 27ff.

–. Zobowiązania – część ogólna [Schuldrecht – Allgemeiner Teil], 2. Aufl., Warszawa 1998

Rajski, Jerzy — Kierunki rozwoju europejskiego prawa kontraktów [Entwicklung des europäischen Vertragsrechts], KPP 2002, Nr. 1, S. 211ff.

Rauh, Theo — Leistungserschwerungen im Schuldrecht: eine rechtsvergleichende Untersuchung des englischen, US-amerikanischen, französischen und deutschen Rechts unter besonderer Berücksichtigung der gerichtlichen Praxis, Frankfurt am Main 1992
Zit. *Rauh,* Leistungserschwerungen im Schuldrecht

–. Legal Consequences of Force Majeure under German, Swiss, English and United States' Law, Denv.J.Int'l & Pol'y 1996, S. 151ff.

Reid, Kenneth G.C. — The Idea of Mixed Legal Systems, Tul.L.Rev. 2003, S. 5ff.

Remien, Oliver Denationalisierung des Privatrechts in der Europäischen Union? – Legislative und gerichtliche Wege, ZfRV 1995, S. 116ff.

Rimke, Joern Force majeure and hardship: Application in international trade practice with specific regard to the CISG and the UNIDROIT Principles of International Commercial Contracts, Pace Review of the Convention on Contracts for the International Sale of Goods 1999–2000, S. 197ff.

Robaczyński, Wojciech Z problematyki gospodarczej niemożliwości świadczenia [Aus der Problematik der wirtschaftlichen Unmöglichkeit], KPP 1993, Heft 2, S. 140ff.

–. Sądowa zmiana umów [Gerichtliche Anpassung der Verträge], Warszawa 1998

Rose Francis D. (Hrsg.) Consensus ad idem, Essays in the Law of Contract in Honour of Guenter Treitel, London 1996

Rösler, Hannes Grundfälle zur Störung der Geschäftsgrundlage, JuS 2004, S. 1058ff.

Rubin, Paul H. Micro and Macro Legal Efficiency: Supply and Demand, Sup. Ct. Econ. Rev. 2005, S. 19ff.

Sacco, Rodolfo Einführung in die Rechtsvergleichung, Baden-Baden 2001, übersetzt von *J. Joussen*

Schimmel, Roland/ Buhlmann, Dirk Frankfurter Handbuch zum neuen Schuldrecht, Frankfurt am Main 2002

Schlechtriem, Peter (Hrsg.) Einheitliches Kaufrecht und nationales Obligationenrecht, Baden-Baden 1987

Schlegel, John H. Of Nuts, and Ships, and Sealing Wax, Suez, and Frustrating Things – the Doctrine of Impossibility of Performance, Rutgers L.R. 1969, S. 419ff.

Schlesinger, Rudolf B. The Past and Future of Comparative Law, Am.J.Comp.L. 1995, S. 477ff.

Schmid, Christoph Legitimacy Conditions for a European Civil Code, RSC No. 2001/14, NYU School of Law, Jean Monnet Center, abrufbar unter http://jeanmonnetprogram.org.

Schmidt-Kessel, Martin Implied Term – auf der Suche nach dem Funktionsäquivalent, ZvglRWiss 1997, S. 101ff.

–. Standards vertraglicher Haftung nach englischem Recht. Limits of Frustration, Baden-Baden 2003
Zit. *Schmidt-Kessel*, Standards vertraglicher Haftung

Schmidt-Kessel, Martin/ Baldus, Christian Prozessuale Behandlung des Wegfalls der Geschäftsgrundlage nach neuem Recht, NJW 2002, S. 2076ff.

Schmidt-Räntsch, Jürgen/Maifeld Jan/ Meier-Göring Anne/ Röcken Matthias Das neue Schuldrecht, Einführung – Texte – Materialien, Köln 2002

Schön, Nikolaus Die Suez-Kanal-Sperre, Eine Darstellung der durch die seit Juni 1967 andauernde Anhaltung der Schiffe im Großen Bittersee entstandenen seerechtlichen und seeversicherungsrechtlichen Probleme, Dissertation, Hamburg 1972

Schulze, Reiner./ Schulze-Nölke Hans (Hrsg.) Die Schuldrechtsreform vor dem Hintergrund des Gemeinschaftsrechts, Tübingen 2001
Zit. *Schulze/Schulze-Nölke*, Die Schuldrechtsreform

Schulze, Reiner/ Zimmermann, Reinhard Basistexte zum Europäischen Privatrecht, Textsammlung, 2. Aufl., Baden-Baden 2002

Schwartz, Ivo E. Perspektiven der Angleichung des Privatrechts in der Europäischen Gemeinschaft, ZeuP 1994, S. 559ff.

Sessler, Anke Die Lehre von den Leistungserschwerungen, Heinrich Stolls Bedeutung für die Entwicklung des allgemeinen Schuldrechts, Berlin 1994

Sharma, K.M. From „Sanctity" to „Fairness": an Uneasy Transition in the Law of Contracts?, N.Y. L. SCH. INT'L & COMP.L. 1999, S. 95ff.

Sinclair, Anthony Using the UNIDROIT Principles of International Commercial Contracts in International Commercial Arbitration, Int. A.L.R. 2003, S. 65ff.

Skowrońska, E. Klauzula rebus sic stantibus. Sądowa waloryzacja świadczeń pieniężnych w orzecznictwie [Die rebus sic stantibus Klausel. Gerichtliche Aufwertung der Geldleistungen in der Rechtsprechung], „Przegląd Sądowy" 1994, Nr. 7–8, S.60ff.

Slater, Scott Overcome by Hardship: the Inapplicability of the UNIDROIT Principles' Hardship Provisions to CISG, Fla.J.Int'l L.1998, S. 231ff.

Smits, Jan A European Private Law as a Mixed Legal System, Towards a Ius Commune through the Free Movement of Legal Rules, MJ 1998, S. 328ff.

–. How to Take the Road Untravelled? European Private Law in the Making: A review Essay, MJ 1999, S. 26ff.

–. The Harmonisation of Private Law in Europe: Some Insights From Evolutionary Theory, Ga.J.Int'l & Comp.L. 2002, S. 79ff.

Smith, J.C. Contracts – mistake, frustration and implied terms, LQR 1994, S. 400ff.

Smith, Stephen A. Future Freedom and Freedom of the Contract, MLR 1996, S. 167

Smyk, Marcin Klauzula rebus sic stantibus a tzw. gospodarcza niemożliwość świadczenia [Die rebus sic stantibus Klausel und die sog. wirtschaftliche Unmöglichkeit], MP 2001, Heft 14, S. 735ff.

— Soergel, Kommentar zum BGB, 12. Aufl., Stuttgart 1990
Zit. Soergel, 12. Aufl.

Sonnenberger, Hans Jürgen Der Entwurf eines Europäischen Vertragsgesetzbuchs der Akademie Europäischer Privatrechtswissenschaftler – ein Meilenstein, RIW 2001, S. 409ff.

Speidel, Richard E. Court Imposed Price Adjustments under Long-Term Supply Contracts, Nw. U. L. Rev. 1981, S. 369ff.

–. On Change and the Law of Contracts: A Tribute to Joe Perillo, Fordham L.Rev. 2002, S. 973ff.

— Staudinger Kommentar zum BGB, II. Band, Schuldverhältnisse, Teil 1b, § 242, 11. Aufl. Berlin 1961
Zit. Staudinger, II. Band, Schuldverhältnisse, Teil 1b, § 242, 11. Aufl.

— Staudinger Kommentar zum BGB, Zweites Buch, Recht der Schuldverhältnisse, 13. Aufl., Berlin 1995
Zit. Staudinger, Zweites Buch, Recht der Schuldverhältnisse, 13. Aufl.

Stawarska-Rippel, Anna Kodeks zobowiązań w pierwszych latach Polski Ludowej [Das Obligationengesetzbuch in den ersten Jahren der Demokratischen Republik Polen], KPP 2004, Heft 3, S. 697ff.

Stelmachowski, Andrzej Zarys teorii prawa cywilnego [Grundriss der Zivilrechtstheorie], Warszawa 1998

Stoll, Hans Notizen zur Neuordnung des Rechts der Leistungsstörungen, JZ 2001, S. 589ff.

Stoll, Heinrich Die Lehre von den Leistungsstörungen, Tübingen 1936

Szumiński, Andrzej Ochrona prawna strony umowy dotkniętej skutkami zmiany okoliczności [Rechtsschutz der von einer Umstandsänderung betroffenen Vertragspartei], PIP Nr.7–8/1994, S. 59ff.

–. Renegocjacja umów w międzynarodowym obrocie gospodarczym, Studium prawnoporównawcze [Neuverhandlungen im internationalen Wirtschaftsverkehr. Rechtsvergleichendes Studium], Kraków 1994

Szpunar, Adam Glosa do uchwały SN z dnia 29 listopada 1994 r. [Glosse zur Entscheidung des OG vom 29. November 1994], PiP, 1995/7, S. 95

Teeven, Kevin M. A History of The Anglo-American Common Law of Contract, New York 1990

Teichmann, Arndt Strukturveränderungen im Recht der Leistungsstörungen nach dem Regierungsentwurf eines Schuldrechtsmodernisierungsgesetzes, BB 2001, S. 1485ff.

Tilmann, Winfried Zweiter Kodifikationsbeschluß des Europäischen Parlaments, ZeuP 1995, S. 534ff.

Todd, Paul Frustration of a contract of carriage, J.I.B.L 1989, S. 167ff.

Tollik, R. Nowe uregulowania klauzuli rebus sic stantibus oraz nominalizmu i waloryzacji świadczeń pieniężnych w KC (art. 357^1 i 358^1) [Neue Regelung der rebus sic stantibus Klausel, des Nominalismus und der Aufwertung der Geldleistungen im ZGB (Artt. 357^1 und 358^1)], PUG 1991, Nr. 6, S.1ff.

Trakman, Leon E. Frustrated Contracts and Legal Fictions, MLR 1983, S. 39ff.

–. Winner Take Some: Loss Sharing and Commercial Impracticability, Minn.L.Rev. 1985, S. 471ff.

Treitel, Guenter H. Unmöglichkeit, »Impracticability« und »Frustration« im anglo-amerikanischen Recht, Bade-Baden 1991
Zit. *Treitel*, Unmöglichkeit, »Impracticability« und »Frustration«

–. Frustration and Force Majeure, London 1994

–. The Law of Contract, 11. Aufl., London 2003

Triantis, George G. Contractual Allocations of Unknown Risks: a Critique of the Doctrine of commercial Impracticability, U.Toronto L.J. 1992, S. 450ff.

Tröger, Tobias Zum Systemdenken im europäischen Schuldvertragsrecht – Probleme der Rechtsangleichung durch Richtlinien am Beispiel der Verbrauchsgüterkauf-Richtlinie, ZeuP 2003, S. 525ff.

Tropaczyński, Andrzej Gospodarcza niemożliwość świadczenia [Wirtschaftliche Unmöglichkeit], PS 2004, S. 49ff.

Trzaskowski, R. Swoboda umów w orzecznictwie sądowym [Parteiautonomie in der Gerichtsrechtsprechung], PS 2002, Heft 3, S. 63ff.

Ulmer, Peter Wirtschaftslenkung und Vertragserfüllung, AcP 174 (1974), S. 167ff.

–. Vom deutschen zum europäischen Privatrecht?, JZ 1992, S. 1ff.

UNIDROIT International Institute for the Unification of Private Law (Hrsg.) UNIDROIT Principles of International Commercial Contracts 2004, Rome 2004 Zit. UNIDROIT 2004

Wasilikowski, Jan Metoda opracowania i założenia kodeksu cywilnego [Die Methode der Bearbeitung und Grundfassung des Zivilgesetzbuchs], PiP 1964, Heft 5–6, S. 737ff.

Watson, Alan Legal Transplants, Charlottesville 1974

Watt, Honoratia Muir Experiences from Europe: Legal Diversity and the Internal Market, Tex. Int'l L.J. 2004, S. 429ff.

Webber, George The Effect of War on Contracts, 2. Aufl., London 1946

Weiskop, Nicholas R. Frustration of Contractual Purpose – Doctrine or Myth?, St. John's Rev. 1996, S. 239ff.

Weiss, Gunther A. The Enchantment of Codification in the Common-Law World, Yale J. In'l L. 2000, S. 435ff.

Westen, Klaus Das Zivilgesetzbuch der DDR, ROW 1976, S. 1ff.

Wieling, Hans Entwicklung und Dogmatik der Lehre von der Geschäftsgrundlage, Jura 1985, S. 505ff.

Wieser, Eberhard Der Anspruch auf Vertragsanpassung wegen Störung der Geschäftsgrundlage, JZ 2004, S. 654ff.

Wilhelm, Jan Schuldrechtsreform 2001, JZ 2001, S. 861ff.

Willoweit, Dietmar Störungen sekundärer Vertragszwecke, JuS 1988, S. 833ff.

Windscheid, Bernhard Lehrbuch des Pandektenrechts, Franfurt am Main 1891

–. Die Voraussetzung, AcP 78 (1892), S. 193ff.

Wladis, John D. Common Law and Uncommon Events: The Development of the Doctrine of Impossibility of Performance in English Contract Law, Georgetown L.J. 1987, S. 1575ff.

Włodyka, Stanisław Kontrahierungszwang als Mittel der Wirtschaftslenkung im polnischen Recht, RabelsZ 1976, S. 84ff.

Wójcik, Sylvester Tendenzen in der Reform des polnischen ZGB, ZvglRWiss 1990, S. 113ff.

Wright, Aaron J. Rendered Impracticable: Behavioral Economics and the Impracticability Doctrine, Cordozo L. Rev. 2005, S. 2183ff.

Zagrobelny, Krzysztof Klauzula rebus sic stantibus w prawie cywilnym (Die rebus sic stantibus Klausel im Zivilrecht), NP Nr. 1/1984, S. 3ff.

Zeno-Zencovich, Vincenzo The „European Civil Code", European legal traditions and neo-positivism, ERPL 1998, S. 349ff.

Ziegler, Benno/ Rieder, Markus Vertragsgestaltung und Vertragsanpassung nach dem Schuldrechtsmodernisierungsgesetz, ZIP 2001 S. 1789

Zimmer, Daniel Das neue Recht der Leistungsstörungen, NJW 2002, S. 1ff.

Zimmermann, Reinhard Das römisch-kanonische ius commune als Grundlage europäischer Rechtseinheit, JZ 1992, S. 8ff.

–. Der europäische Charakter des englischen Rechts, Historische Verbindungen zwischen civil law und common law, ZeuP 1993, S. 4ff.

–. „Heard melodies are sweet, but those unheard are sweeter…", Conditio tacita, implied condition und die Fortbildung des europäischen Vertragsrechts, AcP 1993, S. 121ff.

–. Konturen eines Europäischen Vertragsrechts, JZ 1995, S. 477ff.

–. Die Principles of European Contract Law als Ausdruck und Gegenstand europäischer Rechtswissenschaft, Teil I und II, JURA 2005, S. 289ff. und S.441ff.

Żuławska, Czesława Uwagi o „europeizacji" prawa umów [Bemerkungen über die Europäisierung des Vertragsrechts], KPP 2001, Nr. 2, S. 229ff.

Zweigert Konrad/ Kötz Hein Einführung in die Rechtsvergleichung auf dem Gebiete des Privatrechts, Band II: Institutionen, 2. Aufl., Tübingen 1984
Zit. *Zweigert/Kötz*, Einführung in die Rechtsvergleichung, Band II

Żyznowski, T. Glosa do wyroku sądu apelacyjnego z dnia 30.10.1991 r., I Acr 398/91 [Glosse zum Urteil des Appellationsgerichts vom 30. Oktober 1991], Palestra 1992, Heft 9–10, S. 86

FSC
www.fsc.org
MIX
Papier | Fördert gute Waldnutzung
FSC® C083411

Kolibri 360 GmbH
Ferdinand-Jühlke-Straße 7
99095 Erfurt, Deutschland
produktsicherheit@kolibri360.de

Druck:
CPI Druckdienstleistungen GmbH
im Auftrag der
Kolibri 360 GmbH
Ferdinand-Jühlke-Str. 7
99095 Erfurt